AI and Machine Learning For Coders

개발자를 위한 머신러닝&딥러닝

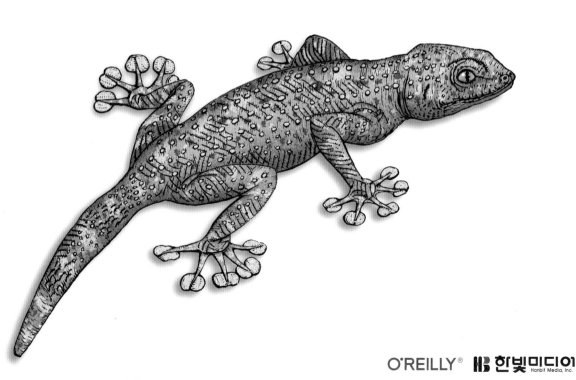

O'REILLY® 한빛미디어
Hanbit Media, Inc.

지은이, 옮긴이 소개

지은이 **로런스 모로니** Laurence Moroney

구글의 인공지능 개발 지원 팀advocacy 리더. 소프트웨어 개발자가 머신러닝으로 인공지능 시스템을 구축할 수 있도록 교육하는 것이 목표입니다. 텐서플로 유튜브 채널(youtube.com/tensorflow)에 영상을 자주 올리며, 국제적으로 유명한 기조 연설자입니다. 수많은 책과 각본을 저술한 작가이기도 하며 그중 SF 소설 몇 권이 베스트셀러에 오르기도 했습니다. 워싱턴주 사마미시Sammamish에 거주하며 지독한 커피홀릭입니다.

옮긴이 **박해선** haesun.park@tensorflow.blog

기계공학을 전공했지만 졸업 후엔 줄곧 코드를 읽고 쓰는 일을 했습니다. 텐서 플로우 블로그(tensorflow.blog)를 운영하고 있고, 머신러닝과 딥러닝에 관한 책을 집필하고 번역하면서 소프트웨어와 과학의 경계를 흥미롭게 탐험하고 있습니다.

『혼자 공부하는 데이터 분석 with 파이썬』(한빛미디어, 2023), 『혼자 공부하는 머신러닝+딥러닝』(한빛미디어, 2020), 『Do it! 딥러닝 입문』(이지스퍼블리싱, 2019)을 집필했습니다.

『트랜스포머를 활용한 자연어 처리』(한빛미디어, 2022), 『케라스 창시자에게 배우는 딥러닝 개정 2판』(길벗, 2022), 『XGBoost와 사이킷런을 활용한 그레이디언트 부스팅』(한빛미디어, 2022), 『구글 브레인 팀에게 배우는 딥러닝 with TensorFlow.js』(길벗, 2022), 『파이썬 라이브러리를 활용한 머신러닝(번역개정2판)』(한빛미디어, 2022), 『머신러닝 파워드 애플리케이션』(한빛미디어, 2021), 『파이토치로 배우는 자연어 처리』(한빛미디어, 2021), 『머신 러닝 교과서 with 파이썬, 사이킷런, 텐서플로(개정3판)』(길벗, 2021), 『딥러닝 일러스트레이티드』(시그마프레스, 2021), 『GAN 인 액션』(한빛미디어, 2020), 『핸즈온 머신러닝(2판)』(한빛미디어, 2020), 『미술관에 GAN 딥러닝 실전 프로젝트』(한빛미디어, 2019), 『파이썬을 활용한 머신러닝 쿡북』(한빛미디어, 2019), 『케라스 창시자에게 배우는 딥러닝』(길벗, 2018)을 포함하여 여러 권의 책을 우리말로 옮겼습니다.

AI and Machine Learning For Coders

개발자를 위한 머신러닝&딥러닝

| 표지 설명 |

표지 동물은 나미브물갈퀴도마뱀붙이(학명: *Pachydactylus rangei*)입니다. 나미브 샌드 게코Namib sand gecko나 나미브 웹풋 게코Namib web-footed gecko라고도 불립니다. 도마뱀붙이gecko에 속하는 작은 도마뱀의 종은 천 개가 넘습니다. 이 종은 나미비아와 아프리카 남서부에 걸쳐 있는 나미브 사막에서 진화했습니다.

나미브물갈퀴도마뱀붙이는 거의 반투명하며 길이는 10~15cm입니다. 커다란 눈을 가지고 있으며 깨끗하게 유지하기 위해 주기적으로 눈 위를 핥습니다. 발가락의 물갈퀴로 사막의 모래를 움켜잡아 이동하며 발가락의 빨판 덕분에 민첩성이 뛰어납니다. 대부분의 도마뱀붙이와 마찬가지로 물갈퀴가 있는 종은 야행성이고 곤충을 잡아먹습니다.

다른 파충류와 달리 대부분의 도마뱀붙이는 소리를 낼 수 있습니다. 나미브물갈퀴도마뱀붙이는 특히 딸깍, 깍깍, 끽끽 등 짖는 소리를 포함해 광범위한 소리를 냅니다.

IUCN(국제 자연 보전 연맹)은 아직 나미브물갈퀴도마뱀붙이 개체수를 평가하지 않았습니다. 오라일리 표지에 실린 많은 동물은 멸종 위기에 처해 있으며 이 동물들은 모두 소중한 존재입니다.

표지의 그림은 리처드 리데커Richard Lydekker의 『The Royal Natural History』의 흑백 판화를 기반으로 캐런 몽고메리Karen Montgomery가 그렸습니다.

개발자를 위한 머신러닝&딥러닝

인공지능 개발자로 레벨 업하기! 신경망 기초부터 컴퓨터 비전, 자연어 처리, 시계열 예측까지

초판 1쇄 발행 2022년 08월 24일
초판 2쇄 발행 2023년 01월 20일

지은이 로런스 모로니 / **옮긴이** 박해선 / **펴낸이** 김태헌
펴낸곳 한빛미디어(주) / **주소** 서울시 서대문구 연희로2길 62 한빛미디어(주) IT출판2부
전화 02-325-5544 / **팩스** 02-336-7124
등록 1999년 6월 24일 제25100-2017-000058호 / **ISBN** 979-11-6921-012-6 93000

총괄 송경석 / **책임편집** 서현 / **기획·편집** 정지수
디자인 표지 박정우 내지 박정화 / **전산편집** 이경숙
영업 김형진, 장경환, 조유미 / **마케팅** 박상용, 한종진, 이행은, 고광일, 성화정 / **제작** 박성우, 김정우

이 책에 대한 의견이나 오탈자 및 잘못된 내용에 대한 수정 정보는 한빛미디어(주)의 홈페이지나 아래 이메일로 알려주십시오. 잘못된 책은 구입하신 서점에서 교환해드립니다. 책값은 뒤표지에 표시되어 있습니다.
한빛미디어 홈페이지 www.hanbit.co.kr / **이메일** ask@hanbit.co.kr

지금 하지 않으면 할 수 없는 일이 있습니다.
책으로 펴내고 싶은 아이디어나 원고를 메일(writer@hanbit.co.kr)로 보내주세요.
한빛미디어(주)는 여러분의 소중한 경험과 지식을 기다리고 있습니다.

옮긴이의 말

첫 책을 번역한 후로 6년이 지났습니다. 그동안 이 책을 포함하여 스무 권의 머신러닝 책을 냈습니다. 관심 있는 분야를 이렇게 오랫동안 탐험할 수 있는 것은 정말 행운이 아닐 수 없습니다.

주어진 문제에 맞는 적절한 머신러닝 모델을 찾는 것은 과학보다는 예술에 가깝다고 말합니다. 이해하기 쉽고 유용한 책을 만드는 것도 예술에 가까운 일인 것 같습니다. 스무 번째 책에서 멈추지 않고 오십 번째, 백 번째 책을 낼 때까지 노력하겠습니다.

마침 이 책의 번역을 끝마칠 즈음 집 앞의 벚꽃이 흐드러지게 피었습니다. 벚꽃 아래를 걸으면 아름답다는 말이 절로 나옵니다. 하지만 벚꽃의 아름다움은 잠시입니다. 꽃잎이 모두 떨어지고 나면 그 아래 푸르른 잎이 더 오래 이 계절을 지켜줄 것입니다.

꽃잎이 진 나무처럼 이 책은 어려운 수학과 이론을 걷어내고 실용적인 접근 방법으로 머신러닝과 인공지능을 설명합니다. 저자의 명쾌한 설명과 직관적인 예제 코드 덕분에 책을 읽는 내내 즐거운 여행을 떠날 수 있었습니다. 특히 개발자에게는 더없이 좋은 선물이 되리라 믿습니다.

항상 좋은 책을 믿고 맡겨주시는 한빛미디어와 번역 작업을 잘 마무리해준 정지수 님에게 감사드립니다. 항상 격려해주시는 니트머스 김용재 대표님께 감사합니다. 언제나 명랑한 우리 가족 주연이와 진우에게 고맙고 사랑한다는 말을 전합니다.

이 책의 정오표는 블로그(https://bit.ly/aiml-book)에 등록해놓겠습니다. 책을 보기 전에 꼭 확인해주세요. 번역서의 코드는 깃허브(https://bit.ly/aiml-git)에서 주피터 노트북으로 제공됩니다. 이 책에 관한 이야기라면 무엇이든 환영합니다. 언제든지 블로그나 이메일로 알려주세요.

2022년 8월

박해선

추천사

인공지능은 모든 산업을 변화시킬 태세지만 거의 모든 인공지능 애플리케이션은 특정 용도에 맞게 커스터마이징해야 합니다. 의료 기록을 읽는 시스템은 공장에서 결함을 찾는 시스템이나 제품 추천 엔진과는 다릅니다. 인공지능이 최대한의 잠재력을 발휘하려면 엔지니어에게는 이 놀라운 능력을 수백만 가지 구체적인 문제에 적용할 수 있는 도구가 필요합니다.

제가 구글 브레인 팀을 이끌었을 때 텐서플로의 전신인 디스트빌리프^{DistBelief}를 C++로 만들기 시작했습니다. 수천 개의 CPU로 신경망을 훈련할 수 있다는 가능성에 흥분했었죠. 예를 들면 레이블이 없는 유튜브 동영상에서 고양이 감지 모델을 훈련하기 위해 16,000개의 CPU를 사용했습니다. 그 이후로 딥러닝이 얼마나 발전했는지 모릅니다! 한때 최첨단이었던 작업은 이제 약 3,000달러의 클라우드 컴퓨팅 크레딧으로 수행할 수 있으며, 구글은 몇 년 전만 해도 상상할 수 없었던 규모의 TPU와 GPU를 사용해 신경망을 정기적으로 훈련합니다.

텐서플로도 먼 길을 걸어왔습니다. 초기보다 훨씬 더 유용하며, 모델링에서부터 사전 훈련된 모델을 사용하고 낮은 컴퓨팅 성능을 가진 에지^{edge} 장치로 배포하기까지 풍부한 기능을 갖추고 있습니다. 텐서플로는 오늘날 수십만 명의 개발자가 자신만의 딥러닝 모델을 구축할 수 있도록 지원합니다.

구글의 수석 인공지능 개발 지원 담당인 로런스 모로니는 텐서플로를 세계 최고의 인공지능 프레임워크로 만드는 데 중요한 역할을 했습니다. 로런스는 DeepLearning.AI와 코세라^{Coursera}에서 텐서플로 교육 과정을 진행했고 그를 도울 수 있어 영광이었습니다. 8만 명이 넘는 수강생이 이 강의를 수료했고 수많은 호평을 받았습니다.

로런스는 갑자기 아일랜드 시를 써서 읊어주기도 했습니다. 한번은 다음 시를 선보여 저를 깜짝 놀라게 했죠.

> Andrew sang a sad old song
>
> fainted through miss milliner
>
> invitation hoops
>
> fainted fainted
>
> [...]

로런스는 아일랜드 전통 노래 가사로 LSTM을 훈련시켜 이런 가사를 만들어냈습니다. 인공지능이 이런 재미도 선사한다면 어떻게 참여하고 싶지 않을 수 있을까요? ① 인류를 발전시키는 흥미진진한 프로젝트에 참여하고, ② 경력을 개발하고, ③ 아일랜드 시도 무료로 얻을 수 있을 것입니다.

로런스와 함께 떠날 엄청난 모험이 여러분을 기다리고 있으니 최선을 다해 텐서플로를 배우길 바랍니다.

배움을 멈추지 마세요.

앤드루 응 Andrew Ng
DeepLearning.AI 설립자

이 책에 대하여

『개발자를 위한 머신러닝&딥러닝』에 오신 여러분을 환영합니다. 이 책을 쓰고 싶다는 생각은 한참 전부터 했습니다만 쉽지 않았습니다. 하지만 최근 머신러닝 machine learning (ML)의 발전, 특히 텐서플로의 발전 덕분에 가능해졌습니다. 이 책의 목표는 개발자인 독자를 머신러닝으로 해결할 수 있는 많은 문제에 대비시키고, 박사 학위가 없어도 머신러닝과 인공지능 artificial intelligence (AI) 개발자가 될 수 있도록 돕는 것입니다! 이 책에서 다루는 내용이 유용하다는 것을 알고, 멋지고 보람 있는 여정을 시작한다는 자신감을 가지길 바랍니다.

대상 독자

만약 인공지능과 머신러닝에 관심이 있고 데이터에서 학습하는 모델을 빠르게 구축하고 싶다면 이 책이 적합합니다. 일반적인 인공지능 및 머신러닝 개념(컴퓨터 비전, 자연어 처리, 시퀀스 모델링 등)을 배우는 데 관심이 있고 이 분야의 문제를 해결하기 위해 신경망을 훈련하는 방법을 알고 싶다면 이 책이 마음에 들 것입니다. 여러분에게 이미 훈련한 모델이 있고 모바일, 브라우저 또는 클라우드를 통해 사용자에게 제공하려는 경우에도 이 책이 적합합니다.

무엇보다도 오래된 미적분학 책을 다시 펼쳐야 한다는 생각 때문에 컴퓨터 과학의 이 귀중한 영역에 들어가는 것을 미루었다면 두려워하지 마세요. 이 책은 코드를 우선으로 합니다. 머신러닝과 인공지능의 세계를 파이썬과 텐서플로로 시작하는 것이 얼마나 쉬운지 확인할 수 있게 될 겁니다.

집필 계기

필자는 1992년 봄, 처음으로 인공지능을 접했습니다. 물리학과를 갓 졸업한 런던의 한 학생이었고 끔찍한 경기 침체로 인해 6개월 동안 실직 상태였습니다. 영국 정부는 인공지능 기술을 교육하는 프로그램의 지원자 20명을 모집했고, 필자는 첫 번째 참가자로 선정되었습니다. 3개월 후 그 프로그램은 크게 실패했습니다. 인공지능으로 할 수 있는 이론적인 작업은 많았지만 실제로 쉽게 적용할 수 있는 방법이 없었기 때문입니다. 프롤로그 Prolog 언어로 간단한 추론을 작성하고 리스프^{Lisp} 언어로 목록 처리를 수행할 수 있지만 제품으로 배포할 명확한 방법이 없었습니다. 그 뒤로 유명한 'AI 겨울^{AI winter}'이 시작되었습니다.

그 후 2016년에 필자가 구글에서 파이어베이스^{Firebase} 제품과 관련된 일을 할 때 회사가 모든 엔지니어에게 머신러닝을 교육한 적이 있습니다. 다른 사람들과 함께 방에 앉아 미적분학과 경사 하강법에 대한 강의를 들었습니다. 하지만 그 당시, 저는 이 수업을 실용적인 머신러닝 구현과 잘 매치시킬 수 없었고 갑자기 1992년으로 돌아가는 느낌을 받았습니다. 필자가 느낀 점과 머신러닝을 사람들에게 교육하는 방법에 대한 피드백을 텐서플로 팀에 전달했고 2017년에 텐서플로 팀에 합류하게 되었습니다. 2018년에 텐서플로 2.0이 출시되고, 특히 개발자가 쉽게 시작할 수 있도록 하는 고급 API가 강조되기 시작했습니다. 머신러닝은 더 이상 수학자나 박사들을 위한 것이 아니었기 때문에 이를 활용하고 머신러닝을 쉽게 접하도록 돕는 책이 필요하다는 것을 깨달았습니다.

더 많은 사람이 이 기술을 사용하고 배포하면 인공지능과 머신러닝이 폭발적으로 증가해 또 다른 AI 겨울을 막고 세상을 훨씬 더 좋게 바꿀 수 있을 거라고 믿습니다. 구글의 당뇨망막병증에 대한 연구에서부터 펜실베이니아 주립대학교^{Penn State University}와 플랜트빌리지^{PlantVillage}가 협업해 농부들이 카사바^{cassava} 질병을 쉽게 진단할 수 있도록 돕는 모바일 머신러닝 모델 구축 사례, 텐서플로 모델을 활용한 국경없는의사회^{Médecins Sans Frontières}의 항생제 내성 진단법과 같은 사례를 통해 이미 영향력을 실감하고 있습니다!

구성

이 책은 두 부분으로 구성됩니다. 1부(1~11장)는 다양한 문제를 해결하는 머신러닝 모델을 텐서플로로 구축하는 방법을 설명합니다. 하나의 뉴런을 가진 신경망 모델을 만드는 방법부터 컴퓨터 비전, 자연어 처리, 시퀀스 모델링까지 다룹니다. 그다음 2부(12~20장)는 모델을 안드로이드, iOS로 배포하고 웹 브라우저에서 자바스크립트로 실행하며 클라우드로 배포하는 시나리오를 다룹니다. 대부분의 장은 독립적이어서 중간부터 읽으며 무언가 새로운 것을 배울 수도 있습니다. 물론 처음부터 끝까지 순서대로 읽어도 좋습니다.

필요한 기술

책 전반부는 텐서플로로 다양한 모델 구조를 만들어보는 것이 목표입니다. 이 과정에서 필요한 유일한 선수 지식은 파이썬입니다. 특히 데이터와 배열 처리를 위한 파이썬 표기법을 이해해야 합니다. 수치 계산을 위한 파이썬 라이브러리인 넘파이[Numpy]를 미리 살펴보는 것도 좋습니다. 하지만 파이썬이 익숙하지 않아도 괜찮습니다. 배우기 쉽기 때문에 책을 읽어가면서 필요한 내용을 찾아볼 수 있습니다(다만 일부 배열 표기법은 조금 이해하기 어려울 수도 있습니다).[1]

후반부에서는 각 장에서 사용하는 언어를 가르치지 않지만 대신 이들 언어에서 텐서플로 모델을 사용하는 법을 소개합니다. 예를 들어 안드로이드를 다루는 13장에서는 안드로이드 스튜디오에서 코틀린[Kotlin]으로 앱을 만들어보고, iOS를 다루는 14장에서는 Xcode에서 스위프트[Swift]로 앱을 만듭니다. 여기서 다루는 언어 문법을 이 책에서는 설명하지 않으므로 언어에 익숙하지 않다면 선수 지식이 필요할 수 있습니다.[2]

온라인 자료

이 책은 다양한 온라인 자료를 사용합니다. 책에서 소개하는 기술의 변화와 혁신을 따라가려면 적어도 텐서플로 홈페이지(https://www.tensorflow.org)와 텐서플로 유튜브 채널(https://www.youtube.com/tensorflow)을 자주 확인하는 것이 좋습니다.

이 책의 코드는 https://github.com/rickiepark/aiml4coders에 있습니다.[3]

---

1   옮긴이_ 파이썬 문법을 빠르게 훑어보려면 제이크 반더플라스(Jake VanderPlas)의 『A Whirlwind Tour of Python』(O'Reilly, 2016)을 번역한 『회오리바람을 탄 파이썬』(https://bit.ly/3vc4nNf)을 읽어보세요. 파이썬을 처음 배운다면 『혼자 공부하는 파이썬』(한빛미디어, 2022)을 추천합니다.

2   스위프트 관련 도서로는 『Learning Swift』(O'Reilly, 2018)(https://oreil.ly/MnEVD)를 추천합니다.

3   옮긴이_ 원서의 깃허브 주소는 https://github.com/lmoroney/tfbook입니다.

감사의 말

이 책을 만드는 데 도움을 주신 많은 분에게 감사를 전합니다.

제프 딘Jeff Dean은 제게 텐서플로 팀에서 일할 기회를 주었고 두 번째 인공지능 여정을 시작하게 도와주었습니다. 나머지 팀원들에게도 감사를 전합니다. 언급할 이름이 너무 많지만 사라 시라주딘Sarah Sirajuddin, 메건 카촐리아Megan Kacholia, 마틴 윅Martin Wicke, 프랑소와 숄레François Chollet에게 감사합니다. 이들의 리더십과 엔지니어링은 정말 놀라웠습니다!

케말 엘 무자히드Kemal El Moujahid, 마그누스 히트센Magnus Hyttsten, 울프 돕슨Wolff Dobson이 이끄는 텐서플로의 DevReldeveloper relations 팀은 텐서플로로 인공지능과 머신러닝을 배울 수 있는 플랫폼을 만들었습니다.

이 책의 추천사를 써준 앤드루 응은 텐서플로를 가르치는 제 접근법을 믿어주었습니다. 그와 함께 코세라에서 세 개의 전문 교육 코스를 만들었고, 수십만 명에게 머신러닝과 인공지능을 가르쳤습니다. 앤드루가 이끄는 DeepLearning.AI의 팀과, 오르탈 아렐Ortal Arel, 에디 슈Eddy Shu, 라이언 키넌Ryan Keenan 덕분에 머신러닝을 더 잘 배울 수 있었습니다.

오라일리 팀, 리베카 노박Rebecca Novack과 앤절라 루피노Angela Rufino 덕분에 이 책을 출간할 수 있었습니다. 이들의 엄청난 노력이 없었다면 결코 이 책을 완료하지 못했을 겁니다!

훌륭한 기술 리뷰 팀인 자린 황Jialin Huang, 라우라 우스카테기Laura Uzcátegui, 루시 윙Lucy Wong, 마거릿 메이너드-리드Margaret Maynard-Reid, 쑤 푸Su Fu, 대런 리처드슨Darren Richardson, 도미닉 몬Dominic Monn, 핀-위Pin-Yu에게 감사합니다.

물론 (제프나 앤드루보다 더 ;)) 가장 중요한 것은 이 모든 것에 의미를 부여해주는 가족입니다. 아내 리베카Rebecca, 딸 클라우디아Claudia, 아들 크리스토퍼Christopher에게 감사합니다. 필자가 생각했던 것보다 더 놀라운 삶을 만들어준 여러분 모두에게도 고마움을 전합니다.

CONTENTS

지은이, 옮긴이 소개 ··· 4

옮긴이의 말 ··· 5

추천사 ··· 6

이 책에 대하여 ··· 8

감사의 말 ·· 11

PART **I** 모델 구축

CHAPTER **1** 텐서플로 소개

1.1 머신러닝이란 ·· 25

1.2 전통적인 프로그래밍의 한계 ···································· 27

1.3 프로그래밍에서 학습으로 ······································ 30

1.4 텐서플로란 ··· 32

1.5 텐서플로 사용하기 ··· 34

    1.5.1 파이썬에서 텐서플로 설치하기 ···························· 34

    1.5.2 파이참에서 텐서플로 사용하기 ···························· 35

    1.5.3 구글 콜랩에서 텐서플로 사용하기 ························· 38

1.6 머신러닝 시작하기 ··· 39

    1.6.1 신경망이 학습한 것 확인하기 ····························· 45

1.7 마치며 ··· 46

CHAPTER 2 컴퓨터 비전 소개

2.1 의류 아이템 인식하기 ·· 47
    2.1.1 패션 MNIST 데이터셋 ·· 48
2.2 컴퓨터 비전을 위한 뉴런 ·· 50
2.3 신경망 설계 ··· 52
    2.3.1 전체 코드 ·· 54
2.4 신경망 훈련하기 ·· 57
2.5 모델 출력 살펴보기 ··· 58
2.6 더 오래 훈련하기: 과대적합 ····································· 59
2.7 훈련 조기 종료 ·· 59
2.8 마치며 ·· 61

CHAPTER 3 고급 컴퓨터 비전: 이미지에서 특징 감지하기

3.1 합성곱 ·· 64
3.2 풀링 ·· 66
3.3 합성곱 신경망 만들기 ··· 67
3.4 합성곱 신경망 살펴보기 ··· 71
3.5 말과 사람을 구별하는 CNN 만들기 ····························· 73
    3.5.1 말–사람 데이터셋 ·· 74
    3.5.2 케라스의 ImageDataGenerator ······························· 75
    3.5.3 말–사람 데이터셋을 위한 CNN 구조 ······················· 77
    3.5.4 검증 세트 추가하기 ··· 81
    3.5.5 말 또는 사람 이미지로 테스트하기 ·························· 82
3.6 이미지 증식 ··· 87
3.7 전이 학습 ·· 92

CONTENTS

3.8 다중 분류 ···································· **97**

3.9 드롭아웃 규제 ································ **103**

3.10 마치며 ····································· **106**

CHAPTER 4 텐서플로 데이터셋으로 공개 데이터셋 사용하기

4.1 텐서플로 데이터셋 시작하기 ··················· **108**

4.2 케라스 모델에서 텐서플로 데이터셋 사용하기 ······· **111**

   4.2.1 특정 버전의 데이터셋 로드하기 ············· **114**

4.3 데이터 증식을 위해 매핑 함수 사용하기 ··········· **115**

   4.3.1 텐서플로 애드온 사용하기 ··············· **116**

4.4 사용자 정의 분할 사용하기 ················· **117**

4.5 TFRecord 이해하기 ····················· **119**

4.6 텐서플로에서 데이터 관리를 위한 ETL 프로세스 ····· **123**

   4.6.1 로드 단계 최적화하기 ················ **125**

   4.6.2 훈련 속도 향상을 위해 ETL 병렬화하기 ······· **126**

4.7 마치며 ····························· **129**

CHAPTER 5 자연어 처리 소개

5.1 언어를 숫자로 인코딩하기 ·················· **131**

   5.1.1 토큰화 시작하기 ··················· **132**

   5.1.2 문장을 시퀀스로 바꾸기 ··············· **134**

5.2 불용어 제거와 텍스트 정제 ················· **141**

5.3 실제 데이터 다루기 ····················· **143**

   5.3.1 텐서플로 데이터셋에서 텍스트 가져오기 ······· **143**

5.3.2 CSV 파일에서 텍스트 읽기 ·· **149**

5.3.3 JSON 파일에서 텍스트 읽기 ·· **151**

5.4 마치며 ·· **155**

CHAPTER 6 임베딩을 사용한 감성 프로그래밍

6.1 단어의 의미 구축하기 ·· **158**

6.1.1 간단한 방법: 양수와 음수 ·· **158**

6.1.2 조금 더 어려운 방법: 벡터 ·· **159**

6.2 텐서플로의 임베딩 ·· **161**

6.2.1 임베딩을 사용해 빈정거림 감지기 만들기 ······················· **161**

6.2.2 언어 모델의 과대적합 줄이기 ·· **165**

6.2.3 모델을 사용해 문장 분류하기 ·· **176**

6.3 임베딩 시각화 ·· **178**

6.4 텐서플로 허브에서 사전 훈련된 임베딩 사용하기 ······················ **182**

6.5 마치며 ·· **184**

CHAPTER 7 자연어 처리를 위한 순환 신경망

7.1 순환 구조 ··· **185**

7.2 순환을 언어로 확장하기 ·· **188**

7.3 RNN으로 텍스트 분류기 만들기 ·· **191**

7.3.1 스태킹 LSTM ··· **193**

7.4 RNN에 사전 훈련된 임베딩 사용하기 ·· **199**

7.5 마치며 ·· **207**

CONTENTS

CHAPTER 8 **텐서플로로 텍스트 생성하기**

8.1 시퀀스를 입력 시퀀스로 변환하기 ·· 210

8.2 모델 만들기 ·· 216

8.3 텍스트 생성하기 ·· 217

    8.3.1 다음 단어 예측하기 ·· 217

    8.3.2 예측을 연결해 텍스트 생성하기 ··· 219

8.4 데이터셋 확장하기 ·· 220

8.5 모델 구조 바꾸기 ··· 222

8.6 데이터 개선하기 ·· 223

8.7 문자 기반 인코딩 ··· 227

8.8 마치며 ··· 228

CHAPTER 9 **시퀀스와 시계열 데이터 이해하기**

9.1 시계열의 공통 특징 ·· 230

    9.1.1 트렌드 ·· 231

    9.1.2 계절성 ·· 231

    9.1.3 자기상관 ·· 232

    9.1.4 잡음 ··· 232

9.2 시계열 예측 기법 ·· 233

    9.2.1 기준 성능을 위한 단순한 예측 ·· 233

    9.2.2 예측 정확도 측정하기 ·· 236

    9.2.3 이동 평균으로 예측하기 ··· 237

    9.2.4 개선된 이동 평균 방법 ··· 238

9.3 마치며 ··· 239

CHAPTER 10 시퀀스를 예측하는 머신러닝 모델 만들기

10.1 윈도 데이터셋 만들기 ·········· 242

    10.1.1 윈도를 적용한 시계열 데이터셋 만들기 ·········· 245

10.2 DNN을 만들고 시퀀스 데이터로 훈련하기 ·········· 247

10.3 DNN의 결과 평가하기 ·········· 249

10.4 전반적인 예측 살펴보기 ·········· 250

10.5 학습률 튜닝하기 ·········· 253

10.6 케라스 튜너로 하이퍼파라미터 튜닝하기 ·········· 255

10.7 마치며 ·········· 260

CHAPTER 11 시퀀스 모델을 위한 합성곱 신경망과 순환 신경망

11.1 시퀀스 데이터를 위한 합성곱 ·········· 261

    11.1.1 1D 합성곱 신경망 만들기 ·········· 263

    11.1.2 Conv1D 하이퍼파라미터 튜닝하기 ·········· 266

11.2 NASA 날씨 데이터 사용하기 ·········· 268

    11.2.1 파이썬으로 GISS 데이터 읽기 ·········· 270

11.3 RNN으로 시퀀스 모델링하기 ·········· 272

    11.3.1 대용량 데이터셋 사용하기 ·········· 274

11.4 다른 순환 층 ·········· 277

11.5 드롭아웃 사용하기 ·········· 278

11.6 양방향 RNN 사용하기 ·········· 281

11.7 마치며 ·········· 283

CONTENTS

PART **II** 모델 사용

CHAPTER **12** 텐서플로 라이트 소개

12.1 텐서플로 라이트란 ·· **288**

12.2 훈련된 모델을 텐서플로 라이트로 변환하기 ······································ **290**

　　12.2.1 1단계: 모델 저장하기 ··· **290**

　　12.2.2 2단계: 모델 변환하기 ··· **291**

　　12.2.3 3단계: TFLite 모델 로드하고 텐서 할당하기 ···························· **292**

　　12.2.4 4단계: 예측 수행하기 ··· **294**

12.3 전이 학습으로 만든 이미지 분류기를 텐서플로 라이트로 변환하기 ······ **295**

　　12.3.1 1단계: 모델 만들고 저장하기 ··· **295**

　　12.3.2 2단계: 텐서플로 라이트로 모델 변환하기 ································· **297**

　　12.3.3 3단계: 모델 최적화하기 ··· **300**

12.4 마치며 ··· **302**

CHAPTER **13** 안드로이드 앱에서 텐서플로 라이트 사용하기

13.1 안드로이드 스튜디오란 ·· **303**

13.2 첫 번째 텐서플로 라이트 안드로이드 앱 만들기 ······························· **304**

　　13.2.1 1단계: 새로운 안드로이드 프로젝트 만들기 ······························ **305**

　　13.2.2 2단계: 레이아웃 파일 수정하기 ·· **307**

　　13.2.3 3단계: 텐서플로 라이트 의존성 추가하기 ································· **309**

　　13.2.4 4단계: 텐서플로 라이트 모델 추가하기 ···································· **311**

　　13.2.5 5단계: 추론에 텐서플로 라이트를 사용하기 위해 액티비티 코드 작성하기 ··········· **312**

13.3 이미지를 처리하는 앱 만들기 ···················· **315**

13.4 텐서플로 라이트 샘플 앱(안드로이드용) ···················· **319**

13.5 마치며 ···················· **320**

CHAPTER **14 iOS 앱에서 텐서플로 라이트 사용하기**

14.1 Xcode로 첫 번째 텐서플로 라이트 앱 만들기 ···················· **321**

14.1.1 1단계: 기본적인 iOS 앱 만들기 ···················· **322**

14.1.2 2단계: 프로젝트에 텐서플로 라이트 추가하기 ···················· **323**

14.1.3 3단계: 사용자 인터페이스 만들기 ···················· **324**

14.1.4 4단계: 모델 추론 클래스 추가하고 초기화하기 ···················· **327**

14.1.5 5단계: 추론 수행하기 ···················· **330**

14.1.6 6단계: 앱에 모델 추가하기 ···················· **333**

14.1.7 7단계: UI 로직 추가하기 ···················· **334**

14.2 한 걸음 더: 이미지 처리하기 ···················· **337**

14.3 텐서플로 라이트 샘플 앱(iOS용) ···················· **341**

14.4 마치며 ···················· **341**

CHAPTER **15 TensorFlow.js 소개**

15.1 TensorFlow.js란 ···················· **343**

15.2 브래킷츠 설치하고 실행하기 ···················· **345**

15.3 첫 번째 TensorFlow.js 모델 만들기 ···················· **347**

15.4 붓꽃 분류기 만들기 ···················· **351**

15.5 마치며 ···················· **357**

CONTENTS

CHAPTER **16** **TensorFlow.js에서 컴퓨터 비전 모델 훈련하기**

16.1 텐서플로 개발자를 위한 자바스크립트 고려 사항 ·············· 360

16.2 자바스크립트로 CNN 만들기 ················ 362

16.3 시각화를 위해 콜백 사용하기 ················ 364

16.4 MNIST 데이터셋으로 훈련하기 ················ 366

16.5 TensorFlow.js로 이미지에 대해 추론 수행하기 ············ 374

16.6 마치며 ·················· 375

CHAPTER **17** **파이썬 모델을 변환해 재사용하기**

17.1 파이썬 기반 모델을 자바스크립트로 변환하기 ············ 377

  17.1.1 변환된 모델 사용하기 ················ 380

17.2 사전에 변환된 모델 사용하기 ················ 382

  17.2.1 유해 텍스트 분류기 사용하기 ··············· 382

  17.2.2 MobileNet을 사용해 브라우저에서 이미지 분류하기 ············ 386

  17.2.3 PoseNet 사용하기 ··············· 389

17.3 마치며 ·················· 393

CHAPTER **18** **자바스크립트의 전이 학습**

18.1 MobileNet으로 전이 학습 수행하기 ············· 396

  18.1.1 1단계: MobileNet 다운로드하고 사용할 층 식별하기 ·········· 396

  18.1.2 2단계: MobileNet의 출력을 입력으로 사용하는 별도의 모델 만들기 ·········· 398

  18.1.3 3단계: 데이터 수집하기 ··············· 401

  18.1.4 4단계: 모델 훈련하기 ··············· 407

18.1.5 5단계: 추론 수행하기 ··· 409

18.2 텐서플로 허브를 사용한 전이 학습 ····································· 412

18.3 TensorFlow.org를 사용한 전이 학습 ······························· 415

18.4 마치며 ·· 418

CHAPTER **19** 텐서플로 서빙으로 배포하기

19.1 텐서플로 서빙이란 ··· 419

19.2 텐서플로 서빙 설치하기 ··· 422

19.2.1 도커를 사용해 설치하기 ··· 422

19.2.2 리눅스에 설치하기 ··· 424

19.3 모델 구축과 배포 ··· 425

19.3.1 서버 설정 탐색하기 ··· 430

19.4 마치며 ·· 433

CHAPTER **20** 인공지능 윤리, 공정성, 개인 정보 보호

20.1 프로그래밍의 공정성 ··· 436

20.2 머신러닝의 공정성 ··· 440

20.3 공정성을 위한 도구 ··· 442

20.3.1 What-If 도구 ·· 442

20.3.2 패싯 ··· 444

20.4 연합 학습 ··· 446

20.4.1 1단계: 훈련에 사용 가능한 장치 식별하기 ····························· 447

20.4.2 2단계: 훈련에 적합한 사용 가능한 장치 식별하기 ··················· 447

20.4.3 3단계: 훈련할 모델 배포하기 ··· 448

20.4.4 4단계: 훈련 결과를 서버로 보내기 ·· 449

CONTENTS

20.4.5 5단계: 새로운 마스터 모델을 클라이언트에 배포하기 ⋯⋯⋯⋯⋯⋯⋯⋯⋯ 449

20.4.6 연합 학습의 안전한 수집 방법 ⋯⋯⋯⋯⋯⋯⋯⋯⋯⋯⋯⋯⋯⋯⋯⋯⋯ 450

20.4.7 TFF를 사용한 연합 학습 ⋯⋯⋯⋯⋯⋯⋯⋯⋯⋯⋯⋯⋯⋯⋯⋯⋯⋯⋯⋯ 452

20.5 구글의 인공지능 원칙 ⋯⋯⋯⋯⋯⋯⋯⋯⋯⋯⋯⋯⋯⋯⋯⋯⋯⋯⋯⋯⋯⋯ 452

20.6 마치며 ⋯⋯⋯⋯⋯⋯⋯⋯⋯⋯⋯⋯⋯⋯⋯⋯⋯⋯⋯⋯⋯⋯⋯⋯⋯⋯⋯⋯ 454

찾아보기 ⋯⋯⋯⋯⋯⋯⋯⋯⋯⋯⋯⋯⋯⋯⋯⋯⋯⋯⋯⋯⋯⋯⋯⋯⋯⋯⋯⋯⋯⋯ 455

Part I

모델 구축

Part I

모델 구축

1장 텐서플로 소개

2장 컴퓨터 비전 소개

3장 고급 컴퓨터 비전: 이미지에서 특징 감지하기

4장 텐서플로 데이터셋으로 공개 데이터셋 사용하기

5장 자연어 처리 소개

6장 임베딩을 사용한 감성 프로그래밍

7장 자연어 처리를 위한 순환 신경망

8장 텐서플로로 텍스트 생성하기

9장 시퀀스와 시계열 데이터 이해하기

10장 시퀀스를 예측하는 머신러닝 모델 만들기

11장 시퀀스 모델을 위한 합성곱 신경망과 순환 신경망

텐서플로 소개

인공지능^{artificial intelligence}(AI)을 구현하기 위해서는 머신러닝^{machine learning}(ML)과 딥러닝^{deep learning}이 좋은 출발점입니다. 하지만 처음에는 다양한 선택 사항과 새로운 용어에 압도당하기 쉽습니다. 이 책은 개발자가 코드를 작성하면서 머신러닝과 딥러닝 개념을 이해할 수 있도록 돕습니다. 컴퓨터 비전^{computer vision}, 자연어 처리^{natural language processing}(NLP) 등의 시나리오를 사용해 사람처럼 행동하는 모델^{model}을 만듭니다. 따라서 모델은 합성된, 또는 인공적인 지능의 한 형태가 됩니다.

우리가 머신러닝을 언급할 때 실제로 머신러닝은 무엇을 의미할까요? 먼저 의미를 간략히 살펴보고 개발자 관점에서 생각해봅시다. 그런 다음 텐서플로^{TensorFlow}를 설명한 후, 코드를 작성하고 모델을 디버깅하는 환경에 필요한 도구 설치법을 소개합니다.

1.1 머신러닝이란

머신러닝에 대해 자세히 알아보기 전에 머신러닝이 전통적인 프로그래밍에서 어떻게 발전했는지 생각해보겠습니다. 먼저 전통적인 프로그래밍이 무엇인지 살펴보고 그 한계를 파악해봅니다. 그리고 머신러닝이 이러한 한계를 극복하기 위해 진화한 방식과 이로 인해 수많은 인공지능 개념을 현실화할 수 있었던 새로운 장을 열게 된 과정을 살펴보겠습니다.

전통적인 프로그래밍은 프로그래밍 언어로 표현된 규칙을 작성하고 데이터에 이 규칙을 적용해 정답을 제공합니다. 이는 코드로 프로그래밍할 수 있는 거의 모든 곳에 적용됩니다.

예를 들어 잘 알려진 게임 〈브레이크아웃Breakout〉을 생각해보죠. 코드로 공의 움직임, 점수, 게임의 승패 같은 여러 가지 상황을 결정해야 합니다. [그림 1-1]처럼 공이 벽돌에 반사되어 나오는 경우를 생각해보죠.

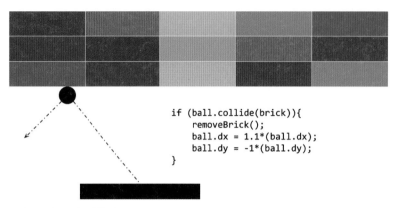

```
if (ball.collide(brick)){
    removeBrick();
    ball.dx = 1.1*(ball.dx);
    ball.dy = -1*(ball.dy);
}
```

그림 1-1 〈브레이크아웃〉의 코드

여기에서 공의 움직임은 **dx**와 **dy** 속성에 의해 결정됩니다. 공이 벽돌에 부딪힐 때 벽돌이 삭제되고 공의 방향은 바뀌고 속도는 증가합니다. 코드는 이런 게임 상황에 관한 데이터에 대해 작동됩니다.

또는 금융 서비스 시나리오를 생각해보죠. 한 회사와 관련된 현재 주가와 이익과 같은 주식 데이터를 가지고 있다면 [그림 1-2]의 코드로 주가수익률 P/E(주식 가격/주당순이익)를 계산할 수 있습니다.

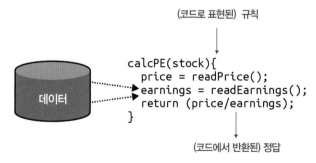

(코드로 표현된) 규칙

```
calcPE(stock){
    price = readPrice();
    earnings = readEarnings();
    return (price/earnings);
}
```

데이터

(코드에서 반환된) 정답

그림 1-2 금융 서비스의 코드

코드는 주가와 이익을 가져와 주가를 이익으로 나눈 값을 반환합니다.

이런 전통적인 프로그래밍을 하나의 그림으로 요약하면 [그림 1-3]과 같습니다.

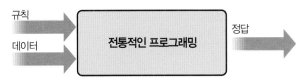

그림 1-3 전통적인 프로그래밍

여기서 확인할 수 있듯이 규칙은 프로그래밍 언어로 표현됩니다. 이런 규칙은 데이터에 적용되고 결과를 반환합니다.

1.2 전통적인 프로그래밍의 한계

[그림 1-3]의 구조는 처음부터 개발의 중심이었습니다. 하지만 이 방식에는 선천적인 한계가 존재합니다. 전통적인 프로그램으로 구현할 수 있는 시나리오는 규칙을 유도할 수 있어야만 합니다. 그렇지 않은 시나리오는 어떨까요? 코드가 너무 복잡해지므로 개발하기가 매우 어렵습니다. 다시 말해 이런 시나리오를 다루기 위한 코드는 작성할 수 없습니다.

예를 들어 활동 감지를 생각해보죠. 신체 활동을 감지하는 피트니스 모니터는 최신 혁신 기술의 집약체라고 할 수 있습니다. 이는 저렴하고 소형화된 하드웨어뿐만 아니라 이전에는 불가능했던 감지 알고리즘 덕분입니다. 그 이유를 알아보죠.

[그림 1-4]는 걷기를 감지하는 단순한 활동 감지 알고리즘입니다. 이 알고리즘은 사람의 보행 속도를 데이터로 사용합니다. 이 속도가 특정 값보다 작으면 걷고 있다고 판단합니다.

```
if(speed<4){
    status=WALKING;
}
```
그림 1-4 활동 감지 알고리즘

데이터가 속도라는 점을 고려하면 알고리즘을 확장해 달리기를 감지할 수 있습니다(그림 1-5).

```
if(speed<4){
    status=WALKING;
} else {
    status=RUNNING;
}
```
그림 1-5 달리기로 확장된 알고리즘

코드에서 확인할 수 있듯이 속도에 따라 특정 값(예를 들면 4km/h) 이하이면 걷기이고 아니면 달리기라고 말할 수 있습니다. 이전 방식이 여전히 유효합니다.

이를 또 다른 피트니스 활동인 자전거 타기에 적용한다고 가정해보죠. 이 알고리즘은 [그림 1-6]과 같습니다.

```
if(speed<4){
    status=WALKING;
} else if(speed<12){
    status=RUNNING;
} else {
    status=BIKING;
}
```

그림 1-6 자전거 타기에 확장된 알고리즘

속도만 감지하는 방법은 매우 단순합니다. 예를 들어 사람마다 자전거를 타는 속도가 다르며 오르막보다 내리막에서 더 빨리 달립니다. 하지만 전반적으로 보았을 때 이 방법이 여전히 통하기는 합니다. 하지만 골프(그림 1-7)와 같은 다른 시나리오에 대응하려 한다면 어떻게 될까요?

```
// ???
```

그림 1-7 골프 감지 알고리즘은 어떻게 작성할 수 있을까요?

여기서 난관에 부딪힙니다. 기존 방법으로 골프를 치고 있다는 것을 어떻게 판단할 수 있을까요? 골프를 치는 사람은 걷다가 멈추고, 어떤 활동을 하고, 조금 더 걷고, 멈추는 등의 행동을 합니다. 하지만 이 움직임이 골프라고 어떻게 판단할 수 있을까요?

전통적인 규칙으로 활동을 감지하는 것에는 한계가 있습니다. 하지만 더 나은 방법이 있을지 모릅니다. 이제 머신러닝을 사용해보죠.

1.3 프로그래밍에서 학습으로

전통적인 프로그래밍을 나타낸 그림(그림 1-8)을 다시 살펴보죠. 이 그림에는 데이터에 대해
작동하며 정답을 제공하는 규칙이 있습니다. 활동 감지 예제의 경우 데이터는 사람이 움직이는
속도였습니다. 이를 통해 걷기, 달리기, 자전거 타기와 같은 활동을 감지하는 규칙을 작성했습
니다. 하지만 골프 예제에서는 활동을 판단할 수 있는 규칙을 만들 수 없어 한계에 봉착했습니
다.

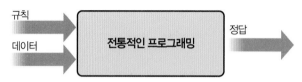

그림 1-8 전통적인 프로그래밍

하지만 이 그림에서 기준을 뒤집으면 어떻게 될까요? 규칙을 만드는 대신 데이터와 정답을 제
공하고 규칙이 무엇인지 찾아내는 방법이 있다면 어떨까요?

[그림 1-9]에 이런 방식을 나타냈습니다. 이를 머신러닝을 정의하는 고수준의 개념도로 생각
할 수 있습니다.

그림 1-9 기준을 뒤집은 머신러닝

이 그림이 의미하는 바는 무엇일까요? 이제 규칙을 직접 찾지 않습니다. 대신 상황에 맞는 많
은 데이터를 준비하고 이 데이터에 레이블label을 부여합니다. 그럼 컴퓨터가 어떤 데이터는 이
레이블에 일치하고 다른 데이터는 저 레이블에 일치하도록 하는 규칙을 찾습니다.

그렇다면 활동 감지 예제에는 어떻게 적용될까요? 여러 센서를 사용해 한 사람에 대한 데이터
를 모을 수 있습니다. 심박수, 위치, 속도 등과 같은 정보를 감지하는 웨어러블wearable 기기를
착용해 여러 활동을 하는 동안 많은 데이터가 축적된다면 '이 활동은 걷기', '이 활동은 달리

기다'라고 표현된 데이터를 가진 문제가 됩니다(그림 1-10).

```
0101001010100101010   1010100101001010101   1001010011111010101   1111111111010011101
1001010101001011101   0101010010010010001   1101010111010101110   0011111010111110101
0100101010010101001   0010011111010101111   1010101111010101011   0101110101010101110
0101001010100101010   1010100100111101011   1111110001111010101   1010101010100111110

   Label = WALKING        Label = RUNNING        Label = BIKING         Label = GOLFING
```

그림 1-10 코딩에서 머신러닝으로: 데이터를 모으고 레이블링하기

이제 개발자의 일은 활동을 판단하는 규칙을 찾는 것이 아니라 데이터와 레이블을 매칭하는 코드를 작성하는 것으로 바뀝니다. 이 작업을 통해 코드로 구현할 수 있는 시나리오를 확장할 수 있습니다. 머신러닝은 이런 작업을 위한 기술입니다. 하지만 시작하기 전에 프레임워크가 필요합니다. 텐서플로가 바로 이런 프레임워크죠. 다음 절에서 텐서플로가 무엇인지, 어떻게 설치하는지 알아보겠습니다. 이 장의 후반부에서는 앞의 예시와 같이 두 값 사이의 패턴을 학습하는 첫 번째 코드를 작성해봅니다. 간단한 **"Hello World"** 예제이지만 매우 복잡한 문제에서도 사용하는 기본 코드 패턴을 사용합니다.

인공지능 분야는 매우 크고 추상적입니다. 컴퓨터를 사람처럼 생각하고 행동하도록 만드는 모든 작업을 포함합니다. 사람이 새로운 행동을 익히는 한 가지 방법은 예시를 통해서 배우는 것입니다. 따라서 머신러닝 분야는 인공지능 개발을 위한 도입부라고 생각할 수 있습니다. 머신러닝을 통해 기계는 사람처럼 보고(컴퓨터 비전), 텍스트를 읽는(자연어 처리) 방법 등을 배울 수 있습니다. 이 책에서 텐서플로 프레임워크를 사용해 기초적인 머신러닝을 다루어보겠습니다.

1.4 텐서플로란

텐서플로는 머신러닝 모델을 만들고 사용하기 위한 오픈 소스 플랫폼입니다. 머신러닝에 필요한 많은 알고리즘과 패턴을 텐서플로에 구현해놓았기 때문에 이면에 있는 수학이나 로직을 모두 배울 필요가 없고 당면한 문제에만 집중할 수 있습니다. 취미로 코딩하는 개발자부터 전문 개발자, 인공지능의 영역을 넓히는 연구자까지 모두가 대상입니다. 웹, 클라우드, 모바일, 임베디드 시스템embedded system으로 모델을 배포하는 것까지 지원합니다. 이 책은 이런 시나리오를 모두 다룹니다.

텐서플로의 고수준 구조는 [그림 1-11]과 같습니다.

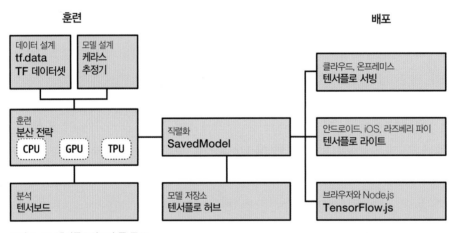

그림 1-11 텐서플로의 고수준 구조

머신러닝 모델을 만드는 과정을 **훈련**training이라고 부릅니다. 컴퓨터가 일련의 알고리즘을 사용해 입력에 대해 학습하고 입력 사이의 차이점을 구별합니다. 예를 들어 고양이와 강아지를 구별하도록 컴퓨터를 훈련하고 싶다면 고양이와 강아지 이미지 여러 개를 사용해 모델을 만듭니다. 컴퓨터는 이 모델을 사용해 고양이와 강아지를 구별하는 특징을 찾아냅니다. 모델이 훈련되고 나면 이를 사용해 새로운 입력을 인식하거나 분류하는데, 그 과정을 **추론**inference이라고 부릅니다.

모델 훈련을 위해 몇 가지 필요 사항이 있습니다. 첫째, 모델 자체를 설계하기 위한 API입니다. 텐서플로에서는 다음 세 가지 방법으로 모델을 설계합니다.

1. 모든 것을 직접 코딩합니다.
2. 컴퓨터가 학습하는 로직을 파악해 코드로 구현합니다(권장하지 않음).
3. 텐서플로에 내장된 추정기^{estimator}를 사용합니다.

추정기는 사전에 구현된 신경망$^{\text{neural network}}$이며 커스터마이징할 수 있습니다. 또는 고수준 API 인 케라스^{Keras}를 사용해 일반적인 머신러닝 개념을 코드로 캡슐화할 수도 있습니다. 이 책은 케라스 API를 사용해 모델을 만드는 데 주로 초점을 맞추겠습니다.

모델을 훈련하는 방법은 많습니다. 대부분의 경우 하나의 칩^{chip}을 사용합니다. CPU$^{\text{central process-}}$ $^{\text{ing unit}}$, GPU$^{\text{graphics processing unit}}$ 또는 TPU$^{\text{tensor processing unit}}$라 불리는 새로운 칩입니다. 고급 개발이나 연구 환경에서는 여러 칩으로 병렬 훈련을 합니다. 여러 칩으로 훈련을 확장하려면 **분산 전략**$^{\text{distribution strategy}}$을 사용합니다.

모든 모델의 핵심은 데이터입니다. 앞서 언급했듯이 고양이와 강아지를 구별하는 모델을 만들고 싶다면 고양이와 강아지 샘플 여러 개로 훈련해야 합니다. 하지만 이런 샘플을 어떻게 관리할 수 있을까요? 앞으로 보게 되겠지만 모델 자체를 만드는 것보다 더 많은 코딩이 필요한 경우가 많습니다. 텐서플로는 이런 과정을 쉽게 처리하기 위해 '텐서플로 데이터 서비스'라는 API 를 제공합니다. 훈련을 위해 한 줄의 코드로 사용할 수 있는 전처리된 데이터셋을 많이 제공하며 원시 데이터를 쉽게 사용하도록 처리하는 도구도 제공합니다.

모델을 만드는 것을 넘어서 사람들이 사용할 수 있도록 제공해야 합니다. 이를 위해 텐서플로는 클라우드나 웹에서 HTTP 연결을 통해 모델 추론을 제공할 수 있는 서빙^{serving} API를 제공합니다. 모바일이나 임베디드 시스템에서 실행하는 모델의 경우 안드로이드와 iOS, 라즈베리 파이$^{\text{Raspberry Pi}}$ 같은 리눅스 기반 임베디드 시스템에서 모델 추론을 수행할 수 있는 텐서플로 라이트$^{\text{TensorFlow Lite}}$를 제공합니다. 텐서플로 라이트의 포크^{fork}인 텐서플로 라이트 마이크로$^{\text{TensorFlow Lite Micro}}$ (TFLM)를 사용하면 마이크로컨트롤러^{microcontroller}에서 추론을 수행할 수도 있습니다. 이 분야를 TinyML이라 부르며 새롭게 떠오르고 있습니다. 마지막으로 브라우저나 Node.js로 모델을 서비스하고 싶다면 TensorFlow.js를 사용해 모델을 훈련하고 실행할 수 있습니다.

다음으로 머신러닝 모델을 만들고 사용하기 위해 텐서플로를 설치하는 방법을 소개하겠습니다.

1.5 텐서플로 사용하기

이번 절에서는 텐서플로를 설치하고 사용할 수 있는 세 가지 주요 방법을 알아봅니다. 명령줄을 사용해 로컬 컴퓨터에 설치하는 방법을 먼저 살펴봅니다. 그다음 인기 있는 파이참^{PyCharm} IDE^{integrated development environment}를 사용해 텐서플로를 설치합니다. 마지막으로 구글 콜랩^{Colab}을 살펴보고 브라우저에서 클라우드 기반 백엔드를 활용해 텐서플로 코드를 작성하는 방법을 알아보겠습니다.

1.5.1 파이썬에서 텐서플로 설치하기

텐서플로에서는 파이썬, 자바를 포함한 여러 언어를 사용해 모델을 만들 수 있습니다. 이 책에서는 주로 파이썬을 사용합니다. 파이썬은 광범위한 수학 모델을 지원하기 때문에 머신러닝의 표준 언어가 되었습니다. 만약 아직 파이썬을 설치하지 않았다면 파이썬 홈페이지(https://www.python.org)를 방문해 설치하세요. 그리고 https://www.learnpython.org에서 파이썬 언어 문법을 배워보세요.

파이썬에서 프레임워크를 설치하는 방법은 많지만 텐서플로 팀이 지원하는 기본적인 방법은 `pip`을 사용하는 것입니다. 따라서 파이썬 환경에서 다음 명령으로 텐서플로를 간편하게 설치할 수 있습니다.

```
pip install tensorflow
```

텐서플로 2.1 버전부터 기본적으로 GPU 버전을 설치합니다.[1] 2.1 버전 이전에는 CPU 버전을 기본으로 사용했습니다. 따라서 설치하기 전에 텐서플로가 지원하는 GPU와 필요한 드라이버를 모두 설치했는지 확인하세요. 자세한 설치 방법은 텐서플로 홈페이지(https://oreil.ly/5upaL)를 참고하세요.

GPU와 드라이버가 준비되어 있지 않다면 다음 명령으로 리눅스, PC, 맥에 텐서플로 CPU 버전을 설치할 수 있습니다.

1 　옮긴이_ tensorflow 패키지는 설치된 시스템에 GPU가 없을 경우 자동으로 CPU를 사용합니다.

```
pip install tensorflow-cpu
```

설치가 완료되면 다음 코드로 텐서플로 버전을 확인합니다.

```
import tensorflow as tf
print(tf.__version__)
```

[그림 1-12]와 같은 출력을 보게 될 것입니다. 현재 설치된 텐서플로 버전이 출력되므로 여기에서는 텐서플로 2.0.0이 설치된 것을 확인할 수 있습니다.[2]

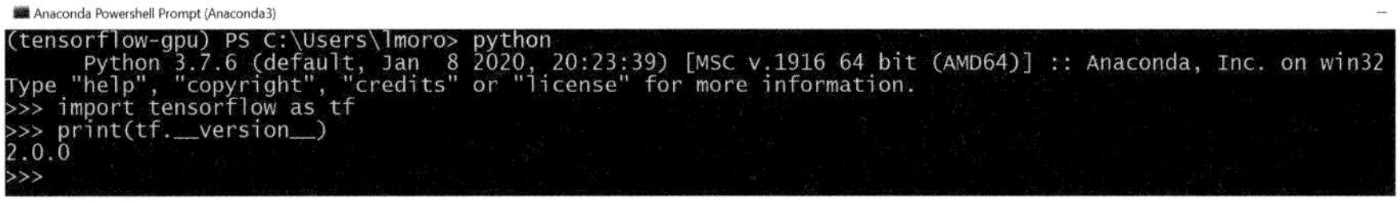

그림 1-12 텐서플로 버전 확인

1.5.2 파이참에서 텐서플로 사용하기

텐서플로 모델 구축을 위해 파이참의 무료 커뮤니티 버전(https://www.jetbrains.com/pycharm)을 추천합니다. 파이참이 유용한 이유는 많지만 필자가 가장 좋아하는 기능 중 하나는 가상 환경 관리가 쉽다는 것입니다. 파이썬 환경마다 특정 프로젝트에 맞는 텐서플로 버전을 설치할 수 있습니다. 예를 들어 한 프로젝트에서 텐서플로 2.0을 사용하고 다른 프로젝트에 텐서플로 2.1을 사용하고 싶다면 가상 환경을 나눌 수 있고, 프로젝트를 바꿀 때마다 라이브러리를 설치하고 삭제할 필요가 없습니다. 또한 파이참을 사용하면 파이썬 코드를 단계별로 디버깅할 수 있습니다. 파이썬을 처음 시작하는 경우 특히 필수적인 기능입니다.

예를 들어 [그림 1-13]에서 **example1**이라는 새로운 프로젝트를 만들고 콘다Conda를 사용해 새로운 환경을 만들려고 합니다. 프로젝트를 만들 때마다 새로운 가상 파이썬 환경을 만들어 원하는 텐서플로 버전을 설치합니다.

---

2 옮긴이_ 번역서는 텐서플로 2.9.0을 사용해 테스트했습니다.

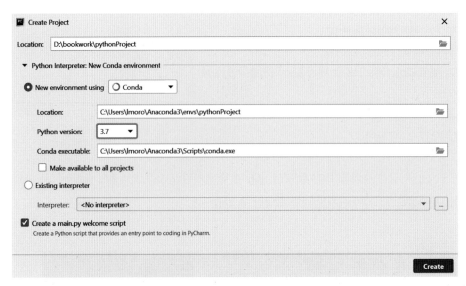

그림 1-13 파이참에서 새로운 가상 환경 만들기

프로젝트를 만들었다면 [File] → [Settings] 대화 상자를 열고[3] 왼쪽 메뉴에서 'Project: ⟨your project name⟩'을 선택합니다. 여기에서 Project Interpreter와 Project Structure 링크를 볼 수 있습니다. Project Interpreter 링크를 선택하면 이 가상 환경에서 사용할 인터프리터와 설치된 패키지 목록이 나타납니다(그림 1-14).

----

3   옮긴이_ 맥 사용자는 [PyCharm] → [Preferences]를 선택합니다.

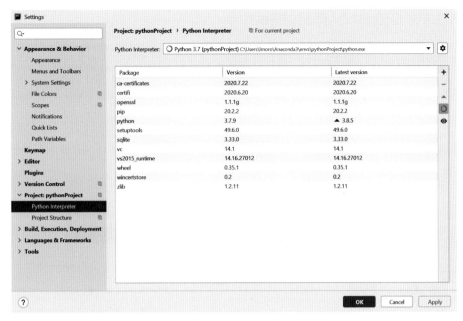

그림 1-14 가상 환경 패키지 목록

오른쪽의 [+] 버튼을 누르면 Available Packages 대화 상자가 열리고 설치 가능한 패키지가 보입니다. 검색 상자에 'tensorflow'를 입력해 이름에 'tensorflow'가 들어가는 패키지를 찾습니다(그림 1-15).

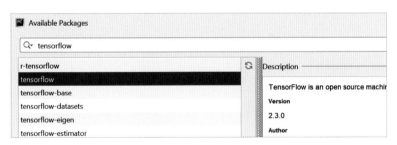

그림 1-15 파이참에서 텐서플로 설치하기

텐서플로 또는 설치하려는 다른 패키지를 선택하고 [Install Package] 버튼을 클릭하면 파이참이 나머지 과정을 진행합니다. 텐서플로가 설치되면 이제 파이썬으로 텐서플로 코드를 작성하고 디버깅할 수 있습니다.

1.5.3 구글 콜랩에서 텐서플로 사용하기

처음에 시작하기 가장 쉬운 또 다른 방법은 구글 콜랩(https://colab.research.google.com)을 사용하는 것입니다. 구글 콜랩은 브라우저로 사용할 수 있는 파이썬 환경입니다. 콜랩이 정말 좋은 점은 GPU와 TPU 백엔드를 제공하기 때문에 최신 하드웨어를 무료로 사용해 모델을 훈련할 수 있다는 것입니다.

콜랩 웹사이트에 방문하면 [그림 1-16]처럼 이전 콜랩 노트북을 선택하거나 새로운 노트북을 시작할 수 있습니다.

예	최근 사용	Google Drive	GitHub	업로드

노트 필터링			

제목	마지막 연 시간 ▲	처음 연 시간 ▼	
CO Colaboratory에 오신 것을 환영합니다	오후 7:12	2019년 11월 13일	☑
◯ 4-2 확률적 경사 하강법.ipynb	오후 2:43	2020년 11월 15일	◎ ☑
◯ other_gradient_boosting.ipynb	2월 6일	2월 6일	◎ ☑
◯ Ch06.ipynb	2월 1일	2019년 8월 22일	◎ ☑
◯ 3-2 선형 회귀.ipynb	2월 1일	2020년 11월 14일	◎ ☑

		새 노트	취소

그림 1-16 구글 콜랩 시작하기

[새 노트]를 클릭하면 코드나 텍스트 셀cell을 추가할 수 있는 편집기가 열립니다(그림 1-17). 셀 왼쪽에 있는 [셀 실행] 버튼(화살표 버튼)을 클릭해 코드를 실행합니다.[4]

----

4 옮긴이_ 콜랩에 대한 간단한 사용법은 『혼자 공부하는 머신러닝+딥러닝』(한빛미디어, 2020) 1장 2절을 참고하세요(https://bit.ly/hg-colab).

그림 1-17 콜랩에서 텐서플로 코드 실행하기

올바른 버전에서 실행하고 있는지 확인하기 위해 항상 텐서플로 버전을 체크하는 것이 좋습니다. 콜랩에 설치된 텐서플로 버전은 거의 항상 최신 버전입니다. 만약 최신 버전이 아닌 경우 앞에서 본 pip install 명령을 코드 셀에 입력해 텐서플로를 업데이트할 수 있습니다.

```
!pip install tensorflow==2.1.0
```

이 명령을 실행하면 콜랩의 현재 환경에서 원하는 버전의 텐서플로를 사용할 수 있습니다.[5]

1.6 머신러닝 시작하기

이번 장 앞부분에서 보았듯이 머신러닝의 패러다임은 데이터와 데이터에 대한 레이블(정답)을 가지고 있을 때 데이터와 레이블을 매핑하는 규칙을 찾는 것입니다. 코드로 작성하기 위해 가장 간단한 시나리오를 생각해보자면 다음과 같습니다. 다음 두 세트의 숫자를 생각해보죠.

---

5 옮긴이_ '!' 문자를 사용하면 다음에 나오는 셀 명령(shell command)을 실행시킬 수 있습니다. 텐서플로를 최신 버전으로 업데이트하려면 !pip install -U tensorflow 명령을 사용하세요. 텐서플로를 업데이트한 후에는 출력되는 메시지 마지막에 나오는 [RESTART RUNTIME] 버튼을 클릭해 콜랩 런타임을 다시 시작해야 합니다.

```
X = -1, 0, 1, 2, 3, 4
Y = -3, -1, 1, 3, 5, 7
```

X 값과 Y 값은 관련이 있습니다. 예를 들어 X가 -1이면 Y가 -3이고, X가 3이면 Y는 5입니다. 어떤 관계가 있는지 보이나요?

조금만 살펴보면 Y = 2X - 1 패턴을 발견할 수 있습니다. 어떻게 이 관계를 파악했나요? 사람마다 방식은 다르겠지만 X가 순서대로 1씩 증가하고 Y는 2씩 증가한다는 것을 관찰할 수 있으므로 Y = 2X +/- 정도를 예측할 것입니다. 그다음 X = 0일 때 Y = -1이므로 Y = 2X - 1이라는 답을 찾을 수 있습니다. 그리고 다른 값이 이 가설에 부합하는지 확인한 후 정답을 Y = 2X - 1로 결정합니다.

머신러닝 과정도 매우 비슷합니다. 텐서플로 코드를 작성해 이런 패턴을 찾는 신경망을 만들어 보겠습니다.[6]

다음은 텐서플로 케라스 API를 사용한 전체 코드입니다. 코드가 아직 이해가 안 되더라도 걱정하지 마세요. 한 줄 한 줄 설명하겠습니다.

```python
import tensorflow as tf
import numpy as np
from tensorflow.keras import Sequential
from tensorflow.keras.layers import Dense

model = Sequential([Dense(units=1, input_shape=[1])])
model.compile(optimizer='sgd', loss='mean_squared_error')

xs = np.array([-1.0, 0.0, 1.0, 2.0, 3.0, 4.0], dtype=float)
ys = np.array([-3.0, -1.0, 1.0, 3.0, 5.0, 7.0], dtype=float)

model.fit(xs, ys, epochs=500)

print(model.predict([10.0]))
```

첫 번째 줄부터 시작해보죠. 신경망에 대해 들어보았다면 아마 [그림 1-18]과 같은 상호 연결된 뉴런이 층층이 쌓여 있는 그림을 본 적이 있을 겁니다.

----

6 옮긴이_ 이번 절의 코드는 번역서 깃허브(https://bit.ly/aiml4corders-git)의 ch01/01-first-model.ipynb 파일에 있습니다.

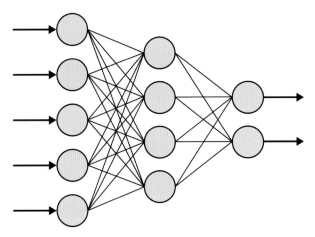

그림 1-18 전형적인 신경망

신경망 그림에서 각각의 동그라미는 **뉴런**neuron[7]이고 세로 한 줄로 나열된 동그라미는 **층**layer입니다. 따라서 [그림 1-18]에는 세 개의 층이 있습니다. 첫 번째 층은 다섯 개의 뉴런, 두 번째 층은 네 개의 뉴런, 세 번째 층은 두 개의 뉴런을 가집니다.

코드의 첫 번째 줄은 가장 간단한 신경망을 정의하고 있습니다.[8] 이 신경망은 하나의 층을 가지고 이 층은 하나의 뉴런을 갖습니다.

```
model = Sequential([Dense(units=1, input_shape=[1])])
```

텐서플로를 사용할 때는 Sequential 클래스로 층을 정의합니다. Sequential 클래스 안에서 층의 형태를 지정합니다. Sequential 클래스 안에 한 줄의 코드만 있으므로 하나의 층만 가집니다.[9]

`keras.layers` API를 사용해 층을 정의할 수 있습니다. 많은 종류의 층이 있지만 여기에서는 Dense 층을 사용합니다. 'Dense'는 뉴런이 완전히(또는 조밀하게) 연결되어 있다는 것을 의

----

7 옮긴이_ 뉴런을 유닛(unit)이라고도 부릅니다.

8 옮긴이_ 파이썬의 import 문을 제외하고 그다음에 나오는 첫 번째 코드를 말합니다. 모델은 추상적인 의미로 다양한 맥락에서 사용될 수 있지만 이 코드에서 볼 수 있듯이 이 책에서 모델은 주로 Sequential 클래스의 객체를 의미합니다. 또한 '신경망' 혹은 '신경망 모델'을 모델과 같은 의미로 사용하기도 합니다.

9 옮긴이_ 파이썬에 익숙한 개발자라면 Sequential 클래스의 객체를 생성할 때 원소가 하나인 파이썬 리스트를 전달하는 코드라는 것을 알 수 있습니다. 이 리스트는 Dense 클래스의 객체를 원소로 가지며 이 객체가 신경망의 층을 표현합니다.

미합니다. [그림 1-18]처럼 한 층의 모든 뉴런이 다른 층의 모든 뉴런과 연결된 상태입니다. 이 층이 가장 일반적인 형태입니다. Dense 층을 units=1로 설정했기 때문에 이 층은 1개의 뉴런을 가집니다. 전체 신경망에 이런 밀집 층^{dense layer}을 한 개 사용합니다. 마지막으로 신경망에 등장하는 첫 번째 층을 정의할 때 입력 데이터의 크기를 지정합니다. 이 경우 입력 데이터는 X이고 숫자 하나이므로 [1]로 지정합니다.

다음 줄부터 진짜 재미있는 부분이 시작됩니다. 코드를 다시 확인해보죠.

```
model.compile(optimizer='sgd', loss='mean_squared_error')
```

이전에 머신러닝을 경험해본 적이 있다면 아마도 많은 수학 공식을 보았을 것입니다. 수년간 미적분을 손 놓고 있었다면 이 부분이 진입 장벽처럼 보일 수 있습니다. 위 코드가 바로 수학이 등장하는 부분이며 머신러닝의 핵심이기도 합니다.

이 경우 컴퓨터는 X와 Y 사이의 관계를 모르기 때문에 추측을 시작합니다. 예를 들어 Y = 10X + 10으로 가정하고 그다음 이 추측이 얼마나 좋고 나쁜지를 측정합니다. 이를 담당하는 것이 **손실 함수**^{loss function}입니다.

X가 -1, 0, 1, 2, 3, 4일 때 정답을 알고 있으므로 손실 함수는 추측으로 만든 답과 비교합니다. Y = 10X + 10으로 추측했다면 X가 -1일 때 Y는 0이 됩니다. 정답은 -3이므로 정답과 약간 벗어났습니다. 하지만 X가 4일 때 추측한 답은 50이고 정답은 7입니다. 이 경우에는 차이가 크네요.

이 정보를 바탕으로 컴퓨터는 다시 추측을 시작합니다. 이를 담당하는 것이 **옵티마이저**^{optimizer}입니다. 여기에서 미적분이 많이 사용되지만 텐서플로를 사용하면 이 과정을 감출 수 있습니다. 상황에 따라 적절한 옵티마이저를 고르기만 하면 됩니다. 이 경우 sgd라는 옵티마이저를 선택했습니다. 이는 **확률적 경사 하강법**^{stochastic gradient descent}의 약자입니다. 추측한 값에서 오차(또는 손실)를 계산한 결과가 주어졌을 때 또 다른 추측을 만드는 복잡한 수학 함수입니다. 이 과정을 반복해 손실을 최소화하며 이를 통해 추측한 식이 정답에 점점 더 가깝도록 만듭니다.

그다음은 층이 기대하는 데이터 포맷으로 숫자를 나열합니다. 파이썬에서 텐서플로는 넘파이^{NumPy}라는 라이브러리를 사용하므로 X와 Y 숫자를 넘파이 배열로 만들겠습니다.

```
xs = np.array([-1.0, 0.0, 1.0, 2.0, 3.0, 4.0], dtype=float)
ys = np.array([-3.0, -1.0, 1.0, 3.0, 5.0, 7.0], dtype=float)
```

훈련 과정은 다음의 model.fit 명령으로 시작됩니다.

```
model.fit(xs, ys, epochs=500)
```

이 코드를 'X와 Y를 사용해 훈련하고 500번 반복하라'고 읽을 수 있습니다. 첫 번째 반복에서 컴퓨터는 관계(예를 들면 Y = 10X + 10)를 추측하고 이 추측이 얼마나 좋고 나쁜지 측정합니다. 그다음 이 결과를 옵티마이저에 피드백해 새로운 추측을 생성합니다. 손실(또는 오차)가 시간이 지남에 따라 줄어드는 로직을 사용해 이 과정을 반복합니다. 결과적으로 이 추측은 점점 더 좋아집니다.

[그림 1-19]는 콜랩 노트북에서 실행한 화면입니다. 손실값의 변화를 눈여겨보세요.

```
Epoch 1/500
6/6 [==============================] - 9s 2s/sample - loss: 3.2868
Epoch 2/500
6/6 [==============================] - 0s 652us/sample - loss: 2.7447
Epoch 3/500
6/6 [==============================] - 0s 323us/sample - loss: 2.3150
Epoch 4/500
6/6 [==============================] - 0s 411us/sample - loss: 1.9737
Epoch 5/500
6/6 [==============================] - 0s 306us/sample - loss: 1.7021
Epoch 6/500
6/6 [==============================] - 0s 496us/sample - loss: 1.4853
Epoch 7/500
6/6 [==============================] - 0s 470us/sample - loss: 1.3117
Epoch 8/500
6/6 [==============================] - 0s 405us/sample - loss: 1.1723
Epoch 9/500
6/6 [==============================] - 0s 616us/sample - loss: 1.0596
Epoch 10/500
6/6 [==============================] - 0s 669us/sample - loss: 0.9682
```

그림 1-19 신경망 훈련

처음 10번의 에폭[epoch][10] 동안 손실이 3.2868에서 0.9682로 줄었습니다. 즉 단 10번의 시도로

---

10 옮긴이_ 훈련 데이터(xs)를 모두 사용해 모델을 1회 훈련하는 것을 에폭이라고 합니다.

신경망의 성능이 처음 추측보다 세 배 나아졌습니다. 그러면 500번째 에폭에서 어떤 일이 일어나는지 살펴보죠(그림 1-20).

```
Epoch 495/500
6/6 [==============================] - 0s 374us/sample - loss: 2.9063e-05
Epoch 496/500
6/6 [==============================] - 0s 540us/sample - loss: 2.8466e-05
Epoch 497/500
6/6 [==============================] - 0s 382us/sample - loss: 2.7882e-05
Epoch 498/500
6/6 [==============================] - 0s 397us/sample - loss: 2.7309e-05
Epoch 499/500
6/6 [==============================] - 0s 367us/sample - loss: 2.6748e-05
Epoch 500/500
6/6 [==============================] - 0s 363us/sample - loss: 2.6199e-05
```

그림 1-20 신경망 훈련: 마지막 5번의 에폭

마지막 손실은 2.61×10^{-5}입니다. 손실이 매우 작은 걸 보니 모델이 Y = 2X − 1의 관계를 거의 찾은 것 같습니다. 즉 컴퓨터가 둘 사이의 관계를 학습한 것입니다.

마지막 코드는 훈련된 모델을 사용해 예측을 실행합니다.

```
print(model.predict([10.0]))
```

NOTE_ 머신러닝 모델을 다룰 때 일반적으로 **예측**prediction이란 용어를 사용합니다. 하지만 미래를 내다본다고 생각하지 마세요! 일정량의 불확실성을 다루기 때문에 이 용어를 사용합니다. 앞서 언급한 활동 감지 시나리오를 다시 생각해보죠. 한 사람이 일정한 속도로 움직인다면 아마도 걷고 있는 상태일 겁니다. 이와 비슷하게 모델이 둘 사이의 패턴에 대해 학습할 때 모델은 아마도 정답이 무엇인지 알려줄 겁니다. 다른 말로 하면 모델은 정답을 예측하고 있습니다. 추론에 대해서는 나중에 설명합니다. 추론은 모델이 수많은 답 중에서 하나를 선택하고, 올바른 답으로 추론하는 것을 말합니다.[11]

X가 10일 때 Y를 예측하라고 모델에 요청하면 어떤 답이 나올까요? 우리는 즉시 19라고 생각하겠지만 모델의 답과 일치하지는 않습니다. 모델은 19에 매우 가까운 값을 출력합니다. 여기에는 몇 가지 이유가 있습니다. 첫째, 손실이 0이 아니라 매우 작은 값이기에 예측이 매우 작은 양만큼만 벗어날 것이라고 예상할 수 있습니다. 둘째, 이 신경망은 매우 작은 양(여섯 쌍의

---

11 옮긴이_ 추론은 새로운 데이터에 대한 예측을 의미합니다. 예측과 추론은 모두 동일한 predict 메서드를 사용하기 때문에 종종 구분하지 않고 사용하기도 합니다.

(X, Y) 값)의 데이터에서 훈련되었기 때문입니다.

이 모델은 하나의 뉴런만 가지고 있습니다. 뉴런은 **가중치**weight와 **절편**bias을 학습합니다. 따라서 뉴런을 Y = WX + B와 같이 나타낼 수 있습니다.[12] 이는 Y = 2X - 1 관계와 정확히 같으므로 W = 2, B = -1을 학습하면 됩니다. 모델이 여섯 개의 데이터로만 훈련했기 때문에 예측이 정답과 정확히 맞지는 않지만 정답에 매우 가까울 것입니다.

코드를 직접 실행해 결과를 확인해보세요. 필자가 실행했을 때는 18.977888을 결과로 얻었습니다. 하지만 신경망이 처음에는 랜덤하게 초기화되기 때문에 여러분이 얻은 값은 조금 다를 수 있습니다. 즉 신경망의 초기 추측이 각자 조금씩 다를 것입니다.

1.6.1 신경망이 학습한 것 확인하기

이 예제는 선형 관계에 있는 X와 Y를 매핑하는 매우 간단한 예제입니다. 이전 절에서 언급했듯이 뉴런은 학습한 가중치와 절편을 갖습니다. 따라서 하나의 뉴런이 Y = 2X - 1 같은 관계를 학습하기에 충분합니다. 여기에서 가중치는 2이고 절편은 -1입니다. 다음처럼 간단한 코드를 추가해 텐서플로에서 학습한 가중치와 절편을 확인할 수 있습니다.

```python
import tensorflow as tf
import numpy as np
from tensorflow.keras import Sequential
from tensorflow.keras.layers import Dense

dense = Dense(units=1, input_shape=[1])
model = Sequential([dense])
model.compile(optimizer='sgd', loss='mean_squared_error')

xs = np.array([-1.0, 0.0, 1.0, 2.0, 3.0, 4.0], dtype=float)
ys = np.array([-3.0, -1.0, 1.0, 3.0, 5.0, 7.0], dtype=float)

model.fit(xs, ys, epochs=500)

print(model.predict([10.0]))
print("신경망이 학습한 것: {}".format(dense.get_weights()))
```

---

12 옮긴이_ 수학에서는 W를 기울기로 부르지만 머신러닝에서는 가중치로 부르는 경우가 많습니다. 이 책에서도 기울기 대신 입력에 곱해지는 일반적인 값이라는 의미로 가중치라고 부릅니다.

Dense 층을 dense 변수에 저장했습니다. 그다음 학습이 끝난 후 이 층이 학습한 값(가중치)을 출력할 수 있습니다.[13]

출력은 다음과 같습니다.

```
신경망이 학습한 것: [array([[1.9967953]], dtype=float32), array([-0.9900647],
dtype=float32)]
```

따라서 X와 Y 사이의 학습된 관계는 Y = 1.9967953X − 0.9900647입니다.

기대했던 Y = 2X − 1과 매우 비슷합니다. 다른 값이 나오더라도 이런 관계가 유지된다고 가정하면 실제와 아주 가까운 값이라고 생각할 수 있습니다.

1.7 마치며

앞서 살펴본 코드가 바로 첫 번째 "Hello World" 머신러닝 프로그램입니다. 두 숫자의 선형 관계를 파악하는 간단한 문제에서 이런 프로그램이 과도하다고 생각할 수 있습니다. 사실 맞습니다. 하지만 여기서 만든 코드 패턴이 더 복잡한 문제에서 사용하는 패턴과 동일하다는 점이 중요합니다. 2장에서 기초적인 컴퓨터 비전 기술을 살펴보면서 점차 깨닫게 될 것입니다. 컴퓨터 비전은 컴퓨터가 그림에서 패턴을 읽는 방법을 학습하고 무엇인지 구별하는 기술입니다.

---

13 옮긴이_ get_weights 메서드는 가중치와 절편을 모두 반환합니다. 이처럼 가중치를 언급할 때 절편까지 포함하는 경우가 많습니다. 여기에서는 Dense 층의 가중치를 나중에 확인하기 위해 dense 변수를 사용했지만 다음처럼 model 객체의 layers 속성을 통해 Dense 층의 객체에 접근할 수도 있습니다. print("신경망이 학습한 것: {}".format(model.layers[0].get_weights()))

## CHAPTER 2

컴퓨터 비전 소개

이전 장에서 머신러닝의 기초적인 작동 방식을 소개했습니다. 신경망으로 데이터와 레이블을 매핑하는 프로그램을 작성하는 방법과 이로부터 항목을 구별하는 규칙을 추론하는 방법을 살펴봤습니다. 다음 단계는 이런 개념을 컴퓨터 비전에 적용해봅니다. 여기서는 모델이 사진 속 사물을 인식하는 방법을 배웁니다. 따라서 모델은 사진에 무엇이 있는지 볼 수 있습니다. 이번 장에서는 잘 알려진 의류 데이터셋을 사용해 의류 아이템을 구별하는 모델을 만듭니다. 이 모델은 여러 의류 아이템의 차이점을 학습합니다.

2.1 의류 아이템 인식하기

첫 번째 예제로 이미지에서 의류 아이템을 인식하기 위해 필요한 것을 생각해보죠. 예를 들어 [그림 2-1]과 같은 의류 아이템이 있습니다.

그림 2-1 의류 샘플

여러분은 그림 속 의류 아이템을 종류별로 알아볼 수 있습니다. 어떤 것이 셔츠, 코트, 드레스인지 구별할 수 있습니다. 하지만 옷을 한 번도 본 적 없는 사람에게 이를 어떻게 설명할 수 있을까요? 신발은 어떻게 설명할까요? 그림에는 종류가 다른 신발 두 개가 있는데 어떻게 설명해야 할까요? 이는 1장에서 이야기한 규칙 기반 프로그래밍이 실패하는 또 다른 영역입니다. 이따금 규칙으로 무언가를 설명하기 불가능한 경우가 있습니다.

컴퓨터 비전도 예외가 아닙니다. 하지만 여러분이 이런 아이템을 인식하는 방법을 생각해보죠. 여러 가지 샘플을 보고 사용 방법을 경험하고, 이를 기반으로 사물을 구별합니다. 그렇다면 컴퓨터로 이 과정을 똑같이 해낼 수 있을까요? 네, 할 수 있습니다. 하지만 제약이 있습니다. 유명한 패션 MNIST 데이터셋을 사용해 의류 아이템을 인식하는 방법을 가르치는 첫 번째 예제를 살펴보겠습니다.

2.1.1 패션 MNIST 데이터셋

알고리즘을 배우고 벤치마킹하는 데 기본이 되는 데이터셋 중 하나는 얀 르쿤^{Yann LeCun}, 코리나 코르테스^{Corinna Cortes}, 크리스토퍼 버지^{Christopher Burges}가 만든 MNIST^{Modified National Institute of Standards and Technology} 데이터셋입니다. 이 데이터셋은 0에서 9까지 손으로 쓴 7만 개의 숫자 이미지로 이루어져 있습니다.

패션 MNIST^{Fashion MNIST}[1]는 MNIST를 그대로 대체할 수 있도록 설계되었습니다. 즉, 패션

---

1 https://oreil.ly/31Nzu

MNIST의 샘플 개수와 이미지 크기, 클래스 개수가 MNIST와 동일합니다. 패션 MNIST에서는 0에서 9까지의 숫자 이미지 대신 10개의 의류 아이템 이미지를 가지고 있습니다. [그림 2-2]는 패션 MNIST 데이터셋의 이미지 샘플입니다. 이 그림에서 세 줄씩 하나의 의류 아이템에 해당됩니다.

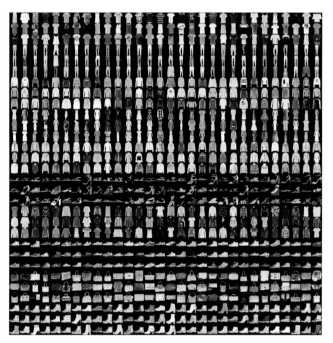

그림 2-2 패션 MNIST 데이터셋

의류 아이템에는 다양한 셔츠, 바지, 드레스, 여러 가지 종류의 신발이 있습니다. 그림에 나타나 있듯이 흑백 이미지이므로 각 사진은 0과 255 사이의 픽셀 값으로 구성됩니다. 덕분에 데이터셋을 쉽게 다룰 수 있습니다.

데이터셋 중 한 개의 이미지를 확대하면 [그림 2-3]과 같습니다.[2]

----

2   옮긴이_ 원본 이미지는 배경이 검고 전경이 밝습니다. 이 그림은 이해를 돕기 위해 흑백 이미지를 반전시킨 것입니다.

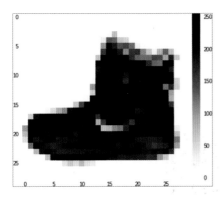

그림 2-3 패션 MNIST 데이터셋에 있는 이미지 확대

다른 이미지와 마찬가지로 픽셀의 사각형 그리드입니다. 이 그리드의 크기는 28 × 28이고 앞에서 언급했듯이 각 픽셀은 0과 255 사이의 값입니다. 이전 장에서 보았던 함수로 이런 픽셀값을 사용하는 방법을 알아보죠.

2.2 컴퓨터 비전을 위한 뉴런

1장에서 컴퓨터가 일련의 X, Y 값을 받아 둘 사이의 관계가 Y = 2X - 1이라는 것을 학습하는 간단한 예제를 보았습니다. 이를 위해 한 개의 층과 한 개의 뉴런으로 구성된 매우 간단한 신경망을 사용했습니다.

이를 그림으로 그리면 [그림 2-4]와 같습니다.

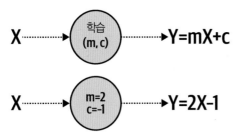

그림 2-4 선형 관계를 학습하는 하나의 뉴런

각 이미지는 0과 255 사이의 784개(28 × 28 = 784) 값으로 구성됩니다. 이 값이 X가 됩니다. 이 데이터셋에 있는 이미지의 종류는 10가지입니다. 이것이 Y가 됩니다. 이 Y를 X의 함수로 나타내고 싶습니다.

이미지마다 784개의 X 값이 있고 Y는 0에서 9사이의 값이므로 이전처럼 Y = mX + c와 같이 매핑할 수 없습니다.

하지만 여러 개의 뉴런을 사용할 수 있습니다. 각 뉴런은 파라미터^{parameter}를 학습하고 이런 파라미터가 함께 동작하는 함수가 있을 때 해당 패턴을 원하는 정답에 매핑할 수 있는지 알아보겠습니다(그림 2-5).

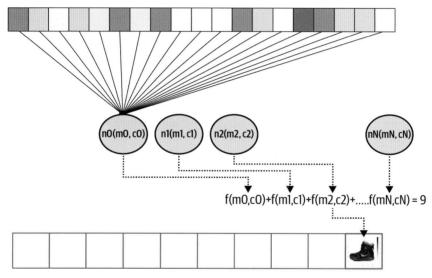

그림 2-5 더 복잡한 예제로 학습 패턴 확장하기

그림에서 위에 있는 상자를 이미지의 각 픽셀 또는 X로 생각할 수 있습니다. 신경망을 훈련할 때 이 값을 뉴런의 층으로 로드합니다. [그림 2-5]는 첫 번째 뉴런에 로드된 것을 보여주지만 뉴런마다 값이 로드됩니다. 각 뉴런은 랜덤하게 초기화된 가중치와 절편(m과 c)을 갖습니다. 그다음 각 뉴런의 출력값을 더해 하나의 값을 얻습니다. 출력 층에 있는 모든 뉴런에서 이 작업이 수행됩니다. 따라서 뉴런 0은 이 픽셀들이 레이블 0에 해당될 확률을 출력하고 뉴런 1은 레

이블 1에 대한 출력을 만드는 식입니다.[3]

시간이 갈수록 이 값이 원하는 출력과 일치하기를 원합니다. 이 이미지와 일치하는 출력은 [그림 2-3]의 앵클부츠에 해당하는 레이블인 숫자 9입니다. 다른 말로 하면 이 뉴런의 출력값이 다른 모든 뉴런보다 커야 합니다.

10개의 레이블이 있으므로 랜덤하게 초기화할 경우 정답의 약 10%를 맞출 것입니다. 여기서부터 손실 함수와 옵티마이저가 에폭마다 뉴런 안의 파라미터를 조정해 이 10%를 향상시킵니다. 따라서 시간이 지나면 컴퓨터는 무엇이 신발이고 드레스인지 구별하는 법을 배우게 됩니다.

2.3 신경망 설계

코드로 어떻게 구현하는지 알아보죠. 먼저 [그림 2-5]에 있는 신경망을 만들어보겠습니다.

```
model = keras.Sequential([
    keras.layers.Flatten(input_shape=(28, 28)),
    keras.layers.Dense(128, activation=tf.nn.relu),
    keras.layers.Dense(10, activation=tf.nn.softmax)
])
```

1장에서는 하나의 층만 포함시켰지만 Sequential 모델은 여기에서처럼 여러 개의 층을 가질 수 있습니다.

첫 번째 Flatten은 뉴런의 층이 아니라 입력을 위한 크기를 지정합니다. 이 예제의 입력은 28 × 28 크기의 이미지이지만 [그림 2-5]의 맨 위에 있는 파란색 사각형처럼 한 줄로 펼친 숫자처럼 다루어야 합니다. Flatten 층[4]은 2D 배열인 행렬을 1D 배열인 벡터로 변환합니다.

----

3   옮긴이_ 신경망에서 입력값 X를 보통 입력 층(input layer)이라고 부릅니다(그림에서 사각형 픽셀). 입력값에 가중치를 곱하고 절편을 더하는 선형 계산을 수행하는 층이 은닉 층(hidden layer)입니다(그림에서 n0(m0,c0)). 출력 층의 각 뉴런은 은닉 층의 모든 출력에 또 다른 가중치와 절편을 적용해 출력을 만듭니다. 이 그림에서는 출력 층의 작업을 단순화해 나타냈습니다.

4   옮긴이_ 본문에서 언급했듯이 Flatten 층은 뉴런(가중치와 절편)이 없고 입력 데이터의 형태만 바꾸는 역할을 하지만 관례상 층으로 부릅니다. 하지만 Flatten 층을 입력 층이라고 부르지는 않습니다. 입력 층은 입력 데이터 자체이며 Sequential 클래스를 사용할 때는 겉으로 드러나지 않습니다.

그다음 Dense는 뉴런의 층입니다. 여기서는 뉴런 128개를 지정했습니다. 이 부분이 바로 [그림 2-5]의 가운데 층입니다. 이런 층을 **은닉 층** hidden layer이라고 부릅니다. 입력과 출력 사이에 위치해 밖에서는 보이지 않으므로 '은닉'되었다고 말합니다. 뉴런 128개의 파라미터는 랜덤하게 초기화됩니다. 이 시점에서 왜 128개인지 궁금해하는 독자가 있을 겁니다. 이는 전적으로 임의로 지정된 숫자입니다. 사용할 뉴런의 개수를 지정하는 일정한 규칙은 없습니다. 층을 설계할 때 모델이 충분히 학습할 수 있는 적절한 뉴런의 개수를 선정해야 합니다. 이때 뉴런의 개수가 많으면 파라미터가 더 많아지므로 실행 속도가 느려집니다. 뉴런이 많으면 훈련 데이터를 잘 학습하는 신경망이 만들어지지만, 본 적이 없는 데이터 처리는 버거워할 수 있습니다. 이를 **과대적합** overfitting이라 부르며 이번 장 뒷부분에서 살펴봅니다. 반대로 뉴런 개수가 적으면 모델의 학습에 필요한 파라미터가 부족하다는 의미입니다.

적절한 값을 선택하려면 약간의 실험이 필요합니다. 이런 과정을 **하이퍼파라미터 튜닝** hyperparameter tuning이라고 부릅니다. 머신러닝에서 하이퍼파라미터는 훈련을 제어하는 데 사용되는 값입니다. 훈련 또는 학습되는 뉴런의 내부 가중치, 즉 파라미터와는 반대입니다.[5]

층에는 **활성화 함수** activation function도 있습니다. 활성화 함수는 층의 각 뉴런에 적용되는 함수입니다. 텐서플로는 여러 가지 활성화 함수를 제공하지만 중간 층에 널리 사용되는 함수 중 하나는 렐루 rectified linear unit (ReLU)입니다. 이 함수는 단순히 0보다 큰 값을 반환하는 간단한 함수입니다. 여기에서는 다음 층의 계산에 음숫값을 전달하고 싶지 않으므로 if-then 코드를 쓰는 대신 ReLU 활성화 함수를 사용할 수 있습니다.

마지막으로 또 다른 Dense 층이 있습니다. 이를 **출력 층** output layer이라고 합니다. 클래스가 10개이므로 10개의 뉴런을 둡니다. 각 뉴런은 입력 픽셀이 해당 클래스에 속할 확률을 출력합니다. 따라서 가장 높은 값을 가진 뉴런을 찾아야 합니다. 이 값을 찾기 위해 루프를 반복할 수 있지만 softmax 활성화 함수가 이를 대신합니다.[6]

이제 이 신경망을 훈련할 때 28 × 28픽셀 배열을 주입하고 중간 층에 있는 뉴런의 가중치와 절편(m과 c)이 결합되어 이 픽셀 값이 10개의 출력값 중 하나에 매핑되도록 만들어야 합니다.

---

5 옮긴이_ 텐서플로 같은 머신러닝 라이브러리의 클래스와 함수의 매개변수가 하이퍼파라미터가 됩니다. 번역서에서는 클래스와 함수의 파라미터는 매개변수로 쓰고 뉴런의 가중치는 원문을 따라 파라미터로 옮겼습니다. 이런 가중치를 모델 파라미터라고 부르기도 합니다.

6 옮긴이_ 소프트맥스(softmax) 함수는 출력 층의 뉴런에서 출력된 값의 합이 1이 되도록 만듭니다. 따라서 출력 층의 출력을 확률처럼 이해하기 좋게 만듭니다.

2.3.1 전체 코드

신경망 구조를 살펴보았으니 패션 MNIST 데이터에서 모델을 훈련하는 전체 코드를 알아보겠습니다.

```python
import tensorflow as tf
data = tf.keras.datasets.fashion_mnist

(training_images, training_labels), (test_images, test_labels) = data.load_data()

training_images  = training_images / 255.0
test_images = test_images / 255.0

model = tf.keras.models.Sequential([
    tf.keras.layers.Flatten(input_shape=(28, 28)),
    tf.keras.layers.Dense(128, activation=tf.nn.relu),
    tf.keras.layers.Dense(10, activation=tf.nn.softmax)
])

model.compile(optimizer='adam',
              loss='sparse_categorical_crossentropy',
              metrics=['accuracy'])

model.fit(training_images, training_labels, epochs=5)
```

한 줄씩 살펴보죠. 먼저 데이터를 로드합니다.

```python
data = tf.keras.datasets.fashion_mnist
```

케라스는 이처럼 한 줄의 코드로 로드할 수 있는 데이터셋을 여러 개 내장하고 있습니다. 이 경우 직접 7만 개의 이미지를 다운로드해 훈련 세트와 테스트 세트로 나누는 작업 등을 수행할 필요가 없습니다. 모든 작업은 단 한 줄의 코드로 끝납니다. 텐서플로 데이터셋 API를 사용하는 더 고급 방법이 있지만 초반에 새로 배워야 할 개념을 줄이기 위해 여기서는 tf.keras.datasets을 사용하겠습니다.

그다음 load_data 메서드를 호출하면 훈련 세트와 테스트 세트가 반환됩니다.

```
    (training_images, training_labels),
    (test_images, test_labels) = data.load_data()
```

패션 MNIST는 6만 개의 훈련 이미지와 1만 개의 테스트 이미지로 구성됩니다. 따라서 `data.load_data`에서 반환받은 `training_images`는 6만 개의 28 × 28픽셀 배열이고 `training_labels`는 6만 개의 원소(0~9)로 이루어진 배열입니다. 비슷하게 `test_images`는 1만 개의 28 × 28픽셀 배열이고 `test_labels`는 0에서 9 사이 1만 개의 값을 담은 배열입니다.

이번 예제는 1장에서 X를 Y에 매핑한 것과 비슷한 방식으로 훈련 이미지를 훈련 레이블에 매핑하는 것이 목표입니다.

신경망이 훈련하는 동안 볼 수 없도록 테스트 이미지와 테스트 레이블은 따로 보관합니다. 나중에 본 적 없는 데이터로 신경망의 성능을 평가할 때 이를 사용합니다.

그다음 코드는 약간 이상하게 보일 수 있습니다.

```
    training_images  = training_images / 255.0
    test_images = test_images / 255.0
```

이 표현으로 전체 배열에 연산을 적용할 수 있습니다. 이미지 픽셀이 모두 흑백이므로 0에서 255 사잇값을 가집니다. 255로 나누면 각 픽셀을 0에서 1 사이의 값으로 나타낼 수 있습니다. 이런 과정을 **정규화**^{normalization}라고 합니다.

신경망을 훈련할 때 정규화된 데이터가 더 좋은 이유를 수학적으로 설명하는 것은 이 책의 범위를 넘어섭니다. 하지만 텐서플로에서 신경망을 훈련할 때 정규화가 성능을 높인다는 것을 기억하세요. 정규화되지 않은 데이터를 다루면 종종 신경망이 학습하지 못하거나 오류가 발생하기 쉽습니다. 1장의 Y = 2X - 1 예제는 매우 간단하므로 데이터를 정규화하지 않았습니다. 시험 삼아 훨씬 큰 X 값으로 훈련해보면 금방 실패하는 것을 볼 수 있습니다.

다음 코드는 앞서 언급한 것처럼 신경망을 정의해 모델을 만듭니다.

```
model = tf.keras.models.Sequential([
    tf.keras.layers.Flatten(input_shape=(28, 28)),
    tf.keras.layers.Dense(128, activation=tf.nn.relu),
```

```
        tf.keras.layers.Dense(10, activation=tf.nn.softmax)
    ])
```

이전처럼 모델을 컴파일할 때 손실 함수와 옵티마이저를 지정합니다.

```
model.compile(optimizer='adam',
              loss='sparse_categorical_crossentropy',
              metrics=['accuracy'])
```

이 손실 함수를 **희소한 범주형 크로스 엔트로피**sparse categorical cross entropy라고 부릅니다. 텐서플로에서 제공하는 손실 함수 중 하나입니다. 사용할 손실 함수를 고르는 것은 하나의 예술입니다. 나중에 어떤 손실 함수가 어떤 경우에 가장 알맞은지 알게 될 것입니다. 1장에서 만든 모델과 가장 큰 차이점은 하나의 숫자를 예측하는 것이 아니라 하나의 카테고리category를 선택하는 것입니다. 의류 아이템은 10개의 카테고리 중 하나에 속해 있기 때문에 범주형 손실 함수를 사용합니다. 이번 예제에서는 희소한 범주형 크로스 엔트로피가 좋은 선택입니다.[7]

옵티마이저를 선택할 때도 동일합니다. adam 옵티마이저는 1장에서 사용한 확률적 경사 하강법(sgd) 옵티마이저가 진화한 것으로 더 빠르고 효율적이라고 알려져 있습니다. 6만 개의 훈련 이미지를 다루기 때문에 훈련 속도를 높이는 것이 도움이 되므로 adam 옵티마이저를 선택했습니다.

이 코드에서 측정값을 리포트하기 위해 지정하는 새로운 줄을 볼 수 있습니다. 여기서는 훈련하는 동안 신경망의 정확도를 리포트하려고 합니다. 1장 예제에서는 손실만 리포트했습니다. 손실이 감소되는 현상을 보며 신경망이 학습 중이라고 판단했습니다. 여기서는 신경망의 학습을 확인하기 위해 정확도를 살펴봅니다. 정확도는 입력 픽셀을 출력 레이블에 얼마나 정확하게 매핑하는지를 알려줍니다.[8]

그다음 훈련 이미지를 훈련 레이블에 매핑하도록 5번의 에폭 동안 신경망을 훈련합니다.

```
model.fit(training_images, training_labels, epochs=5)
```

---

7 옮긴이_ 레이블이 정수(0~9)일 때는 sparse_categorical_crossentropy를 사용합니다. 원-핫 인코딩(one-hot encoding)된 레이블의 경우는 categorical_crossentropy 손실 함수를 사용합니다. 8장에서 이런 예를 볼 수 있습니다.

8 옮긴이_ 1장의 경우처럼 어떤 실수를 예측하는 문제를 회귀(regression)라고 하며 패션 MNIST처럼 하나의 카테고리를 예측하는 문제를 분류(classification)라고 합니다. 분류의 경우 정확하게 맞춘 비율을 나타내는 정확도가 대표적인 모델의 성능 지표로 사용됩니다.

마지막으로 코드 한 줄을 사용해 모델을 평가하는 새로운 작업을 할 수 있습니다. 테스트를 위해 준비한 1만 개의 이미지와 레이블을 훈련된 모델에 전달해 각 이미지의 출력을 얻고 실제 레이블과 비교하며 결과를 확인합니다.

```
model.evaluate(test_images, test_labels)
```

2.4 신경망 훈련하기

코드를 실행하면 신경망이 에폭마다 훈련됩니다. 훈련이 끝나면 다음과 비슷한 결과를 얻게 됩니다.

```
58016/60000 [=====>.] - ETA: 0s - loss: 0.2941 - accuracy: 0.8907
59552/60000 [=====>.] - ETA: 0s - loss: 0.2943 - accuracy: 0.8906
60000/60000 [] - 2s 34us/sample - loss: 0.2940 - accuracy: 0.8906
```

에폭마다 정확도가 출력됩니다. 이 모델은 훈련 데이터를 사용해 5번의 에폭 후에 약 89% 정확도를 얻었습니다.

하지만 테스트 세트에서는 어떨까요? 테스트 세트로 model.evaluate 메서드를 호출하면 다음과 같은 결과를 얻습니다.

```
10000/1 [====] - 0s 30us/sample - loss: 0.2521 - accuracy: 0.8736
```

여기에서는 모델의 정확도가 87.36%입니다. 5번의 에폭 동안 훈련한 것치고는 나쁘지 않습니다.

훈련 데이터에서보다 테스트 데이터에서 정확도가 낮은 이유가 궁금할 수 있습니다. 이는 매우 흔한 현상이며 이유를 곰곰이 생각해보면 이해할 수 있습니다. 신경망은 훈련에 사용한 이미지를 출력에 매핑하는 방법만 알고 있습니다. 데이터가 충분히 제공되면 훈련에 사용된 샘플을 일반화할 수 있으리라 기대합니다. 즉 신발이나 드레스처럼 보이는 것을 학습합니다. 하지만 본 적 없고 혼동하기 쉬운 다른 샘플도 항상 존재합니다.

예를 들어 스니커즈만 보고 자라서 스니커즈가 신발의 전부라고 알고 있다면 하이힐을 처음 보았을 때 조금 당황할 수 있습니다. 경험상 신발이라고 추측하지만 확신하진 못합니다. 이와 비슷한 개념입니다.

2.5 모델 출력 살펴보기

모델을 훈련했고 테스트 세트에서 양호한 정확도도 얻었습니다. 이 모델의 출력을 좀 더 살펴보죠.

```
classifications = model.predict(test_images)
print(classifications[0])
print(test_labels[0])
```

model.predict 메서드에 테스트 이미지를 전달해 분류 결과를 얻습니다. 그다음 첫 번째 분류 결과를 출력해 테스트 레이블과 비교합니다.

```
[1.9177722e-05 1.9856788e-07 6.3756357e-07 7.1702580e-08 5.5287035e-07
 1.2249852e-02 6.0708484e-05 7.3229447e-02 8.3050705e-05 9.1435629e-01]
 9
```

분류 결과는 배열로 전달됩니다. 이 값은 10개의 뉴런에서 출력한 것입니다. 첫 번째 의류 아이템의 실제 레이블은 9입니다. 배열을 살펴보면 다른 값들은 매우 작고 마지막 값인 배열 인덱스 9가 가장 크다는 것을 확인할 수 있습니다. 이 값은 이미지가 특정 인덱스의 레이블에 매칭될 확률입니다. 따라서 이 신경망은 인덱스 0에 있는 의류 아이템이 91.4%의 확률로 레이블 9라고 출력한 것입니다. 이 이미지는 레이블 9이므로 정확하게 맞추었습니다.

다른 샘플도 시도해보고 모델이 틀린 경우를 찾아보세요.

2.6 더 오래 훈련하기: 과대적합

앞에서는 5번의 에폭 동안만 훈련했습니다. 즉 뉴런을 랜덤하게 초기화한 후에 훈련 세트를 모델에 전달해 그 결과를 레이블과 비교하고, 손실 함수로 성능을 측정하고, 그다음 옵티마이저를 업데이트하는 전체 훈련 과정을 5번 수행했습니다. 이로써 얻은 결과는 꽤 훌륭했습니다. 훈련 세트에서 89%의 정확도, 테스트 세트에서는 87%의 정확도를 달성했습니다. 더 오래 훈련하면 어떻게 될까요?

에폭 수를 5에서 50으로 늘려 훈련해보죠. 훈련 세트에서 얻은 정확도는 다음과 같습니다.

```
58112/60000 [==>.] - ETA: 0s - loss: 0.0983 - accuracy: 0.9627
59520/60000 [==>.] - ETA: 0s - loss: 0.0987 - accuracy: 0.9627
60000/60000 [====] - 2s 35us/sample - loss: 0.0986 - accuracy: 0.9627
```

놀랍네요. 기존보다 훨씬 높은 96.27%의 정확도를 달성했습니다. 다음과 같이 테스트 세트의 정확도는 88.6%입니다.

```
[====] - 0s 30us/sample - loss: 0.3870 - accuracy: 0.8860
```

훈련 세트의 정확도는 크게 높아졌지만 테스트 세트에 대한 정확도는 조금만 향상되었습니다. 오래 훈련했기 때문에 더 높은 성능이 나오긴 했지만 항상 이러한 결과가 나오지는 않습니다. 이 신경망은 훈련 세트에서 훨씬 높은 성능을 달성했지만 월등하게 더 나은 모델은 아닙니다. 사실 정확도 차이가 더 커졌으므로 모델이 훈련 세트에 특화되었음을 보여줍니다. 이를 **과대적합**이라고 부릅니다. 신경망을 만들 때 주의해야 할 문제이므로 나중에 이를 피할 수 있는 여러 가지 기법을 소개합니다.

2.7 훈련 조기 종료

지금까지 훈련할 에폭 횟수를 하드코딩했습니다. 이런 방법도 가능하지만 원하는 성능이 나올 때까지 에폭 수를 바꾸고 훈련을 반복하는 대신, 원하는 정확도에 도달하면 훈련을 멈추게 하는 것이 더 좋습니다. 예를 들어 몇 번의 에폭이 필요할지 정확히는 모르겠지만 모델이 훈련 세트에서 95%의 정확도에 도달할 때까지 훈련하고 싶다면 어떻게 해야 할까요?

가장 쉬운 방법은 훈련하는 동안 **콜백**^{callback}을 사용하는 것입니다. 콜백을 사용하는 코드로 바꾸어보죠.

```
import tensorflow as tf

class myCallback(tf.keras.callbacks.Callback):
    def on_epoch_end(self, epoch, logs={}):
        if(logs.get('accuracy')>0.95):
            print("\n정확도 95%에 도달하여 훈련을 멈춥니다!")
            self.model.stop_training = True

callbacks = myCallback()
mnist = tf.keras.datasets.fashion_mnist

(training_images, training_labels),
(test_images, test_labels) = mnist.load_data()

training_images=training_images/255.0
test_images=test_images/255.0

model = tf.keras.models.Sequential([
    tf.keras.layers.Flatten(input_shape=(28, 28)),
    tf.keras.layers.Dense(128, activation=tf.nn.relu),
    tf.keras.layers.Dense(10, activation=tf.nn.softmax)
])

model.compile(optimizer='adam',
              loss='sparse_categorical_crossentropy',
              metrics=['accuracy'])

model.fit(training_images, training_labels, epochs=50,
          callbacks=[callbacks])
```

바뀐 부분을 살펴봅시다. 먼저 `myCallback` 클래스를 만들었습니다. 이 클래스는 `tf.keras.callbacks.Callback` 클래스를 상속합니다. `myCallback` 클래스 안에 `on_epoch_end` 함수를 정의합니다. 이 함수로 에폭에 대한 자세한 로그가 제공됩니다. 이 로그에는 정확도가 포함되어 있기 때문에 이 값이 `0.95`(95%)보다 큰지 확인할 수 있습니다. 정확도가 `0.95`보다 크면 `self.model.stop_training = True`로 지정해 훈련을 멈춥니다.

myCallback 클래스를 정의한 후 이 클래스의 인스턴스 callbacks 객체를 만듭니다.

이제 model.fit 호출을 확인해보죠. 에폭 횟수를 50으로 업데이트했고 callbacks 매개변수를 추가했습니다. 이 매개변수에 callbacks 객체를 전달합니다.

훈련할 때 매 에폭 끝에서 콜백 함수가 호출됩니다. 에폭이 종료될 때마다 정확도를 확인하고 약 34번째 에폭에서 훈련 정확도가 95%에 도달해 훈련이 종료됩니다(랜덤한 초기화로 인해 여러분의 실행 결과가 다를 수 있지만 비슷한 에폭 횟수에서 종료될 것입니다).

```
56896/60000 [====>..] - ETA: 0s - loss: 0.1309 - accuracy: 0.9500
58144/60000 [====>.] - ETA: 0s - loss: 0.1308 - accuracy: 0.9502
59424/60000 [====>.] - ETA: 0s - loss: 0.1308 - accuracy: 0.9502
정확도 95%에 도달하여 훈련을 멈춥니다!
```

2.8 마치며

1장에서 머신러닝이 입력을 출력에 매핑하기 위해 신경망을 이용해 복잡한 패턴 매칭을 수행하는 방법을 배웠습니다. 이번 장에서는 하나의 뉴런을 넘어서 첫 번째 매우 기본적인 컴퓨터 비전 신경망을 만드는 법을 배웠습니다. 데이터 때문에 약간의 제한이 있었습니다. 모든 이미지는 28 × 28 크기 흑백이고 의류 아이템은 사진 중앙에 놓여 있습니다. 시작하기에는 좋지만 매우 통제된 예제입니다. 비전 작업을 더 잘 수행하려면 컴퓨터가 원본 픽셀 대신에 이미지의 특징을 학습해야 합니다.

이때 **합성곱**convolution을 사용하면 앞서 언급한 작업을 수행할 수 있습니다. 다음 장에서 이미지의 콘텐츠를 이해하기 위해 합성곱 신경망을 만드는 방법을 배워보겠습니다.

## CHAPTER 3

고급 컴퓨터 비전: 이미지에서 특징 감지하기

2장에서는 패션 MNIST 데이터셋의 픽셀을 의류 종류(또는 클래스)를 나타내는 10개의 레이블에 매핑하는 간단한 신경망을 만들어보며 컴퓨터 비전을 시작해보았습니다. 의류 아이템을 잘 감지하는 신경망을 만들었지만 확실히 제한적입니다. 이 신경망은 아이템 하나가 이미지 중앙에 놓인 작은 흑백 이미지로 훈련되었습니다.

모델을 한 단계 더 발전시키려면 이미지에 있는 특징을 감지해야 합니다. 예를 들어 이미지에 있는 원본 픽셀을 보는 것 대신에 이미지를 어떤 구성 요소로 필터링하는 방법이 있다면 어떨까요? 원본 픽셀 대신 이런 구성 요소를 매핑하면 이미지 안의 내용을 훨씬 더 효과적으로 감지할 수 있습니다. 이전 장에서 보았던 패션 MNIST 데이터셋을 생각해보죠. 신발을 감지할 때 이미지 아래에 모여 있는 검은 픽셀에 의해 활성화되었을지도 모릅니다. 이 부분을 신발이라고 생각했을지 모르죠. 하지만 신발이 중앙에 있지 않거나 이미지 프레임을 채우지 못하면 이런 논리는 성립되지 않습니다.

특징을 감지하는 방법은 우리에게 익숙한 사진과 이미지 처리 방법에서 찾을 수 있습니다. 포토샵이나 김프^{GIMP} 같은 도구를 사용해 이미지를 선명하게 만들어봤다면 수학적 필터^{filter}를 이미지 픽셀에 적용한 것입니다. 이런 필터를 **합성곱**^{convolution}이라고 합니다. 신경망에 이 필터를 사용해 **합성곱 신경망**^{convolutional neural network}(CNN)을 만들어보겠습니다.

이번 장에서는 합성곱으로 이미지에서 특징을 감지하는 방법을 배웁니다. 그다음 이런 특징을 기반으로 이미지를 분류하는 방법을 자세히 알아봅니다. 이미지 증식을 통해 풍부한 특징을 얻고 전이 학습으로 다른 사람이 만든 기존의 특징을 사용해봅니다. 그다음 드롭아웃으로 모델을 최적화하는 방법을 간단히 알아보겠습니다.

3.1 합성곱

합성곱은 단순한 가중치의 필터로서 픽셀에 가중치를 곱해서 새로운 픽셀 값을 만듭니다. 예를 들어 패션 MNIST의 앵클부츠 이미지의 픽셀 값이 [그림 3-1]과 같다고 가정해보죠.

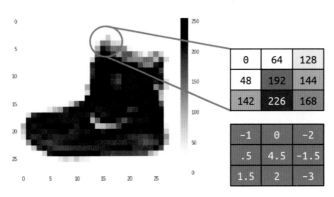

그림 3-1 앵클부츠 합성곱

중앙의 픽셀 값은 192입니다(패션 MNIST는 0~255 사이의 흑백 이미지라는 것을 기억하세요). 가운데 픽셀의 왼쪽 위 픽셀 값은 0이고 바로 위 픽셀 값은 64입니다.

아래에 있는 파란 그리드처럼 3 × 3 격자 크기의 필터를 정의하면 픽셀을 새로운 값으로 변환할 수 있습니다. 3 × 3 이미지 픽셀에 있는 값을 필터의 동일한 위치에 있는 값과 곱한 뒤 모두 더합니다. 이 값이 현재 픽셀에 대한 새로운 값입니다. 이 과정을 이미지에 있는 모든 픽셀에 반복합니다.

이 경우 픽셀의 현잿값은 이미지 그리드 중앙에 있는 192이지만 필터를 적용한 후 새로운 값은 다음과 같습니다.

```
new_val = (-1 * 0) + (0 * 64) + (-2 * 128) +
    (.5 * 48) + (4.5 * 192) + (-1.5 * 144) +
    (1.5 * 142) + (2 * 226) + (-3 * 168)
```

계산된 결과는 577이며 픽셀의 새로운 값이 됩니다. 이런 과정을 이미지에 있는 모든 픽셀에 반복해 필터링된 이미지를 만듭니다.

조금 더 복잡한 이미지에 필터를 적용할 때의 효과를 생각해보죠. 아래 이미지는 사이파이^{SciPy}의 ascent() 함수에서 제공하는 테스트 이미지입니다. 두 사람이 계단을 올라가는 모습을 담은 512 × 512 흑백 이미지입니다.

[그림 3-2]에서처럼 왼쪽 열에 음수, 가운데 열에 0, 오른쪽 열에 양수인 필터를 사용하면 수직선을 제외하고 대부분의 정보를 제거할 수 있습니다.

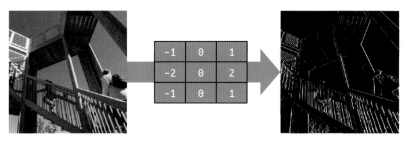

그림 3-2 수직선을 강조하는 필터

이와 유사하게 [그림 3-3]처럼 필터를 바꾸면 수평선을 강조할 수 있습니다.

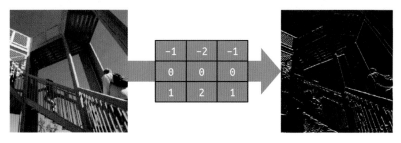

그림 3-3 수평선을 강조하는 필터

이 예제는 이미지의 많은 정보가 축소되기 때문에 이미지를 **특성**^{feature1}으로 압축하는 필터를 학습할 수 있다는 것을 보여줍니다. 이런 특성을 레이블에 매핑할 수 있습니다. 이전에 입력을 출력에 매핑하기 위해 뉴런의 파라미터를 학습시켰습니다. 비슷한 방식으로 입력을 출력에 매핑하는 최상의 필터를 학습할 수 있습니다.

다음으로 특성은 유지하되 이미지에 있는 정보량은 줄일 수 있는 방법인 풀링을 살펴봅니다.

3.2 풀링

풀링^{pooling}은 이미지 안에 있는 콘텐츠의 의미를 보존하면서 이미지의 픽셀을 줄이는 과정입니다. 그림으로 보면 이해하기 쉽습니다. [그림 3-4]는 **최대 풀링**^{max pooling} 과정을 보여줍니다.

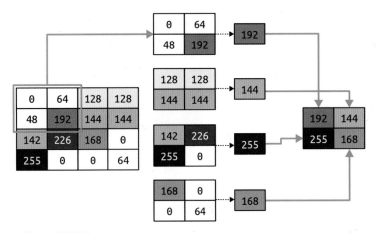

그림 3-4 최대 풀링

여기에서 흑백 이미지 왼쪽 위에 있는 주황색 상자를 생각해보죠. 이 상자 안에 든 픽셀을 추출하면 2 × 2 배열이 됩니다. 이런 식으로 16개의 픽셀을 네 개의 2 × 2 배열로 작게 나눕니다. 이를 풀링이라고 합니다.

그다음 각 그룹에서 최댓값을 선택하고 이를 새로운 이미지로 재조립합니다. 따라서 왼쪽에 있

---

1   옮긴이_ 입력 데이터의 속성(패션 MNIST의 경우 각 픽셀 값)을 종종 특성이라고 부릅니다. 번역서에서는 feature을 문맥에 맞게 '특징' 또는 '특성'으로 옮겼습니다.

는 픽셀이 16에서 4로 75% 줄어듭니다. 각 풀링 과정에서 선택한 최댓값을 새로운 이미지로 만들기 때문입니다.

[그림 3-5]는 [그림 3-2]의 이미지에 수직 필터를 적용하고 최대 풀링을 적용한 모습입니다.

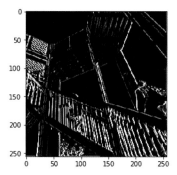

그림 3-5 수직 필터와 최대 풀링을 적용한 이미지

필터로 추출한 특성이 유지될 뿐만 아니라 강조되었습니다. 또한 이미지 크기가 원본 크기 512 × 512에서 256 × 256로 1/4 줄었습니다.

> **NOTE_** 이외에도 풀링 단계에서 가장 작은 값을 선택하는 최소 풀링min pooling과 평균값을 선택하는 평균 풀링average pooling이 있습니다.

3.3 합성곱 신경망 만들기

2장에서 패션 MNIST 이미지를 인식하는 신경망을 만들었습니다. 해당 코드는 다음과 같습니다.

```python
import tensorflow as tf
data = tf.keras.datasets.fashion_mnist

(training_images, training_labels), (test_images, test_labels) = data.load_data()

training_images = training_images / 255.0
```

```
test_images = test_images / 255.0

model = tf.keras.models.Sequential([
    tf.keras.layers.Flatten(input_shape=(28, 28)),
    tf.keras.layers.Dense(128, activation=tf.nn.relu),
    tf.keras.layers.Dense(10, activation=tf.nn.softmax)
])

model.compile(optimizer='adam',
              loss='sparse_categorical_crossentropy',
              metrics=['accuracy'])

model.fit(training_images, training_labels, epochs=5)
```

이를 합성곱 신경망으로 바꾸려면 간단하게 모델 정의에 합성곱 층을 쓰면 됩니다. 그리고 풀링 층도 추가하겠습니다.

합성곱 층으로 **tf.keras.layers.Conv2D**를 사용합니다. 이 클래스는 층에 사용할 합성곱 필터 개수, 필터 크기, 활성화 함수 등을 매개변수로 받습니다.

예를 들어 신경망의 첫 번째 층으로 합성곱을 사용하는 예는 다음과 같습니다.

```
tf.keras.layers.Conv2D(64, (3, 3), activation='relu',
                       input_shape=(28, 28, 1)),
```

여기에서는 64개의 합성곱 필터를 학습합니다. 필터는 랜덤하게 초기화되고 시간이 지남에 따라 입력을 레이블로 매핑하기 위해 가장 좋은 필터 값을 학습합니다. (3, 3)은 필터의 크기입니다. 앞에서 3×3 필터를 언급했는데 바로 여기서 크기를 지정합니다. 이 크기가 가장 일반적이며 다른 값으로 바꿀 수 있지만 일반적으로 5×5와 7×7 같은 홀수를 사용합니다.

activation과 **input_shape**은 이전과 동일합니다. 여기서는 패션 MNIST를 사용하기 때문에 이미지 크기는 그대로 28×28입니다. 하지만 **Conv2D** 층은 컬러 이미지를 위해 설계되었기 때문에 세 번째 차원을 1로 지정해야 합니다. 따라서 입력 크기는 $28 \times 28 \times 1$이 됩니다. 컬러 이미지는 일반적으로 R, G, B 값(빨강, 녹색, 파랑)으로 저장되므로 컬러 이미지의 세 번째 차원은 3이 됩니다.

신경망에서 풀링 층은 다음처럼 사용합니다. 보통 합성곱 층 바로 뒤에 적용합니다.

```
tf.keras.layers.MaxPooling2D((2, 2)),
```

[그림 3-4]에서 이미지를 2 × 2 크기로 나누고 가장 큰 값을 골랐습니다. 풀링 크기는 코드의 (2, 2)처럼 매개변수를 이용해 2 × 2 풀링임을 지정합니다.[2]

이제 패션 MNIST 데이터셋을 위한 전체 CNN 코드를 확인해보죠.

```
import tensorflow as tf

data = tf.keras.datasets.fashion_mnist

(training_images, training_labels), (test_images, test_labels) = data.load_data()

training_images = training_images.reshape(60000, 28, 28, 1)
training_images = training_images / 255.0
test_images = test_images.reshape(10000, 28, 28, 1)
test_images = test_images / 255.0

model = tf.keras.models.Sequential([
    tf.keras.layers.Conv2D(64, (3, 3), activation='relu',
                           input_shape=(28, 28, 1)),
    tf.keras.layers.MaxPooling2D((2, 2)),
    tf.keras.layers.Conv2D(64, (3, 3), activation='relu'),
    tf.keras.layers.MaxPooling2D((2, 2)),
    tf.keras.layers.Flatten(),
    tf.keras.layers.Dense(128, activation=tf.nn.relu),
    tf.keras.layers.Dense(10, activation=tf.nn.softmax)
])

model.compile(optimizer='adam',
              loss='sparse_categorical_crossentropy',
              metrics=['accuracy'])

model.fit(training_images, training_labels, epochs=50)

model.evaluate(test_images, test_labels)
```

---

2 옮긴이_ 이 예제에서처럼 풀링의 높이와 너비가 동일한 경우 MaxPooling2D(2)와 같이 하나의 숫자로 지정할 수 있습니다.

```
classifications = model.predict(test_images)
print(classifications[0])
print(test_labels[0])
```

몇 가지 언급할 사항이 있습니다. 입력 크기가 Conv2D 층이 기대한 것과 일치해야 하기 때문에 28 × 28 × 1로 업데이트한 것을 기억하시나요? 데이터도 이에 맞게 크기를 바꾸어야 합니다. 28 × 28은 이미지에 있는 픽셀 개수이고 1은 컬러 채널의 개수입니다. 일반적으로 흑백 이미지는 채널이 1개이고 컬러 이미지는 R, G, B를 위한 3개의 채널을 가집니다. 각 채널의 값은 해당 색상의 강도를 나타냅니다.

따라서 이미지를 정규화하기 전에 배열에 차원을 추가합니다. 다음 코드는 훈련 세트에 있는 6만 개의 이미지를 28 × 28 크기에서 28 × 28 × 1 크기로 바꿉니다(즉, 60000 × 28 × 28 배열이 60000 × 28 × 28 × 1이 됩니다).

```
training_images = training_images.reshape(60000, 28, 28, 1)
```

테스트 데이터셋도 동일하게 바꿉니다.

심층 신경망 deep neural network (DNN)을 사용했을 때 입력을 첫 번째 Dense 층에 주입하기 전에 Flatten 층에 먼저 통과시켰습니다. 여기에서는 Flatten 층이 없고 대신 입력 크기를 지정합니다. 합성곱과 풀링 층 다음에는 Flatten 층으로 데이터를 펼쳐서 Dense 층에 전달합니다.

2장에서 했던 것처럼 동일한 데이터로 이 신경망을 50번의 에폭 동안 훈련하면 정확도가 높아지는 것을 볼 수 있습니다. 이전에는 50번의 에폭 동안 훈련해 테스트 세트에서 89% 정확도를 달성했지만 이번에는 절반 정도인 24나 25번 에폭에서 99% 정확도를 달성합니다. 신경망에 합성곱 층을 추가해 이미지를 분류하는 능력을 크게 향상시켰습니다. 다음 절에서는 이미지가 신경망을 통과하는 과정을 살펴보고 작동 원리를 조금 더 자세히 살펴보겠습니다.

3.4 합성곱 신경망 살펴보기

`model.summary` 메서드로 모델을 분석할 수 있습니다. 패션 MNIST 합성곱 신경망에서 호출하면 다음과 같은 출력을 얻습니다.

```
Model: "sequential"

_____
Layer (type)                 Output Shape              Param #
=================================================================
conv2d (Conv2D)              (None, 26, 26, 64) 640

max_pooling2d (MaxPooling2D) (None, 13, 13, 64) 0

conv2d_1 (Conv2D)            (None, 11, 11, 64) 36928

max_pooling2d_1 (MaxPooling2 (None, 5, 5, 64)   0

flatten (Flatten)            (None, 1600)       0

dense (Dense)                (None, 128)        204928

dense_1 (Dense)              (None, 10)         1290
=================================================================
Total params: 243,786
Trainable params: 243,786
Non-trainable params: 0
```

무슨 일이 일어나는지 이해하기 위해 먼저 **Output Shape** 열을 살펴보죠. 첫 번째 층은 28 × 28 크기의 이미지를 받아 64개의 필터를 적용합니다. 하지만 필터 크기가 3 × 3이기 때문에 이미지 경계에 있는 1픽셀을 놓치게 되고 합성곱 출력 크기가 26 × 26픽셀로 줄어들게 됩니다. [그림 3-6]을 보면 이미지의 각 픽셀에 필터를 놓았을 때 시작할 수 있는 첫 번째 필터의 중심은 두 번째 행의 두 번째 열입니다.[3] 동일한 현상이 오른쪽 끝과 맨 아래에도 일어납니다.

---

3 옮긴이_ 그림에서 붉은색이 채워진 동그라미가 합성곱으로 인해 줄어드는 픽셀입니다. 그림에 표시된 부분이 필터가 놓일 수 있는 가장 좌상단 위치입니다.

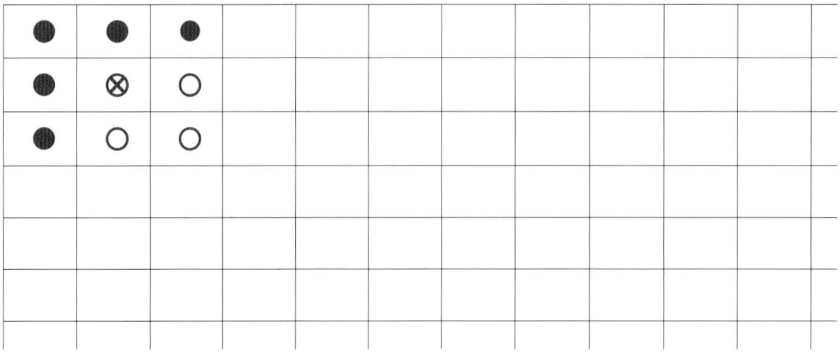

그림 3-6 필터를 적용할 때 잃게 되는 픽셀

따라서 크기가 A × B픽셀인 이미지에 3 × 3 필터를 적용하면 출력은 (A – 2) × (B – 2) 크기가 됩니다. 마찬가지로 5 × 5 필터를 사용하면 (A – 4) × (B – 4)가 되는 식입니다. 예제에서는 28 × 28 이미지와 3 × 3 필터를 사용했기 때문에 출력 크기는 26 × 26입니다.

풀링 크기는 2 × 2이므로 이미지 크기는 각 축 방향으로 절반씩 줄어들어 13 × 13이 됩니다. 다음 합성곱 층은 이를 11 × 11로 줄입니다. 그다음 풀링에서 오른쪽과 아래쪽 가장자리 픽셀이 버려지고 이미지는 5 × 5가 됩니다.

이미지가 두 개의 합성곱 층을 통과하면 결과적으로 많은 5 × 5의 이미지가 만들어집니다. 파라미터가 얼마나 많을까요? `Param #` 열에서 이를 확인할 수 있습니다.

각 합성곱은 3 × 3 필터와 절편을 가집니다. 밀집 층을 사용했을 때 각 층은 `Y = mX + c`와 같았습니다. 여기에서 `m`이 파라미터(가중치)고 `c`는 절편입니다. 필터가 3 × 3이기 때문에 9개의 파라미터가 있다는 것을 제외하면 이와 매우 비슷합니다. 합성곱 필터가 64개이므로 전체 파라미터는 640개입니다(파라미터 9개와 절편을 더하면 총 10개가 됩니다. 여기에 필터 개수 64를 곱합니다).

`MaxPooling2D` 층은 아무것도 학습하지 않고 이미지 크기를 줄이기만 합니다. 따라서 학습되는 파라미터가 없으므로 파라미터 개수는 0입니다.

다음 합성곱 층은 크기가 9인 64개의 필터를 가지며 각 필터는 이전의 64개 필터와 곱해집니다. 새로운 64개 필터마다 절편이 있으므로 전체 파라미터 개수는 (64 × (64 × 9)) + 64입

니다. 즉 두 번째 합성곱 층이 학습할 파라미터는 36,928개입니다.[4]

조금 헷갈린다면 첫 번째 층의 합성곱 필터 개수를 10개로 바꾸어보죠. 그러면 두 번째 층의 파라미터는 5,824개가 됩니다$(64 \times (10 \times 9)) + 64$.

두 번째 층을 통과하면 이미지 크기는 5×5가 되고 64개의 채널을 가집니다. 이를 모두 곱하면 1,600개입니다. 이를 펼쳐서 128개 뉴런을 가진 밀집 층에 주입합니다. 128개의 뉴런은 각각 가중치와 절편을 가지므로 밀집 층이 학습할 파라미터 개수는 $((5 \times 5 \times 64) \times 128) +$ 128인 204,928개입니다.

10개의 뉴런으로 구성된 마지막 밀집 층은 이전 층의 128개 뉴런에서 나오는 출력을 받습니다. 따라서 마지막 층의 파라미터는 $(128 \times 10) + 10$인 1,290개가 됩니다.

전체 파라미터 개수는 이를 모두 더한 243,786개입니다.

신경망을 훈련하는 것은 입력 이미지를 레이블에 매핑하기 위해 이런 243,786개 파라미터의 최상의 조합을 학습하는 것입니다. 파라미터가 많아 학습이 오래 걸리지만 결과에서 확인할 수 있듯이 더 정확한 모델을 만듭니다!

물론 이 데이터셋은 28×28 크기의 흑백 이미지이고 중앙에 정렬되어 있습니다. 다음에는 말과 사람의 컬러 사진으로 구성된 조금 더 복잡한 데이터셋에 합성곱 층을 사용해 이미지에 말이나 사람이 포함되었는지 구별해보겠습니다. 이번 데이터셋은 패션 MNIST처럼 중앙에 이미지가 정렬되어 있지 않습니다. 따라서 합성곱을 사용해 특징을 잡아내야 합니다.

3.5 말과 사람을 구별하는 CNN 만들기

이번 절에서는 패션 MNIST 데이터셋보다 조금 더 복잡한 문제를 다뤄봅니다. 이전에 배웠던 합성곱과 합성곱 신경망을 확장해 특징의 위치가 동일하지 않은 이미지를 분류해보겠습니다. 이를 위해 필자가 직접 말–사람 데이터셋을 만들었습니다.

---

4   옮긴이_ 합성곱 층의 필터는 너비, 높이 외에 깊이를 가진 3차원 배열입니다. 필터의 깊이는 입력 채널과 같습니다. 따라서 첫 번째 합성곱 층의 필터 크기는 $3 \times 3 \times 1$이고, 두 번째 합성곱 층의 필터 크기는 $3 \times 3 \times 64$입니다. 두 번째 합성곱 층에는 이런 필터가 64개 있습니다.

3.5.1 말-사람 데이터셋

이번 절에서 사용하는 데이터셋은 300 × 300픽셀 이미지 수천 개를 담고 있으며 여러 포즈의 말과 사람이 거의 절반씩 구성되어 있습니다. 몇 가지 샘플을 [그림 3-7]에서 볼 수 있습니다.

그림 3-7 말-사람 데이터셋

피사체의 방향과 자세가 다르고 이미지 구성이 제각각입니다. [그림 3-7]의 말 두 마리만 보아도 머리 방향이 다릅니다. 한 이미지는 축소되어 전체 모습이 보이고 한 이미지는 확대되어 머리와 몸의 일부만 보입니다. 마찬가지로 두 사람의 이미지도 조명, 피부색, 자세가 다릅니다. 남자는 허리에 손을 얹고 있고 여자는 손을 펴고 있습니다. 이미지에는 나무와 해변 같은 배경이 포함되어 있어 분류 모델이 배경에 영향을 받지 않고 말과 사람을 결정할 수 있는 중요한 특징을 찾아야 합니다.

$Y = 2X - 1$을 예측하는 예제나 흑백 의류 이미지를 분류하는 예제는 전통적인 코딩으로 해결할 수도 있지만 이 예제는 확실히 훨씬 더 어렵고 머신러닝을 사용해 문제를 해결해야만 하는 영역에 속합니다.

흥미로운 사실은 이 이미지들은 모두 컴퓨터로 합성한 것입니다. CGI 이미지에서 감지한 특징이 실제 이미지에서도 잘 적용되어야 하므로 뒷부분에서 직접 테스트해보겠습니다.

3.5.2 케라스의 ImageDataGenerator

지금까지 사용했던 패션 MNIST 데이터셋은 레이블을 함께 제공합니다. 훈련 세트와 테스트 세트 레이블이 별도의 파일에 저장되어 있었습니다. 하지만 이미지 기반 데이터셋 상당수는 이런 식으로 파일을 제공하지 않는 경우가 많습니다. 말-사람 데이터셋도 마찬가지입니다. 레이블 대신 이미지가 디렉터리에 종류별로 나뉘어져 있습니다. 케라스의 `ImageDataGenerator`를 사용하면 이런 디렉터리 구조를 사용해 자동으로 이미지에 레이블을 할당할 수 있습니다.

`ImageDataGenerator`를 사용하려면 레이블 이름으로 된 디렉터리를 구성해야 합니다. 예를 들어 말-사람 데이터셋은 1,000개 이상의 이미지로 구성된 훈련 데이터 ZIP 파일과 256개 이미지로 구성된 검증 데이터를 위한 또 다른 ZIP 파일을 제공합니다. 훈련 데이터와 검증 데이터를 다운로드해 로컬 디렉터리에 압축을 풀 때 [그림 3-8]과 같은 디렉터리 구조로 만들어야 합니다.

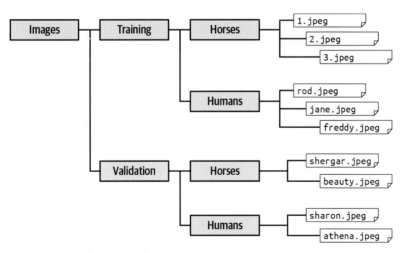

그림 3-8 말-사람 데이터셋의 디렉터리 구조

다음 코드는 훈련 데이터를 다운로드해 [그림 3-8]에 있는 디렉터리 구조로 압축을 푸는 코드입니다.

```python
import urllib.request
import zipfile

url = "https://storage.googleapis.com/laurencemoroney-blog.appspot.com/horse-or-
human.zip"
file_name = "horse-or-human.zip"
training_dir = 'horse-or-human/training/'
urllib.request.urlretrieve(url, file_name)

zip_ref = zipfile.ZipFile(file_name, 'r')
zip_ref.extractall(training_dir)
zip_ref.close()
```

위 코드는 훈련 데이터 ZIP 파일을 다운로드해 horse-or-human/training 디렉터리에 압축을 풉니다(잠시 후에 검증 데이터 다운로드도 다룹니다). 이 디렉터리는 말과 사람 이미지를 담은 서브 디렉터리를 포함합니다.

ImageDataGenerator를 사용하려면 다음 코드를 실행합니다.

```python
from tensorflow.keras.preprocessing.image import ImageDataGenerator

# 전체 이미지를 1./255로 스케일을 조정합니다.
train_datagen = ImageDataGenerator(rescale=1/255)

train_generator = train_datagen.flow_from_directory(
    training_dir,
    target_size=(300, 300),
    class_mode='binary'
)
```

먼저 ImageDataGenerator 객체 train_datagen을 만듭니다. 그다음 훈련 과정 동안 디렉터리를 순회하면서 이미지를 생성하는 반복자 객체 train_generator를 만듭니다. 대상 디렉터리는 training_dir입니다. 이미지 크기를 지정하는 target_size(여기에서는 300 × 300)와 레이블 종류를 지정하는 class_mode(여기에서는 binary) 같은 매개변수를 지정합니다. `class_mode`는 여기에서처럼 이미지가 두 개인 경우 `binary`이고 두 개 이상일 경우에는 `categorical`로 지정합니다.[5]

3.5.3 말-사람 데이터셋을 위한 CNN 구조

이 데이터셋과 패션 MNIST 데이터셋 사이에는 중요한 차이가 있어 이미지 분류 신경망 구조를 설계할 때 다음 세 가지를 유념해야 합니다. 첫째, 이미지가 300 × 300픽셀로 훨씬 크기 때문에 많은 층이 필요합니다. 둘째, 흑백이 아니라 컬러 이미지라서 채널이 하나가 아니라 세 개입니다. 셋째, 두 종류의 이미지만 있으므로 하나의 출력 뉴런을 사용하는 이진 분류기를 만들 수 있습니다. 이 뉴런은 한 클래스일 때는 0을 또 다른 클래스일 때는 1에 가까운 값을 출력합니다.[6] 이런 점을 유념하면서 신경망 구조를 만들어보겠습니다.

```python
model = tf.keras.models.Sequential([
    tf.keras.layers.Conv2D(16, (3, 3), activation='relu' ,
                           input_shape=(300, 300, 3)),
    tf.keras.layers.MaxPooling2D((2, 2)),
    tf.keras.layers.Conv2D(32, (3, 3), activation='relu'),
    tf.keras.layers.MaxPooling2D((2, 2)),
    tf.keras.layers.Conv2D(64, (3, 3), activation='relu'),
    tf.keras.layers.MaxPooling2D((2, 2)),
    tf.keras.layers.Conv2D(64, (3, 3), activation='relu'),
    tf.keras.layers.MaxPooling2D((2, 2)),
    tf.keras.layers.Conv2D(64, (3, 3), activation='relu'),
    tf.keras.layers.MaxPooling2D((2, 2)),
    tf.keras.layers.Flatten(),
    tf.keras.layers.Dense(512, activation='relu'),
    tf.keras.layers.Dense(1, activation='sigmoid')
])
```

여기에서 짚고 가야 할 부분이 몇 가지 있습니다. 우선 맨 첫 번째 층입니다. 3 × 3 크기의 필터 16개를 사용하고 입력 이미지 크기는 `(300, 300, 3)`입니다. 입력 이미지 크기가 300 ×

---

5 옮긴이_ `target_size`의 기본값은 (256, 256)입니다. `class_mode`의 기본값은 'categorical'입니다. `flow_from_directory` 메서드는 기본적으로 디렉터리 알파벳 순서대로 레이블을 부여합니다. 따라서 이 경우 말 이미지가 레이블 0(음성 클래스)이 되고 사람 이미지가 레이블 1(양성 클래스)이 됩니다. `classes` 매개변수에 레이블을 부여하고 싶은 순서대로 디렉터리 이름을 나열할 수도 있습니다. `train_generator` 객체의 `class_indices` 속성에서 디렉터리 이름에 연결된 클래스 레이블을 확인할 수 있습니다.

6 옮긴이_ 이진 분류 문제에서 레이블이 0을 음성 클래스(negative class), 1을 양성 클래스(positive class)라고 부릅니다.

300이고 컬러 이미지이므로 채널이 세 개입니다. 이전에 사용했던 패션 MNIST 데이터셋은 흑백이라 채널이 하나였습니다.

마지막 출력 층에는 하나의 뉴런만 있습니다. 이진 분류기를 만들 때 하나의 뉴런 출력을 시그모이드 함수로 활성화하면 이진 분류를 얻을 수 있기 때문입니다. 시그모이드 함수의 목적은 이진 분류에 적합하도록 샘플 한 세트를 0으로, 다른 샘플 세트 하나를 1로 유도하는 것입니다.

그다음 여러 개의 합성곱 층을 쌓았습니다. 입력 이미지가 꽤 크기 때문에 층을 거듭하면서 특징이 강조된 작은 이미지를 많이 만들기 위해서입니다. model.summary의 결과는 다음과 같습니다.

```
=================================================================
conv2d (Conv2D)              (None, 298, 298, 16)  448
max_pooling2d (MaxPooling2D) (None, 149, 149, 16)  0
conv2d_1 (Conv2D)            (None, 147, 147, 32)  4640
max_pooling2d_1 (MaxPooling2 (None, 73, 73, 32)    0
conv2d_2 (Conv2D)            (None, 71, 71, 64)    18496
max_pooling2d_2 (MaxPooling2 (None, 35, 35, 64)    0
conv2d_3 (Conv2D)            (None, 33, 33, 64)    36928
max_pooling2d_3 (MaxPooling2 (None, 16, 16, 64)    0
conv2d_4 (Conv2D)            (None, 14, 14, 64)    36928
max_pooling2d_4 (MaxPooling2 (None, 7, 7, 64)      0
flatten (Flatten)            (None, 3136)          0
dense (Dense)                (None, 512)           1606144
dense_1 (Dense)              (None, 1)             513
=================================================================
Total params: 1,704,097
Trainable params: 1,704,097
Non-trainable params: 0
_____
```

데이터가 합성곱 층과 풀링 층을 모두 통과하면 7 × 7 크기가 됩니다. 이론적으로는 활성화된 특성 맵feature map이라고 부르며 비교적 간단한 49개의 픽셀로 구성됩니다. 이 특성 맵을 밀집 층에 전달해 적절한 레이블에 매핑시킬 수 있습니다.

물론 이전 신경망보다 파라미터 개수가 훨씬 많아졌고 훈련 시간도 더 길어졌습니다. 이 신경망은 파라미터 170만 개를 학습할 것입니다.

TIP 이번 절은 물론 이 책의 코드를 실행하려면 파이썬 라이브러리를 임포트해야 합니다. 필요한 임포트 명령을 확인하려면 깃허브(https://github.com/rickiepark/aiml4coders)를 참고하세요.[7]

이 신경망을 훈련하기 위해 손실 함수와 옵티마이저로 컴파일합니다. 이 경우 손실 함수는 이진 크로스 엔트로피 binary cross entropy 를 사용할 수 있습니다. 이름에서 알 수 있듯이 클래스가 두 개인 경우 사용하는 손실 함수입니다. 새로운 옵티마이저인 **RMSprop**에 학습 속도를 제어하는 학습률(`learning_rate`) 매개변수를 지정해 사용해보겠습니다.[8] 코드는 다음과 같습니다.

```
from tensorflow.keras.optimizers import RMSprop

model.compile(loss='binary_crossentropy',
              optimizer=RMSprop(learning_rate=0.001),
              metrics=['accuracy'])
```

`fit` 메서드에 앞에서 만든 `training_generator`를 전달해 모델을 훈련합니다.

```
model.fit(train_generator, epochs=15)
```

이 예제는 콜랩으로 실행할 수 있습니다. 하지만 로컬 컴퓨터에서 실행하려면 `pip install pillow` 명령을 사용해 `Pillow` 라이브러리를 설치해야 합니다.

텐서플로 케라스에서 `model.fit` 메서드를 사용해 훈련 데이터와 레이블을 매핑하도록 훈련합니다. 텐서플로 이전 버전에서 데이터 제너레이터를 사용할 때는 `model.fit_generator`를 사용했습니다. 최신 텐서플로 버전에서는 둘 다 사용할 수 있습니다.[9]

이 신경망은 15번의 에폭만에 훈련 세트에서 95% 이상의 매우 인상적인 정확도를 달성합니다. 물론 훈련 데이터의 성능일 뿐이므로 신경망이 본 적 없는 데이터에 대한 성능을 의미하는 것은 아닙니다.

제너레이터를 사용해 검증 세트를 추가하고 성능을 측정해 실제로 이 모델이 얼마나 잘 작동할지 가늠해보겠습니다.

7　**옮긴이_** 책에는 전체 코드 중 일부만 담겨 있습니다. 전체 코드는 깃허브 노트북을 참고하세요.

8　**옮긴이_** RMSprop 클래스의 `learning_rate` 매개변수 기본값은 0.001입니다.

9　**옮긴이_** 텐서플로 2.1.0 버전부터 `fit`, `predict`, `evaluate` 메서드에 데이터 제너레이터를 사용할 수 있습니다. `fit_generator`, `predict_generator`, `evaluate_generator` 메서드는 사용하지 않을 것을 권장합니다.

```
train_ds = tf.keras.utils.image_dataset_from_directory(
training_dir,
    image_size=(300, 300),
    label_mode='binary'
)

model = tf.keras.models.Sequential([
    tf.keras.layers.Rescaling(1./255, input_shape=(300, 300, 3)),
    tf.keras.layers.Conv2D(16, (3, 3), activation='relu'),
    tf.keras.layers.MaxPooling2D((2, 2)),
    tf.keras.layers.Conv2D(32, (3, 3), activation='relu'),
    tf.keras.layers.MaxPooling2D((2, 2)),
    tf.keras.layers.Conv2D(64, (3, 3), activation='relu'),
    tf.keras.layers.MaxPooling2D((2, 2)),
    tf.keras.layers.Conv2D(64, (3, 3), activation='relu'),
    tf.keras.layers.MaxPooling2D((2, 2)),
    tf.keras.layers.Conv2D(64, (3, 3), activation='relu'),
    tf.keras.layers.MaxPooling2D((2, 2)),
    tf.keras.layers.Flatten(),
    tf.keras.layers.Dense(512, activation='relu'),
    tf.keras.layers.Dense(1, activation='sigmoid')
])

model.compile(loss='binary_crossentropy',
              optimizer=RMSprop(learning_rate=0.001),
              metrics=['accuracy'])

model.fit(train_ds, epochs=15)
```

3.5.4 검증 세트 추가하기

모델을 검증하려면 훈련 데이터셋과 별개로 검증 데이터셋^{validation dataset}이 필요합니다. 전체 데이터셋에서 직접 검증 세트를 덜어내야 하는 경우도 있지만 말–사람 데이터셋의 경우에는 별도의 검증 세트를 다운로드할 수 있습니다.

> **NOTE_** 테스트 데이터셋 대신에 검증 데이터셋을 언급하는 이유와 두 데이터셋이 동일한 것인지 궁금할 수 있습니다. 이전 장에서 만들었던 간단한 모델의 경우에는 데이터셋을 훈련 세트와 테스트 세트 두 개로 나누는 것만으로도 충분할 때가 많습니다. 하지만 이번 장에서 만든 더 복잡한 모델의 경우에는 검증 세트와 테스트 세트를 따로 만들어야 합니다. 두 데이터의 차이는 무엇일까요? 훈련 데이터는 모델에 데이터와 레이블을 매핑하는 방법을 가르치기 위해 사용하는 데이터입니다. 검증 데이터는 모델을 훈련하는 동안 본 적 없는 데이터에서 모델의 성능을 확인하기 위해 사용합니다. 즉 데이터와 레이블을 매핑하는 데 사용하는 것이 아니라 훈련이 얼마나 잘 되었는지 조사하는 데 사용합니다.[10] 테스트 데이터는 훈련이 끝난 후 이전에 한 번도 본 적 없는 데이터에서 모델이 얼마나 잘 작동하는지 확인하기 위해 사용합니다. 일부 데이터셋은 세 개의 세트를 따로 제공하기도 하지만 어떤 경우에는 테스트 세트를 검증과 테스트를 위해 두 부분으로 나누어야 합니다. 이번 예제에서는 검증 이미지를 별도로 다운로드합니다.

훈련 데이터를 다운로드할 때 사용했던 것과 유사한 코드로 검증 세트를 다운로드하고 별도의 디렉터리에 압축을 풉니다.

```
validation_url = "https://storage.googleapis.com/laurencemoroney-blog.appspot.com/
validation-horse-or-human.zip"

validation_file_name = "validation-horse-or-human.zip"
validation_dir = 'horse-or-human/validation/'
urllib.request.urlretrieve(validation_url, validation_file_name)

zip_ref = zipfile.ZipFile(validation_file_name, 'r')
zip_ref.extractall(validation_dir)
zip_ref.close()
```

검증 데이터가 준비되면 이미지를 로드하기 위해 또 다른 **ImageDataGenerator** 객체를 만듭니다.

---

10 옮긴이_ 훈련하는 동안 검증 데이터의 성능을 바탕으로 모델의 하이퍼파라미터를 튜닝합니다.

```
validation_datagen = ImageDataGenerator(rescale=1/255)

validation_generator = validation_datagen.flow_from_directory(
    validation_dir,
    target_size=(300, 300),
    class_mode='binary'
)
```

텐서플로에서 검증 데이터를 적용하려면 `model.fit` 메서드에 에폭마다 모델을 테스트하기 위해 사용할 검증 데이터를 지정하면 됩니다. 이를 위해 `validation_data` 매개변수에 앞에서 만든 검증 제너레이터를 전달합니다.

```
model.fit(train_generator,
          epochs=15,
          validation_data=validation_generator)
```

15번의 에폭 후에 훈련 세트에서 99% 이상의 정확도를 달성하지만 검증 세트에서는 약 88%의 정확도를 달성합니다. 이는 이전 장에서 본 것처럼 모델이 과대적합되었다는 징후입니다.

훈련에 사용한 이미지 개수가 적고 다양하다는 것을 생각하면 성능이 나쁜 편은 아닙니다. 데이터 부족에 당면하기 시작했지만 모델 성능을 향상할 수 있는 몇 가지 기법이 있습니다. 나중에 이 장에서 이에 대해서는 이번 장 뒷부분에서 살펴봅니다. 그전에 먼저 우리가 만든 모델을 사용하는 방법을 알아보죠.

3.5.5 말 또는 사람 이미지로 테스트하기

모델을 구축할 수 있어 좋지만 직접 사용해보고 싶을 것입니다. 필자가 인공지능을 공부할 때 가장 힘들었던 점은 모델 구축 방법과 성능을 보여주는 그래프를 그리는 코드는 많았지만 모델을 직접 사용할 수 있는 코드가 거의 없었다는 점입니다. 이 책에서는 그렇게 하고 싶지 않았습니다!

콜랩을 사용하면 모델을 테스트하기가 아주 쉽습니다. 이번 장의 노트북에는 콜랩에서 열 수 있는 링크가 포함되어 있습니다.

모델을 훈련한 다음 '모델 실행하기' 절이 나옵니다. 코드를 실행하기 전에 온라인에서 말과 사람 이미지를 몇 개 찾아 다운로드합니다. 픽사베이(https://pixabay.com)는 저작권이 없는 이미지를 다운로드하기 좋은 사이트입니다. 이미지를 찾는 동안 콜랩 런타임이 종료될 수 있으니 미리 테스트할 이미지를 준비하는 것이 좋습니다.

[그림 3-9]는 픽사베이에서 모델 테스트를 위해 다운로드한 말과 사람 이미지입니다.[11]

그림 3-9 테스트 이미지

다음 코드를 사용하면 콜랩에서 로컬 컴퓨터에 있는 이미지를 업로드할 수 있습니다. 파일을 업로드하지 않으면 대신 깃허브에 준비된 [그림 3-9]의 이미지를 다운로드합니다. 콜랩을 사용하지 않는 경우에는 노트북과 동일한 경로에 hh_image_1.jpg, hh_image_2.jpg, hh_image_3.jpg가 있다고 가정합니다.

```
import sys

# 콜랩 사용 중인지 확인합니다.
if 'google.colab' in sys.modules:
    from google.colab import files
    uploaded = files.upload()
    sample_images = ['/content/' + fn for fn in uploaded.keys()]

    # 업로드된 파일이 없으면 깃허브에서 다운로드합니다.
    if len(uploaded) < 1:
        import gdown
        base_url = 'https://github.com/rickiepark/aiml4coders/raw/main/ch03/'
        for i in range(1,4):
            gdown.download(base_url + 'hh_image_{}.jpg'.format(i))
        sample_images = ['/content/hh_image_{}.jpg'.format(i) for i in range(1,4)]
```

---

11 옮긴이_ 이 이미지는 번역서 깃허브의 ch03 폴더에 저장되어 있습니다.

```
# 로컬 컴퓨터라면 ch03 폴더에 있는 이미지를 사용합니다.
else:
    sample_images = ['hh_image_{}.jpg'.format(i) for i in range(1,4)]
```

그다음 훈련한 모델을 사용해 테스트 이미지를 분류해보겠습니다. [그림 3-10]에서 보듯이 이미지를 업로드하면 모델이 첫 번째 이미지를 사람으로 분류하고 세 번째 이미지를 말로 분류합니다. 하지만 가운데 이미지는 분명히 사람임에도 불구하고 말로 잘못 분류하네요![12]

```
import numpy as np
import matplotlib.pyplot as plt
import matplotlib.image as mpimg
from keras.preprocessing import image

for fn in sample_images:
    # 이미지 출력
    plt.imshow(mpimg.imread(fn))
    plt.show()

    # 이미지 불러오기
    img = tf.keras.utils.load_img(fn, target_size=(300, 300))
    x = tf.keras.utils.img_to_array(img)
    x = np.expand_dims(x, axis=0)

    classes = model.predict(x)

    print('모델 출력:', classes[0][0])
    if classes[0][0] > 0.5:
        print(fn + "는 사람입니다.")
    else:
        print(fn + "는 말입니다.")
    print('--------------------')
```

---

12 옮긴이_ 텐서플로 버전과 훈련 과정의 무작위성 때문에 두 번째 이미지를 사람으로 올바르게 분류할 수도 있습니다.

```
모델 출력: 1.0
hh_image_1.jpg는 사람입니다.
--------------------
```

```
모델 출력: 0.0
hh_image_2.jpg는 말입니다.
--------------------
```

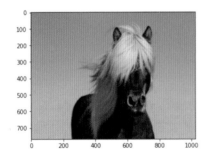

```
모델 출력: 0.0
hh_image_3.jpg는 말입니다.
--------------------
```

그림 3-10 모델 실행 결과

여러 개의 이미지를 업로드해 모델의 예측을 확인할 수 있습니다. 결과를 보니 말에 과대적합된 것 같습니다. 완벽한 자세의 사람이 아니면 (즉 전신이 드러나지 않으면) 말로 오인될 수 있으며 이번 결과에서 이런 현상이 발생했습니다. 첫 번째 이미지는 데이터셋에 있는 다른 사람의 이미지처럼 전신이 보이므로 사람으로 올바르게 분류합니다. 두 번째 이미지는 카메라를 응시하고 있지만 상반신만 드러나 있습니다. 훈련 데이터에는 이런 사진이 없기 때문에 모델이 올바르게 사람으로 분류하지 못합니다.

이제 코드를 살펴보죠. 다음 코드가 가장 중요합니다.

```
img = tf.keras.utils.load_img(path, target_size=(300, 300))
x = tf.keras.utils.img_to_array(img)
x = np.expand_dims(x, axis=0)
```

이 코드는 path 경로에 있는 이미지를 로드합니다. target_size를 300 × 300으로 지정했습니다. 임의의 크기의 이미지를 업로드할 수 있지만 모델에 주입하려면 반드시 300 × 300 크기여야 합니다. 모델이 이 크기의 이미지를 인식하도록 훈련되었기 때문입니다. 따라서 첫 번째 줄은 이미지를 로드한 다음 300 × 300 크기로 변경합니다.

그다음 코드는 이미지를 2D 배열로 변환합니다. 하지만 모델을 만들 때 input_shape 매개변수에 지정했듯이 모델은 3D 배열을 기대합니다. 넘파이 expand_dims 함수를 사용해 배열에 새로운 차원을 추가하면 이 문제를 쉽게 해결할 수 있습니다.

이제 이미지를 적절한 포맷으로 변환했으므로 다음 코드에서 분류 작업을 수행할 수 있습니다.

```
classes = model.predict(x)
```

모델은 분류 결과를 담은 배열을 반환합니다. 이 경우 출력 결과가 하나의 숫자이고 classes는 2차원 배열입니다. 첫 번째 차원을 따라 샘플이 놓여 있고 두 번째 차원을 따라 각 클래스에 대한 점수가 나열됩니다. 이 예제는 이진 분류이므로 양성 클래스(사람)에 대한 점수 하나만 담겨 있습니다. 이 배열의 첫 번째 원소의 값을 조사하면 레이블을 구분할 수 있습니다. 0.5보다 크면 사람입니다.

```
if classes[0][0] > 0.5:
    print(fn + "는 사람입니다.")
else:
    print(fn + "는 말입니다.")
```

몇 가지 중요하게 고려할 점이 있습니다. 먼저 컴퓨터로 합성된 이미지에서 모델을 훈련했지만 실제 사진에서도 말과 사람을 상당히 잘 구분합니다. 따라서 모델을 훈련하는 데 수천 개의 실제 사진을 준비하는 대신에 비교적 저렴한 CGI 기술을 사용할 수 있습니다.

하지만 이 데이터셋에는 근본적인 문제도 있습니다. 훈련 세트가 모델이 실전에서 만날 수 있는 가능한 상황을 모두 나타내지는 못하기 때문에 모델은 항상 훈련 세트에 어느 정도 과도하게 전문화됩니다. [그림 3-9]의 가운데 이미지를 잘못 분류한 예에서 이를 확인할 수 있습니다. 훈련 세트에는 이런 자세를 한 사람이 없기 때문에 모델이 이런 모습의 사람을 학습하지 못했습니다. 결과적으로 이 사진을 말로 분류할 가능성이 있고 실제로도 그런 현상이 나타났습니다.

그렇다면 해결책은 무엇일까요? 확실한 것은 기존에 없던 특정 자세의 사람이 담긴 사진을 훈련 데이터에 더 추가하는 것입니다. 하지만 이 방법이 항상 가능하지는 않습니다. 다행히 텐서플로에는 가상으로 데이터셋을 확장할 수 있는 멋진 기능이 있습니다. 이를 **이미지 증식**image augmentation이라고 합니다. 다음 절에서 더 자세히 알아보죠.

3.6 이미지 증식

이전 절에서는 비교적 작은 데이터셋에서 훈련해 말-사람 분류 모델을 만들었습니다. 그 결과 이전에 본 적 없는 이미지를 분류할 때 문제에 부딪혔습니다. 훈련 세트에 포함되지 않은 자세를 취한 여성을 말이라고 잘못 분류했습니다.

이런 문제를 해결하는 한 가지 방법은 이미지 증식입니다. 이미지 증식은 텐서플로가 데이터를 로드할 때 이미지에 여러 변환을 적용해 새로운 데이터를 추가로 만드는 기법입니다. 예를 들어 [그림 3-11]을 보죠. 오른쪽의 여성과 동일한 이미지는 데이터셋에 없지만 왼쪽의 이미지가 조금 비슷합니다.

그림 3-11 데이터셋에 있는 비슷한 이미지

[그림 3-12]처럼 왼쪽의 이미지를 확대해 모델을 훈련하면 오른쪽 사진 속의 사람을 올바르게 분류할 가능성이 높아집니다.

그림 3-12 훈련 세트에 있는 이미지 확대하기

비슷한 방식으로 다음과 같은 여러 가지 다양한 변환을 적용해 훈련 세트를 늘릴 수 있습니다.

- 회전
- 수평 이동
- 수직 이동
- 기울임 shearing
- 확대
- 반전 flipping

다음과 같이 ImageDataGenerator로 이미지를 로드했기 때문에 이미 한 가지 변환인 정규화를 적용했습니다.

```
train_datagen = ImageDataGenerator(rescale=1/255)
```

다른 변환도 ImageDataGenerator를 사용하면 쉽게 적용할 수 있습니다. 예를 들면 다음과 같습니다.

```
train_datagen = ImageDataGenerator(
    rescale=1./255,
    rotation_range=40,
    width_shift_range=0.2,
    height_shift_range=0.2,
    shear_range=0.2,
    zoom_range=0.2,
    horizontal_flip=True,
    fill_mode='nearest'
)
```

여기에서 이미지를 정규화하는 것 외에 다음과 같은 변환을 적용합니다.

- 이미지를 왼쪽 또는 오른쪽으로 40도까지 랜덤하게 기울입니다.
- 이미지를 수직 또는 수평으로 20%까지 랜덤하게 이동합니다.
- 이미지를 20%까지 랜덤하게 기울입니다.
- 이미지를 20%까지 랜덤하게 확대합니다.
- 이미지를 수평 또는 수직으로 랜덤하게 뒤집습니다.
- 이동하거나 기울인 후에 누락된 픽셀을 근처 픽셀로 채웁니다.

이런 매개변수로 훈련 제너레이터를 다시 만들어 훈련하면 이미지 처리 때문에 훈련 시간이 더 오래 걸리는 것을 알 수 있습니다.[13] 또한 모델 정확도가 이전만큼 높지 않을 수 있습니다. 이전에는 대부분 균일한 데이터셋에 과대적합되었기 때문입니다.

필자의 경우 데이터 증식 기법을 사용해 15번의 에폭 동안 훈련하니 정확도가 조금 낮아졌습니다. 하지만 검증 정확도는 더 높아졌습니다(검증 정확도가 훈련 정확도보다 높거나 비슷하

---

13 옮긴이_ 모델이 실전에 투입했을 때 기대할 수 있는 일반화 성능을 왜곡하지 않기 위해 검증 세트와 테스트 세트에는 데이터 증식을 적용해서는 안 됩니다.

면 모델이 과소적합^{underfitting}되었다는 것이므로 매개변수를 조정하는 것이 좋습니다).

이전에 잘못 분류했던 [그림 3-9]의 이미지는 이번에 어떤 결과가 나올까요? 이제는 모델이 올바르게 예측합니다. 이미지 증식 덕분에 모델이 이런 이미지도 사람이라는 것을 학습할 수 있는 훈련 세트가 충분히 갖춰졌다는 의미입니다(그림 3-13). 하나의 샘플 데이터에 불과하므로 실제 데이터의 결과를 대표하지 못할 수 있지만 올바른 방향으로 한 걸음 나아가는 과정입니다.

```python
fn = sample_images[1]
plt.imshow(mpimg.imread(fn))
plt.show()

# 이미지 불러오기
img = tf.keras.utils.load_img(fn, target_size=(300, 300))
x = tf.keras.utils.img_to_array(img)
x = np.expand_dims(x, axis=0)

classes = model.predict(x)

print('모델 출력:', classes[0][0])
if classes[0][0] > 0.5:
    print(fn + "는 사람입니다.")
else:
    print(fn + "는 말입니다.")
```

```
모델 출력: 1.0
hh_image_2.jpg는 사람입니다.
```

그림 3-13 여성을 확대한 사진을 올바르게 분류합니다.

NOTE_ 옮긴이_ 케라스의 이미지 전처리 층을 사용해 앞의 데이터 증식 설정과 비슷하게 구현하자면 코드는 다음과 같습니다.

```python
model = tf.keras.models.Sequential([
    tf.keras.layers.Rescaling(1./255, input_shape=(300, 300, 3)),
    tf.keras.layers.RandomRotation(0.11, fill_mode='nearest'),
    tf.keras.layers.RandomTranslation(0.2, 0.2, fill_mode='nearest'),
    tf.keras.layers.RandomZoom(0.2, fill_mode='nearest'),
    tf.keras.layers.RandomFlip('horizontal'),
    tf.keras.layers.Conv2D(16, (3, 3), activation='relu'),
    tf.keras.layers.MaxPooling2D((2, 2)),
    tf.keras.layers.Conv2D(32, (3, 3), activation='relu'),
    tf.keras.layers.MaxPooling2D((2, 2)),
    tf.keras.layers.Conv2D(64, (3, 3), activation='relu'),
    tf.keras.layers.MaxPooling2D((2, 2)),
    tf.keras.layers.Conv2D(64, (3, 3), activation='relu'),
    tf.keras.layers.MaxPooling2D((2, 2)),
    tf.keras.layers.Conv2D(64, (3, 3), activation='relu'),
    tf.keras.layers.MaxPooling2D((2, 2)),
    tf.keras.layers.Flatten(),
    tf.keras.layers.Dense(512, activation='relu'),
    tf.keras.layers.Dense(1, activation='sigmoid')
])
```

RandomRotation 층은 이미지를 랜덤하게 회전하며 360도(2π)에 대한 비율을 지정할 수 있습니다. RandomTranslation 층은 높이와 너비 방향으로 이미지를 랜덤하게 이동시킵니다. 첫 번째 매개변수는 높이 방향 이동 비율이고 두 번째 매개변수는 너비 방향 이동 비율입니다. RandomZoom 층은 지정된 배율만큼 랜덤하게 이미지를 확대하거나 축소합니다. 이 세 층은 fill_mode 매개변수에 변환으로 인해 빈 픽셀을 채우는 방식을 지정할 수 있습니다. 기본값은 'reflect'로 인접한 픽셀을 반전시켜 채웁니다. 여기서는 'nearest'로 지정합니다. RandomFlip 층은 기본적으로 수평이나 수직 또는 수평과 수직 방향으로 이미지를 뒤집습니다. 여기서는 수평 방향으로만 뒤집도록 'horizontal'로 지정합니다. 케라스의 이미지 전처리 층(https://keras.io/api/layers/preprocessing_layers/image_augmentation)은 자동으로 훈련 데이터에만 적용되며 모델 검증이나 예측에는 적용되지 않습니다.

말–사람 데이터셋처럼 비교적 작은 데이터로도 꽤 좋은 분류기를 만들 수 있습니다. 물론 더 큰 데이터셋을 사용하면 더 좋은 모델을 만들 수 있습니다. 모델의 성능을 높일 수 있는 또 다른 기법은 다른 곳에서 이미 학습한 특성을 사용하는 것입니다. 많은 연구자들이 수천 개의 클래스를 가진 대용량 데이터셋(수백만 개의 이미지)에서 훈련한 대규모 모델을 공개합니다. **전이 학습**^{transfer learning}이란 개념을 사용하면 이런 모델이 학습한 특성을 여러분만의 데이터에 적용할 수 있습니다. 다음 절에서 알아보죠!

3.7 전이 학습

이번 장에서 보았듯이 특성을 추출하는 합성곱은 이미지의 내용을 식별하는 강력한 도구입니다. 합성곱 층이 만든 특성 맵을 밀집 층에 전달해 레이블에 매핑하도록 훈련하면 이미지 내용을 더 정확하게 결정하는 도구가 됩니다. 간단하고 빠르게 훈련할 수 있는 신경망과 이미지 증식 기법을 이용해 80~90% 정확도로 말과 사람을 구별하는 모델을 작은 데이터셋에서 훈련했습니다.

하지만 전이 학습을 사용하면 모델을 더 개선할 수 있습니다. 전이 학습의 아이디어는 간단합니다. 데이터셋의 밑바닥에서부터 합성곱 필터를 학습하기보다 더 많은 특성을 가진 대규모 데이터셋에서 학습된 필터를 사용하면 어떨까요? 미리 학습된 필터를 사용해 말–사람 데이터로 모델을 훈련할 수 있습니다. 예를 들어 말–사람 데이터셋에는 두 개의 클래스만 있습니다. 수천 개의 클래스로 훈련된 기존 모델을 사용할 수 있지만 기존 신경망의 일부를 버리고 두 개의 클래스를 분류하는 층을 추가할 수 있습니다.

[그림 3-14]는 이런 분류 작업을 위한 CNN의 구조입니다. 여러 개의 합성곱 층으로 연결된 밀집 층을 지나서 출력 층에 도달합니다.

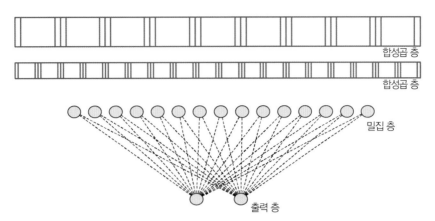

그림 3-14 합성곱 신경망 구조

이런 구조를 사용해 꽤 훌륭한 분류기를 만들 수 있다는 것을 일전에 확인했습니다. 하지만 전이 학습으로 다른 모델에서 사전 훈련된 층을 가져와 훈련되지 않도록 동결한 후, [그림 3-15]처럼 자신의 모델 위에 놓으면 어떨까요?

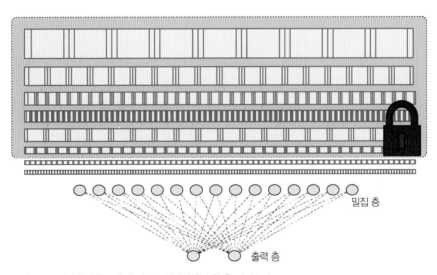

그림 3-15 전이 학습을 사용해 다른 모델에서 학습한 층 가져오기

모델이 훈련되고 나면 모델 구조(층의 필터 개수, 필터 크기 등)와 함께 모든 층은 필터 값, 가중치, 절편을 나타내는 일련의 숫자에 불과합니다. 따라서 이를 재사용하는 아이디어는 매우

간단합니다.

코드로 어떻게 구현하는지 알아보죠. 여러 가지 사전 훈련된 모델이 다양한 방식으로 제공됩니다. 여기서는 구글에서 제공하는 인기 있는 Inception 버전 3 모델을 사용합니다. 이 데이터셋은 ImageNet 데이터베이스에 있는 수백만 개 이상의 이미지에서 훈련되었습니다. 수십 개의 층이 있고 이미지를 천 개의 클래스로 분류할 수 있습니다. 사전 훈련된 가중치를 담은 모델을 사용할 수 있습니다. 이렇게 하려면 다음처럼 가중치를 다운로드하고 Inception V3 모델을 만들어 이 가중치를 로드합니다.

```python
from tensorflow.keras import layers
from tensorflow.keras import Model
from tensorflow.keras.applications.inception_v3 import InceptionV3

weights_url = "https://storage.googleapis.com/mledu-datasets/inception_v3_weights_t
f_dim_ordering_tf_kernels_notop.h5"

weights_file = "inception_v3.h5"
urllib.request.urlretrieve(weights_url, weights_file)

pre_trained_model = InceptionV3(input_shape=(150, 150, 3),
                                include_top=False,
                                weights=None)

pre_trained_model.load_weights(weights_file)
```

이제 사전 훈련된 Inception 모델이 준비되었습니다. 다음 명령으로 모델 구조를 확인해보죠.

```python
pre_trained_model.summary()
```

엄청나게 긴 출력이 나옵니다. 그래도 결과를 잠시 살펴보며 층과 이름을 확인해보세요. mixed7 층의 출력이 7 × 7 크기로 작기 때문에 이를 사용해보겠습니다. 물론 다른 층으로 실험해봐도 좋습니다.

그다음 다시 훈련하지 않기 위해 전체 신경망을 동결하고 mixed7의 출력을 가리키는 변수를 지정합니다. 이 지점에서 신경망을 자르기 위해서입니다. 코드는 다음과 같습니다.

```
for layer in pre_trained_model.layers:
    layer.trainable = False

last_layer = pre_trained_model.get_layer('mixed7')
print('마지막 층의 출력 크기: ', last_layer.output_shape)
last_output = last_layer.output
```

마지막 층의 출력 크기를 출력하면 결과가 7 × 7임을 알 수 있습니다.[14] 이 결과는 이미지를 주입하면 mixed7 층에서 7 × 7 크기의 특성 맵을 출력한다는 것을 의미합니다. 다시 말하지만 꼭 mixed7 층을 선택할 필요는 없습니다. 다른 층을 실험해도 좋습니다.

이제 이 층 아래에 밀집 층을 추가해보죠.

```
# 출력을 펼쳐서 1차원으로 만듭니다.
x = layers.Flatten()(last_output)
# 1,204개 은닉 유닛과 렐루 활성화 함수를 사용한 완전 연결 층을 추가합니다.
x = layers.Dense(1024, activation='relu')(x)
# 분류를 위해 시그모이드 함수를 사용하는 최종 층을 추가합니다.
x = layers.Dense(1, activation='sigmoid')(x)
```

마지막 층의 출력을 밀집 층에 주입하기 위해 펼칩니다. 그다음 1,024개의 뉴런을 가진 밀집 층과 출력을 위해 1개의 뉴런을 가진 밀집 층을 추가합니다.

이제 사전 훈련된 모델의 입력과 x를 사용해 모델을 정의할 수 있습니다.[15] 그다음 이전과 동일하게 모델을 컴파일합니다.

```
model = Model(pre_trained_model.input, x)

model.compile(optimizer=RMSprop(learning_rate=0.0001),
              loss='binary_crossentropy',
              metrics=['acc'])
```

---

14 옮긴이_ mixed7 층의 출력 크기는 채널 차원을 포함한 7 × 7 × 768입니다.

15 옮긴이_ 이렇게 케라스 Model 클래스를 사용해 신경망을 만드는 방법을 함수형 API라고 부릅니다. 층 객체에 입력을 전달해 반환받은 출력을 다시 다른 층의 입력으로 전달하는 식으로 층을 연결합니다. 그다음 Model 클래스에 처음 입력과 최종 출력을 전달해 모델을 만듭니다. 모델을 정의한 후 훈련하고 사용하는 방법은 Sequential 클래스와 동일합니다.

이 모델을 말–사람 데이터셋에 40번의 에폭 동안 훈련하면 훈련 세트에서 99% 이상의 정확도와 검증 세트에서 96% 이상의 정확도를 얻을 수 있습니다(그림 3-16).

```
52/52 [==============================] - 11s 216ms/step - loss: 0.0149 - acc: 0.9961 - val_loss: 0.5858 - val_acc: 0.9609
Epoch 38/40
52/52 [==============================] - 11s 211ms/step - loss: 0.0088 - acc: 0.9981 - val_loss: 0.2245 - val_acc: 0.9727
Epoch 39/40
52/52 [==============================] - 11s 210ms/step - loss: 0.0088 - acc: 0.9971 - val_loss: 0.2072 - val_acc: 0.9727
Epoch 40/40
52/52 [==============================] - 11s 219ms/step - loss: 0.0118 - acc: 0.9971 - val_loss: 0.6150 - val_acc: 0.9609
```

그림 3-16 전이 학습으로 말–사람 분류기 훈련하기

결과는 이전보다 훨씬 좋습니다. 하지만 튜닝으로 성능을 더 높일 수 있습니다. 또한 캐글의 유명한 강아지–고양이Dogs vs. Cats 데이터셋[16] 같은 대용량 데이터셋에서도 실험해볼 수 있습니다. 이 데이터셋은 다양한 고양이와 강아지 이미지 25,000개로 구성되었으며 사람이 안고 있는 경우처럼 종종 피사체가 가려진 이미지도 있습니다.

이전과 동일한 알고리즘과 모델을 사용해 강아지–고양이 분류기를 훈련할 수 있습니다. 콜랩에서 GPU를 사용하면 에폭당 약 3분이 걸립니다. 20번의 에폭 동안 훈련하려면 약 1시간이 걸립니다.

그림 3-17 일반적이지 않은 강아지와 고양이 이미지도 올바르게 분류합니다.

---

16 https://www.kaggle.com/c/dogs-vs-cats

[그림 3-17]과 같은 매우 복잡한 이미지로 테스트해도 이 분류기는 모두 정확하게 분류합니다. 왼쪽 위 사진은 고양이 귀를 가진 강아지이고 오른쪽 사진은 뒷모습입니다. 아래 두 사진은 일반적인 고양이의 모습이 아닙니다.

오른쪽 아래 고양이는 눈을 감고 귀를 내리고 혀를 내밀어 발을 핥고 있습니다. 이 사진을 모델에 주입했을 때의 결과는 [그림 3-18]과 같습니다.

그림 3-18 발을 핥는 고양이 분류 결과

강아지-고양이 분류 모델에 대한 전체 코드는 깃허브에서 확인할 수 있습니다.[17]

3.8 다중 분류

지금까지 본 모든 예제는 두 옵션 중 하나를 선택하는 **이진 분류**^{binary classification} 모델을 만들었습니다. 다중 분류^{multiclass classification} 모델도 거의 비슷하지만 몇 가지 차이점이 있습니다. 출력 층에 시그모이드 활성화 함수를 사용하는 하나의 뉴런을 사용하는 것이 아니라, 분류하려는 클래스 개수에 해당하는 n개의 뉴런을 사용합니다. 또한 여러 개의 클래스에 적합한 손실 함수로 바꾸어야 합니다. 예를 들어 이번 장에서 만든 이진 분류기의 손실 함수는 이진 크로스 엔트로피입니다. 다중 분류일 경우에는 범주형 크로스 엔트로피^{categorical cross entropy}를 사용해야 합니다. `ImageDataGenerator`를 사용해 데이터를 읽으면 레이블이 자동으로 부여됩니다. 따라서 다중 클래스일 때도 이진 분류와 동일하게 하위 디렉터리별로 레이블이 할당됩니다.

가위, 바위, 보 게임을 다루어보죠. 손 모양을 인식하려면 세 가지 종류의 이미지를 다루어야 합니다. 다행히 이를 위해 간단한 데이터셋(`https://oreil.ly/VHhmS`)이 준비되어 있습니다.

---

17 옮긴이_ dogs-vs-cats 데이터셋을 사용한 노트북은 원서 깃허브(`https://github.com/lmoroney/tfbook/blob/master/chapter3/transfer_learning-cats-dogs.ipynb`)를 참고하세요.

데이터셋은 다음 두 가지로 구성됩니다. 다양한 크기, 모양, 피부색, 손톱 모양을 가진 손 이미지로 구성된 훈련 세트와 이와 마찬가지로 다양하지만 훈련 세트에 없는 손 이미지로 구성된 테스트 세트가 있습니다.

예제의 이미지는 [그림 3-19]와 같습니다.

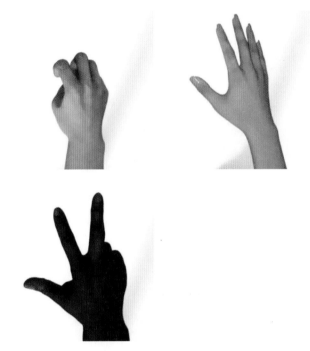

그림 3-19 가위, 바위, 보 이미지

데이터셋을 사용하는 방법은 간단합니다. 다운로드하고 압축을 풀면 하위 디렉터리가 자동으로 생기므로 바로 **ImageDataGenerator**에 사용할 수 있습니다.

```
!wget --no-check-certificate \
    https://storage.googleapis.com/laurencemoroney-blog.appspot.com/rps.zip \
    -O /tmp/rps.zip

!wget --no-check-certificate \
    https://storage.googleapis.com/laurencemoroney-blog.appspot.com/rps-test-set.zip \
    -O ./rps-test-set.zip
```

```
local_zip = './rps.zip'
zip_ref = zipfile.ZipFile(local_zip, 'r')
zip_ref.extractall('./')
zip_ref.close()

TRAINING_DIR = "./rps/"
training_datagen = ImageDataGenerator(
    rescale = 1./255,
    rotation_range=40,
    width_shift_range=0.2,
    height_shift_range=0.2,
    shear_range=0.2,
    zoom_range=0.2,
    horizontal_flip=True,
    fill_mode='nearest'
)
```

이 데이터셋에서 제너레이터를 만들 때 두 개 이상의 하위 디렉터리에서 ImageDataGenerator를 사용해야 하므로 class_mode 매개변수를 'categorical'로 지정해야 합니다.

```
train_generator = training_datagen.flow_from_directory(
    TRAINING_DIR,
    target_size=(150,150),
    class_mode='categorical'
)
```

모델을 정의할 때 입력 층과 출력 층을 주의 깊게 살펴보아야 합니다. 입력은 데이터의 크기(여기서는 150 × 150)와 일치해야 하고 출력은 클래스 개수(여기서는 3)와 일치해야 합니다.

```
model = tf.keras.models.Sequential([
    # 입력 크기는 원하는 이미지(150x150, 3채널)와 일치해야 합니다.
    # 첫 번째 합성곱 층
    tf.keras.layers.Conv2D(64, (3, 3), activation='relu',
                           input_shape=(150, 150, 3)),
    tf.keras.layers.MaxPooling2D((2, 2)),
    # 두 번째 합성곱 층
    tf.keras.layers.Conv2D(64, (3,3), activation='relu'),
    tf.keras.layers.MaxPooling2D((2, 2)),
    # 세 번째 합성곱 층
    tf.keras.layers.Conv2D(128, (3,3), activation='relu'),
```

```
    tf.keras.layers.MaxPooling2D((2, 2)),
    # 네 번째 합성곱 층
    tf.keras.layers.Conv2D(128, (3,3), activation='relu'),
    tf.keras.layers.MaxPooling2D((2, 2)),
    # 밀집 층에 전달하기 위해 펼칩니다.
    tf.keras.layers.Flatten(),
    # 512개 뉴런을 가진 은닉층
    tf.keras.layers.Dense(512, activation='relu'),
    tf.keras.layers.Dense(3, activation='softmax')
])
```

마지막으로 모델을 컴파일할 때 범주형 크로스 엔트로피 손실 함수를 사용해야 합니다. 이진 크로스 엔트로피는 두 개 이상의 클래스에서 작동하지 않습니다.

```
model.compile(loss='categorical_crossentropy', optimizer='rmsprop',
              metrics=['accuracy'])
```

훈련은 이전과 동일합니다.

```
model.fit(train_generator,
          epochs=25,
          validation_data=validation_generator)
```

예측을 위한 코드도 조금 수정해야 합니다. 세 개의 출력 뉴런이 있기 때문에 예측된 클래스는 1에 가까운 값을 출력하고 다른 클래스는 0에 가까운 값을 출력할 것입니다. softmax 활성화 함수를 사용하므로 세 개의 예측값을 모두 더하면 1이 됩니다. 예를 들어 모델이 어떤 이미지를 보고 가위, 바위, 보 중 어떤 이미지인지 확신할 수 없다면 출력은 0.4, 0.4, 0.2와 같을 것입니다. 하지만 이미지에 대한 확신이 높다면 0.98, 0.01, 0.01을 출력할 것입니다.

ImageDataGenerator를 사용하면 디렉터리 알파벳 순서대로 클래스 레이블이 부여됩니다. 따라서 마지막 층의 출력은 순서대로 보^{paper}, 바위^{rock}, 가위^{scissors}가 됩니다.

콜랩에서 예측을 수행하는 코드는 다음과 같으며 이전에 본 코드와 유사합니다.

```
# 콜랩 사용 중인지 확인합니다.
if 'google.colab' in sys.modules:
    from google.colab import files
    uploaded = files.upload()
    sample_images = ['/content/' + fn for fn in uploaded.keys()]

    # 업로드된 파일이 없으면 깃허브에서 다운로드합니다.
    if len(uploaded) < 1:
        import gdown
        base_url = 'https://github.com/rickiepark/aiml4coders/raw/main/ch03/'
        for i in range(1,4):
            gdown.download(base_url + 'rsp_image_{}.jpg'.format(i))
        sample_images = ['/content/rsp_image_{}.jpg'.format(i) for i in range(1,4)]

# 로컬 컴퓨터면 ch03 폴더에 있는 이미지를 사용합니다.
else:
    sample_images = ['rsp_image_{}.jpg'.format(i) for i in range(1,4)]

    rsp_name = ['보', '바위', '가위']

for fn in sample_images:
    # 이미지 출력
    plt.imshow(mpimg.imread(fn))
    plt.show()

    # 이미지 불러오기
    img = tf.keras.utils.load_img(fn, target_size=(300, 300))
    x = tf.keras.utils.img_to_array(img)
    x = np.expand_dims(x, axis=0)

    classes = model.predict(x)

    idx = np.argmax(classes[0])
    print(fn + "는 {}입니다.".format(rsp_name[i]))
```

깃허브에 저장된 rsp_image_1.jpg, rsp_image_2.jpg, rsp_image_3.jpg를 사용해 예측한 결과는 [그림 3-20]과 같습니다.

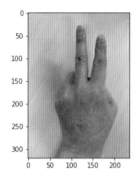

`rsp_image_1.jpg`는 가위입니다.

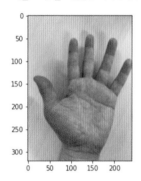

`rsp_image_2.jpg`는 보입니다.

`rsp_image_3.jpg`는 바위입니다.

그림 3-20 가위, 바위, 보 분류기 테스트의 결과

마지막 층의 출력이 순서대로 '보', '바위', '가위'이므로 이 순서대로 `rsp_name` 변수를 만들고 넘파이 `argmax()` 함수로 가장 큰 값의 인덱스를 찾아 `rsp_name` 배열에서 해당 레이블을 찾아 출력합니다.

테스트 데이터셋에 있는 이미지를 사용하거나 직접 만든 이미지로 테스트해볼 수 있습니다. 훈련 이미지는 배경이 모두 흰색이었습니다. 따라서 사진의 배경이 복잡하다면 잘못 예측할 가능성이 높습니다.

3.9 드롭아웃 규제

앞서 3장 초반에 과대적합을 언급했습니다. 과대적합은 신경망이 특정한 종류의 입력 데이터에 과도하게 맞춰져 있어 다른 데이터에서는 성능이 나쁜 경우였습니다. 이를 극복하는 한 가지 기법은 **드롭아웃 규제**dropout regularization입니다.

신경망을 훈련할 때 개별 뉴런은 같은 층의 다른 뉴런에 영향을 받습니다. 특히 신경망의 규모가 크다면 시간이 지남에 따라 일부 뉴런이 과도하게 전문화될 수 있습니다. 이후 층에도 이런 영향이 전달되어 전체적으로 신경망이 전문화되어 과대적합을 초래합니다. 또한 이웃한 뉴런이 비슷한 가중치와 절편을 가질 수 있습니다. 이를 모니터링하지 않으면 전체 모델이 이런 뉴런에서 감지한 특성에 특히 민감해질 수 있습니다.

예를 들어 [그림 3–21]과 같은 신경망을 생각해보죠. 각 층에 뉴런이 2, 6, 6, 2개가 있습니다. 중간 층의 뉴런은 매우 비슷한 가중치와 절편을 가질 수 있습니다.

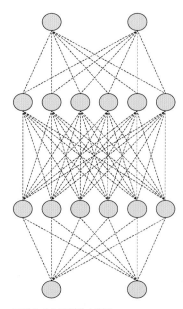

그림 3-21 간단한 신경망

훈련하는 동안 랜덤하게 일부 뉴런을 무시하면 다음 층에 있는 뉴런에 미치는 영향을 일시적으로 막을 수 있습니다(그림 3-22).

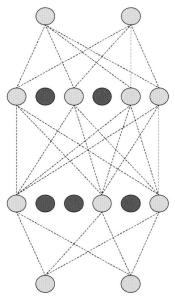

그림 3-22 드롭아웃을 사용하는 간단한 신경망

이는 뉴런이 과도하게 특화될 가능성을 줄입니다. 신경망은 여전히 같은 수의 파라미터를 학습하지만 일반화 성능은 더 나아집니다. 즉 다른 종류의 입력도 안정적으로 처리할 것입니다.

> NOTE_ 드롭아웃 개념은 2014년 니티시 스리바스타바[Nitish Srivastava] 등의 논문「Dropout: A Simple Way to Prevent Neural Networks from Overfitting」(**https://oreil.ly/673CJ**)에서 소개되었습니다.

텐서플로에서 드롭아웃을 사용하려면 다음처럼 케라스 층을 추가합니다.

```
tf.keras.layers.Dropout(0.2),
```

이전 층에 있는 뉴런 중에서 지정된 양(여기서는 20%)만큼 랜덤하게 드롭아웃합니다. 현재 신경망에 적절한 퍼센트를 찾으려면 실험이 필요할 수 있습니다.

이를 2장에 있는 패션 MNIST 분류기에 적용해보죠. 다음과 같이 신경망에 층을 더 추가합니다.

```
model = tf.keras.models.Sequential([
    tf.keras.layers.Flatten(input_shape=(28,28)),
    tf.keras.layers.Dense(256, activation=tf.nn.relu),
    tf.keras.layers.Dense(128, activation=tf.nn.relu),
    tf.keras.layers.Dense(64, activation=tf.nn.relu),
    tf.keras.layers.Dense(10, activation=tf.nn.softmax)
])
```

20번의 에폭 동안 훈련하면 훈련 세트에서 94%의 정확도를 얻고 검증 세트에서 88%의 정확도를 얻습니다. 이는 과대적합 가능성이 있다는 신호입니다.

다음처럼 각 밀집 층 아래에 드롭아웃을 추가합니다.

```
model = tf.keras.models.Sequential([
    tf.keras.layers.Flatten(input_shape=(28,28)),
    tf.keras.layers.Dense(256, activation=tf.nn.relu),
    tf.keras.layers.Dropout(0.2),
    tf.keras.layers.Dense(128, activation=tf.nn.relu),
    tf.keras.layers.Dropout(0.2),
    tf.keras.layers.Dense(64, activation=tf.nn.relu),
```

```
    tf.keras.layers.Dropout(0.2),
    tf.keras.layers.Dense(10, activation=tf.nn.softmax)
])
```

이 신경망을 동일한 데이터에서 같은 에폭 횟수 동안 훈련하면 훈련 세트 정확도가 89%로 줄어듭니다. 검증 세트의 정확도는 거의 비슷하게 88%를 달성합니다. 두 값이 이전보다 더 가깝습니다. 드롭아웃을 추가하면 과대적합이 있다는 것을 나타낼 뿐만 아니라 신경망이 훈련 데이터에 과도하게 특화되지 않도록 만드는 데에도 도움이 됩니다.

신경망을 만들 때 훈련 세트에서 좋은 결과가 항상 옳은 것이 아니라는 것을 기억하세요. 이는 과대적합의 신호일 수 있습니다. 드롭아웃을 사용하면 이런 문제를 없애는 데 도움이 되므로 보안 문제를 걱정하지 않고 다른 영역에서 신경망을 최적화할 수 있습니다.

3.10 마치며

이번 장에서는 합성곱 신경망을 사용한 고급 컴퓨터 비전 방법을 소개했습니다. 합성곱 필터를 사용해 이미지에서 특성을 추출하는 방법을 살펴보았고, MNIST와 패션 MNIST보다 복잡한 컴퓨터 비전 문제를 다루는 신경망을 만들었습니다. 이미지 증식과 드롭아웃 같이 신경망의 정확도를 높이고 과대적합을 피하는 기법도 살펴보았습니다. 신경망에 대해 더 알아보기 전에 4장에서 텐서플로 데이터셋을 먼저 소개합니다. 텐서플로 데이터셋을 사용하면 신경망을 훈련하고 테스트하는 데 필요한 데이터를 준비하는 과정이 훨씬 편리해집니다. 이번 장에서는 ZIP 파일을 다운로드하고 압축을 풀어 이미지를 준비했지만 항상 이런 방식이 가능하지는 않습니다. 텐서플로 데이터셋에서 제공하는 표준 API를 사용하면 많은 데이터셋에 손쉽게 접근할 수 있습니다.

## CHAPTER 4

텐서플로 데이터셋으로
공개 데이터셋 사용하기

앞선 장들에서 다양한 데이터를 사용해 모델을 훈련했습니다. 패션 MNIST 데이터셋은 케라스에 포함되어 있습니다. 이미지 기반의 말–사람 데이터셋, 강아지–고양이 데이터셋은 ZIP 파일로 다운받아서 압축을 풀어 전처리했습니다. 여러분은 이미 모델을 훈련하는 데 사용할 데이터를 구하는 여러 방법을 경험했습니다.

그러나 많은 공개 데이터셋에서는 모델 구조를 만들기 전에 해당 분야에 특화된 다양한 기술부터 배우는 게 우선입니다. 텐서플로 데이터셋^{TensorFlow Datasets}(TFDS)의 목적은 사용하기 쉽게 데이터셋을 제공하려는 것입니다. 텐서플로와 유사한 API를 통해서 데이터를 얻는 모든 전처리 단계를 손쉽게 적용할 수 있습니다.

1장과 2장에서 케라스가 패션 MNIST 데이터를 다루는 방식을 통해 이를 살짝 엿보았습니다. 다시 정리하면 패션 MNIST 데이터는 다음 코드로 얻을 수 있습니다.

```
data = tf.keras.datasets.fashion_mnist

(training_images, training_labels), (test_images, test_labels) = data.load_data()
```

텐서플로 데이터셋은 이런 아이디어를 기반으로 하지만 제공되는 데이터셋의 개수와 다양성은 매우 큽니다. 사용 가능한 전체 데이터셋 목록(https://oreil.ly/zL7zq)은 계속 확장 중입니다. 주요 데이터셋의 종류는 다음과 같습니다.

- **오디오:** 음성과 음악 데이터
- **이미지:** 말-사람 데이터와 같은 간단한 데이터셋에서부터 당뇨망막병증 진단 등에 사용되는 고급 연구 데이터셋까지
- **객체 탐지**bject detection**:** COCO, Open Images 등
- **구조적인 데이터:** 타이타닉 생존자, 아마존 리뷰 등
- **요약**summarization**:** CNN과 데일리 메일Daily Mail의 뉴스, 과학 논문, 위키하우wikiHow 등
- **텍스트:** IMDb 리뷰, 자연어 질문 등
- **번역:** 다양한 번역 모델 훈련 데이터셋
- **비디오:** Moving MNIST, 스타크래프트 등

> **NOTE_** 텐서플로 데이터셋은 텐서플로와 별개의 패키지입니다. 따라서 예제 코드를 실행하기 전에 설치해야 합니다! 콜랩에는 이미 설치되어 있습니다.

이번 장에서는 텐서플로 데이터셋과 이를 사용해 훈련 과정을 크게 간소화하는 방법을 소개합니다. TFRecord 구조를 살펴보고 데이터 종류와는 상관없이 일관성 있게 접근하는 방법을 알아봅니다. 또한 텐서플로 데이터셋을 사용해 대용량 데이터로 모델을 효율적으로 훈련할 수 있는 ETL(추출, 변환, 로드) 패턴을 설명합니다.

4.1 텐서플로 데이터셋 시작하기

간단한 텐서플로 데이터셋 사용 예를 둘러보고 데이터 종류와 상관없이 사용할 수 있는 표준 인터페이스를 알아보겠습니다.

만약 텐서플로 데이터셋 설치가 필요하다면 다음 pip 명령을 사용해 설치하세요.

```
pip install tensorflow-datasets
```

텐서플로 데이터셋이 설치되고 나면 tfds.load 함수에 원하는 데이터셋 이름을 전달해 데이터를 가져옵니다. 예를 들어 패션 MNIST를 사용하고 싶다면 코드는 다음과 같습니다.

```
import tensorflow as tf
import tensorflow_datasets as tfds
mnist_data = tfds.load("fashion_mnist")
for item in mnist_data:
    print(item)
```

tfds.load 함수에서 반환되는 데이터의 타입을 확인해보죠. 반환된 데이터셋의 항목을 출력해보면 이 데이터에서 사용할 수 있는 분할 세트를 확인할 수 있습니다. mnist_data는 두 개의 문자열 test와 train을 키로 갖는 딕셔너리이며 값은 이 데이터셋에서 제공하는 분할 세트입니다.

실제 데이터를 담은 데이터셋 분할을 바로 얻고 싶다면 tfds.load 함수에 다음과 같이 원하는 분할을 지정할 수 있습니다.

```
mnist_train = tfds.load(name="fashion_mnist", split="train")
assert isinstance(mnist_train, tf.data.Dataset)
print(type(mnist_train))
```

결과로 PrefetchDataset의 객체가 출력됩니다. 이 객체를 순회하면서 데이터를 조사할 수 있습니다. 이 클래스의 좋은 기능 하나는 take(1) 메서드를 호출해 첫 번째 레코드를 가져올 수 있다는 점입니다. 데이터가 어떻게 들어 있는지 확인해보죠.

```
for item in mnist_train.take(1):
    print(type(item))
    print(item.keys())
```

첫 번째 print 문의 출력은 각 레코드의 타입이 딕셔너리라는 것을 보여줍니다. 이 딕셔너리의 키를 출력하면 image와 label임을 알 수 있습니다. 따라서 데이터 값을 확인하려면 다음과 같이 쓸 수 있습니다.

```
for item in mnist_train.take(1):
    print(type(item))
    print(item.keys())
    print(item['image'])
    print(item['label'])
```

이미지 항목은 **tf.Tensor** 타입으로 크기가 28 × 28인 배열입니다. 픽셀 강도를 나타내는 0~255 사이의 값이 들어 있습니다. 레이블은 **tf.Tensor(2, shape=(), dtype=int64)**로 출력되며 해당 이미지가 클래스 2에 해당하는 걸 확인할 수 있습니다.

데이터셋을 로드할 때 `with_info` 매개변수를 사용하면 데이터셋에 대한 정보를 얻을 수 있습니다.

```
mnist_test, info = tfds.load(name="fashion_mnist", with_info="true")
print(info)
```

`info` 객체를 출력하면 데이터셋의 자세한 정보를 얻을 수 있습니다. 패션 MNIST의 출력은 다음과 같습니다.

```
tfds.core.DatasetInfo(
    name='fashion_mnist',
    full_name='fashion_mnist/3.0.1',
    description="""
    Fashion-MNIST is a dataset of Zalando's article images consisting of a training
    set of 60,000 examples and a test set of 10,000 examples. Each example is a
    28x28 grayscale image, associated with a label from 10 classes.
    """,
    homepage='https://github.com/zalandoresearch/fashion-mnist',
    data_path='/home/haesun/tensorflow_datasets/fashion_mnist/3.0.1',
    download_size=29.45 MiB,
    dataset_size=36.42 MiB,
    features=FeaturesDict({
        'image': Image(shape=(28, 28, 1), dtype=tf.uint8),
        'label': ClassLabel(shape=(), dtype=tf.int64, num_classes=10),
    }),
    supervised_keys=('image', 'label'),
    disable_shuffling=False,
    splits={
        'test': <SplitInfo num_examples=10000, num_shards=1>,
        'train': <SplitInfo num_examples=60000, num_shards=1>,
    },
    citation="""@article{DBLP:journals/corr/abs-1708-07747,
      author    = {Han Xiao and
                   Kashif Rasul and
                   Roland Vollgraf},
      title     = {Fashion-MNIST: a Novel Image Dataset for Benchmarking Machine
```

```
                Learning
                Algorithms},
    journal    = {CoRR},
    volume     = {abs/1708.07747},
    year       = {2017},
    url        = {http://arxiv.org/abs/1708.07747},
    archivePrefix = {arXiv},
    eprint     = {1708.07747},
    timestamp  = {Mon, 13 Aug 2018 16:47:27 +0200},
    biburl     = {https://dblp.org/rec/bib/journals/corr/abs-1708-07747},
    bibsource  = {dblp computer science bibliography, https://dblp.org}
  }""",
)
```

출력 정보에서 (앞에서 본) 분할 세트와 데이터셋의 특성은 물론 인용, 설명, 버전 같은 추가 정보도 볼 수 있습니다.

4.2 케라스 모델에서 텐서플로 데이터셋 사용하기

2장에서 텐서플로와 케라스를 사용해 케라스에 내장된 데이터셋에서 간단한 컴퓨터 비전 모델을 만드는 방법을 소개했습니다. 예를 들어 패션 MNIST를 사용하는 코드는 다음과 같습니다.

```
mnist = tf.keras.datasets.fashion_mnist
(training_images, training_labels), (test_images, test_labels) = \
    mnist.load_data()
```

텐서플로 데이터셋을 사용하는 방법도 매우 비슷하지만 조금 차이가 있습니다. 케라스 데이터셋은 ndarray 타입입니다. 하지만 텐서플로 데이터셋은 Dataset 객체나 Tensor 타입을 반환하기 때문에 넘파이 배열로 바꾸려면 변환 작업이 약간 추가됩니다.

```
(training_images, training_labels), (test_images, test_labels) = \
    tfds.as_numpy(tfds.load('fashion_mnist',
                            split = ['train', 'test'],
                            batch_size=-1,
                            as_supervised=True))
```

tfds.load에 원하는 데이터셋인 fashion_mnist를 지정합니다. 이 데이터셋은 훈련 세트와 테스트 세트로 나뉘어져 있다는 것을 알고 있으므로 split 매개변수에 가져올 분할 세트를 지정할 수 있습니다.[1] batch_size=-1로 지정하면 모든 데이터를 가져옵니다.[2] as_supervised=True로 지정하면 (입력, 레이블)로 구성된 튜플이 반환됩니다.

텐서플로 데이터셋에서 반환된 데이터셋은 케라스 데이터셋과 거의 포맷이 동일합니다. 한 가지 다른 점은 텐서플로 데이터셋은 (28, 28, 1) 크기를 반환하고 케라스 데이터셋은 (28, 28) 크기를 반환합니다.

따라서 입력 크기를 (28, 28)이 아니라 (28, 28, 1)로 지정해야 합니다.

```
import tensorflow as tf
import tensorflow_datasets as tfds

(training_images, training_labels), (test_images, test_labels) = \
    tfds.load('fashion_mnist',
              split = ['train', 'test'],
              batch_size=-1,
              as_supervised=True))

training_images = tf.cast(training_images, tf.float32) / 255.0
test_images = tf.cast(test_images, tf.float32) / 255.0

model = tf.keras.models.Sequential([
    tf.keras.layers.Flatten(input_shape=(28,28,1)),
    tf.keras.layers.Dense(128, activation=tf.nn.relu),
    tf.keras.layers.Dropout(0.2),
    tf.keras.layers.Dense(10, activation=tf.nn.softmax)
])

model.compile(optimizer='adam',
              loss='sparse_categorical_crossentropy',
              metrics=['accuracy'])

model.fit(training_images, training_labels, epochs=5)
```

----

1   옮긴이_ split 매개변수를 지정하지 않으면 맨 처음 코드와 같이 train, test를 키로 갖는 딕셔너리가 반환됩니다. split 매개변수를 지정하면 분할 세트의 리스트가 반환됩니다.

2   옮긴이_ batch_size=-1로 지정하면 tf.Tensor 타입의 전체 데이터가 반환됩니다. 패션 MNIST의 경우 tf.uint8 타입의 텐서가 반환되기 때문에 픽셀 값을 255로 나누어 정규화하기 전에 실수로 변환해야 합니다.

조금 더 복잡한 예제는 3장에서 다뤘던 말−사람 데이터셋입니다. 이 데이터셋도 텐서플로 데이터셋에서 제공합니다. 말−사람 데이터셋을 사용해 모델을 훈련하는 코드는 다음과 같습니다.

```python
import tensorflow as tf
import tensorflow_datasets as tfds

data = tfds.load('horses_or_humans', split='train', as_supervised=True)

train_batches = data.shuffle(100).batch(10)

model = tf.keras.models.Sequential([
    tf.keras.layers.Conv2D(16, (3, 3), activation='relu',
                           input_shape=(300, 300, 3)),
    tf.keras.layers.MaxPooling2D((2, 2)),
    tf.keras.layers.Conv2D(32, (3, 3), activation='relu'),
    tf.keras.layers.MaxPooling2D((2, 2)),
    tf.keras.layers.Conv2D(64, (3, 3), activation='relu'),
    tf.keras.layers.MaxPooling2D((2, 2)),
    tf.keras.layers.Conv2D(64, (3, 3), activation='relu'),
    tf.keras.layers.MaxPooling2D((2, 2)),
    tf.keras.layers.Conv2D(64, (3, 3), activation='relu'),
    tf.keras.layers.MaxPooling2D((2, 2)),
    tf.keras.layers.Flatten(),
    tf.keras.layers.Dense(512, activation='relu'),
    tf.keras.layers.Dense(1, activation='sigmoid')
])

model.compile(optimizer='Adam', loss='binary_crossentropy',
              metrics=['accuracy'])

model.fit(train_batches, epochs=10)
```

여기서 볼 수 있듯이 사용 방법이 아주 쉽습니다. 간단히 원하는 분할 세트(여기에서는 train)를 지정해 tfds.load를 호출하고 모델에 사용하면 됩니다. 효율적인 훈련을 위해 데이터를 섞고 배치를 구성합니다.

말−사람 데이터셋은 훈련 세트와 테스트 세트로 나뉘어져 있으므로 훈련하는 동안 모델 검증을 원한다면 다음처럼 텐서플로 데이터셋에서 별도의 검증 세트를 로드할 수 있습니다.

```
val_data = tfds.load('horses_or_humans', split='test', as_supervised=True)
```

그리고 훈련 세트와 동일하게 배치를 구성합니다.

```
validation_batches = val_data.batch(32)
```

그다음 훈련할 때 검증 데이터에 이 배치를 지정합니다.

```
model.fit(train_batches, epochs=10,
          validation_data=validation_batches)
```

4.2.1 특정 버전의 데이터셋 로드하기

텐서플로 데이터셋에 있는 모든 데이터셋은 MAJOR.MINOR.PATCH 버전 번호 시스템을 사용합니다. 이 시스템은 다음과 같이 관리됩니다. PATCH가 업데이트되면 동일한 데이터가 반환되지만 내부 구성이 바뀌었을 수 있습니다. 이런 변화는 개발자에게 알려지지 않습니다. MINOR가 업데이트되면 기존 코드가 깨지지 않도록 데이터는 여전히 그대로이지만 레코드마다 특성이 추가되었을 수 있습니다. 또한 특정 슬라이스[slice](4.4절 '사용자 정의 분할 사용하기' 참조)의 데이터가 동일해야 하므로 레코드 순서가 바뀌지 않습니다. MAJOR가 업데이트되면 레코드 형태와 위치에 변화가 있을 수 있습니다. 따라서 특정 슬라이스는 다른 값을 반환할 수 있습니다.

여러 버전을 다운로드할 수 있는 데이터셋이 있습니다. 예를 들어 집필 시점에서 말-사람 데이터셋[3]의 기본 버전은 3.0.0입니다. 따라서 다음처럼 버전을 명시적으로 지정할 수 있습니다.

```
data, info = tfds.load("horses_or_humans:3.0.0", with_info=True)
```

데이터 다운로드가 실패할 경우 텐서플로 데이터셋 최신 버전을 사용하는지 확인하세요.

---

3   https://www.tensorflow.org/datasets/catalog/horses_or_humans

NonMatchingChecksumError 에러가 발생한다면 수동으로 다운로드하거나 https://www.
tensorflow.org/datasets/overview#manual_download_if_download_fails 페이지를
참고하세요.

4.3 데이터 증식을 위해 매핑 함수 사용하기

3장에서 모델에 훈련 데이터를 제공할 때 유용한 방법인 ImageDataGenerator를 사용한 이미
지 증식 기법을 알아보았습니다. 이전처럼 디렉터리에서 이미지를 읽지 않기 때문에 텐서플로
데이터셋을 사용할 때 이런 이미지 증식을 어떻게 수행하는지 궁금할 수 있습니다. 가장 좋은
방법은 데이터셋 객체에 매핑 함수를 사용하는 것입니다. 어떻게 하는지 알아보죠.

앞에서 말–사람 데이터를 텐서플로 데이터셋으로 로드해 다음과 같이 배치를 만들었습니다.

```
data = tfds.load('horses_or_humans', split='train', as_supervised=True)

train_batches = data.shuffle(100).batch(10)
```

데이터셋을 변환해 매핑하려면 **매핑 함수**mapping function를 만들어야 합니다. 이 함수는 평범한 파
이썬 함수입니다. 예를 들어 augmentimages 함수를 만들어 다음과 같은 이미지 증식을 수행
해보죠.

```
def augmentimages(image, label):
    image = tf.cast(image, tf.float32)
    image = (image/255)
    image = tf.image.random_flip_left_right(image)
    return image, label
```

이 함수를 다음과 같이 데이터에 매핑해 새로운 데이터셋 train을 만들 수 있습니다.

```
train = data.map(augmentimages)
```

그다음 data가 아니라 train에서 배치를 만듭니다.

```
train_batches = train.shuffle(100).batch(32)
```

augmentimages 함수는 tf.image.random_flip_left_right(image)를 사용해 이미지를 랜
덤하게 오른쪽이나 왼쪽으로 뒤집습니다. tf.image 라이브러리에는 이미지 증식에 사용할 수
있는 함수가 많습니다. 자세한 내용은 온라인 문서(https://oreil.ly/H5LZh)를 참고하세요.

4.3.1 텐서플로 애드온 사용하기

텐서플로 애드온TensorFlow Addons[4] 라이브러리는 더 많은 함수를 제공합니다. ImageData
Generator에 있는 일부 기능(예를 들어 rotate)은 텐서플로 애드온에서만 제공하기 때문에
알아두는 것이 좋습니다.

텐서플로 애드온 사용법은 매우 쉽습니다. 먼저 라이브러리를 설치합니다.[5]

```
pip install tensorflow-addons
```

라이브러리를 설치하고 나면 매핑 함수에서 애드온 기능을 사용할 수 있습니다. 다음은 앞에서
만든 매핑 함수에 rotate를 추가한 예입니다.

```
import tensorflow_addons as tfa

def augmentimages(image, label):
    image = tf.cast(image, tf.float32)
    image = (image/255)
    image = tf.image.random_flip_left_right(image)
    image = tfa.image.rotate(image, 40, interpolation='NEAREST')
    return image, label
```

----

4 https://oreil.ly/iwDv9
5 옮긴이_ 콜랩에도 설치해주어야 합니다.

4.4 사용자 정의 분할 사용하기

지금까지 모델을 만드는 데 사용했던 모든 데이터는 미리 훈련 세트와 테스트 세트로 나뉘어져 있었습니다. 예를 들어 패션 MNIST는 6만 개와 1만 개 레코드로 나뉘어져 있습니다. 하지만 이렇게 나누고 싶지 않다면 어떻게 할까요? 원하는 대로 데이터를 나누려면 어떻게 해야 할까요? 바로 이때 텐서플로 데이터셋에서 제공하는 강력한 기능을 사용할 수 있습니다. 텐서플로 데이터셋은 데이터 분할을 상세히 제어할 수 있는 API를 제공합니다.

다음처럼 데이터를 로드하는 것을 이미 보았습니다.[6]

```
data = tfds.load('cats_vs_dogs', split='train', as_supervised=True)
```

split 매개변숫값은 문자열입니다. 여기서는 train 분할 세트 전체를 요청했습니다. 파이썬의 슬라이스 표기법[7]에 익숙하다면 쉽게 사용할 수 있습니다. 이 표기법은 매우 유연하고 정교한 문법입니다. 사용법은 다음과 같이 대괄호 안에 원하는 슬라이스를 정의해 사용합니다.

예를 들어 train의 처음 1만 개 레코드를 훈련 데이터로 사용하고 싶다면 <start>를 빼고 train[:10000]과 같이 쓰면 됩니다(시작 콜론을 '처음'으로 생각하면 좋습니다. 따라서 '처음 10,000개 레코드'라고 읽을 수 있습니다).

```
data = tfds.load('cats_vs_dogs', split='train[:10000]', as_supervised=True)
```

%를 사용해 비율을 지정할 수도 있습니다. 예를 들어 처음부터 20%의 분량을 훈련 데이터로 사용하고 싶다면 다음처럼 슬라이스를 :20%로 지정하면 됩니다.

```
data = tfds.load('cats_vs_dogs', split='train[:20%]', as_supervised=True)
```

---

6 옮긴이_ 이따금 데이터셋 다운로드 경로가 변경되었지만 미처 텐서플로 데이터셋에 반영되지 않아 파일을 찾을 수 없다는 에러가 발생할 수 있습니다. 이런 경우 데이터셋 카탈로그 페이지(https://www.tensorflow.org/datasets/catalog/cats_vs_dogs)에서 데이터셋 다운로드 경로와 해당 데이터셋의 모듈 경로를 확인해 수동으로 지정할 수 있습니다. 예를 들어 강아지-고양이 데이터셋의 경우 다음처럼 최신 다운로드 경로를 지정한 후 로드할 수 있습니다.

```
tfds.image_classification.cats_vs_dogs._URL = https://download.microsoft.com/
download/3/E/1/3E1C3F21-ECDB-4869-8368-6DEBA77B919F/kagglecatsanddogs_5340.zip
data = tfds.load('cats_vs_dogs')
```

7 https://oreil.ly/Enqzq

심지어 독특하게 두 개의 분할을 합칠 수도 있습니다. 처음 1,000개와 마지막 1,000개 레코드를 합쳐서 훈련 데이터로 사용하고 싶다면 다음처럼 쓸 수 있습니다(여기에서 -1000:은 '마지막 1,000개 레코드'이고 :1000은 '처음 1,000개 레코드'를 의미합니다).

```
data = tfds.load('cats_vs_dogs', split='train[-1000:]+train[:1000]',
                 as_supervised=True)
```

강아지-고양이 데이터셋은 훈련 세트, 테스트 세트, 검증 세트 분할이 없지만 텐서플로 데이터셋을 사용해 간단히 세트를 분할할 수 있습니다. 데이터셋을 80%, 10%, 10% 비율로 나눈다고 가정해보죠. 세 개의 세트를 만드는 코드는 다음과 같습니다.

```
train_data = tfds.load('cats_vs_dogs', split='train[:80%]',
                       as_supervised=True)

validation_data = tfds.load('cats_vs_dogs', split='train[80%:90%]',
                            as_supervised=True)

test_data = tfds.load('cats_vs_dogs', split='train[-10%:]',
                      as_supervised=True)
```

이렇게 얻은 세트는 기존과 동일한 방식으로 사용할 수 있습니다.

반환된 데이터셋은 길이 정보를 제공하지 않기 때문에 원본 세트를 올바르게 나누었는지 확인하는 것이 어렵습니다. 얼마나 많은 레코드가 분할 세트에 포함되었는지 확인하려면 전체 세트를 순회하며 하나씩 카운트해야 합니다. 다음은 방금 전 만든 훈련 세트의 개수를 확인하는 코드입니다.

```
train_length = [i for i,_ in enumerate(train_data)][-1] + 1
print(train_length)
```

이 코드는 실행하는 데 시간이 오래 걸립니다. 디버깅할 때만 사용하도록 하세요!

4.5 TFRecord 이해하기

텐서플로 데이터셋은 데이터를 다운로드해 디스크에 캐싱합니다. 따라서 사용할 때마다 데이터를 다운로드하지 않습니다. 텐서플로 데이터셋은 캐싱을 위해 TFRecord 포맷을 사용합니다. 데이터가 다운로드될 때 자세히 살펴보면 [그림 4-1]과 같은 메시지를 볼 수 있습니다. [그림 4-1]은 cnn_dailymail 데이터셋을 다운로드해 TFRecord 파일로 저장하는 과정입니다.

```
/tensorflow_datasets/cnn_dailymail/plain_text/1.0.0.incompleteFFCKFG/cnn_dailymail-train.tfrecord
99% 282918/287113 [00:06<00:00, 48503.77 examples/s]

10153 examples [00:07, 1475.51 examples/s]
```

그림 4-1 cnn_dailymail 데이터셋을 TFRecord 파일로 다운로드하기

이는 텐서플로에서 대용량의 데이터를 저장하고 추출할 때 선호하는 포맷입니다. 파일 구조는 매우 단순하며 성능을 위해 순차적으로 읽습니다. 디스크에 저장된 파일은 매우 간단하며 각 레코드는 레코드의 길이를 나타내는 정수, 이 정수의 CRC(순환 중복 검사)cyclic redundancy check, 데이터의 바이트 배열, 바이트 배열의 CRC로 구성됩니다. 레코드가 연결되어 파일을 구성하고 대규모 데이터셋일 경우 샤딩sharding됩니다.

예를 들어 [그림 4-2]는 cnn_dailymail이 다운로드된 후 16개 파일로 샤딩된 모습입니다.

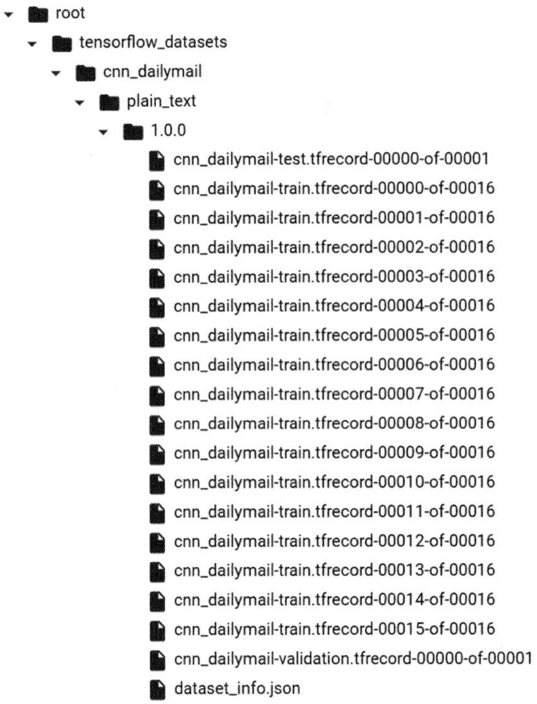

- root
  - tensorflow_datasets
    - cnn_dailymail
      - plain_text
        - 1.0.0
          - cnn_dailymail-test.tfrecord-00000-of-00001
          - cnn_dailymail-train.tfrecord-00000-of-00016
          - cnn_dailymail-train.tfrecord-00001-of-00016
          - cnn_dailymail-train.tfrecord-00002-of-00016
          - cnn_dailymail-train.tfrecord-00003-of-00016
          - cnn_dailymail-train.tfrecord-00004-of-00016
          - cnn_dailymail-train.tfrecord-00005-of-00016
          - cnn_dailymail-train.tfrecord-00006-of-00016
          - cnn_dailymail-train.tfrecord-00007-of-00016
          - cnn_dailymail-train.tfrecord-00008-of-00016
          - cnn_dailymail-train.tfrecord-00009-of-00016
          - cnn_dailymail-train.tfrecord-00010-of-00016
          - cnn_dailymail-train.tfrecord-00011-of-00016
          - cnn_dailymail-train.tfrecord-00012-of-00016
          - cnn_dailymail-train.tfrecord-00013-of-00016
          - cnn_dailymail-train.tfrecord-00014-of-00016
          - cnn_dailymail-train.tfrecord-00015-of-00016
          - cnn_dailymail-validation.tfrecord-00000-of-00001
          - dataset_info.json

그림 4-2 cnn_dailymail의 TFRecord 파일

MNIST 데이터셋을 다운로드하고 정보를 출력해 간단한 예를 살펴봅시다.

```
data, info = tfds.load("mnist", with_info=True)
print(info)
```

반환받은 정보를 출력하면 다음과 같은 특성이 저장됩니다.

```
features=FeaturesDict({
    'image': Image(shape=(28, 28, 1), dtype=tf.uint8),
    'label': ClassLabel(shape=(), dtype=tf.int64, num_classes=10),
}),
```

cnn_dailymail과 비슷하게 이 파일은 /root/tensorflow_datasets/mnist/<version>/ files에 다운로드되어 있습니다.[8]

다음처럼 원시 레코드를 **TFRecordDataset**으로 로드할 수 있습니다.

```
import os

filename = os.path.join(os.path.expanduser('~') +
            '/tensorflow_datasets/mnist/3.0.1/mnist-test.tfrecord-00000-of-00001')
raw_dataset = tf.data.TFRecordDataset(filename)

for raw_record in raw_dataset.take(1):
    print(repr(raw_record))
```

파일 위치는 운영체제에 따라 다를 수 있습니다.

이 명령은 다음과 같은 원시 레코드 내용을 출력합니다.

```
<tf.Tensor: shape=(), dtype=string, numpy=b"\n\x85\x03\n\xf2\x02\n\x05image\x12\
xe8\x02\n\xe5\x02\n\xe2\x02\x89PNG\r\n\x1a\n\x00\x00\x00\rIHDR\x00\x00\x00\x1c\x00\
x00\x00\x1c\x08\x00\x00\x00\x00Wf\x80H\x00\x00\x01)IDAT(\x91\xc5\xd2\xbdK\xc3P\
x14\x05\xf0S(v\x13)\x04,.\x82\xc5Aq\xac\xedb\x1d\xdc\n.\x12\x87n\x0e\x82\x93\x7f@
Q\xb2\x08\xba\tbQ0.\xe2\xe2\xd4\xb1\xa2h\x9c\x82\xba\x8a(\nq\xf0\x83Fh\x95\
n6\x88\xe7R\x87\x88\xf9\xa8Y\xf5\x0e\x8f\xc7\xfd\xdd\x0b\x87\xc7\x03\xfe\
xbeb\x9d\xadT\x927Q\xe3\xe9\x07:\xab\xbf\xf4\xf3\xcf\xf6\x8a\xd9\x14\xd29\
xea\xb0\x1eKH\xde\xab\xea%\xaba\x1b=\xa4P/\xf5\x02\xd7\\\x07\x00\xc4=,L\x-
c0,>\x01@2\xf6\x12\xde\x9c\xde[t/\xb3\x0e\x87\xa2\xe2\xc2\xe0A<\xca\xb26\
xd5(\x1b\xa9\xd3\xe8\x0e\xf5\x86\x17\xceE\xdarV\xae\xb7_\xf3AR\r!I\xf7(\x06m\
xaaE\xbb\xb6\xac\r*\x9b$e<\xb8\xd7\xa2\x0e\x00\xd0l\x92\xb2\xd5\x15\xcc\xae'\
x00\xf4m\x080'+\xc2y\x9f\x8d\xc9\x15\x80\xfe\x99[q\x962@CN¦i\xf7\xa9!=\xd7
\xab\x19\x00\xc8\xd6\xb8\xeb\xa1\xf0\xd8l\xca\xfb]\xee\xfb]*\x9fV\xe1\x07\xb7\
xc9\x8b55\xe7M\xef\xb0\x04\xc0\xfd&\x89\x01<\xbe\xf9\x03*\x8a\xf5\x81\x7f\xaa/2y\
x87ks\xec\x1e\xc1\x00\x00\x00\x00IEND\xaeB'\x82\n\x0e\n\x05label\x12\x05\x1a\x03\n\
x01\x02">
```

체크섬checksum과 레코드 내용이 포함된 긴 문자열이 출력됩니다. 이 데이터셋의 특성을 이미 알고 있기 때문에 특성 디스크립션description을 만들어 데이터를 파싱할 수 있습니다. 이 데이터

---

8 옮긴이_ 이 경로는 콜랩에서 데이터를 다운로드했을 때의 경로입니다.

를 파싱하는 코드는 다음과 같습니다.

```python
# 특성 디스크립션을 만듭니다.
feature_description = {
    'image': tf.io.FixedLenFeature([], dtype=tf.string),
    'label': tf.io.FixedLenFeature([], dtype=tf.int64),
}

def _parse_function(example_proto):
    # 위에서 만든 딕셔너리로 입력을 파싱합니다.
    return tf.io.parse_single_example(example_proto, feature_description)

parsed_dataset = raw_dataset.map(_parse_function)
for parsed_record in parsed_dataset.take(1):
    print((parsed_record))
```

파싱된 결과는 조금 더 알아보기 쉽습니다! 무엇보다도 이미지가 **Tensor**이고 PNG 형식임을 확인할 수 있습니다. PNG는 압축 이미지 포맷으로 헤더는 **IHDR**로 시작하고 데이터는 **IDAT**로 시작하며 **IEND**로 끝납니다.

```
{'image': <tf.Tensor: shape=(), dtype=string, numpy=b"\x89PNG\r\n\x1a\n\x00\x00\
x00\rIHDR\x00\x00\x00\x1c\x00\x00\x00\x1c\x08\x00\x00\x00\x00Wf\x80H\x00\x00\x01)
IDAT(\x91\xc5\xd2\xbdK\xc3P\x14\x05\xf0S(v\x13)\x04,.\x82\xc5Aq\xac\xedb\x1d\xdc\
n.\x12\x87n\x0e\x82\x93\x7f@Q\xb2\x08\xba\tbQ0.\xe2\xe2\xd4\xb1\xa2h\x9c\x82\
xba\x8a(\nq\xf0\x83Fh\x95\n6\x88\xe7R\x87\x88\xf9\xa8Y\xf5\x0e\x8f\xc7\xfd\xdd\
x0b\x87\xc7\x03\xfe\xbeb\x9d\xadT\x927Q\xe3\xe9\x07:\xab\xbf\xf4\xf3\xcf\xf6\
x8a\xd9\x14\xd29\xea\xb0\x1eKH\xde\xab\xea%\xaba\x1b=\xa4P/\xf5\x02\xd7\\\x07\
x00\xc4=,L\xc0,>\x01@2\xf6\x12\xde\x9c\xde[t/\xb3\x0e\x87\xa2\xe2\xc2\xe0A<\xca\
xb26\xd5(\x1b\xa9\xd3\xe8\x0e\xf5\x86\x17\xceE\xdarV\xae\xb7_\xf3AR\r!I\xf7(\
x06m\xaaE\xbb\xb6\xac\r*\x9b$e<\xb8\xd7\xa2\x0e\x00\xd0l\x92\xb2\xd5\x15\xcc\
xae'\x00\xf4m\x08O'+\xc2y\x9f\x8d\xc9\x15\x80\xfe\x99[q\x962@CN¦i\xf7\xa9!=\xd7
\xab\x19\x00\xc8\xd6\xb8\xeb\xa1\xf0\xd8l\xca\xfb]\xee\xfb]*\x9fV\xe1\x07\xb7\
xc9\x8b55\xe7M\xef\xb0\x04\xc0\xfd&\x89\x01<\xbe\xf9\x03*\x8a\xf5\x81\x7f\xaa/2y\
x87ks\xec\x1e\xc1\x00\x00\x00\x00IEND\xaeB'\x82">, 'label': <tf.Tensor: shape=(),
dtype=int64, numpy=2>}
```

이제 원시 TFRecord 파일을 읽어서 Pillow 같은 라이브러리를 사용해 PNG 이미지로 디코딩할 수 있습니다.

4.6 텐서플로에서 데이터 관리를 위한 ETL 프로세스

ETL은 규모와는 상관없이 텐서플로의 훈련에 사용되는 핵심 패턴입니다. 이 책에서는 작은 규모로 한 대의 컴퓨터에서 모델을 구축하지만 여러 대의 머신에서 대용량 데이터셋으로 수행하는 대규모 훈련에서도 여기서 구축한 동일한 기술을 사용할 수 있습니다.

ETL 프로세스의 **추출 단계**extract phase는 다른 곳에 저장되어 있는 원시 데이터를 가져와 변환을 위해 준비하는 단계입니다. **변환 단계**transform phase는 훈련에 적합하도록 또는 훈련이 잘되도록 데이터를 조작하는 단계입니다. 예를 들어 배치, 이미지 증식, 특성 열 매핑, 또는 데이터에 적용하는 다른 변환 로직 등이 이 단계에 해당됩니다. **로드(적재) 단계**load phase는 훈련을 위해 신경망에 데이터를 로드하는 단계입니다.

다음은 말–사람 데이터셋으로 분류기를 훈련하는 전체 코드입니다. 추출, 변환, 로드 단계를 구분할 수 있도록 주석을 추가했습니다.

```python
import tensorflow as tf
import tensorflow_datasets as tfds
import tensorflow_addons as tfa

# 모델 정의 시작 #
model = tf.keras.models.Sequential([
    tf.keras.layers.Conv2D(16, (3, 3), activation='relu',
                           input_shape=(300, 300, 3)),
    tf.keras.layers.MaxPooling2D((2, 2)),
    tf.keras.layers.Conv2D(32, (3, 3), activation='relu'),
    tf.keras.layers.MaxPooling2D((2, 2)),
    tf.keras.layers.Conv2D(64, (3, 3), activation='relu'),
    tf.keras.layers.MaxPooling2D((2, 2)),
    tf.keras.layers.Conv2D(64, (3, 3), activation='relu'),
    tf.keras.layers.MaxPooling2D((2, 2)),
    tf.keras.layers.Conv2D(64, (3, 3), activation='relu'),
    tf.keras.layers.MaxPooling2D((2, 2)),
    tf.keras.layers.Flatten(),
    tf.keras.layers.Dense(512, activation='relu'),
    tf.keras.layers.Dense(1, activation='sigmoid')
])
model.compile(optimizer='Adam', loss='binary_crossentropy',
              metrics=['accuracy'])
# 모델 정의 끝 #
```

```
# 추출 단계 시작 #
data = tfds.load('horses_or_humans', split='train',
                 as_supervised=True)
val_data = tfds.load('horses_or_humans', split='test',
                     as_supervised=True)
# 추출 단계 끝 #

# 변환 단계 시작 #
def augmentimages(image, label):
    image = tf.cast(image, tf.float32)
    image = (image/255)
    image = tf.image.random_flip_left_right(image)
    image = tfa.image.rotate(image, 40, interpolation='NEAREST')
    return image, label

train = data.map(augmentimages)
train_batches = train.shuffle(100).batch(32)
validation_batches = val_data.batch(32)
# 변환 단계 끝 #

# 로드 단계 시작 #
history = model.fit(train_batches, epochs=10,
                    validation_data=validation_batches)
# 로드 단계 끝 #
```

이런 프로세스를 사용하면 데이터 파이프라인이 데이터나 모델 구조의 변화에 덜 민감하도록 만들 수 있습니다. 텐서플로 데이터셋을 이용해 데이터를 추출하는 구조는 메모리에 들어갈 만큼 작은 데이터이거나 한 대의 머신에 담을 수 없는 큰 데이터이거나 데이터의 크기와는 상관없이 동일합니다. 변환을 위한 **tf.data** API도 일관성이 있기 때문에 데이터 소스와는 상관없이 비슷한 변환을 적용할 수 있습니다. 물론 변환이 되고 난 후 데이터 로딩 단계도 하나의 CPU나 하나의 GPU, GPU 클러스터 또는 TPU 포드[pod]에서 훈련하는지와는 상관없이 동일합니다.

하지만 데이터를 로드하는 단계가 훈련 속도에 큰 영향을 미칠 수 있습니다. 다음 절에서 자세히 살펴봅시다.

4.6.1 로드 단계 최적화하기

모델을 훈련할 때 추출, 변환, 로드 단계를 조금 더 자세히 살펴보죠. 데이터 추출과 변환은 CPU를 포함해 어느 프로세서에서도 수행할 수 있습니다. 사실 GPU나 TPU는 데이터 다운로드, 압축 해제, 레코드 순회 처리와 같은 단계에서 사용하는 코드를 위해 만들어진 것은 아닙니다. 따라서 이런 코드는 CPU에서 실행될 것입니다. 하지만 훈련할 때는 GPU나 TPU로부터 큰 도움을 받을 수 있습니다. 따라서 가능한 한 훈련할 때 이를 사용하는 것이 좋습니다. GPU와 TPU가 준비되어 있다면 CPU와 GPU/TPU 사이에 작업 부하를 잘 분배해야 합니다. 추출과 변환은 CPU에서 수행되고 로드 단계는 GPU/TPU에서 수행되어야 합니다.

대규모 데이터셋에서 작업한다고 생각해보죠. 데이터셋이 크기 때문에 (추출과 변환 단계에서) 배치 데이터를 준비해야 한다고 가정해보겠습니다. 아마 [그림 4-3]과 같은 상황에 직면하게 됩니다. 첫 번째 배치가 준비되는 동안 GPU/TPU는 유휴 상태입니다. 배치가 준비되면 훈련을 위해 GPU/TPU에 전송됩니다. 하지만 훈련이 끝난 후 두 번째 배치를 준비하기 시작할 때까지 CPU는 유휴 상태가 됩니다. 유휴 시간이 많으므로 최적화할 여지가 있다는 것을 알 수 있습니다.

CPU	준비 1	유휴	준비 2	유휴	준비 3	유휴
GPU/TPU	유휴	훈련 1	유휴	훈련 2	유휴	훈련 3

시간 →

그림 4-3 CPU/GPU에서 훈련하기

데이터 준비와 훈련을 병렬로 수행하는 것이 논리적인 해결책입니다. 이런 과정을 **파이프라이닝**pipelining이라고 하며 그림으로 표현하면 [그림 4-4]와 같습니다.

CPU	준비 1	준비 2	준비 3	준비 4
GPU/TPU	유휴	훈련 1	훈련 2	훈련 3

시간 →

그림 4-4 파이프라이닝

이 경우 CPU가 첫 번째 배치를 준비하는 동안 GPU/TPU가 아무런 일을 하지 않기 때문에 유휴 상태입니다. 첫 번째 배치가 완료되면 GPU/TPU가 훈련을 시작할 수 있습니다. 하지만 이 시점에서 병렬로 CPU가 두 번째 배치를 준비합니다. 물론 n − 1번째 배치를 훈련하는 시간과 n번째 배치를 준비하는 시간이 항상 같지는 않습니다. 훈련 시간이 더 빠르면 GPU/TPU에 유휴 시간이 생깁니다. 훈련 시간이 더 느리면 CPU에 유휴 시간이 생깁니다. 적절한 배치 크기를 정하면 이 간격을 최적화하는 데 도움이 됩니다. GPU/TPU 비용이 더 비싸므로 가능하면 GPU/TPU의 유휴 시간을 줄이는 것이 좋습니다.

케라스의 패션 MNIST 같은 간단한 데이터셋에서 텐서플로 데이터셋 버전으로 바꿀 때 훈련 전에 배치를 만들어야 한다는 점을 눈치채셨나요? 이는 데이터셋이 얼마나 큰지와는 상관없이 파이프라이닝을 사용하기 때문입니다. 따라서 일관된 ETL 패턴을 계속 사용할 수 있습니다.

4.6.2 훈련 속도 향상을 위해 ETL 병렬화하기

텐서플로는 추출과 변환 과정을 병렬화하는 데 필요한 API를 제공합니다. 강아지-고양이 데이터셋과 TFRecord 구조를 사용해 API 사용법을 알아보겠습니다.

먼저 **tfds.load**로 데이터셋을 로드합니다.

```
train_data = tfds.load('cats_vs_dogs', split='train', with_info=True)
```

TFRecord를 사용하고 싶다면 다운로드된 원시 파일을 읽어야 합니다. 데이터셋이 크다면 여러 개의 파일에 나뉘어져 있습니다(버전 4.0.0의 경우 파일 8개).

tf.Data.Dataset.list_files를 사용해 로드할 파일 목록을 만듭니다.

```
file_pattern = os.path.join(
    os.path.expanduser('~') +
    '/tensorflow_datasets/cats_vs_dogs/4.0.0/cats_vs_dogs-train.tfrecord*'
)
files = tf.data.Dataset.list_files(file_pattern)
```

파일 목록을 얻으면 다음처럼 **files.interleave**를 사용해 데이터셋을 로드합니다.

```python
train_dataset = files.interleave(
    tf.data.TFRecordDataset,
    cycle_length=4,
    num_parallel_calls=tf.data.experimental.AUTOTUNE
)
```

새롭게 등장한 개념이 몇 가지 보이네요. 잠시 살펴봅시다.

cycle_length 매개변수는 동시에 전처리할 입력 원소 개수를 지정합니다. 잠시 후에 디스크에서 레코드를 로드할 때 디코딩하는 매핑 함수를 보게 될 것입니다. cycle_length를 4로 지정했기 때문에 이 프로세스는 동시에 4개의 레코드를 처리합니다. 이 값을 지정하지 않으면 사용 가능한 CPU 코어 개수를 사용합니다.

num_parallel_calls 매개변수는 병렬 실행 횟수를 지정합니다. 여기에서처럼 tf.data.experimental.AUTOTUNE으로 지정하면 CPU 개수에 따라 동적으로 설정되기 때문에 코드 이식성이 좋아집니다. cycle_length와 함께 사용하면 병렬화를 최대로 활용할 수 있습니다. 예를 들어 자동으로 설정된 num_parallel_calls 값이 6이고 cycle_length가 4이면 6개의 스레드가 각각 네 개의 레코드를 동시에 로딩합니다.

추출 단계 병렬화에 이어 변환 단계 병렬화에 대해 알아보죠. 먼저 원시 TFRecord 파일을 로드하고 적절한 형태로 바꾸는 매핑 함수를 만듭니다. 예를 들어 JPEG 이미지를 디코딩해 이미지 버퍼에 저장합니다.

```python
def read_tfrecord(serialized_example):
    feature_description={
        "image": tf.io.FixedLenFeature((), tf.string, ""),
        "label": tf.io.FixedLenFeature((), tf.int64, -1),
    }
    example = tf.io.parse_single_example(
        serialized_example, feature_description
    )
    image = tf.io.decode_jpeg(example['image'], channels=3)
    image = tf.cast(image, tf.float32)
    image = image / 255
    image = tf.image.resize(image, (300,300))
    return image, example['label']
```

여기서 볼 수 있듯이 일반적인 매핑 함수는 병렬 작업을 위해 특별히 처리하는 것이 없습니다. 병렬화는 다음처럼 매핑 함수를 호출할 때 수행됩니다.

```
import multiprocessing

cores = multiprocessing.cpu_count()
print(cores)
train_dataset = train_dataset.map(read_tfrecord, num_parallel_calls=cores)
train_dataset = train_dataset.cache()
```

먼저 자동 설정을 원치 않으면 **multiprocessing** 라이브러리를 사용해 CPU 개수를 카운트합니다. 그다음 매핑 함수를 호출할 때 병렬 실행 횟수에 이 값을 전달합니다. 아주 간단하네요.

cache 메서드는 메모리에 데이터셋을 캐싱합니다. 램RAM이 충분하다면 속도 향상에 아주 좋습니다. 강아지-고양이 데이터셋으로 콜랩에서 실행하면 램이 부족하기 때문에 오류가 발생할 수 있습니다. 가능하다면 콜랩이 더 많은 램을 가진 새로운 가상 머신을 제공할 것입니다.

로딩과 훈련도 병렬화할 수 있습니다. 데이터를 섞고 배치를 만드는 것은 물론 다음 코드처럼 사용 가능한 CPU 코어 개수를 바탕으로 데이터를 프리페치prefetch할 수 있습니다.

```
train_dataset = train_dataset.shuffle(1024).batch(32)
train_dataset = train_dataset.prefetch(tf.data.experimental.AUTOTUNE)
```

훈련 세트 병렬화 준비를 마치면 이전처럼 모델을 훈련합니다.

```
model.fit(train_dataset, epochs=10, verbose=1)
```

구글 콜랩에서 이를 실행하면 ETL 프로세스 병렬화를 위해 추가한 코드 덕분에 훈련 시간이 에폭당 약 75초에서 40초로 줄어듭니다. 간단한 작업으로 훈련 시간이 거의 절반으로 줄어들었네요!

4.7 마치며

이번 장에서는 작은 규모부터 연구에 사용되는 대규모 데이터셋까지 다양한 종류의 데이터셋을 제공하는 텐서플로 데이터셋을 소개했습니다. 일관된 API와 포맷을 사용하면 데이터 수집을 위해 작성하는 코드의 양이 줄어드는 것을 확인했습니다. 또한 텐서플로 데이터셋 설계의 핵심인 ETL 프로세스를 사용하는 방법과 학습 성능을 향상시키기 위해 데이터 추출, 변환, 로드를 병렬화하는 방법도 살펴보았습니다. 다음 장에서는 이번 장에서 배운 것을 자연어 처리 문제에 적용해봅니다.

## CHAPTER 5

자연어 처리 소개

자연어 처리$^{natural\ language\ processing}$(NLP)는 사람의 언어를 이해하기 위한 인공지능 기술입니다. 언어를 이해하고, 내용을 분류하고, 심지어 사람의 언어로 새로운 작품을 창작할 수 있는 모델을 만드는 프로그래밍 기술입니다. 이어지는 몇 개의 장에 걸쳐 이 기술을 살펴봅니다. 자연어 처리를 사용해 챗봇^{chatbot} 같은 애플리케이션을 만드는 서비스도 많이 있지만 이 책에서 다루지는 않습니다. 대신에 자연어 처리 기초를 살펴보고, 언어를 모델링해 텍스트를 이해하고 분류하는 신경망을 훈련시키는 방법을 알아봅니다. 약간의 재미를 위해 머신러닝 모델의 예측 능력을 사용해 시를 쓰는 방법도 알아보겠습니다!

먼저 언어를 숫자로 표현하는 방법과 이런 숫자를 신경망에 사용하는 방법을 살펴보겠습니다.

5.1 언어를 숫자로 인코딩하기

언어를 숫자로 인코딩하는 방법은 매우 다양합니다. 일반적으로 언어는 문자로 인코딩하며 주로 프로그램에 문자열을 저장할 때 이런 방식을 사용합니다. 하지만 메모리에는 문자 a가 아니라 문자의 인코딩이 저장됩니다. 아마도 ASCII나 유니코드^{Unicode} 값 또는 다른 어떤 값일 것입니다. 예를 들어 listen이라는 단어를 생각해보죠. 이 단어는 ASCII 값 76, 73, 83, 84, 69, 78로 인코딩할 수 있습니다. 숫자를 사용해 단어를 표현할 수 있다는 점에서 좋은 방법입니다.

하지만 listen의 안티그램antigram 단어인 silent를 생각해보죠. 순서는 다르지만 같은 숫자로 이 단어를 표현할 수 있습니다. 이런 점 때문에 텍스트를 이해하는 모델을 구축하기가 어려워집니다.

> NOTE_ 안티그램은 어떤 단어의 아나그램anagram[1]이지만 반대 뜻을 가진 단어입니다. 예를 들어 united와 untied, restful과 fluster, Santa와 Satan, forty-five와 over fifty는 안티그램입니다.

이보다 더 나은 대안은 단어 안의 문자가 아니라 단어 전체를 숫자로 인코딩하는 것입니다. silent는 숫자 x가 되고 listen은 숫자 y가 될 수 있습니다. 따라서 두 단어의 인코딩은 서로 겹치지 않습니다.

이런 방법으로 'I love my dog' 같은 문장을 생각해보죠. 이 문장을 숫자 [1, 2, 3, 4]로 인코딩할 수 있습니다. 만약 'I love my cat' 문장을 인코딩하면 [1, 2, 3, 5]가 됩니다. 두 문장의 숫자 표현인 [1, 2, 3, 4,]와 [1, 2, 3, 5]가 비슷하기 때문에 두 문장이 비슷하다는 것을 알 수 있습니다.

이런 과정을 **토큰화**tokenization라고 합니다. 다음 절에서 이를 구현해보겠습니다.

5.1.1 토큰화 시작하기

텐서플로 케라스는 preprocessing 패키지에 머신러닝 데이터를 다루기 위해 필요한 많은 도구를 제공합니다. 그중 하나인 Tokenizer 클래스는 단어를 토큰으로 변환합니다. 간단한 예시를 통해 알아보겠습니다.

```
import tensorflow as tf
from tensorflow import keras
from tensorflow.keras.preprocessing.text import Tokenizer

sentences = [
    'Today is a sunny day',
    'Today is a rainy day'
]
```

----

1 옮긴이_ 아나그램은 단어나 문장의 철자 순서를 바꾸어 다른 단어나 문장을 만드는 것입니다.

```
tokenizer = Tokenizer(num_words = 100)
tokenizer.fit_on_texts(sentences)
word_index = tokenizer.word_index
print(word_index)
```

Tokenizer 객체를 만들 때 토큰화할 수 있는 단어 개수를 지정합니다. 이 값은 말뭉치^{corpus2}에서 추출할 수 있는 최대 토큰 개수입니다. 여섯 개의 고유한 단어로 이루어진 매우 작은 말뭉치이므로 100개면 충분합니다.

토큰화 객체를 만들고 나면 **fit_on_texts**를 호출해 토큰화된 단어 인덱스를 만듭니다. 이 객체의 **word_index** 속성을 출력하면 다음처럼 말뭉치 안에 있는 단어와 인덱스의 키/값 쌍이 출력됩니다.[3]

```
{'today': 1, 'is': 2, 'a': 3, 'day': 4, 'sunny': 5, 'rainy': 6}
```

이 클래스는 매우 유연합니다. 예를 들어 'today'와 끝에 물음표가 붙은 문장을 말뭉치에 추가하면 'today?'를 'today'로 필터링합니다.

```
sentences = [
    'Today is a sunny day',
    'Today is a rainy day',
    'Is it sunny today?'
]
```

```
{'today': 1, 'is': 2, 'a': 3, 'sunny': 4, 'day': 5, 'rainy': 6, 'it': 7}
```

이런 동작은 Tokenizer 클래스의 **filter** 매개변수로 조정합니다. 이 매개변수의 기본값은 작은따옴표를 제외한 모든 구두점을 제거합니다. 따라서 앞의 인코딩에서 `Today is a sunny day`는 [1, 2, 3, 4, 5]가 되고 `Is it sunny today?`는 [2, 7, 4, 1]이 됩니다. 문장 안

2　옮긴이_ 자연어 처리 분야에서 사용하는 텍스트 데이터셋을 말뭉치라고도 부릅니다.

3　옮긴이_ 이런 딕셔너리를 해당 말뭉치의 어휘 사전(vocabulary)이라고도 부릅니다. tokenizer 객체의 index_word 속성은 반대로 인덱스와 단어의 키/값 쌍으로 구성된 딕셔너리를 반환합니다. 또한 word_counts 속성은 각 단어와 등장 횟수를 크기 순으로 나열한 딕셔너리를 반환합니다.

에 있는 단어를 인코딩하고 나면 다음 단계는 문장을 숫자의 리스트로 변환하는 것입니다. 이 숫자는 word_index 속성에서 해당 단어를 키로 갖는 값입니다.

5.1.2 문장을 시퀀스로 바꾸기

단어를 토큰화해 숫자로 바꾸는 방법을 배웠으니 다음으로 문장을 숫자의 시퀀스^{sequence}로 인코딩해보죠. 이를 위해 Tokenizer 클래스는 texts_to_sequences 메서드를 제공합니다. 이 메서드에 문장의 리스트를 전달하면 시퀀스 리스트를 반환합니다. 예를 들어 다음과 같습니다.

```
sentences = [
    'Today is a sunny day',
    'Today is a rainy day',
    'Is it sunny today?'
]

tokenizer = Tokenizer(num_words = 100)
tokenizer.fit_on_texts(sentences)
word_index = tokenizer.word_index

sequences = tokenizer.texts_to_sequences(sentences)

print(sequences)
```

세 문장을 나타내는 시퀀스가 출력됩니다. 시퀀스 출력을 보기 전에 앞서 만든 단어 인덱스를 기억하세요.

```
{'today': 1, 'is': 2, 'a': 3, 'sunny': 4, 'day': 5, 'rainy': 6, 'it': 7}
```

출력된 시퀀스는 다음과 같습니다.

```
[[1, 2, 3, 4, 5], [1, 2, 3, 6, 5], [2, 7, 4, 1]]
```

숫자를 단어로 바꾸면 원래 문장을 볼 수 있습니다.

일련의 데이터에서 신경망을 훈련하는 과정을 생각해보죠. 일반적으로 필요한 데이터의 100%를 충족하지는 못하지만 가능한 한 많은 양을 커버하는 데이터가 있습니다. 자연어 처리의 경우 훈련 데이터에 여러 문맥에서 사용하는 수천 개의 단어가 포함되어 있지만 모든 문맥에서 사용 가능한 모든 단어가 포함되어 있지는 않습니다. 신경망이 이전에 본 적 없는 단어가 포함된 새로운 텍스트를 만나게 되면 어떤 일이 일어날까요? 새로운 단어의 문맥을 모르기 때문에 결과적으로 예측에 부정적인 영향을 미치게 됩니다.

OOV 토큰 사용하기

이런 상황을 처리하는 한 가지 방법은 OOV$^{\text{out-of-vocabulary}}$ 토큰입니다. 이 토큰은 신경망이 이전에 본 적 없는 단어가 포함된 텍스트의 문맥을 이해하는 데 도움이 됩니다. 예를 들어 다음과 같은 문장을 처리한다고 가정해보죠.

```
test_data = [
    'Today is a snowy day',
    'Will it be rainy tomorrow?'
]
```

이 입력을 (훈련 데이터인) 기존 텍스트 말뭉치에 추가하는 것이 아니라 사전에 훈련된 신경망이 이 텍스트를 만났다고 생각해보죠. 기존에 훈련한 Tokenizer 객체로 이 데이터를 토큰화하면 다음과 같습니다.

```
test_sequences = tokenizer.texts_to_sequences(test_data)
print(word_index)
print(test_sequences)
```

출력은 다음과 같습니다.

```
{'today': 1, 'is': 2, 'a': 3, 'day': 4, 'sunny': 5, 'rainy': 6, 'it': 7}
[[1, 2, 3, 4], [7, 6]]
```

새로운 문장으로 만든 시퀀스에서 토큰을 단어로 바꾸면 'today is a day'와 'it rainy'가 됩니다.

여기서 보듯이 대부분의 문맥과 의미를 잃어버렸습니다. 이때 OOV 토큰이 필요합니다. OOV 토큰은 **Tokenizer** 객체를 만들 때 지정할 수 있으며 **oov_token** 매개변수로 설정합니다. 어떤 문자로도 지정할 수 있지만 현재 말뭉치에 등장하지 않는 문자열이어야 합니다.

```
tokenizer = Tokenizer(num_words = 100, oov_token="<OOV>")
tokenizer.fit_on_texts(sentences)
word_index = tokenizer.word_index

test_sequences = tokenizer.texts_to_sequences(test_data)
print(word_index)
print(test_sequences)
```

이제 조금 나아진 출력을 볼 수 있습니다.

```
{'<OOV>': 1, 'today': 2, 'is': 3, 'a': 4, 'sunny': 5, 'day': 6, 'rainy': 7, 'it': 8}
[[2, 3, 4, 1, 6], [1, 8, 1, 7, 1]]
```

토큰 리스트에 새로운 항목인 '<OOV>'가 추가되었고 시퀀스의 길이도 원본 텍스트 길이 그대로 유지되었습니다. 출력 결과를 문장으로 복원하면 'today is a <OOV> day'와 '<OOV> it <OOV> rainy <OOV>'가 됩니다.

첫 번째 문장은 원래 문장의 의미와 매우 가깝습니다. 두 번째 문장은 대부분의 단어가 훈련 데이터에 없기 때문에 문맥을 많이 잃었지만 확실히 더 나은 토큰화 방식입니다.

NOTE_ 옮긴이_ TextVectorization 층 사용하기

최신 텐서플로에서는 텍스트 처리를 위한 새로운 **TextVectorization** 클래스를 제공합니다. 앞에서와 같이 토큰 개수(**num_tokens**)를 100개로 지정해 이 클래스의 인스턴스를 만들어보죠.

```
tv = keras.layers.TextVectorization(num_tokens=100)
```

그다음 텍스트 데이터에서 어휘 사전을 만들려면 **adapt()** 메서드에 데이터를 전달해 호출하면 됩니다.

```
tv.adapt(sentences)
```

학습된 어휘 사전을 확인하려면 **get_vocabulary()** 메서드를 사용합니다.

```
tv.get_vocabulary()
```

```
['', '[UNK]', 'today', 'is', 'sunny', 'day', 'a', 'rainy', 'it']
```

토큰의 단어 인덱스는 반환된 리스트의 인덱스입니다. 즉 '**today**'의 단어 인덱스는 2이고 '**is**'의 단어 인덱스는 3이 되는 식입니다. 이 클래스는 OOV 토큰을 '**[UNK]**'로 표시하며 단어 인덱스 1에 해당합니다. 단어 인덱스 0에 해당하는 토큰은 비워져 있습니다. 일반적으로 단어 인덱스 0은 패딩을 위해서 사용합니다. 패딩은 잠시 후에 알아보겠습니다.

새로운 문장을 정수 시퀀스로 바꾸려면 **tv** 객체를 함수처럼 호출하면 됩니다. 반환된 값은 텐서이므로 **numpy()** 메서드를 사용해 넘파이 배열로 바꿀 수 있습니다.

```
test_seq = tv(test_data)
test_seq.numpy()
```

```
array([[2, 3, 6, 1, 5],
       [1, 8, 1, 7, 1]])
```

출력된 정수 시퀀스에서 1이 '**[UNK]**' 토큰을 의미합니다. **TextVectorization** 클래스에 대한 더 자세한 내용은 『핸즈온 머신러닝(2판)』(한빛미디어, 2020) 13장을 참고하세요.

패딩 이해하기

신경망을 훈련할 때 일반적으로 모든 데이터는 크기가 동일해야 합니다. 이전 장에서 이미지로 신경망을 훈련할 때 이미지를 동일한 너비와 높이로 바꾸었습니다. 텍스트에서도 동일한 이슈가 등장합니다. 단어를 토큰화하고 문장을 토큰의 시퀀스로 바꾸면 시퀀스마다 길이가 다릅니다. 이때 동일한 길이로 맞추기 위해 **패딩**padding을 사용합니다.

패딩을 알아보기 위해 조금 더 긴 새로운 문장을 추가해보죠.

```
sentences = [
    'Today is a sunny day',
    'Today is a rainy day',
    'Is it sunny today?',
    'I really enjoyed walking in the snow today'
]

tokenizer.fit_on_texts(sentences)
sequences = tokenizer.texts_to_sequences(sentences)
print(sequences)
```

토큰 시퀀스로 바꾸면 길이가 서로 다르다는 것을 확인할 수 있습니다(sequences를 출력하면 결과가 한 줄로 출력되지만 본서에서는 잘 구별되도록 줄 바꿈으로 결과를 구분했습니다).

```
[
  [2, 3, 4, 5, 6],
  [2, 3, 4, 7, 6],
  [3, 8, 5, 2],
  [9, 10, 11, 12, 13, 14, 15, 2]
]
```

동일한 길이로 만들려면 pad_sequences 함수를 사용할 수 있습니다. 먼저 이 함수를 임포트합니다.

```
from tensorflow.keras.preprocessing.sequence import pad_sequences
```

이 함수 사용법은 매우 쉽습니다. 다음처럼 pad_sequences 함수를 호출해 패딩되지 않은 문장을 패딩된 문장으로 바꿉니다.

```
padded = pad_sequences(sequences)

print(padded)
```

결과는 다음처럼 보기 좋게 한 줄씩, 시퀀스 길이도 맞춰진 상태로 결과가 출력됩니다.[4]

```
[[ 0  0  0  2  3  4  5  6]
 [ 0  0  0  2  3  4  7  6]
 [ 0  0  0  0  3  8  5  2]
 [ 9 10 11 12 13 14 15  2]]
```

시퀀스는 단어 리스트에 없는 토큰인 0으로 패딩됩니다. 일반적으로 프로그램의 인덱스는 0부터 시작하는데 토큰 리스트가 1부터 시작한 이유를 이제 알 수 있을 것입니다!

훈련에 사용할 수 있는 동일한 크기의 데이터를 얻었습니다. 하지만 다음 단계로 넘어가기 전에 이 함수에 대해 조금 더 살펴보죠. 이 함수는 데이터 처리에 사용할 수 있는 많은 옵션을 제공합니다.

먼저 짧은 문장을 긴 문장의 길이에 맞추기 위해 시작 부분을 0으로 패딩했습니다. 이를 **프리패딩**prepadding이라고 부르며 이 함수의 기본값입니다. **padding** 매개변수에서 이를 바꿀 수 있습니다. 예를 들어 끝에 0을 패딩하려면 다음과 같이 씁니다.

```
padded = pad_sequences(sequences, padding='post')

print(padded)
```

출력은 다음과 같습니다.

---

4 옮긴이_ Tokenizer 객체의 texts_to_sequences 메서드는 파이썬 리스트를 반환하지만 pad_sequences 함수는 넘파이 배열을 반환하기 때문에 행렬의 형태로 출력됩니다.

```
[[ 2  3  4  5  6  0  0  0]
 [ 2  3  4  7  6  0  0  0]
 [ 3  8  5  2  0  0  0  0]
 [ 9 10 11 12 13 14 15  2]]
```

패딩된 시퀀스 앞에 단어가 나오고 0이 끝에 추가되었습니다.

기본적으로 모든 문장은 가장 긴 문장의 길이에 맞춰 패딩됩니다. 이렇게 하면 잃는 데이터가 없으므로 매우 합리적입니다. 하지만 그 대신 패딩이 많아졌습니다. 그렇다면 아주 긴 문장 하나에 맞추기 위해 패딩이 너무 많이 추가되는 걸 원치 않는다면 어떻게 해야 할까요? 이런 경우 다음처럼 pad_sequences를 호출할 때 maxlen 매개변수에 최대 길이를 지정할 수 있습니다.

```
padded = pad_sequences(sequences, padding='post', maxlen=6)

print(padded)
```

출력은 다음과 같습니다.

```
[[ 2  3  4  5  6  0]
 [ 2  3  4  7  6  0]
 [ 3  8  5  2  0  0]
 [11 12 13 14 15  2]]
```

패딩된 시퀀스 길이가 모두 동일하고 패딩이 너무 많이 추가되지 않았습니다. 하지만 가장 긴 문장의 일부 단어를 잃어버렸고, 이 문장의 시작 부분도 잘렸습니다. 시작 부분이 아니라 문장 끝 부분의 단어를 자르려면 어떻게 할까요? 다음처럼 truncating 매개변수를 사용해 바꿀 수 있습니다.

```
padded = pad_sequences(sequences, padding='post', maxlen=6, truncating='post')

print(padded)
```

출력을 보면 가장 긴 문장의 시작이 아니라 끝 부분이 잘렸습니다.

```
[[ 2  3  4  5  6  0]
 [ 2  3  4  7  6  0]
 [ 3  8  5  2  0  0]
 [ 9 10 11 12 13 14]]
```

NOTE_ 텐서플로는 자연어 처리 요구 사항에 딱 맞는 래그드 텐서^{ragged tensor}(길이가 다른 텐서)를 사용해 훈련할 수 있습니다. 이 책에서 다루는 방법보다 래그드 텐서를 사용하는 것이 조금 더 고급 방법입니다. 이어지는 장에서 소개하는 자연어 처리를 더 배운 다음에 온라인 문서(https://oreil.ly/I1IJW)를 살펴보며 더 자세히 알아보는 걸 추천합니다.

5.2 불용어 제거와 텍스트 정제

다음 절에서 실전 데이터셋을 다루어보겠습니다. 실전 데이터셋에는 원치 않는 텍스트가 들어 있는 경우가 종종 있습니다. 'the', 'and', 'but'과 같이 너무 자주 등장해 특별한 의미가 없는 **불용어**^{stopword}를 제거할 수 있습니다. 그리고 텍스트에 들어 있는 HTML 태그^{tag}를 제거하고 싶을 수 있습니다. 무례한 단어, 구두점, 고유명사를 제거하고 싶을 수도 있습니다. 나중에 살펴볼 트위터 데이터셋에는 사용자 아이디가 종종 들어 있기 때문에 이를 제거하는 것이 좋습니다.

말뭉치마다 각기 작업이 다르지만 프로그래밍적으로 텍스트를 정제하는 방식에는 세 가지 주요 단계가 있습니다.

먼저 HTML 태그를 제거합니다. 다행히 BeautifulSoup 라이브러리를 사용하면 간단하게 처리할 수 있습니다. 예를 들어 문장이
 같은 HTML 태그를 포함하고 있다면 다음 코드로 이를 제거할 수 있습니다.[5]

```
from bs4 import BeautifulSoup
soup = BeautifulSoup(sentence)
sentence = soup.get_text()
```

---

5 옮긴이_ 이번 절에서 제시하는 코드는 참고용입니다. 나중에 5.3절 '실제 데이터 다루기'에서 실행되는 코드를 만듭니다.

불용어를 제거하는 일반적인 방법은 불용어 리스트를 준비하고 문장에서 이를 제거하며 전처리하는 방식입니다. 예를 들어 다음과 같은 불용어 리스트를 만들 수 있습니다.

```
stopwords = ["a", "about", "above", ... "yours", "yourself", "yourselves"]
```

전체 불용어 리스트는 깃허브에 있는 이 장의 노트북[6]에서 찾을 수 있습니다.

다음은 문장을 순회하며 불용어를 제거하는 코드입니다.

```
words = sentence.split()
filtered_sentence = ""
for word in words:
    if word not in stopwords:
        filtered_sentence = filtered_sentence + word + " "
sentences.append(filtered_sentence)
```

또 다른 작업은 불용어 삭제를 훼방할 수 있는 구두점을 제거하는 일입니다. 앞의 코드는 공백으로 둘러싸인 불용어만 찾기 때문에 마침표나 쉼표 앞에 오는 불용어를 찾지 못합니다.

파이썬 string 패키지에서 제공하는 translate 함수를 사용하면 이런 문제를 쉽게 해결할 수 있습니다. 또한 string.punctuation으로 일반적인 구두점 목록을 제공하기 때문에 다음 코드로 단어에서 구두점을 제거할 수 있습니다.

```
import string
table = str.maketrans('', '', string.punctuation)
words = sentence.split()
filtered_sentence = ""
for word in words:
    word = word.translate(table)
    if word not in stopwords:
        filtered_sentence = filtered_sentence + word + " "
sentences.append(filtered_sentence)
```

여기서 불용어를 제거하기 전에 문장에 있는 각 단어에서 구두점을 삭제했습니다. 문장을 나누

---

6 https://github.com/rickiepark/aiml4coders/tree/main/ch05/05-intro-nlp.ipynb

어 'it;'과 같은 단어가 나왔다면 'it'으로 변환된 다음 불용어로 제거됩니다. 하지만 이런 작업을 할 때 불용어 목록을 업데이트해야 할 수도 있습니다. 이 목록에는 보통 'you'll' 같은 축약형이 포함됩니다. translate 함수는 'you'll'을 'youll'로 바꾸므로 이를 제거하려면 불용어 목록에 이를 포함시켜야 합니다.

여기까지의 세 단계를 따르면 훨씬 정제된 텍스트를 준비할 수 있습니다. 물론 데이터셋에 있는 고유한 특징은 별도의 처리가 필요합니다.

5.3 실제 데이터 다루기

문장을 단어 인덱스로 인코딩하고 토큰 시퀀스로 바꾸는 방법을 확인했습니다. 다음 단계로 잘 알려진 공개 데이터셋을 가지고 파이썬이 제공하는 도구를 사용해 시퀀스로 바꾸기 쉬운 포맷으로 변환해보겠습니다. 먼저 텐서플로 데이터셋에서 이미 많은 작업이 전처리된 IMDb^Internet Movie Database 데이터셋을 다루어보죠. 그다음 JSON 기반의 데이터셋과 CSV에 저장된 감성 데이터셋을 처리하는 작업을 실습해보겠습니다.

5.3.1 텐서플로 데이터셋에서 텍스트 가져오기

4장에서 텐서플로 데이터셋을 다루었습니다. 만약 이번 절에서 이해하기 어려운 내용이 있다면 4장을 다시 살펴봐도 좋습니다. 텐서플로 데이터셋의 목표는 표준화된 방식으로 가능한 한 쉽게 데이터를 제공하는 것입니다. 몇 개의 텍스트 기반 데이터셋을 제공합니다. 영화 리뷰 50,000개로 구성된 IMDB의 데이터셋 imdb_reviews를 살펴보겠습니다. 이 데이터는 긍정(양성)과 부정(음성)으로 레이블되어 있습니다.

다음 코드는 IMDb 데이터셋에서 훈련 분할을 로드하고, 이를 순회하면서 imdb_sentences 리스트에 리뷰가 담긴 텍스트 필드를 추가합니다. 리뷰는 텍스트와 레이블로 구성된 튜플입니다. 레이블은 리뷰의 감성^sentiment 정보를 나타냅니다. tfds.load 함수를 tfds.as_numpy 함수로 감싸서 데이터를 텐서가 아닌 문자열로 로드합니다.

```
imdb_sentences = []
train_data = tfds.as_numpy(tfds.load('imdb_reviews', split="train"))
for item in train_data:
    imdb_sentences.append(str(item['text']))
```

문장이 준비되면 이전처럼 **Tokenizer** 객체를 만들고 훈련해 토큰의 시퀀스로 변환합니다.

```
tokenizer = tf.keras.preprocessing.text.Tokenizer(num_words=5000)
tokenizer.fit_on_texts(imdb_sentences)
sequences = tokenizer.texts_to_sequences(imdb_sentences)
```

단어 인덱스를 확인하기 위해 출력할 수 있습니다.

```
print(tokenizer.word_index)
```

전체 인덱스는 매우 크기 때문에 여기에서는 상위 20개 단어만 나타냈습니다. 토큰은 데이터
셋에서 자주 등장한 순서대로 나열되어 있습니다. 따라서 'the', 'and', 'a'와 같이 자주 등장하는
단어가 먼저 보이네요.

```
{'the': 1, 'and': 2, 'a': 3, 'of': 4, 'to': 5, 'is': 6, 'br': 7, 'in': 8,
 'it': 9, 'i': 10, 'this': 11, 'that': 12, 'was': 13, 'as': 14, 'for': 15,
 'with': 16, 'movie': 17, 'but': 18, 'film': 19, "'s": 20, ...}
```

이전 절에서 설명한 것처럼 불용어들입니다. 자주 등장하고 변별력이 없기 때문에 이런 단어가
있으면 훈련 정확도에 영향을 줄 수 있습니다.

HTML 태그인
이 말뭉치에 자주 등장하므로 목록에 'br'이 포함됩니다.

BeautifulSoup로 HTML 태그를 삭제하고, **translate** 함수로 구두점을 삭제하고, 주어진
불용어 리스트로 불용어를 삭제하도록 코드를 바꾸겠습니다.

```
from bs4 import BeautifulSoup
import string

stopwords = ["a", ... , "yourselves"]
```

```
table = str.maketrans('', '', string.punctuation)

imdb_sentences = []
train_data = tfds.as_numpy(tfds.load('imdb_reviews', split="train"))
for item in train_data:
    sentence = str(item['text'].decode('UTF-8').lower())
    soup = BeautifulSoup(sentence)
    sentence = soup.get_text()
    words = sentence.split()
    filtered_sentence = ""
    for word in words:
        word = word.translate(table)
        if word not in stopwords:
            filtered_sentence = filtered_sentence + word + " "
    imdb_sentences.append(filtered_sentence)

tokenizer = tf.keras.preprocessing.text.Tokenizer(num_words=25000)
tokenizer.fit_on_texts(imdb_sentences)
sequences = tokenizer.texts_to_sequences(imdb_sentences)
print(tokenizer.word_index)
```

불용어가 모두 소문자로 저장되어 있으므로 문장을 처리하기 전에 소문자로 바꿉니다. 출력된 단어 인덱스는 다음과 같습니다.

```
{'movie': 1, 'film': 2, 'not': 3, 'one': 4, 'like': 5, 'just': 6, 'good': 7,
 'even': 8, 'no': 9, 'time': 10, 'really': 11, 'story': 12, 'see': 13,
 'can': 14, 'much': 15, ...}
```

이전보다 훨씬 결과가 정제되었습니다. 하지만 더 향상할 수 있는 방법은 항상 있습니다. 전체 인덱스를 살펴보면 끝부분에 자주 등장하지 않는 단어 중 일부가 이상하다는 것을 눈치챌 수 있습니다. 리뷰 작성자는 종종 단어를 연결해 사용하기도 합니다. 예를 들어 대시dash('annoying-conclusion')나 슬래시slash('him/her')를 사용해 단어를 연결합니다. 이런 단어의 구두점을 삭제하면 하나의 단어로 잘못 변환됩니다. 이런 문자 앞뒤에 공백을 추가하도록 코드를 추가하면 이 현상을 피할 수 있습니다. 문장을 만든 직후에 다음과 같은 코드를 추가합니다.

```
sentence = sentence.replace(",", " , ")
sentence = sentence.replace(".", " . ")
sentence = sentence.replace("-", " - ")
sentence = sentence.replace("/", " / ")
```

이 코드는 'him/her' 같은 단어를 'him / her' 형태로 변환합니다. 그다음 '/'가 삭제되기 때문에 두 단어로 토큰화됩니다. 덕분에 좀 더 나은 훈련 결과가 만들어집니다.

말뭉치에서 Tokenizer 객체를 훈련했으므로 필요한 다른 문장을 인코딩할 수 있습니다. 예를 들어 이번 장 처음에 보았던 간단한 문장을 다음처럼 변환할 수 있습니다.

```
sentences = [
    'Today is a sunny day',
    'Today is a rainy day',
    'Is it sunny today?'
]
sequences = tokenizer.texts_to_sequences(sentences)
print(sequences)
```

```
[[516, 5229, 147], [516, 6489, 147], [5229, 516]]
```

이를 디코딩하면 불용어가 빠지고 'today sunny day', 'today rainy day', 'sunny today' 같은 문장을 얻게 됩니다.

이를 코드로 작성하려면 키/값을 반대로 바꾼 (즉 단어 인덱스에 있는 키를 값으로, 값을 키로 바꾼) 새로운 딕셔너리를 만들어서 숫자를 단어로 바꾸어야 합니다.[7] 코드는 다음과 같습니다.

```
reverse_word_index = dict(
    [(value, key) for (key, value) in tokenizer.word_index.items()])

decoded_review = ' '.join([reverse_word_index.get(i, '?') for i in sequences[0]])

print(decoded_review)
```

----

7   옮긴이_ 주석 3번에서 언급했듯이 Tokenizer 객체의 index_word 속성에 이미 정수/단어가 매핑된 딕셔너리가 저장되어 있습니다.

출력 결과는 다음과 같습니다.

```
today sunny day
```

IMDb 부분 단어 데이터셋 사용하기

텐서플로 데이터셋은 부분 단어^{subword}를 사용해 전처리된 IMDb 데이터셋 몇 가지도 제공합니다. 이런 데이터셋에서는 문장을 단어로 나눌 필요가 없습니다. 미리 부분 단어로 나뉘어져 있기 때문입니다. 부분 단어는 말뭉치를 문자로 나누는 것(토큰 수는 적지만 의미가 부족합니다)과 단어로 나누는 것(토큰 수가 많지만 의미가 풍부합니다) 사이에 좋은 절충안입니다. 언어를 위한 분류기를 훈련하는 데 매우 효율적인 방식입니다. 이런 데이터셋은 말뭉치를 나누고 인코딩하기 위한 인코더와 디코더도 포함합니다.

다음처럼 `imdb_reviews/subwords8k`나 `imdb_reviews/subwords32k`를 전달해 `tfds.load`를 호출합니다.

```
(train_data, test_data), info = tfds.load(
    'imdb_reviews/subwords8k',
    split = (tfds.Split.TRAIN, tfds.Split.TEST),
    as_supervised=True,
    with_info=True
)
```

다음처럼 `info` 객체를 통해 인코더를 참조할 수 있습니다. `vocab_size`를 확인해보죠.

```
encoder = info.features['text'].encoder
print ('어휘 사전 크기: {}'.format(encoder.vocab_size))
```

이 인코더의 어휘 사전은 8,185개 토큰으로 구성되므로 8185가 출력됩니다. 부분 단어 목록을 보고 싶다면 `encoder.subwords` 속성을 출력합니다.

```
print(encoder.subwords)
```

```
['the_', ', ', '. ', 'a_', 'and_', 'of_', 'to_', 's_', 'is_', 'br', 'in_', 'I_',
 'that_',...]
```

출력에는 불용어, 구두점, 문법 요소,
 같은 HTML 태그가 모두 들어 있습니다. 공백은 밑
줄 문자(_)로 표현됩니다. 따라서 첫 번째 토큰은 'the'입니다.

인코더의 encode 메서드를 사용해 문자열을 인코딩할 수 있습니다.

```
sample_string = 'Today is a sunny day'

encoded_string = encoder.encode(sample_string)
print ('인코딩된 문자열: {}'.format(encoded_string))
```

출력은 토큰 리스트입니다.

```
인코딩된 문자열: [6427, 4869, 9, 4, 2365, 1361, 606]
```

5개의 단어가 일곱 개의 토큰으로 인코딩되었습니다. 토큰을 확인하려면 인코더의 subwords
속성을 사용합니다. 'Today'에 있는 'Tod'가 6427로 인코딩되었습니다. subwords 배열은 인덱
스가 0부터 시작하므로 이 토큰은 6,426번째 항목입니다.

```
print(encoder.subwords[6426])
```

```
Tod
```

토큰을 디코딩하려면 인코더의 decode 메서드를 사용합니다.

```
encoded_string = encoder.encode(sample_string)

original_string = encoder.decode(encoded_string)
test_string = encoder.decode([6427, 4869, 9, 4, 2365, 1361, 606])
```

두 번째 decode 메서드 호출은 첫 번째와 동일합니다. encoded_string은 단순히 토큰의 리
스트이므로 두 번째 decode 메서드 호출에서 리스트를 하드코딩한 것과 결과가 동일합니다.

5.3.2 CSV 파일에서 텍스트 읽기

텐서플로 데이터셋에는 데이터셋이 많지만 모든 데이터셋이 있지는 않습니다. 종종 직접 데이터를 로딩해야 할 경우가 있습니다. 자연어 처리 데이터로 가장 널리 사용되는 포맷은 CSV 파일입니다. 이어지는 장에서는 CSV로 된 트위터^{Twitter} 데이터를 사용합니다. 이 데이터셋은 오픈 소스 데이터셋인 Sentiment Analysis in Text[8]를 수정한 것입니다. 이번 장에서는 다음 두 개의 데이터셋을 사용합니다. 하나는 이진 분류를 위해 감성을 긍정^{positive}과 부정^{negative}으로 축소한 데이터셋이며 다른 하나는 전체 레이블을 사용하는 데이터셋입니다. 두 데이터셋의 구조는 동일하므로 여기서는 이진 버전을 사용합니다.

파이썬의 csv 라이브러리를 사용하면 CSV 파일을 간편하게 다룰 수 있습니다. 이번에 사용할 데이터는 한 줄에 두 개의 값을 담고 있습니다. 첫 번째 값은 긍정인지 부정인지를 나타내는 숫자(0 또는 1)이며 두 번째 값은 텍스트 문자열입니다.

다음 코드는 CSV 파일을 읽고 이전 절에서 보았던 것과 유사한 전처리를 수행합니다. 복합어에 있는 구두점 앞뒤에 공백을 추가하고 BeautifulSoup를 사용해 HTML 콘텐츠를 파싱한 다음 모든 구두점 문자를 삭제합니다.

```python
import csv
sentences=[]
labels=[]
with open('binary-emotion.csv', encoding='UTF-8') as csvfile:
    reader = csv.reader(csvfile, delimiter=",")
    for row in reader:
        labels.append(int(row[0]))
        sentence = row[1].lower()
        sentence = sentence.replace(",", " , ")
        sentence = sentence.replace(".", " . ")
        sentence = sentence.replace("-", " - ")
        sentence = sentence.replace("/", " / ")
        soup = BeautifulSoup(sentence)
        sentence = soup.get_text()
        words = sentence.split()
        filtered_sentence = ""
        for word in words:
            word = word.translate(table)
```

---

8 https://oreil.ly/QMMwV

```
        if word not in stopwords:
            filtered_sentence = filtered_sentence + word + " "
    sentences.append(filtered_sentence)
```

이렇게 하면 결과로 35,327개의 문장 리스트가 생성됩니다.

훈련 세트와 테스트 세트 만들기

텍스트 말뭉치를 문장 리스트로 읽었으므로 모델 훈련을 위해 이를 훈련 세트와 테스트 세트로 나누어야 합니다. 예를 들어 28,000개의 문장을 훈련에 사용하고 나머지를 테스트 세트로 남겨둔다면 다음과 같은 코드를 작성할 수 있습니다.

```
training_size = 28000

training_sentences = sentences[0:training_size]
testing_sentences = sentences[training_size:]
training_labels = labels[0:training_size]
testing_labels = labels[training_size:]
```

훈련 세트가 준비되었으므로 단어 인덱스를 만들어야 합니다. 다음 코드는 Tokenizer 클래스를 사용해 단어 20,000개로 구성된 어휘 사전을 만듭니다. 최대 문장 길이를 10개 단어로 하고 이보다 문장이 길다면 끝 부분을 자르고, 짧다면 끝에 패딩을 추가합니다. 그리고 '<OOV>' 토큰을 사용합니다.

```
vocab_size = 20000
max_length = 10
trunc_type='post'
padding_type='post'
oov_tok = "<OOV>"

tokenizer = Tokenizer(num_words=vocab_size, oov_token=oov_tok)
tokenizer.fit_on_texts(training_sentences)

word_index = tokenizer.word_index

training_sequences = tokenizer.texts_to_sequences(training_sentences)
```

```
training_padded = pad_sequences(training_sequences, maxlen=max_length,
                                padding=padding_type, truncating=trunc_type)
```

training_sequences와 **training_padded**를 출력해 결과를 확인할 수 있습니다. 예를 들어 훈련 시퀀스의 첫 번째 항목을 출력해 최대 길이 10으로 어떻게 패딩되었는지 볼 수 있습니다.

```
print(training_sequences[0])
print(training_padded[0])
```

```
[18, 3257, 47, 4770, 613, 508, 951, 423]
[  18 3257   47 4770  613  508  951  423    0    0]
```

단어 인덱스도 출력할 수 있습니다.

```
print(tokenizer.word_index)
```

```
{'<OOV>': 1, 'just': 2, 'not': 3, 'now': 4, 'day': 5, 'get': 6, 'no': 7,
 'good': 8, 'like': 9, 'go': 10, 'dont': 11, ...}
```

결과에 'like', 'dont'와 같이 제거할 만한 불용어 단어가 많습니다. 단어 인덱스 조사는 언제나 도움이 됩니다.

5.3.3 JSON 파일에서 텍스트 읽기

자주 사용하는 또 다른 텍스트 파일 포맷은 JSON[JavaScript Object Notation]입니다. 특히 웹 애플리케이션에서 데이터 교환을 위해 많이 사용되는 공개 표준 파일 포맷입니다. 사람이 알아보기 쉽고 이름/값 쌍을 사용하도록 고안되었습니다. 덕분에 레이블된 텍스트와 잘 맞습니다. 캐글 데이터셋에서 JSON을 검색하면 9,500건이 넘는 결과가 나옵니다. 유명한 SQuAD[Stanford Question Answering Dataset] 같은 데이터셋도 JSON으로 저장되어 있습니다.

JSON 문법은 매우 간단합니다. 중괄호 안에 이름/값 쌍으로 구성된 객체가 포함되며 콤마로 구분됩니다. 예를 들어 필자의 이름을 JSON 객체로 표현하면 다음과 같습니다.

```
{"firstName" : "Laurence",
 "lastName" : "Moroney"}
```

JSON은 파이썬 리스트와 상당히 유사한 배열을 지원합니다. 다음처럼 대괄호를 사용해 나타냅니다.

```
[
 {"firstName" : "Laurence",
  "lastName" : "Moroney"},
 {"firstName" : "Sharon",
  "lastName" : "Agathon"}
]
```

객체 안에 배열이 포함될 수 있으므로 다음과 같은 형식도 가능합니다.

```
[
 {"firstName" : "Laurence",
  "lastName" : "Moroney",
  "emails": ["lmoroney@gmail.com", "lmoroney@galactica.net"]
 },
 {"firstName" : "Sharon",
  "lastName" : "Agathon",
  "emails": ["sharon@galactica.net", "boomer@cylon.org"]
 }
]
```

작지만 재미있는 JSON 데이터셋을 추천하자면 리스하브 미스라[Rishabh Misra][9]가 캐글에 공개한 「News Headlines Dataset for Sarcasm Detection」(https://oreil.ly/_AScB) 데이터셋입니다. 이 데이터셋은 디 어니언[The Onion]에서 빈정대는 헤드라인과 허프포스트[HuffPost]의 정상적인 헤드라인을 모은 것입니다.

Sarcasm 데이터셋의 구조는 다음과 같이 매우 간단합니다.

---

[9] https://oreil.ly/wZ3oD

```
{"is_sarcastic": 1 or 0,
 "headline": String containing headline,
 "article_link": String Containing link}
```

이 데이터셋은 한 줄에 하나씩 26,000개 항목을 갖습니다. 여기서는 파이썬에서 하나의 리스트로 쉽게 읽어들일 수 있도록 배열로 묶은 버전을 사용합니다.

JSON 파일 읽기

파이썬 json 라이브러리를 사용하면 JSON 파일을 쉽게 읽을 수 있습니다. 이름/값 쌍을 사용하는 JSON은 이름으로 내용을 참조할 수 있습니다. 예를 들어 Sarcasm 데이터셋의 경우 JSON 파일을 위한 파일 핸들을 만들고 json 라이브러리로 로드한 다음 항목을 순회하면서 필드 이름으로 데이터를 추출합니다.

코드는 다음과 같습니다.

```
import json
with open("sarcasm.json", 'r') as f:
    datastore = json.load(f)
    for item in datastore:
        sentence = item['headline'].lower()
        label= item['is_sarcastic']
        link = item['article_link']
```

위 코드는 이번 장에서 계속 했던 것처럼 단순히 문장과 레이블의 리스트를 만들고 문장을 토큰화합니다. 문장 하나를 읽을 때마다 불용어, HTML 태그, 구두점을 제거하는 등의 전처리를 수행할 수도 있습니다. 다음은 문장, 레이블, URL의 리스트를 만들고 원치 않는 단어와 문자를 문장에서 제거하는 코드입니다.

```
with open("sarcasm.json", 'r') as f:
    datastore = json.load(f)

sentences = []
labels = []
urls = []
for item in datastore:
```

```
sentence = item['headline'].lower()
sentence = sentence.replace(",", " , ")
sentence = sentence.replace(".", " . ")
sentence = sentence.replace("-", " - ")
sentence = sentence.replace("/", " / ")
soup = BeautifulSoup(sentence)
sentence = soup.get_text()
words = sentence.split()
filtered_sentence = ""
for word in words:
    word = word.translate(table)
    if word not in stopwords:
        filtered_sentence = filtered_sentence + word + " "
sentences.append(filtered_sentence)
labels.append(item['is_sarcastic'])
urls.append(item['article_link'])
```

이전과 마찬가지로 훈련 세트와 테스트 세트로 나눕니다. 26,000개 항목 중에 23,000개를 훈련 세트로 만들고 싶다면 다음과 같이 수행합니다.

```
training_size = 23000

training_sentences = sentences[0:training_size]
testing_sentences = sentences[training_size:]
training_labels = labels[0:training_size]
testing_labels = labels[training_size:]
```

이 데이터를 토큰화하고 훈련에 맞게 준비하기 위해 이전과 동일한 과정을 따릅니다. 여기서는 어휘 사전 크기를 20,000개 단어로 지정하고 시퀀스 최대 길이를 10으로 만듭니다. 이보다 긴 문장은 끝 부분이 잘리고 짧은 문장은 끝 부분에 패딩이 추가됩니다. OOV 토큰은 '<OOV>'입니다.

```
vocab_size = 20000
max_length = 10
trunc_type='post'
padding_type='post'
oov_tok = "<OOV>"

tokenizer = Tokenizer(num_words=vocab_size, oov_token=oov_tok)
```

```
tokenizer.fit_on_texts(training_sentences)

word_index = tokenizer.word_index

training_sequences = tokenizer.texts_to_sequences(training_sentences)
training_padded = pad_sequences(training_sequences, maxlen=max_length,
                                padding=padding_type, truncating=trunc_type)
print(word_index)
```

단어 인덱스는 다음과 같이 빈도 순서대로 출력됩니다.

```
{'<OOV>': 1, 'new': 2, 'trump': 3, 'man': 4, 'not': 5, 'just': 6, 'will': 7,
 'one': 8, 'year': 9, 'report': 10, 'area': 11, 'donald': 12, ... }
```

신경망으로 텍스트 분류와 생성을 하기 전에 필요한 데이터를 준비할 때 여기서 살펴본 코드가
도움이 되기를 바랍니다. 다음 장에서는 임베딩을 사용해 텍스트를 분류하는 방법을 알아보겠
습니다. 7장에서는 조금 더 나아가 순환 신경망을 배웁니다. 그다음 8장에서는 시퀀스 데이터
를 더 발전시켜 새로운 텍스트를 생성할 수 있는 신경망을 만들어보겠습니다!

5.4 마치며

이전 장에서 이미지를 사용해 분류 모델을 만들었습니다. 이미지는 차원과 포맷이 정의된 매우
구조적인 데이터입니다. 반면 텍스트는 다루기 훨씬 어렵습니다. 구조적이지 않은 경우가 많
고, 포맷팅 요소와 같은 불필요한 콘텐츠를 담고 있거나 원하는 내용이 항상 포함되어 있지 않
을 수 있습니다. 따라서 의미 없고 관련 없는 콘텐츠를 제거해야 하는 경우가 많습니다. 이번
장에서 단어 토큰화를 통해 텍스트를 숫자로 바꾸는 방법과 다양한 포맷의 텍스트를 읽고 필터
링하는 방법을 알아보았습니다. 다음 단계에서는 이런 기술을 바탕으로 단어에서 의미를 추출
하는 방법을 배워보겠습니다. 미리 귀띔해주자면 첫 번째 단계는 자연어 이해입니다.

## CHAPTER 6

임베딩을 사용한 감성 프로그래밍

5장에서 단어를 토큰으로 인코딩하는 방법을 알아보았습니다. 그다음 단어로 구성된 문장을 토큰의 시퀀스로 인코딩하는 방법을 배웠습니다. 신경망 훈련에 사용 가능한 데이터 형태를 갖추도록 적절하게 시퀀스에 패딩을 추가하거나 길이를 줄였습니다. 이런 방법은 단어의 의미를 모델링하는 방법은 아닙니다. 단어의 의미를 절대적인 수치로 인코딩하는 방법은 없지만 상대적인 방법은 가능합니다. 이번 장에서 이 방법을 살펴봅니다. 특히 고차원 공간의 벡터로 단어를 표현하는 **임베딩**embedding에 대해 다룹니다. 말뭉치에서 단어가 사용되는 방식을 기반으로 이 벡터의 방향을 학습시킬 수 있습니다. 그리고 문장이 주어지면 단어 벡터의 방향을 조사하고 이를 모두 더합니다. 이런 덧셈이 만드는 전반적인 방향이 단어로 구성된 문장의 감성을 형성합니다.

이 장에서는 감성 프로그래밍의 작동 방식을 알아봅니다. 5장에서 사용한 Sarcasm 데이터셋을 사용해 임베딩으로 문장에서 빈정거림을 감지하는 모델을 만듭니다. 말뭉치의 단어가 벡터에 매핑되는 방식을 이해하는 데 도움이 되는 멋진 시각화 도구도 알아봅니다. 시각화 도구를 활용하면 어떤 단어가 전체적인 분류에 영향을 미치는지 확인할 수 있습니다.

6.1 단어의 의미 구축하기

고차원 임베딩 벡터를 만들기 전에 간단한 예제를 통해 숫자에서 의미를 유도하는 방식을 시각화해봅시다. 5장의 Sarcasm 데이터셋을 사용해 빈정거리는 기사의 헤드라인 속 모든 단어를 양수로 인코딩하고, 정상적인 헤드라인의 단어를 음수로 인코딩하면 어떻게 될까요?

6.1.1 간단한 방법: 양수와 음수

예를 들어 다음과 같은 빈정거리는 헤드라인을 생각해보죠.[1]

```
christian bale given neutered male statuette named oscar
```

어휘 사전에 있는 모든 단어가 0부터 시작한다고 가정하면 이 문장에 있는 모든 단어에 1을 더할 수 있으므로 다음과 같은 결과를 얻게 됩니다.

```
{ "christian" : 1, "bale" : 1, "given" : 1, "neutered": 1, "male" : 1,
  "statuette": 1, "named" : 1, "oscar": 1}
```

> **NOTE_** 이는 이전 장에서 보았던 단어 토큰화와 다릅니다. 각 단어(예를 들면 **"christian"**)을 말뭉치에서 인코딩된 토큰으로 바꿀 수 있지만 지금은 읽기 쉽게 단어 그대로 두었습니다.

그다음 단계로 다음처럼 빈정거림이 없는 평범한 헤드라인을 생각해보죠.[2]

```
gareth bale scores wonder goal against germany
```

정상적인 헤드라인이므로 각 단어의 현잿값에서 1을 뺄 수 있습니다. 따라서 다음과 같은 결과를 얻게 됩니다.

---

1 옮긴이_ 번역하면 '크리스천 베일이 오스카라는 중성의 남성 조각상을 받았다'입니다.
2 옮긴이_ 번역하면 '개러스 베일이 독일을 상대로 놀라운 골을 넣었다'입니다.

```
{ "christian" : 1, "bale" : 0, "given" : 1, "neutered": 1, "male" : 1,
  "statuette": 1, "named" : 1, "oscar": 1, "gareth" : -1, "scores": -1,
  "wonder" : -1, "goal" : -1, "against" : -1, "germany" : -1}
```

빈정거리는 문장에 있던 **"christian bale"**의 **"bale"**이 정상적인 문장에 있던 **"gareth bale"**의 **"bale"**로 상쇄되었기 때문에 점수가 0이 되었습니다. 이런 과정을 수천 번 반복하면 말뭉치에서 사용된 단어 횟수에 따라 점수가 매겨진 거대한 단어 리스트를 얻게 됩니다.

이제 다음 문장의 감성을 평가하려고 합니다.

---

neutered male named against germany, wins statuette!

준비된 단어 점수 리스트를 사용해 각 단어의 점수를 더할 수 있습니다. 이렇게 계산된 점수가 2라면(양수이므로) 이 문장은 빈정대는 문장입니다.

> **NOTE_** Sarcasm 데이터셋에서 **"bale"**이 5번 사용됩니다. 정상적인 헤드라인에서 두 번, 빈정거리는 헤드라인에서 세 번 사용되므로 **"bale"** 단어의 점수는 -1이 됩니다.

6.1.2 조금 더 어려운 방법: 벡터

앞의 예제가 동일한 방향의 다른 단어와 연관성을 부여하는 식으로 단어의 상대적인 의미를 만드는 **멘탈 모델**mental model을 정립하는 데 도움이 되었기를 바랍니다. 컴퓨터가 개별 단어의 의미를 이해하지 못하지만 빈정거리는 헤드라인의 단어라면 1을 더해 한 방향으로, 정상적인 헤드라인의 단어라면 1을 빼서 다른 방향으로 이동시킬 수 있습니다. 단어의 의미를 이해하는 데 도움이 되지만 미묘한 뉘앙스는 잃습니다.

더 많은 정보를 얻도록 방향의 차원을 증가시키면 어떨까요? 예를 들어 제인 오스틴Jane Austen의 소설 『오만과 편견』에 나오는 등장인물을 성별과 귀족 차원으로 생각해보죠. 성별을 x축으로 귀족을 y축에 놓고 각 등장인물의 재산을 벡터의 길이로 나타낼 수 있습니다(그림 6-1).

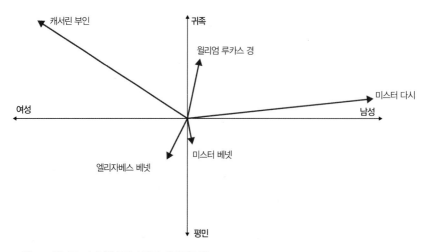

그림 6-1 벡터로 나타낸 『오만과 편견』의 등장인물

이 그래프에서 등장인물에 대한 많은 정보를 얻을 수 있습니다. 다섯 명 중 세 명은 남자입니다. 미스터 다시Mr. Darcy는 매우 부자이지만 귀족 신분인지 확실하지는 않습니다(귀족이지만 가난한 윌리엄 루카스William Lucas 경과 다르게 '미스터'라고 불립니다). 미스터 베넷Mr. Bennet은 확실히 귀족은 아니며 재정적으로 어려움을 겪고 있습니다. 그의 딸 엘리자베스 베넷Elizabeth Bennet도 재정 상태가 비슷하지만 여성입니다. 다른 여성 인물인 캐서린 부인Lady Catherine은 귀족이고 매우 부유합니다. 미스터 다시와 엘리자베스 사이의 로맨스는 긴장 관계가 형성됩니다. 즉 귀족에서 평면으로 향하는 벡터가 편견이 됩니다.

『오만과 편견』 예에서 확인했듯이 여러 차원을 고려하면 단어(여기서는 등장인물의 이름)의 실제 의미를 부여할 수 있습니다. 여기에서는 구체적인 정의를 내리려는 것이 아니라 한 단어의 벡터와 다른 단어의 벡터 사이에 있는 관계와 축을 기반으로 하는 **상대적인 의미**를 말하고 있습니다.

이 개념이 바로 임베딩입니다. 즉 신경망을 훈련하여 학습된 단어의 벡터 표현입니다. 다음 절에서 이에 대해 알아보겠습니다.

6.2 텐서플로의 임베딩

Dense와 Conv2D처럼 tf.keras는 층을 사용해 임베딩을 구현합니다. 이 층은 정수를 임베딩 벡터로 매핑하는 룩업 테이블lookup table을 만듭니다. 이 테이블은 정수로 표현된 단어의 벡터를 담고 있습니다. 이전 절의 『오만과 편견』 예에서는 x와 y축이 등장인물에 대한 임베딩을 형성합니다. 실제 자연어 처리 문제에서는 두 개보다 훨씬 많은 차원을 사용합니다. 따라서 벡터 공간에 있는 한 벡터의 방향이 단어의 의미를 인코딩한다고 볼 수 있습니다. 비슷한 (즉, 거의 비슷한 방향을 가리키는) 벡터를 가진 단어들은 서로 연관된다고 볼 수 있습니다.

임베딩 층은 초기에 랜덤하게 초기화됩니다. 즉 시작할 때 벡터의 좌표가 완전히 랜덤하게 설정되고 훈련 과정에서 역전파를 사용해 학습합니다. 훈련이 끝나면 임베딩은 단어 사이의 유사성을 인코딩하기 때문에 단어의 벡터 방향 기반으로 비슷한 단어를 식별합니다.

설명이 추상적이라 이해하기 어렵다면 직접 만들어보며 임베딩의 사용 방법을 이해해봅시다. 5장의 Sarcasm 데이터셋으로 빈정대는 헤드라인 감지기를 만들어보겠습니다.

6.2.1 임베딩을 사용해 빈정거림 감지기 만들기

5장에서 News Headlines Dataset for Sarcasm Detection이라 불리는(간단히 Sarcasm) JSON 데이터셋을 로드해 전처리를 수행했습니다. 이를 통해 훈련 데이터, 테스트 데이터, 레이블의 리스트가 만들어집니다. 이를 훈련에 사용할 수 있도록 텐서플로에서 사용하는 넘파이 포맷으로 변환합니다.[3]

```python
import numpy as np
training_padded = np.array(training_padded)
training_labels = np.array(training_labels)
testing_padded = np.array(testing_padded)
testing_labels = np.array(testing_labels)
```

이 시퀀스는 다음처럼 어휘 사전 최대 크기와 OOV 토큰을 지정한 Tokenzier 객체를 사용해 만들었습니다.

---

3   옮긴이_ 5장에서 만든 시퀀스를 넘파이 npy 포맷으로 저장한 후 6장에서 이 파일을 다시 로드합니다. 저장하고 로드하는 자세한 코드는 깃허브에 있는 5장과 6장 노트북을 참고하세요.

```
tokenizer = Tokenizer(num_words=vocab_size, oov_token=oov_tok)
```

임베딩 층을 초기화하기 위해서 다음처럼 어휘 사전 크기와 임베딩 차원을 먼저 지정해야 합니다.

```
tf.keras.layers.Embedding(vocab_size, embedding_dim),
```

각 단어에 대해 embedding_dim 차원의 배열을 초기화합니다. 예를 들어 embedding_dim이 16이라면 어휘 사전에 있는 각 단어는 16차원 벡터에 할당됩니다.

훈련 데이터의 입력과 레이블을 매핑하기 위해 신경망이 훈련될 때 역전파를 통해 이 벡터가 학습됩니다.

임베딩 층의 출력을 밀집 층에 전달하는 다음 단계가 중요합니다. 합성곱 신경망에서 했던 작업과 유사하게 풀링을 사용하면 가장 쉽습니다. 이 경우 임베딩 차원을 평균하여 고정 길이의 출력 벡터를 만듭니다.[4]

예를 들어 다음과 같은 신경망을 생각해보죠.

```
model = tf.keras.Sequential([
    tf.keras.layers.Embedding(10000, 16),
    tf.keras.layers.GlobalAveragePooling1D(),
    tf.keras.layers.Dense(24, activation='relu'),
    tf.keras.layers.Dense(1, activation='sigmoid')
])
model.compile(loss='binary_crossentropy',
              optimizer='adam',metrics=['accuracy'])
```

임베딩 층의 어휘 사전 크기는 10,000이고 임베딩 차원은 16입니다. model.summary를 사용해 이 신경망의 훈련 가능한 파라미터 개수를 확인해보죠.

----

4   옮긴이_ 3장에서 본 풀링은 2D 데이터에 대해서 작동합니다. 풀링은 채널 차원을 그대로 유지시킨다는 것을 기억하세요. GlobalAveragePooling1D는 1D 데이터에 대해서 작동하며 동일하게 채널 차원(임베딩 차원)을 그대로 유지하고 전체 시퀀스 차원을 하나로 평균합니다.

```
Model: "sequential_2"
_____
Layer (type)                 Output Shape              Param #
=================================================================
embedding_2 (Embedding)      (None, None, 16)          160000

global_average_pooling1d_2 ( (None, 16)                0

dense_4 (Dense)              (None, 24)                408

dense_5 (Dense)              (None, 1)                 25
=================================================================
Total params: 160,433
Trainable params: 160,433
Non-trainable params: 0
_____
```

임베딩의 어휘 사전 크기가 10,000이고 각 단어의 벡터는 16차원이기 때문에 임베딩 층의 훈련 가능한 전체 파라미터 개수는 160,000개입니다.

평균 풀링 층은 임베딩 층의 출력을 단순히 평균하여 16차원 벡터를 만들기 때문에 훈련 가능한 파라미터가 0개입니다.

그다음 24개 뉴런을 가진 밀집 층에 이를 전달합니다. 밀집 층은 가중치와 절편을 가지고 있으므로 $(24 \times 16) + 16 = 408$개의 파라미터를 학습해야 합니다.

이 층의 출력이 하나의 뉴런을 가진 마지막 층에 전달됩니다. 이 층은 $(1 \times 24) + 1 = 25$개의 파라미터를 가집니다.

이 모델을 훈련하면 30번의 에폭 후에 99% 이상의 꽤 높은 정확도를 얻을 수 있습니다. 하지만 검증 정확도는 81% 정도입니다(그림 6-2).

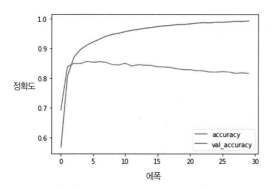

그림 6-2 훈련 정확도와 검증 정확도

훈련 데이터에 없는 단어가 검증 데이터에 많이 포함되었을 수 있다는 점을 감안하면 합리적인 곡선으로 보입니다. 하지만 30번의 에폭 동안 훈련 손실과 검증 손실 곡선을 확인해보면 문제를 알 수 있습니다. 훈련 정확도가 검증 정확도보다 높을 것으로 기대하지만 [그림 6-3]처럼 검증 정확도가 조금 떨어지는 동안 손실이 급격히 올라가기 때문에 과대적합 현상이 두드러지게 나타납니다.

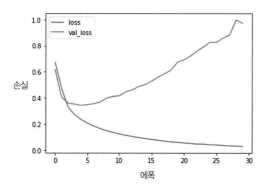

그림 6-3 훈련 손실과 검증 손실

언어의 예측 불가능한 성질 때문에 과대적합 현상은 자연어 처리 모델에서 흔히 관측됩니다. 이런 현상을 감소시키는 몇 가지 방법을 다음 절에서 알아보겠습니다.

6.2.2 언어 모델의 과대적합 줄이기

신경망이 훈련 데이터에 과도하게 맞춰질^{overspecialized} 때 과대적합이 일어납니다. 예를 들면 훈련 데이터의 다른 데이터보다 잡음 데이터에 있는 패턴에 잘 맞춰질 때가 그중 하나입니다. 이런 특별한 잡음이 검증 세트에는 없기 때문에 신경망이 이를 잘 맞출수록 검증 세트의 손실은 더 나빠집니다. 이로 인해 [그림 6-3]에서와 같이 손실이 급격히 상승합니다. 이번 절에서는 모델의 일반화 성능을 높이고 과대적합을 줄이는 몇 가지 방법을 알아보겠습니다.

학습률 조정하기

과대적합을 일으키는 가장 큰 요소는 옵티마이저의 학습률^{learning rate}이 너무 높은 경우입니다. 즉 신경망이 너무 빠르게 학습한다는 의미입니다. 예를 들어 다음과 같은 코드로 모델을 컴파일했습니다.

```
model.compile(loss='binary_crossentropy',
              optimizer='adam', metrics=['accuracy'])
```

옵티마이저를 간단히 adam으로 설정하면 Adam 옵티마이저와 기본 매개변숫값이 사용됩니다. 하지만 이 옵티마이저는 학습률을 비롯해 여러 가지 매개변수를 지원합니다. 이 코드를 다음과 같이 바꿀 수 있습니다.

```
adam = tf.keras.optimizers.Adam(learning_rate=0.0001,
                                beta_1=0.9, beta_2=0.999, amsgrad=False)

model.compile(loss='binary_crossentropy',
              optimizer=adam, metrics=['accuracy'])
```

기본값이 0.001인 학습률을 100분의 1로 줄여서 0.0001로 지정했습니다. beta_1과 beta_2, amsgrad는 기본값을 그대로 사용합니다. beta_1과 beta_2는 0~1 사이여야 하고 일반적으로 둘 다 1에 가까운 값을 지정합니다. amsgrad는 한 논문[5]에서 소개된 Adam 옵티마이저의 또 다른 구현입니다.

---

5   Sashank Reddi, Satyen Kale, Sanjiv Kumar의 「On the Convergence of Adam and Beyond」(https://arxiv.org/abs/1904.09237)

낮은 학습률은 신경망에 큰 영향을 미칩니다. [그림 6-4]는 100번의 에폭 동안 이 신경망의 정확도를 보여줍니다. 낮은 학습률 때문에 처음 10번의 에폭 동안은 신경망이 학습하지 않는 것처럼 보입니다. 하지만 그 이후부터 갑자기 빠르게 학습하기 시작합니다.

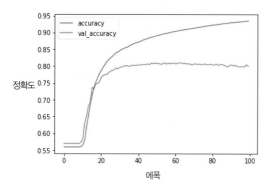

그림 6-4 낮은 학습률을 사용했을 때 정확도

[그림 6-5]에 나타난 손실을 보면 처음 몇 번의 에폭 동안 정확도가 높아지지 않았음에도 손실이 내려간 것을 볼 수 있습니다. 따라서 에폭별로 보면 신경망이 학습을 시작했다는 것을 확인할 수 있습니다.

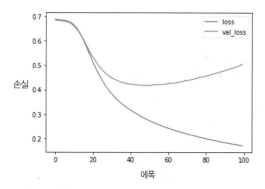

그림 6-5 낮은 학습률을 사용했을 때 손실

손실 곡선이 [그림 6-3]과 유사한 과대적합 곡선 양상을 보이지만 훨씬 느리게 발생하며 곡선이 급격하지 않습니다. 에폭 30번에 해당하는 손실은 약 0.45입니다. 높은 학습률을 사용한 [그림 6-3]에서는 손실이 두 배 이상 높습니다. 신경망이 좋은 정확도에 도달하기까지 기존보다 더 오래 걸리지만 손실은 낮으므로 결과를 더 확신할 수 있습니다. 이 하이퍼파라미터에서는 검증 세트 손실이 약 60번째 에폭에서 증가하기 시작합니다. 이 지점에서 훈련 세트의 정확도는 90%이고 검증 세트의 정확도는 약 81%이므로 꽤 훌륭한 신경망을 얻을 수 있습니다.

물론 수정한 옵티마이저의 결과에 만족할 수 있지만 모델을 향상하는 방법이 더 있습니다. 이어지는 몇 개의 절에서 알아보겠습니다. 학습률 조정이 다른 기법의 효과를 가리지 않도록 하기 위해 기본 Adam 옵티마이저를 사용하겠습니다.

어휘 사전 크기 바꾸기

Sarcasm 데이터셋에서는 단어를 다루기 때문에 데이터셋에 있는 단어, 특히 빈도를 살펴보면 과대적합 이슈를 고치는 데 도움이 되는 단서를 발견할 수 있습니다.

tokenizer 객체의 word_counts 속성을 사용하면 단어의 빈도를 확인할 수 있습니다. 다음처럼 이 속성을 출력하면 단어와 단어 카운트의 튜플을 담은 OrderedDict가 반환됩니다.

```
wc=tokenizer.word_counts
print(wc)
```

```
OrderedDict([('former', 75), ('versace', 1), ('store', 35), ('clerk', 8), ('sues',
12), ('secret', 68), ('black', 203), ('code', 16),...
```

단어의 순서는 데이터셋에 등장하는 순서대로 결정됩니다. 훈련 세트에 있는 첫 번째 샘플을 보면 베르사체 매장에서 일했던 이전 직원을 비꼬는 헤드라인입니다. 불용어는 삭제되었습니다. 삭제하지 않았다면 'a'와 'the' 같은 단어가 많이 나왔을 것입니다.

OrderedDict를 사용해 단어 빈도의 역순으로 정렬할 수 있습니다.

```
from collections import OrderedDict
newlist = (OrderedDict(sorted(wc.items(), key=lambda t: t[1], reverse=True)))
print(newlist)
```

```
OrderedDict([('new', 1143), ('trump', 966), ('man', 940), ('not', 555), ('just',
430), ('will', 427), ('one', 406), ('year', 386),
```

이를 그래프로 그리려면 리스트에 있는 각 항목을 순회하고 x축의 값을 항목의 순서로 설정할 수 있습니다(예를 들면 첫 번째 항목은 1, 두 번째 항목은 2). y축의 값은 `newlist[item]`이 됩니다. `matplotlib`으로 그래프를 그릴 수 있습니다. 코드는 다음과 같습니다.

```
xs=[]
ys=[]
curr_x = 1
for item in newlist:
    xs.append(curr_x)
    curr_x=curr_x+1
    ys.append(newlist[item])

plt.plot(xs,ys)
plt.show()
```

결과는 [그림 6-6]과 같습니다.

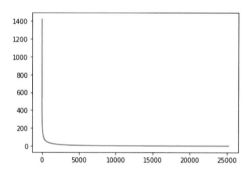

그림 6-6 단어 빈도 탐색하기

이런 하키 스틱 같은 곡선은 많이 사용되는 단어는 소수이고, 대부분의 단어는 매우 적게 사용된다는 것을 보여줍니다. 하지만 모든 단어는 임베딩의 한 항목이기 때문에 중요도는 모두 동일합니다. 검증 세트보다 큰 훈련 세트를 사용한다면 훈련 세트에 있는 단어가 검증 세트에는 없는 상황이 많이 발생할 것입니다.

`plt.show` 함수를 호출하기 전에 그래프의 축 범위를 바꾸어 데이터를 확대해서 그려보겠습니다. 예를 들어 x축을 300~10,000으로 설정하고, y축을 0~100으로 설정합니다. 코드는 다음과 같습니다.

```
plt.plot(xs,ys)
plt.axis([300,10000,0,100])
plt.show()
```

결과는 [그림 6-7]과 같습니다.

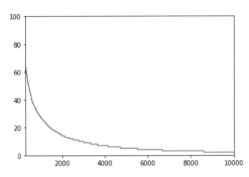

그림 6-7 단어 인덱스 300~10,000 사이의 빈도

말뭉치에 20,000개 이상의 단어가 있지만 여기서는 10,000개만 사용해 훈련하도록 코드를 작성했습니다. 어휘 사전의 80%에 해당하는 2,000~10,000 사이에 있는 단어를 살펴보면 전체 말뭉치에서 20번 이하로 사용됩니다.

이 현상으로 과대적합을 설명할 수 있습니다. 어휘 사전 크기를 2,000개로 바꾸어 다시 훈련하면 어떻게 될까요? [그림 6-8]은 정확도 곡선을 보여줍니다. 훈련 세트 정확도는 82%이고 검증 정확도는 약 76%입니다. 두 곡선은 발산하지 않고 서로 가깝게 놓여 있으므로 대부분의 과대적합을 제거했다는 좋은 신호입니다.

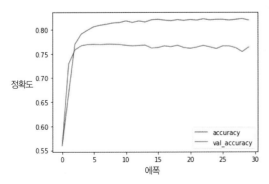

그림 6-8 2,000개 단어로 구성한 어휘 사전을 사용할 때 정확도

[그림 6-9]의 손실 곡선을 보면 이런 현상이 더 확실해집니다. 검증 세트 손실이 증가하지만 이전보다 훨씬 느립니다. 따라서 어휘 사전 크기를 줄이면 빈도가 낮아 훈련 세트에만 있을 가능성이 높은 단어에 과대적합되는 것을 방지할 수 있습니다.

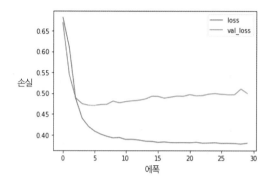

그림 6-9 2,000개 단어로 구성한 어휘 사전을 사용할 때 손실

다른 크기의 어휘 사전으로 실험해볼 가치가 있습니다. 하지만 어휘 사전 크기가 너무 작아도 과대적합될 수 있다는 것을 기억하세요. 둘 사이의 균형을 찾아야 합니다. 필자는 여기에서 임의로 20번 이상 나오는 단어를 선택했습니다.

임베딩 차원 바꾸기

이번 예제에서는 임의로 임베딩 차원 16을 선택했습니다. 이렇게 하면 단어는 16차원 공간상의 벡터로 인코딩됩니다. 이 벡터의 방향은 단어의 전반적인 의미를 나타냅니다. 하지만 16이 좋은 값일까요? 어휘 사전에 2,000개의 단어만 있기 때문에 벡터의 일부 원소가 비어 있거나 작은 값일 수 있습니다.

임베딩 크기를 결정하는 모범 사례는 어휘 사전의 네제곱근을 사용하는 것입니다.[6] 2,000의 네제곱근은 6.687입니다. 그럼 임베딩 차원을 7로 바꾸고 100번의 에폭 동안 모델을 훈련하면 어떻게 되는지 살펴보겠습니다.

---

6 옮긴이_ 임베딩 차원에 대한 모범 사례는 구글 개발자 블로그 포스트(https://developers.googleblog.com/2017/11/introducing-tensorflow-feature-columns.html)를 참고하세요.

[그림 6-10]에 정확도 곡선이 나타나 있습니다. 훈련 세트 정확도는 약 83%에 안정화되었고 검증 세트 정확도는 약 77%입니다. 약간의 굴곡이 있지만 전체 곡선은 꽤 평평하므로 모델이 수렴한다는 것을 보여줍니다. 이 결과는 [그림 6-8]과 크게 다르지 않지만 임베딩 차원을 줄였기 때문에 모델 훈련 속도가 30% 이상 빨라졌습니다.

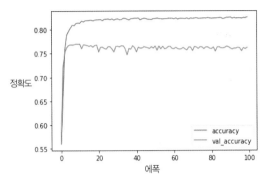

그림 6-10 임베딩 차원을 7로 했을 때 훈련 정확도와 검증 정확도

[그림 6-11]은 훈련 세트와 검증 세트의 손실을 보여줍니다. 훈련 초반에는 20번째 에폭에서 손실이 올라가는 것처럼 보였지만 이내 평평해졌습니다. 역시 좋은 신호입니다!

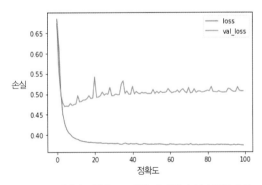

그림 6-11 임베딩 차원을 7로 했을 때 훈련 손실과 검증 손실

이제 차원을 줄였으므로 다음으로 모델 구조를 조금 바꿔볼 수 있습니다.

모델 구조 변경하기

이전 절의 최적화를 적용한 모델 구조는 다음과 같습니다.

```
model = tf.keras.Sequential([
    tf.keras.layers.Embedding(2000, 7),
    tf.keras.layers.GlobalAveragePooling1D(),
    tf.keras.layers.Dense(24, activation='relu'),
    tf.keras.layers.Dense(1, activation='sigmoid')
])
model.compile(loss='binary_crossentropy',
              optimizer='adam',metrics=['accuracy'])
```

한 가지 떠오른 아이디어는 차원입니다. GlobalAveragePooling1D 층이 7차원 벡터를 출력합니다. 하지만 이를 24개 뉴런으로 구성된 밀집 층에 전달해야 하는데 크기가 과도하게 큽니다. 밀집 층의 뉴런을 8개로 줄이고 100번의 에폭 동안 훈련하면 어떻게 되는지 알아보겠습니다.

[그림 6-12]에 훈련 세트 정확도와 검증 세트 정확도가 나타나 있습니다. 24개 뉴런을 사용한 [그림 6-10]과 비교하면 전체적인 결과는 매우 비슷합니다. 하지만 그래프의 요동이 줄어들었습니다(곡선이 덜 들쑥날쑥합니다). 그리고 훈련 속도도 조금 더 빨라졌습니다.

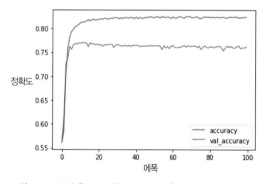

그림 6-12 밀집 층의 뉴런을 8개로 줄였을 때 정확도 결과

[그림 6-11]에 나타난 손실 곡선의 결과와 비슷하지만 요동이 줄어들었습니다(그림 6-13).

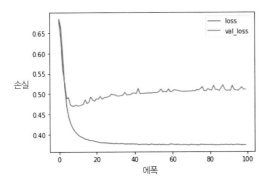

그림 6-13 밀집 층의 뉴런을 8개로 줄였을 때 손실 결과

드롭아웃 사용하기

과대적합을 줄이기 위해 널리 사용하는 한 가지 기법은 드롭아웃을 추가하는 것입니다. 3장 합성곱 신경망에서 이를 알아보았습니다. 드롭아웃이 과대적합에 효과가 있는지 바로 적용해보고 싶었지만 먼저 어휘 사전 크기, 임베딩 크기, 모델 구조를 적용할 때까지 기다렸습니다. 앞선 변경 사항이 드롭아웃보다 훨씬 영향이 크며 이미 몇 가지 좋은 결과도 확인했습니다.

첫 번째 밀집 층의 뉴런 개수는 8개이므로 드롭아웃 효과가 크지 않을 수 있지만 한번 적용해보죠. 다음은 드롭아웃 비율을 0.25(8개 뉴런 중 2개에 해당합니다)로 지정한 드롭아웃 층을 추가한 모델입니다.

```
model = tf.keras.Sequential([
    tf.keras.layers.Embedding(vocab_size, embedding_dim),
    tf.keras.layers.GlobalAveragePooling1D(),
    tf.keras.layers.Dense(8, activation='relu'),
    tf.keras.layers.Dropout(.25),
    tf.keras.layers.Dense(1, activation='sigmoid')
])
```

[그림 6-14]는 100번의 에폭 동안 훈련한 정확도 결과입니다.

이번에는 훈련 정확도가 이전의 최댓값 이상으로 올라가지만 검증 정확도는 천천히 감소하고 있습니다. 이는 과대적합 영역에 들어갔다는 신호입니다. [그림 6-15]에 있는 손실 곡선에서 이를 확인할 수 있습니다.

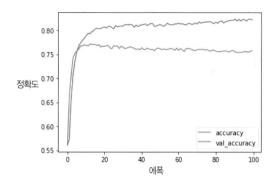

그림 6-14 드롭아웃을 추가했을 때 정확도

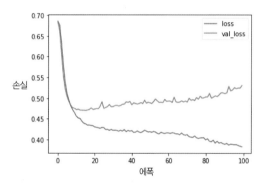

그림 6-15 드롭아웃을 추가했을 때 손실

에폭이 진행됨에 따라 검증 손실이 증가하는 이전 패턴이 다시 나타났습니다. 이전만큼 나쁘지는 않지만 잘못된 방향입니다.

매우 적은 뉴런을 사용할 때 드롭아웃을 추가하는 방법은 좋은 생각이 아닌 것 같네요. 하지만 드롭아웃은 여러분의 도구함에 있어야 할 기술이며 이 예제보다 더 복잡한 구조를 위해 꼭 기억해두세요.

규제 사용하기

규제regularization는 가중치의 크기를 감소시켜 과대적합을 방지하는 기법입니다. 일부 뉴런의 가중치가 너무 크면 규제가 이런 가중치에 페널티를 부과합니다. 일반적으로 L1과 L2 두 종류의 규제가 있습니다.

L1 규제는 종종 **라쏘**^{least absolute shrinkage and selection operator}(Lasso)라고도 부릅니다. 층의 가중치를 0 또는 0에 가까운 값으로 만듭니다.

L2 규제는 가중치 제곱을 페널티로 사용하기 때문에 종종 **리지**^{ridge}라고도 부릅니다. 0에서 먼 값과 0에 가까운 값 사이의 차이를 증폭시키기 때문에 가중치가 강하게 규제됩니다.[7]

두 방식을 모두 사용할 수 있으며 이를 일래스틱넷^{elastic net} 규제라고 부릅니다.

우리가 살펴보고 있는 자연어 처리 문제에서는 L2가 주로 사용됩니다. `Dense` 층의 `kernel_regularizers` 매개변수를 사용해 규제 강도를 실숫값으로 지정하는 방식으로 L2 규제를 추가할 수 있습니다. 이 매개변수는 모델 향상을 위해 탐색해야 할 또 다른 하이퍼파라미터입니다.

코드는 다음과 같습니다.

```
model = tf.keras.Sequential([
    tf.keras.layers.Embedding(vocab_size, embedding_dim),
    tf.keras.layers.GlobalAveragePooling1D(),
    tf.keras.layers.Dense(8, activation='relu',
                          kernel_regularizer = tf.keras.regularizers.l2(0.01)),
    tf.keras.layers.Dense(1, activation='sigmoid')
])
```

이런 간단한 모델에서 규제를 추가한 효과는 크지 않습니다. 하지만 훈련 손실과 검증 손실 곡선이 조금 부드러워집니다.[8] 여기서는 불필요할 수 있지만 드롭아웃과 같은 규제를 사용해 모델이 과대적합되지 않도록 만드는 방법을 알아두는 것이 좋습니다.

다른 고려 사항

지금까지의 수정 사항이 과대적합을 줄이고 모델을 크게 향상시켰지만 다른 하이퍼파라미터로도 실험할 수 있습니다. 예를 들어 문장의 최대 길이를 100으로 선택했지만 이는 완전히 임의이며 최적이 아닐 수 있습니다. 말뭉치를 둘러보고 더 좋은 문장 길이를 찾아보는 것이 좋습니다. 다음은 문장 길이를 짧은 것에서 긴 것까지 정렬해 그래프로 그리는 코드입니다.

7　옮긴이_ 선형 회귀에 L1 규제를 추가한 모델을 라쏘라고 부르고, L2 규제를 추가한 것을 리지 회귀라고 부릅니다. 모델의 손실을 측정하는 데 L1 규제는 가중치의 절댓값 합(L1 노름)을 페널티로 추가하고 L2 규제는 가중치의 제곱합(L2 노름의 제곱)을 페널티로 추가합니다. L1/L2 규제 모두 가중치 크기를 작게 만드는 효과를 내며 L1은 아예 가중치를 0으로 만들 수도 있습니다.

8　옮긴이_ 자세한 그래프는 번역서 깃허브의 ch06 폴더의 노트북을 참고하세요.

```
xs=[]
ys=[]
current_item=1
for item in sentences:
    xs.append(current_item)
    current_item=current_item+1
    ys.append(len(item))
newys = sorted(ys)

import matplotlib.pyplot as plt
plt.plot(xs,newys)
plt.show()
```

결과는 [그림 6-16]과 같습니다.

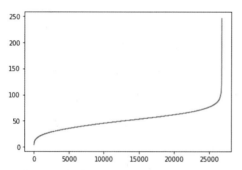

그림 6-16 문장 길이 그래프

전체 말뭉치에 있는 26,000개 이상의 문장 중에 단어 100개 이상을 가진 문장은 200개 미만
입니다. 따라서 이 길이를 최대 길이로 선택하면 불필요한 패딩을 많이 추가하게 되어 모델 성
능에 영향을 미칩니다. 최대 길이를 85로 줄여도 여전히 26,000개 문장(99% 이상)에 패딩을
추가해야 합니다.

6.2.3 모델을 사용해 문장 분류하기

지금까지 모델을 만들고, 훈련하고, 최적화해 과대적합을 일으키는 여러 문제를 제거했습니다.
다음 단계는 모델을 실행하고 결과를 확인하는 것입니다. 이를 위해 다음 새로운 문장으로 구성된 리스트를 먼저 만듭니다.

```
sentences = ["granny starting to fear spiders in the garden might be real", "game
of thrones season finale showing this sunday night", "TensorFlow book will be a
best seller"]
```

그다음 훈련용 어휘 사전을 만들 때 사용했던 Tokenzier 객체를 사용해 인코딩합니다. 신경망이 훈련한 단어의 토큰을 알고 있기 때문에 훈련할 때 사용했던 객체를 사용하는 것이 중요합니다.

```
sequences = tokenizer.texts_to_sequences(sentences)
print(sequences)
```

출력 결과는 예시 문장의 토큰 시퀀스입니다.

```
[[1, 816, 1, 691, 1, 1, 1, 1, 300, 1, 90],
 [111, 1, 1044, 173, 1, 1, 1, 1463, 181],
 [1, 234, 7, 1, 1, 46, 1]]
```

'<OOV>'에 해당하는 토큰 1이 많습니다. 'in'과 'the' 같은 불용어는 어휘 사전에 포함되어 있지 않고 'granny'와 'spiders' 같은 단어는 훈련 데이터에 없는 단어이기 때문입니다.

모델이 이 시퀀스를 전달하기 전에 모델이 기대하는 크기, 즉 길이로 바꾸어야 합니다. 모델 훈련에서 사용했던 pad_sequences 함수로 동일하게 처리할 수 있습니다.

```
padded = pad_sequences(sequences, maxlen=max_length,
                       padding=padding_type, truncating=trunc_type)

print(padded)
```

문장은 길이가 100인 시퀀스로 출력됩니다. 따라서 첫 번째 시퀀스의 출력은 다음과 같습니다.

```
[   1  816    1  691    1    1    1    1  300    1   90    0    0    0
    0    0    0    0    0    0    0    0    0    0    0    0    0    0
    0    0    0    0    0    0    0    0    0    0    0    0    0    0
```

```
    0    0    0    0    0    0    0    0    0    0    0    0    0    0
    0    0    0    0    0    0    0    0    0    0    0    0    0    0
    0    0    0    0    0    0    0    0    0    0    0    0    0    0
    0    0    0    0    0    0    0    0    0    0    0    0    0    0
    0    0]
```

매우 짧은 문장이군요!

문장을 토큰으로 바꾸고 모델이 기대하는 입력 차원에 맞게 패딩을 추가했습니다. 이제 모델에 패딩된 시퀀스를 전달해 예측을 얻을 차례입니다. 다음처럼 간단히 수행할 수 있습니다.

```
print(model.predict(padded))
```

predict 메서드가 반환한 넘파이 배열에서 높은 값은 빈정대는 문장을 의미합니다. 샘플 문장의 출력 결과는 다음과 같습니다.

```
[[0.7194135 ]
 [0.02041999]
 [0.13156283]]
```

첫 번째 문장인 "granny starting to fear spiders in the garden might be real"에 불용어와 패딩이 많음에도 불구하고 점수가 높습니다. 이는 아주 빈정대는 문장임을 나타냅니다. 다른 두 문장은 훨씬 점수가 낮으므로 빈정대는 문장일 가능성이 낮다는 뜻입니다.

6.3 임베딩 시각화

임베딩을 시각화하기 위해 임베딩 프로젝터Embedding Projector[9]를 사용합니다. 여러 가지 데이터셋에서 사전에 훈련한 임베딩을 기본으로 제공하지만 여기에서는 앞서 훈련한 모델의 임베딩을 이 도구로 시각화해보겠습니다.

먼저 단어 인덱스를 반대로 매핑하는 함수가 필요합니다. word_index는 단어가 키key이고 인

---

9 http://projector.tensorflow.org

덱스가 값^{value}인 딕셔너리입니다. 임베딩 프로젝트로 시각화하려면 단어를 값으로 가지기 위해 반대로 매핑해야 합니다. 코드는 다음과 같습니다.[10]

```
reverse_word_index = dict([(value, key)
for (key, value) in word_index.items()])
```

또한 임베딩 층의 가중치를 추출해야 합니다.

```
e = model.layers[0]
weights = e.get_weights()[0]
print(weights.shape)
```

이 장의 최적화 과정을 따랐다면 (2000,7)이 출력됩니다. 어휘 사전 크기가 2,000개이고 임베딩 층의 차원이 7이기 때문입니다. 단어와 이에 상응하는 벡터를 확인하려면 다음과 같이 쓸 수 있습니다.

```
print(reverse_word_index[2])
print(weights[2])
```

출력은 다음과 같습니다.

```
new
[ 0.8091359   0.54640186 -0.9058702  -0.94764805 -0.8809764  -0.70225513
  0.86525863]
```

단어 'new'가 7개의 가중치로 구성된 벡터로 표현됩니다.

임베딩 프로젝터는 탭으로 구분된 두 개의 TSV^{tab-separated value} 파일을 사용합니다. 벡터를 저장하는 파일과 메타데이터를 저장하는 파일입니다. 이 파일을 생성하는 코드는 다음과 같습니다.

---

10 옮긴이_ tokenizer.index_word 속성에서 인덱스를 단어로 매핑한 딕셔너리를 제공하므로 수동으로 word_index를 반전시킬 필요가 없습니다.

```python
import io

out_v = io.open('vecs.tsv', 'w', encoding='utf-8')
out_m = io.open('meta.tsv', 'w', encoding='utf-8')
for word_num in range(1, vocab_size):
    word = reverse_word_index[word_num]
    embeddings = weights[word_num]
    out_m.write(word + "\n")
    out_v.write('\t'.join([str(x) for x in embeddings]) + "\n")
out_v.close()
out_m.close()
```

콜랩을 사용한다면 다음 코드를 사용하거나 Files 창에서 TSV 파일을 다운로드할 수 있습니다.

```python
try:
    from google.colab import files
except ImportError:
    pass
else:
    files.download('vecs.tsv')
    files.download('meta.tsv')
```

파일이 준비되면 [그림 6-17]과 같이 임베딩 프로젝터에 있는 [Load] 버튼을 눌러 임베딩을 시각화할 수 있습니다.

대화창에서 만들어놓은 벡터와 메타 TSV 파일을 선택합니다. 그다음 임베딩 프로젝터에서 'Sphereize data' 체크 상자를 클릭합니다. 이렇게 하면 단어를 구^{sphere}로 클러스터링하기 때문에 이진 분류기의 특징을 명확하게 시각화할 수 있습니다. 이 모델은 빈정거리는 문장과 그렇지 않은 문장에서 훈련되었기 때문에 단어가 두 개의 레이블 중 하나로 클러스터링되는 경향을 띱니다(그림 6-18).

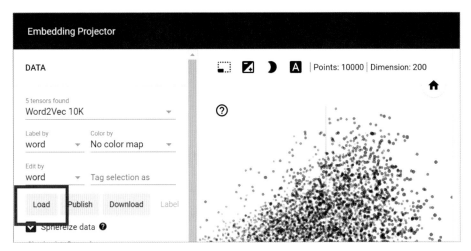

그림 6-17 임베딩 프로젝터 사용하기

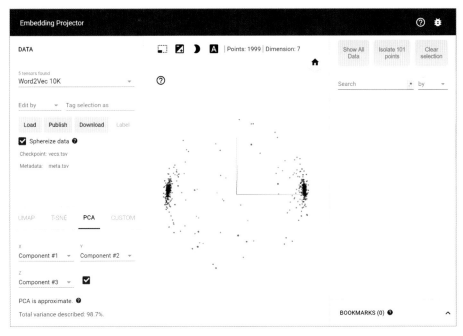

그림 6-18 Sarcasm 데이터셋에서 훈련한 임베딩 시각화하기

캡처한 화면을 보는 것만으로는 충분하지 않으니 직접 실습해보세요! 구의 중심을 기준으로 회전하면서 양극단에 있는 단어를 탐색하고 분류에 미치는 영향을 확인해보세요. 단어를 선택하면 오른쪽 창에 관련 단어가 나타납니다. 이것저것 만져보고 여러 가지 시도를 해보세요.

6.4 텐서플로 허브에서 사전 훈련된 임베딩 사용하기

임베딩을 직접 훈련하는 것 외에 다른 방법은 케라스 층에 적합하도록 준비된, 사전 훈련된 임베딩을 사용하는 것입니다. 텐서플로 허브^{TensorFlow Hub}[11]는 다양하고 많은 임베딩을 제공합니다. 토큰화 로직을 제공하는 경우 토큰화, 시퀀스 생성, 패딩을 직접 처리할 필요도 없습니다.

텐서플로 허브는 구글 콜랩에 이미 설치되어 있습니다. 따라서 이 장의 코드를 그대로 실행할 수 있습니다. 로컬 컴퓨터에 설치하려면 텐서플로 허브의 온라인 문서[12]의 안내를 따라 최신 버전을 설치하세요.

예를 들어 Sarcasm 데이터에서 토큰화, 어휘 사전 생성, 시퀀스 생성, 패딩 등과 같은 로직을 직접 수행하는 대신 문장과 레이블 데이터만 준비하면 텐서플로 허브를 사용해 이런 작업을 처리할 수 있습니다. 먼저 데이터를 훈련 세트와 테스트 세트로 나눕니다.

```
training_size = 24000
training_sentences = sentences[0:training_size]
testing_sentences = sentences[training_size:]
training_labels = labels[0:training_size]
testing_labels = labels[training_size:]
```

그다음 텐서플로 허브에서 사전 훈련된 임베딩을 다운로드합니다.

```
import tensorflow_hub as hub

hub_layer = hub.KerasLayer(
    "https://tfhub.dev/google/tf2-preview/gnews-swivel-20dim/1",
    output_shape=[20], input_shape=[],
```

---

11 https://tfhub.dev
12 https://oreil.ly/_mvxY

```
        dtype=tf.string, trainable=False
    )
```

앞의 코드는 130GB의 구글 뉴스에서 훈련된 Swivel 임베딩을 다운로드합니다. 이 층은 문장을 인코딩, 토큰화하고 단어와 Swivel 임베딩을 사용해 문장을 하나의 임베딩으로 인코딩합니다. 마지막 부분을 꼭 기억하세요. 지금까지는 단어 인코딩을 사용해 이를 기반으로 문장을 분류하는 기법을 사용했습니다. 이런 층을 사용하면 전체 문장을 하나의 인코딩으로 만들 수 있습니다.

이제 임베딩 층 대신에 텐서플로 허브로 만든 층을 사용해 모델을 구성합니다. 다음과 같은 간단한 모델을 만들어보죠.

```
model = tf.keras.Sequential([
    hub_layer,
    tf.keras.layers.Dense(16, activation='relu'),
    tf.keras.layers.Dense(1, activation='sigmoid')
])

adam = tf.keras.optimizers.Adam(learning_rate=0.0001, beta_1=0.9,
                                beta_2=0.999, amsgrad=False)

model.compile(loss='binary_crossentropy',optimizer=adam,
              metrics=['accuracy'])
```

이 모델은 훈련 시 최고 정확도에 빠르게 도달하며 이전처럼 과대적합이 크게 일어나지 않습니다. 50에폭까지는 훈련과 검증 정확도의 값이 매우 가깝습니다(그림 6-19).

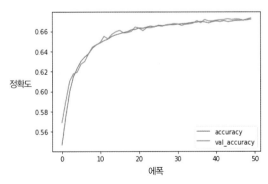

그림 6-19 Swivel 임베딩을 사용했을 때 정확도

손실값도 매우 근접하며 훈련이 잘되고 있음을 보여줍니다(그림 6-20).

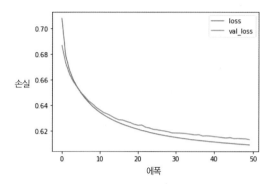

그림 6-20 Swivel 임베딩을 사용했을 때 손실

하지만 전반적으로 정확도는 약 67%로 매우 낮습니다. 랜덤하게 예측하는 경우 정확도가 50%라는 점을 기억하세요! 이는 단어 기반 인코딩을 하나의 문장 기반 인코딩으로 바꾸기 때문입니다. 빈정대는 헤드라인을 구분하는 경우 개별 단어가 분류에 큰 영향을 미칩니다(그림 6-18). 따라서 사전 훈련된 임베딩을 사용하면 훈련이 빠르고 과대적합이 적지만 어떤 상황에 유용한지 생각하고 상황에 따라 항상 최선이 아닐 수 있다는 점을 이해해야 합니다.

6.5 마치며

이 장에서 텍스트의 감성을 이해하는 첫 번째 모델을 만들었습니다. 5장에서 수행했던 토큰화를 사용해 텍스트를 벡터로 매핑했습니다. 그리고 역전파를 사용해 문장의 레이블 기반으로 각 벡터의 적절한 방향을 학습했습니다. 마지막으로 단어 벡터를 모두 사용해 문장의 감성에 대한 이해를 구축했습니다. 또한 과대적합을 피하기 위해 모델을 최적화하는 방법을 살펴보고 최종 단어 벡터를 멋지게 시각화해보았습니다. 이번 장에서 살펴본 과정은 문장을 분류하는 좋은 방법이지만 단어 순서는 고려하지 않고 문장을 일련의 단어로 취급합니다. 단어의 등장 순서는 문장의 의미를 결정하는 중요한 요소이므로 순서를 고려해 모델을 향상하는 방법을 알아보는 것이 좋습니다. 다음 장에는 새로운 층인 순환 신경망의 기초가 되는 순환 층을 살펴봅니다. 그리고 사전 훈련된 임베딩인 GloVe를 사용해 전이 학습 문제에 단어 기반 임베딩을 적용해보겠습니다.

## CHAPTER 7

자연어 처리를 위한 순환 신경망

5장에서 텍스트를 토큰화하고 시퀀스로 변환해 신경망에 주입할 수 있도록 문장을 숫자 텐서로 만드는 방법을 살펴봤습니다. 6장에서는 이를 확장해 감성 계산을 위해 비슷한 단어를 클러스팅하는 임베딩을 알아보았습니다. 이 방법은 빈정거림 감지기를 구축하면서 보았듯이 매우 잘 작동합니다. 하지만 문장은 단순히 단어의 모음으로 구성된 것은 아니기 때문에 이런 방법에는 한계가 존재합니다. 종종 단어의 등장 순서가 전체적인 의미를 결정합니다. 형용사는 나란히 등장하는 명사의 의미를 추가하거나 바꿀 수 있습니다. 예를 들어 'blue'와 'sky'는 감성 측면에서는 의미가 없을 수 있지만 두 단어를 합친 'blue sky(푸른 하늘)'는 명확하게 긍정적인 감성을 가집니다. 다른 명사를 수식하는 명사도 있습니다. 예를 들면 'rain cloud(비구름)', 'writing desk(글쓰기 책상)', 'coffee mug(커피잔)'와 같습니다.

이런 시퀀스를 고려하려면 부가적인 접근 방법이 필요합니다. 즉 모델 구조에 **순환**recurrence을 추가하는 것입니다. 이 장에서는 순환을 추가하는 여러 가지 방법을 알아보겠습니다. 시퀀스 정보를 학습하는 방법과 이 정보를 사용해 텍스트를 더 잘 이해하는 모델 구조인 순환 신경망recurrent neural network(RNN)을 만드는 방법을 살펴보겠습니다.

7.1 순환 구조

순환 구조를 이해하기 위해 먼저 지금까지 본 모델의 한계를 생각해보죠. 궁극적으로 모델을 만드는 과정은 [그림 7-1]과 비슷합니다. 데이터와 레이블을 제공하고 모델 구조를 정의합니다. 모델은 데이터를 레이블에 매핑하는 규칙을 학습합니다. 이 규칙은 미래 데이터에 대한 레이블을 예측할 수 있는 API로 제공됩니다.

그림 7-1 고수준에서 본 모델 생성 과정

하지만 여기서 보듯이 데이터는 한 번에 처리됩니다. 세분화가 일어나지 않으며 데이터 발생 순서를 이해하려는 노력도 없습니다. 즉 'today I am blue, because the sky is gray'와 'today I am happy, and there's a beautiful blue sky' 같은 문장에서 'blue'와 'sky' 단어가 가진 다른 의미를 고려하지 않는다는 뜻입니다.[1] 사람은 이 단어의 의미를 명확히 구분해서 사용하지만 지금까지 본 모델 구조에서는 단어의 의미를 구분하지 못합니다.

이 문제를 어떻게 해결할 수 있을까요? 먼저 순환의 특징을 살펴보며 기본적인 RNN의 작동 방식을 파악해보겠습니다.

유명한 피보나치^{Fibonacci} 수열을 생각해보죠. 이 수열에 익숙하지 않다면 [그림 7-2]를 참고하세요.

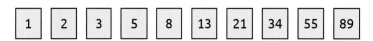

그림 7-2 피보나치 수열의 처음 몇 개의 숫자

이 수열에 나열된 모든 숫자는 앞에 있는 두 숫자의 합입니다. 따라서 처음에 1과 2로 시작하면 다음 숫자는 1 + 2 즉 3이 됩니다. 그다음은 2 + 3이므로 5가 되고 그다음은 3 + 5이므로 8이 되는 식입니다.

이를 계산 그래프로 표현하면 [그림 7-3]과 같습니다.

---

1 옮긴이_ blue에는 푸르다는 뜻도 있지만 우울하다는 뜻도 있습니다.

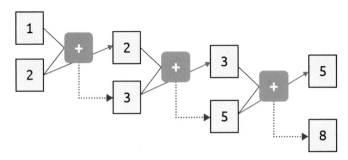

그림 7-3 피보나치 수열의 계산 그래프

숫자 1과 2를 함수에 전달해 출력으로 3을 얻는 과정을 볼 수 있습니다. 두 번째 매개변수(숫자 2)를 다음 단계로 전달하고, 이전 단계의 출력(숫자 3)과 함께 함수에 전달합니다. 결과는 5가 됩니다. 이 결과를 다시 이전 단계의 두 번째 매개변수(숫자 3)와 함께 함수에 전달해 출력 8을 얻습니다. 모든 연산이 이전 결과에 의존하는 과정이 무한히 반복됩니다. 왼쪽 상단에 있는 숫자 1은 이 과정에서 살아남습니다. 1은 3의 원소입니다. 3은 두 번째 연산에 사용되므로 5의 원소입니다. 다시 5는 세 번째 연산에 사용되는 8의 원소입니다. 따라서 전체 값에 대한 영향은 감소하지만 1에 대한 일부 정보는 시퀀스 전체에 걸쳐 보존됩니다.

이는 순환 뉴런의 구조와 비슷합니다. [그림 7-4]는 전형적인 순환 뉴런의 모습입니다.[2]

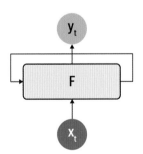

그림 7-4 순환 뉴런

특정 타임 스텝^{time step}에 함수 F에 주입되는 값 x를 일반적으로 x_t라고 씁니다. 이 타임 스텝에 출력되는 y를 y_t라고 씁니다. 또한 이 함수는 다음 스텝으로 전달되는 값을 만듭니다. 그림에서 F 자기 자신으로 향하는 화살표가 여기에 해당됩니다.

------

2   옮긴이_ RNN에서는 순환 뉴런 혹은 순환 뉴런으로 구성된 층을 셀(cell)이라고 부릅니다.

[그림 7-5]처럼 순환 뉴런을 타임 스텝에 걸쳐 나란히 나열하면 작동 방식이 조금 더 명확해집니다.[3]

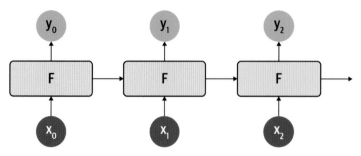

그림 7-5 타임 스텝에 걸쳐 펼친 순환 뉴런

여기에서 x_0를 연산에 사용해 y_0와 다음 타임 스텝으로 전달되는 값을 얻습니다. 다음 스텝에서 이 값과 x_1을 받아 y_1과 다음 타임 스텝으로 전달되는 값을 만듭니다. 그다음 스텝은 이 값과 x_2를 받아 y_2와 다음 타임 스텝으로 전달되는 값을 만드는 방식으로 계속 진행됩니다. 피보나치 수열과 진행 과정이 매우 유사하므로 RNN의 작동 방식을 기억할 때 피보나치 수열을 연상하면 쉽게 떠올릴 수 있을 겁니다.

7.2 순환을 언어로 확장하기

이전 절에서 여러 타임 스텝에 걸쳐 순환 신경망이 시퀀스의 문맥을 유지하는 데 어떻게 도움이 될 수 있는지 보았습니다. 이 책 뒷부분에서 시퀀스 모델링에 RNN을 사용해봅니다. [그림 7-4]와 [그림 7-5]의 간단한 RNN을 사용할 경우 언어에서 놓칠 수 있는 미묘한 특징(뉘앙스)이 있습니다. 앞서 언급한 피보나치 수열 예제처럼 다음 스텝으로 전달되는 문맥 정보의 양은 스텝이 거듭될수록 감소합니다. 스텝 1에서 뉴런의 출력은 스텝 2에 큰 영향을 끼치지만 스텝 3에서는 영향이 작아지고 스텝 4에서는 더 작아집니다. 따라서 'Today has a beautiful blue 〈something〉'과 같은 문장에서 단어 'blue'는 다음 단어에 큰 영향을 미치므로 '〈something〉'에 들어갈 다음 단어가 'sky'라고 추측할 수 있습니다. 하지만 문맥이 훨씬

---

3 옮긴이_ RNN에서 타임 스텝으로 펼친 셀(또는 뉴런)은 모두 동일한 셀(또는 뉴런)입니다.

멀리 떨어져 있는 문장에서는 어떨까요? 예를 들어 'I lived in Ireland, so in high school I had to learn how to speak and write 〈something〉' 같은 문장을 생각해보죠.

여기서 '〈something〉'은 'Gaelic(게일어)'이며 이와 관련된 문맥을 제공하는 단어는 문장 훨씬 앞에 나오는 'Ireland'입니다. 따라서 '〈something〉'이 무엇인지 인식하려면 더 멀리 떨어진 문맥을 보존하는 방법이 필요합니다. 다시 말해 RNN의 단기 기억short-term memory이 더 길어져야 합니다. 이를 위해 LSTMlong short-term memory이라는 구조가 발명되었습니다.

이 책에서 LSTM 작동 방식은 자세히 다루지 않지만 [그림 7-6]에 LSTM의 핵심이 나타나 있습니다. 내부 작동 방식에 대해 자세히 알고 싶다면 크리스토퍼 올라Christopher Olah의 훌륭한 블로그 글(https://oreil.ly/6KcFA)을 참고하세요.[4]

LSTM 구조는 **셀 상태**cell state를 추가해 기본 RNN을 향상시킵니다. 셀 상태는 스텝 사이뿐만 아니라 시퀀스 전체에 걸쳐 문맥을 유지하도록 돕습니다. 이 구조도 뉴런을 사용하기 때문에 이전과 동일하게 학습하면 중요한 문맥이 학습되는 것을 확인할 수 있습니다.

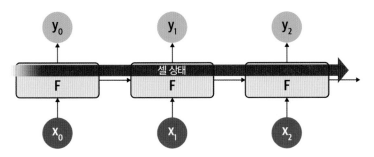

그림 7-6 LSTM의 고수준 구조

LSTM에서는 양방향이 가능하다는 점이 중요합니다. 즉 타임 스텝이 앞뒤로 반복되면서 문맥을 양방향으로 학습할 수 있습니다. 양방향 LSTMbidirectional LSTM의 구조를 고수준 그림으로 나타내면 [그림 7-7]과 같습니다.

....
4   옮긴이_ 순환 신경망과 LSTM에 대한 자세한 이론은 『핸즈온 머신러닝(2판)』(한빛미디어, 2020)을 참고하세요.

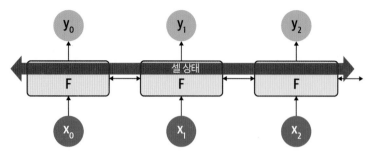

그림 7-7 양방향 LSTM의 고수준 구조

이런 식으로 0에서부터 마지막 스텝까지 실행되고 마지막 스텝에서 0까지 실행됩니다. 각 스텝에서 결과 y는 정방향 계산$^{forward\ pass}$과 역방향 계산$^{backward\ pass}$의 합입니다. [그림 7-8]에서 이를 확인할 수 있습니다.

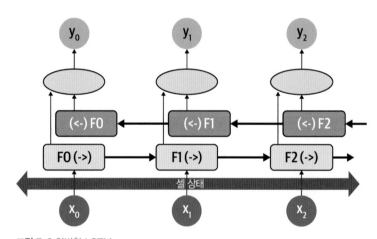

그림 7-8 양방향 LSTM

각 타임 스텝의 뉴런을 F0, F1, F2라고 가정해보죠. 타임 스텝의 방향에 따라 F1의 정방향 계산은 F1(->)이고 역방향 계산 (<-)F1입니다. 이 값을 모아서 해당 타임 스텝의 y 값을 만듭니다. 또한 셀 상태도 양방향입니다. 이는 문장에 있는 문맥을 다룰 때 매우 유용할 수 있습니다. 'I lived in Ireland, so in high school I had to learn how to speak and write 〈something〉' 문장을 다시 생각해보면, 문맥 단어 'Ireland' 의해 '〈something〉'이 'Gaelic' 임을 유추할 수 있습니다. 하지만 다음 문장처럼 문맥 단어가 반대 방향이면 어떻게 될까요? 'I lived in 〈this country〉, so in high school I had to learn how to speak and write

Gaelic.' '〈this country〉'가 무엇인지 유추하려면 역방향으로 문장을 학습해야 합니다. 따라서 양방향 LSTM을 이용하면 문장의 감성을 매우 잘 이해할 수 있습니다(8장에서 살펴보겠지만 텍스트를 생성하는 데에도 매우 뛰어납니다).

물론 LSTM, 특히 양방향 LSTM은 많은 연산을 수행하므로 훈련 속도가 느립니다. 더 빠른 훈련 속도를 위해 GPU에 투자할 가치가 있습니다. 또는 적어도 구글 콜랩에서 제공하는 GPU를 사용하는 것이 좋습니다.

7.3 RNN으로 텍스트 분류기 만들기

6장에서 임베딩을 사용해 Sarcasm 데이터셋을 위한 분류기를 만들었습니다. 이때는 단어를 먼저 벡터로 변환한 후 이를 모아 밀집 층에 주입했습니다. LSTM 같은 RNN 층을 사용할 때는 단어를 모을 필요 없이 임베딩 층의 출력을 바로 순환 층에 주입할 수 있습니다.[5] 순환 층이 기대하는 차원이 임베딩 층의 출력 차원과 동일한 경우를 종종 볼 수 있습니다. 이것이 필수는 아니지만 시작점으로는 괜찮습니다. 6장에서 임베딩 차원을 어휘 사전의 네제곱근으로 맞춘다고 언급했지만 RNN을 사용할 때는 순환 층의 크기를 작게 만들기 때문에 이 규칙이 잘 지켜지지 않습니다.

예를 들어 6장에서 만든 Sarcasm 데이터셋을 위한 분류기를 다음처럼 양방향 LSTM을 사용하도록 업데이트할 수 있습니다.

```
model = tf.keras.Sequential([
    tf.keras.layers.Embedding(vocab_size, embedding_dim),
    tf.keras.layers.Bidirectional(tf.keras.layers.LSTM(embedding_dim)),
    tf.keras.layers.Dense(24, activation='relu'),
    tf.keras.layers.Dense(1, activation='sigmoid')
])
```

손실 함수와 모델은 다음과 같이 설정합니다(학습률은 0.00001 또는 1e-5로 설정했습니다).

---

5   옮긴이_ 즉 GlobalAveragePooling1D 층을 사용할 필요가 없다는 뜻입니다.

```
adam = tf.keras.optimizers.Adam(learning_rate=0.00001,
                                beta_1=0.9, beta_2=0.999, amsgrad=False)

model.compile(loss='binary_crossentropy',
              optimizer=adam, metrics=['accuracy'])
```

모델 구조의 출력 결과는 다음과 같습니다. 어휘 사전 크기가 20,000이고 임베딩 차원은 64입니다. 따라서 임베딩 층의 파라미터 개수는 1,280,000이고 양방향 층은 뉴런 128개(정방향 64개, 역방향 64개)를 갖습니다.

```
Layer (type)                 Output Shape              Param #
=================================================================
embedding_11 (Embedding)     (None, None, 64)          1280000

bidirectional_7 (Bidirection (None, 128)               66048
dense_18 (Dense)             (None, 24)                3096
dense_19 (Dense)             (None, 1)                 25
=================================================================
Total params: 1,349,169
Trainable params: 1,349,169
Non-trainable params: 0
_____
```

[그림 7-9]는 30번의 에폭 동안 훈련한 결과입니다.

보다시피 훈련 데이터에 대한 이 신경망의 정확도는 90%까지 빠르게 올라갑니다. 하지만 검증 데이터에 대한 정확도는 80% 근처에서 평평해집니다. 이전에 보았던 그림과 비슷하지만 [그림 7-10]에 있는 손실 그래프를 살펴보면 15번째 에폭을 기점으로 검증 세트와 훈련 세트 손실의 간격이 급격히 벌어지는 것을 볼 수 있습니다. 또한 2,000개가 아니라 20,000개 단어를 사용했음에도 불구하고 6장에서 본 손실 그래프보다 훨씬 낮은 값에서 평평해집니다.

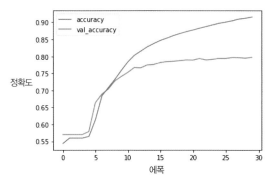

그림 7-9 30번의 에폭 동안 훈련한 LSTM 정확도

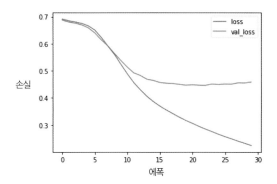

그림 7-10 30번의 에폭 동안 훈련한 LSTM 손실

하지만 여기서는 하나의 LSTM 층만 사용했습니다. 다음 절에서 스태킹(적층) LSTM^{stacking}

LSTM을 사용하는 방법과 분류기의 정확도에 미치는 영향을 살펴보겠습니다.

7.3.1 스태킹 LSTM

이전 절에서 임베딩 층 다음에 LSTM 층을 사용해 Sarcasm 데이터셋의 데이터를 분류하는 방법을 알아보았습니다. LSTM은 여러 층을 쌓을 수 있으며 최신 자연어 처리 모델에서 이 방식을 많이 사용합니다.

텐서플로에서 LSTM 층을 쌓는 방법은 매우 간단합니다. Dense 층을 사용하는 것처럼 하나의 층을 더 추가하면 됩니다. 하지만 다음처럼 마지막 층을 제외한 모든 층은 return_sequences

매개변수를 True로 지정해야 합니다.

```
model = tf.keras.Sequential([
    tf.keras.layers.Embedding(vocab_size, embedding_dim),
    tf.keras.layers.Bidirectional(tf.keras.layers.LSTM(embedding_dim,
                                               return_sequences=True)),
    tf.keras.layers.Bidirectional(tf.keras.layers.LSTM(embedding_dim)),
    tf.keras.layers.Dense(24, activation='relu'),
    tf.keras.layers.Dense(1, activation='sigmoid')
])
```

마지막 LSTM 층도 return_sequences=True로 지정할 수 있지만 이렇게 하면 분류를 위한 밀집 층에 하나의 값이 아니라 시퀀스를 전달하게 됩니다. 나중에 언급하겠지만 모델 출력을 분석할 때 편리할 수 있습니다. 모델 구조는 다음과 같습니다.

```
Layer (type)                Output Shape              Param #
=================================================================
embedding_12 (Embedding)    (None, None, 64)          1280000
bidirectional_8 (Bidirection (None, None, 128)        66048
bidirectional_9 (Bidirection (None, 128)              98816
dense_20 (Dense)            (None, 24)                3096
dense_21 (Dense)            (None, 1)                 25
=================================================================
Total params: 1,447,985
Trainable params: 1,447,985
Non-trainable params: 0
_____
```

층을 추가했기 때문에 학습해야 할 파라미터가 대략 100,000개 추가되어 8% 정도 늘어났습니다. 신경망의 속도는 느려지겠지만 비용이 상대적으로 낮아진다는 합리적인 이점도 있습니다.

30번의 에폭 동안 훈련한 결과는 [그림 7-11]과 같습니다. 검증 세트에 대한 정확도는 평탄하지만 손실 곡선(그림 7-12)은 다른 형태를 띱니다.

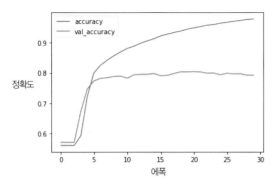

그림 7-11 스태킹 LSTM 구조의 정확도

훈련 세트와 검증 세트의 정확도는 좋아 보이지만 [그림 7-12]에서 볼 수 있듯이 검증 손실이 빠르게 높아지는 것을 확인할 수 있습니다. 이 현상은 과대적합을 나타내는 명백한 신호입니다.

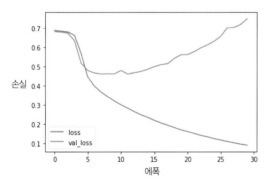

그림 7-12 스태킹 LSTM 구조의 손실

훈련 정확도가 100%를 향해 상승하고 손실은 점진적으로 하락하는 양상을 보입니다. 반면 검증 정확도는 비교적 일정하고 손실은 급격히 올라갑니다. 이런 과대적합은 모델이 훈련 세트에 과도하게 맞춰진 결과입니다. 6장의 예제에서처럼 손실을 조사하지 않고 정확도만 본다면 잘못된 판단을 내리기 쉽습니다.

스태킹 LSTM 최적화하기

6장에서 학습률을 낮추면 과대적합이 효과적으로 줄어든다는 것을 배웠습니다. 순환 신경망에 도 긍정적인 효과가 있는지 확인해보죠.

예를 들어 다음은 학습률을 0.00001에서 0.000008로 20% 낮춘 코드입니다.

```
adam = tf.keras.optimizers.Adam(learning_rate=0.000008,
                                beta_1=0.9, beta_2=0.999, amsgrad=False)

model.compile(loss='binary_crossentropy',
              optimizer=adam,metrics=['accuracy'])
```

[그림 7-13]은 이런 변화의 효과를 보여줍니다. 크게 차이가 없는 것 같지만 곡선이 (특히 검증 세트의 곡선이) 조금 부드러워졌습니다.

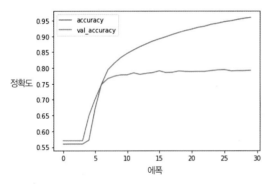

그림 7-13 학습률을 낮춘 스태킹 LSTM의 정확도

[그림 7-14]의 초기 모습은 학습률 감소로 인한 손실에 영향이 작은 것 같지만 조금 더 자세히 볼 필요가 있습니다. 곡선의 모양이 거의 비슷하지만 손실의 증가율이 확실히 낮습니다. 30번의 에폭 후에 손실이 약 0.6인 반면 이보다 더 높은 학습률에서는 0.8에 가까웠습니다. 학습률 하이퍼파라미터는 확실히 조정해볼 만한 가치가 있습니다.

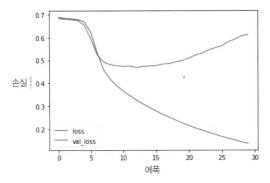

그림 7-14 학습률을 낮춘 스태킹 LSTM의 손실

드롭아웃 사용하기

학습률 매개변수를 바꾸는 것 외에도 LSTM 층에 드롭아웃을 적용하는 방법도 고려해볼 가치가 있습니다. 순환 층에서 드롭아웃은 밀집 층과 동일하게 작동합니다. 3장에서 설명한 것처럼 인접한 뉴런이 비슷해져 학습에 영향을 미치는 것을 방지하기 위해 뉴런을 랜덤하게 제외시킵니다.

드롭아웃은 LSTM 층에 매개변수로 적용할 수 있습니다. 예를 들면 다음과 같습니다.

```
model = tf.keras.Sequential([
    tf.keras.layers.Embedding(vocab_size, embedding_dim),
    tf.keras.layers.Bidirectional(tf.keras.layers.LSTM(
        embedding_dim, return_sequences=True, dropout=0.2)),
    tf.keras.layers.Bidirectional(tf.keras.layers.LSTM(embedding_dim,
                                                        dropout=0.2)),
    tf.keras.layers.Dense(24, activation='relu'),
    tf.keras.layers.Dense(1, activation='sigmoid')
])
```

드롭아웃을 적용하면 훈련 속도가 크게 느려집니다. 필자의 경우에는 콜랩에서 에폭당 ~10초였던 것이 ~180초로 늘어났습니다.

정확도 결과는 [그림 7-15]와 같습니다.

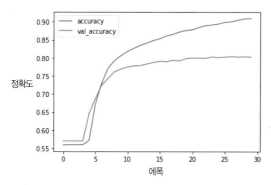

그림 7-15 드롭아웃을 적용한 스태킹 LSTM의 정확도

여기서 볼 수 있듯이 드롭아웃은 신경망의 정확도에 큰 영향을 끼치지 않기 때문에 좋습니다. 뉴런을 드롭아웃하면 모델 성능이 나빠진다는 우려가 있지만 그림에서 확인할 수 있듯이 그렇지 않습니다.

[그림 7-16]에서처럼 손실 측면에서는 긍정적인 효과가 나타납니다.

이 곡선은 확실히 벌어지고 있지만 이전보다는 가깝습니다. 검증 세트 손실이 0.5 근방에서 평탄해집니다. 이전에 보았던 0.8보다 확실히 더 좋습니다. 이 예에서 보듯이 드롭아웃은 LSTM 기반의 RNN의 성능을 향상할 수 있는 유용한 기법입니다.

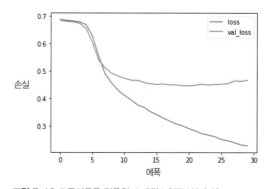

그림 7-16 드롭아웃을 적용한 스태킹 LSTM의 손실

6장에서 다루었던 데이터 전처리 방법은 물론 과대적합을 피하는 기술은 살펴볼 가치가 있습니다. 하지만 아직 시도하지 않은 것이 하나 있습니다. 직접 임베딩을 훈련하는 대신, 사전에 학습된 임베딩을 사용하는 전이 학습입니다. 다음 절에서 자세히 알아보겠습니다.

7.4 RNN에 사전 훈련된 임베딩 사용하기

앞선 예제에서는 훈련 세트에 있는 전체 단어로 어휘 사전을 만든 다음 이에 대한 임베딩을 훈련했습니다. 처음에는 밀집 층에 전달하기 전에 하나의 벡터로 단어를 모았습니다. 이 장에서는 RNN을 사용해 성능을 향상하는 방법을 살펴보았습니다. 하지만 데이터셋에 있는 단어로만 제한되며 데이터셋에 있는 레이블을 사용해 임베딩을 훈련해야 합니다.

전이 학습을 소개했던 4장을 다시 떠올려보죠. 임베딩을 직접 훈련하지 않고 사전 훈련된 임베딩을 사용하면 어떨까요? 이 임베딩은 연구원들이 어려운 작업을 통해 단어를 벡터로 바꾸고 결과 벡터를 검증한 결과입니다. 사전 훈련된 임베딩의 한 가지 예는 스탠퍼드 대학의 제프리 페닝턴[Jeffrey Pennington], 리처드 소셔[Richard Socher], 크리스토퍼 매닝[Christopher Manning]이 개발한 GloVe[Global Vectors for Word Representation][6]입니다.

연구원들은 다양한 데이터셋에서 훈련한 단어 벡터를 공개했습니다.

- 위키피디아와 기가 워드[Gigaword]에서 가져온 60억 개 토큰과 40만 개 어휘 사전으로 훈련한 50, 100, 200, 300차원 벡터
- 커먼 크롤[common crawl]에서 가져온 420억 개 토큰과 190만 개 어휘 사전으로 훈련한 300차원 벡터
- 커먼 크롤에서 가져온 8,400억 개 토큰과 220만 개 어휘 사전으로 훈련한 300차원 벡터
- 20억 개 트윗을 크롤링해 가져온 270억 개 토큰과 120만 개 어휘 사전으로 훈련한 25, 50, 100, 200차원 벡터

처음부터 학습하는 것이 아니라 벡터가 사전에 훈련되어 있기 때문에 텐서플로 코드에서 벡터를 재사용하는 것은 간단합니다. 먼저 GloVe 데이터를 다운로드해야 합니다. 270억 개 토큰과 120만 개 어휘 사전으로 훈련한 트위터 데이터를 사용하겠습니다. 다운로드 파일에는 25, 50, 100, 200차원 벡터가 들어 있습니다.

편의상 25차원 벡터를 따로 만들었습니다. 콜랩 노트북에서 다음 코드를 이용해 다운로드하세요.

```
!wget https://bit.ly/3i9taLA -O glove.zip
```

ZIP 파일이므로 압축을 풀면 `glove.twitter.27b.25d.txt` 파일을 얻을 수 있습니다.

---

6 https://oreil.ly/4ENdQ

```
# GloVe 임베딩 압축 풀기
import os
import zipfile

local_zip = 'glove.zip'
zip_ref = zipfile.ZipFile(local_zip, 'r')
zip_ref.extractall('glove')
zip_ref.close()
```

파일에 있는 각 항목은 단어와 학습된 벡터입니다. 이를 사용하는 가장 쉬운 방법은 단어가 키이고 값이 임베딩 벡터인 딕셔너리를 만드는 것입니다. 다음처럼 파일 내용을 읽어 딕셔너리를 만듭니다.

```
glove_embeddings = dict()
f = open('glove/glove.twitter.27B.25d.txt')
for line in f:
    values = line.split()
    word = values[0]
    coefs = np.asarray(values[1:], dtype='float32')
    glove_embeddings[word] = coefs
f.close()
```

그다음 임의의 단어를 키로 사용해 해당 임베딩 벡터를 확인할 수 있습니다. 예를 들어 'frog'의 임베딩을 확인하고 싶다면 코드는 다음과 같습니다.

```
glove_embeddings['frog']
```

이 딕셔너리는 일단 두고, 이전처럼 Tokenizer 클래스를 이용해 말뭉치에서 단어 인덱스를 만들 수 있습니다. 하지만 이제는 임베딩 행렬이라는 새로운 행렬을 만들 수 있습니다. 이 행렬의 값으로 glove_embeddings에 있는 GloVe 임베딩을 사용합니다. 데이터셋에서 만든 단어 인덱스가 다음과 같다고 가정해보죠.

```
{'<OOV>': 1, 'new': 2, ... 'not': 5, 'just': 6, 'will': 7
```

임베딩 행렬의 첫 번째 행은 '<OOV>'에 대한 GloVe 벡터가 됩니다. 다음 행은 'new'에 대한 임베딩 벡터가 되는 식입니다.

다음 코드로 이런 임베딩 행렬을 만들 수 있습니다.

```python
embedding_matrix = np.zeros((vocab_size, embedding_dim))
for word, index in tokenizer.word_index.items():
    if index > vocab_size - 1:
        break
    else:
        embedding_vector = glove_embeddings.get(word)
        if embedding_vector is not None:
            embedding_matrix[index] = embedding_vector
```

위 코드는 어휘 사전 크기와 임베딩 차원에 맞는 행렬을 만듭니다. 그다음 **tokenzier**의 단어 인덱스에 있는 모든 항목에 대해 **glove_embeddings**에서 GloVe 벡터를 찾아 행렬에 추가합니다.

임베딩 층의 **weights** 매개변수로 사전 훈련된 임베딩 벡터를 사용하도록 설정합니다. 이 층이 훈련되지 않도록 하기 위해 **trainable=False**로 지정합니다.

```python
model = tf.keras.Sequential([
    tf.keras.layers.Embedding(vocab_size, embedding_dim,
                        weights=[embedding_matrix], trainable=False),
    tf.keras.layers.Bidirectional(tf.keras.layers.LSTM(embedding_dim,
                                            return_sequences=True)),
    tf.keras.layers.Bidirectional(tf.keras.layers.LSTM(embedding_dim)),
    tf.keras.layers.Dense(24, activation='relu'),
    tf.keras.layers.Dense(1, activation='sigmoid')
])
```

이제 이전처럼 훈련할 수 있습니다. 하지만 어휘 사전을 고려해야 합니다. 과대적합을 피하기 위해 이전 장에서 수행했던 최적화 방법 중 하나는 자주 등장하지 않는 단어로 임베딩에 과부하를 주지 않도록 하는 것이었습니다. 즉 자주 등장하는 단어로 구성된 작은 어휘 사전으로 과대적합을 피했습니다. 이번 예제는 단어 임베딩이 이미 GloVe로 학습된 것이므로 어휘 사전을 확장할 수 있습니다. 하지만 얼마나 많이 확장할 수 있을까요?

우선 말뭉치에 있는 단어 중 얼마나 많은 단어가 GloVe 벡터에 있는지 살펴봐야 합니다.

GloVe에는 120만 개 단어가 있지만 현재 말뭉치에 있는 모든 단어가 들어 있다는 보장은 없습니다.

따라서 약간의 코드를 작성해 간단히 비교해보겠습니다. 이 과정을 통해 어휘 사전이 얼마나 큰지 확인할 수 있습니다.

먼저 데이터를 정렬합니다. X와 Y의 리스트를 만듭니다. X는 단어 인덱스이고 임베딩에 포함된 단어일 경우 Y는 1, 그렇지 않으면 0입니다. 모든 타임 스텝에서 임베딩의 포함된 단어의 비율인 cumulative_y를 누적합니다. 예를 들어 인덱스 0의 단어 'OOV'는 GloVe에 포함되어 있지 않습니다. 따라서 cumulative_y는 0입니다. 다음 인덱스의 단어 'new'는 GloVe에 포함되어 있습니다. 따라서 cumulative_y는 0.5가 됩니다(즉 지금까지 나온 단어의 절반이 GloVe에 있습니다). 이런 식으로 전체 데이터셋에 대해 카운트합니다.

```
xs=[]
ys=[]
cumulative_y=[]
total_y=0
for word, index in tokenizer.word_index.items():
    xs.append(index)
    if glove_embeddings.get(word) is not None:
        total_y = total_y + 1
        ys.append(1)
    else:
        ys.append(0)
    cumulative_y.append(total_y / index)
```

다음 코드로 xs와 ys를 그래프로 그려보겠습니다.

```
import matplotlib.pyplot as plt
fig, ax = plt.subplots(figsize=(12,2))
ax.spines['top'].set_visible(False)

plt.margins(x=0, y=None, tight=True)
#plt.axis([13000, 14000, 0, 1])
plt.fill(ys)
```

이 코드는 [그림 7-17]과 같은 단어 빈도 그래프를 그립니다.

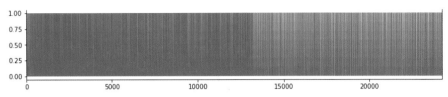

그림 7-17 단어 빈도 그래프

그래프에서 볼 수 있듯이 10,000~15,000 사이에서 밀도가 변합니다. 13,000번 토큰 근처에서 GloVe 임베딩에 없는 단어의 빈도가 그렇지 않은 단어보다 많아지는 것을 볼 수 있습니다.

xs와 cumulative_y를 그래프로 그리면 이해하기 더 쉽습니다. 코드는 다음과 같습니다.

```
import matplotlib.pyplot as plt
plt.plot(xs, cumulative_y)
plt.axis([0, 25000, .915, .985])
```

결과는 [그림 7-18]과 같습니다.

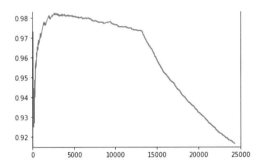

그림 7-18 GloVe에 대한 단어 인덱스의 빈도 그래프

plt.axis 매개변수를 조정하여 그래프를 확대해 GloVe에 없는 단어가 그렇지 않은 단어보다 많아지는 변곡점 찾을 수 있습니다. 이 지점이 어휘 사전의 크기를 결정하는 데 좋은 출발점입니다.

이 방법을 통해 어휘 사전의 크기를 13,200으로 결정했습니다(이전에는 과대적합을 피하기 위해 어휘 사전 크기를 2,000으로 지정했습니다). embedding_dim은 GloVe 데이터가 25차원이기 때문에 25로 지정합니다.

```
model = tf.keras.Sequential([
    tf.keras.layers.Embedding(vocab_size, embedding_dim,
                              weights=[embedding_matrix], trainable=False),
    tf.keras.layers.Bidirectional(tf.keras.layers.LSTM(embedding_dim,
                                  return_sequences=True)),
    tf.keras.layers.Bidirectional(tf.keras.layers.LSTM(embedding_dim)),
    tf.keras.layers.Dense(24, activation='relu'),
    tf.keras.layers.Dense(1, activation='sigmoid')
])

adam = tf.keras.optimizers.Adam(learning_rate=0.00001, beta_1=0.9, beta_2=0.999,
                                amsgrad=False)
model.compile(loss='binary_crossentropy',optimizer=adam, metrics=['accuracy'])
```

30번의 에폭 동안 훈련해 훌륭한 결과를 얻었습니다. [그림 7-19]에 정확도가 나타나 있습니다. 검증 정확도가 훈련 정확도에 아주 가까우므로 더 이상 과대적합이 아닙니다.

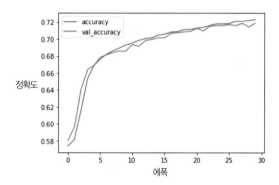

그림 7-19 GloVe 임베딩을 사용한 스태킹 LSTM의 정확도

이는 [그림 7-20]에 있는 손실 곡선에서도 잘 나타납니다. 정확도가 73% 정도지만 검증 손실이 더 이상 발산하지 않기 때문에 모델이 이 정도에서 정확하다고 확신할 수 있습니다.

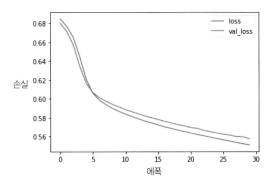

그림 7-20 GloVe 임베딩을 사용한 스태킹 LSTM의 손실

모델을 더 오래 훈련해도 결과는 비슷합니다. 80번째 에폭 근처에서 과대적합이 시작되지만 모델은 매우 안정적입니다.

정확도 그래프(그림 7-21)는 잘 훈련된 모델을 보여주고 있습니다.

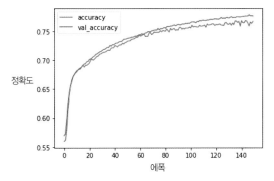

그림 7-21 GloVe 임베딩을 사용해 150번의 에폭 동안 훈련한 스태킹 LSTM의 정확도

손실 곡선(그림 7-22)은 80번째 에폭 근처에서 발산되지만 모델은 여전히 잘 훈련되고 있습니다.

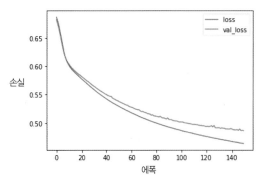

그림 7-22 GloVe 임베딩을 사용해 150번의 에폭 동안 훈련한 스태킹 LSTM의 손실

이런 모델은 조기 종료를 사용하면 좋습니다. 75~80번의 에폭 동안만 훈련해 최적의 결과를 얻을 수 있습니다.

Sarcasm 데이터셋에서 빈정대는 헤드라인을 수집한 곳인 디 어니언의 헤드라인과 다른 문장을 섞어서 모델을 테스트해보죠.

```
test_sentences = ["It Was, For, Uh, Medical Reasons, Says Doctor To Boris Johnson,
Explaining Why They Had To Give Him Haircut", "It's a beautiful sunny day", "I
lived in Ireland, so in high school they made me learn to speak and write in
Gaelic", "Census Foot Soldiers Swarm Neighborhoods, Kick Down Doors To Tally
Household Sizes"]
```

이 문장의 예측 결과는 다음과 같습니다. 값이 50%(0.5)에 가까우면 중립 문장이며, 0에 가까우면 정상적인 문장, 1에 가까우면 빈정대는 문장입니다.

```
[[0.8170955 ]
 [0.08711044]
 [0.61809343]
 [0.8015281 ]]
```

디 어니언에서 가져온 첫 번째와 네 번째 문장은 빈정거리는 문장일 가능성이 80% 이상입니다. 날씨에 관한 두 번째 문장은 빈정대는 문장이 아닐 가능성이 매우 높습니다(9%). 아일랜드에 있는 고등학교에 관한 문장은 빈정대는 문장일 가능성이 있지만 확신이 크지는 않습니다(62%).

7.5 마치며

이 장에서는 구조적으로 시퀀스를 위한 로직을 사용하는 순환 신경망을 소개했습니다. 순환 신경망은 문장에 있는 단어뿐만 아니라 단어의 등장 순서를 기반으로 학습해 문장의 감성을 이해하는 데 유용합니다. 기본 RNN의 작동 방법은 물론 LSTM을 사용해 장기간 문맥을 유지하는 방법을 알아보고 감성 분석 모델을 개선했습니다. 그다음 RNN의 과대적합 문제를 살펴보고 사전 훈련된 임베딩과 전이 학습을 포함해 이를 개선하는 기술을 배웠습니다. 8장에서는 여기서 배운 것을 활용해 단어를 예측하는 방법을 알아보고 텍스트와 시를 쓰는 모델을 만들어보겠습니다.

## CHAPTER 8

텐서플로로 텍스트 생성하기

You know nothing, Jon Snow

the place where he's stationed

be it Cork or in the blue bird's son

sailed out to summer

old sweet long and gladness rings

so i'll wait for the wild colleen dying

이 텍스트는 작은 말뭉치에서 훈련한 매우 간단한 모델로 생성한 시입니다. 첫 번째 줄을 제외한 나머지 부분은 이번 장에서 배우게 될 모델로 생성했습니다. 줄 바꿈과 구두점은 필자가 추가했습니다. 야생의 아가씨^{wild colleen}가 죽어간다는 마지막 말이 멋집니다. 존 스노^{Jon Snow}가 나오는 드라마 〈왕좌의 게임〉을 보았다면 이유를 이해할 수 있을 것입니다!

이전 몇 개의 장에서 텐서플로를 사용해 텍스트 기반 데이터를 다루는 방법을 배웠습니다. 먼저 텍스트를 신경망이 처리할 수 있도록 토큰화해 숫자의 시퀀스로 바꾸었습니다. 그다음 임베딩을 사용해 감성을 예측하고 마지막으로 심층 순환 신경망으로 텍스트를 분류했습니다. 작고 간단한 Sarcasm 데이터셋을 사용해 이런 기술의 작동 방식을 설명했습니다. 이 장에서는 방향을 바꿔 기존 텍스트를 분류하는 것이 아니라 텍스트를 생성하는 신경망을 만들어보겠습니다. 이 신경망은 주어진 말뭉치 안의 단어 패턴을 이해하고 시드^{seed} 텍스트가 주입되면 다음 단어를 예측할 수 있습니다. 그다음 시드 텍스트와 예측된 다음 단어가 새로운 시드가 되어 그다음 단어를 예측합니다. 따라서 어떤 말뭉치에서 훈련한 신경망은 말뭉치와 비슷한 스타일로 새로운 텍스트를 생성합니다. 위와 같은 시를 만들기 위해서 아일랜드 전통 노래의 가사를 수집해 신경망을 훈련하고 이를 사용해 단어를 예측했습니다.

예측 모델을 만드는 방법을 설명하기 위해 작은 양의 텍스트로 간단하게 시작해보겠습니다. 그 다음 더 많은 텍스트를 사용해 완전한 모델을 만들어보죠. 마지막에 어떤 시를 만들 수 있는지 확인해볼 수 있을 것입니다!

지금까지와는 조금 다른 방식으로 텍스트를 다루어야 합니다. 이전 장에서는 문장을 시퀀스로 바꾼 후 토큰의 임베딩을 기반으로 문장을 분류했습니다.

이런 생성 모델을 훈련하기 위해 필요한 데이터를 만들려면 시퀀스를 입력 시퀀스와 레이블로 변환해야 합니다. 입력 시퀀스는 단어의 그룹이고 레이블은 문장 안에 있는 다음 단어입니다. 그리고 입력 시퀀스를 레이블에 매핑하는 모델을 훈련합니다. 따라서 향후 예측은 입력 시퀀스와 비슷한 레이블을 선택할 수 있습니다.

8.1 시퀀스를 입력 시퀀스로 변환하기

텍스트를 예측하려면 입력 시퀀스(특성)와 연관된 레이블로 신경망을 훈련해야 합니다. 시퀀스를 레이블로 매핑하는 것이 텍스트 예측의 핵심입니다.

예를 들어 말뭉치에 'Today has a beautiful blue sky' 같은 문장이 있다면 'Today has a beautiful blue'는 특성으로, 'sky'는 레이블로 나눌 수 있습니다. 그런 다음 텍스트 'Today has a beautiful blue'에 대해 예측을 수행하면 'sky'가 될 가능성이 높습니다. 훈련 데이터에 있는 다른 문장인 'Yesterday had a beautiful blue sky'가 앞과 동일한 방식으로 분할되고, 그 이후에 'Tomorrow will have a beautiful blue'에 대한 예측을 수행하면 다음 단어가 'sky'가 될 확률이 높습니다.

많은 문장의 단어 시퀀스를 특성으로 사용하고 시퀀스의 다음 단어를 레이블로 사용해 훈련하면, 기존 텍스트로부터 가장 가능성 있는 다음 단어를 예측하는 모델을 빠르게 만들 수 있습니다.

먼저 작은 말뭉치로 시작해봅시다. 1860년대 아일랜드 전통 노래에서 가져온 텍스트입니다. 다음은 노래 가사의 일부분입니다.

> In the town of Athy one Jeremy Lanigan
>
> Battered away til he hadnt a pound.
>
> His father died and made him a man again
>
> Left him a farm and ten acres of ground.
>
> He gave a grand party for friends and relations
>
> Who didnt forget him when come to the wall,
>
> And if youll but listen Ill make your eyes glisten
>
> Of the rows and the ructions of Lanigan's Ball.
>
> Myself to be sure got free invitation,
>
> For all the nice girls and boys I might ask,
>
> And just in a minute both friends and relations
>
> Were dancing round merry as bees round a cask.
>
> Judy ODaly, that nice little milliner,
>
> She tipped me a wink for to give her a call,
>
> And I soon arrived with Peggy McGilligan
>
> Just in time for Lanigans Ball.

전체 텍스트를 하나의 문자열로 만들어 데이터로 준비합니다. 줄 바꿈을 위해 \n 문자를 사용합니다. 그러면 이 텍스트를 쉽게 로드하고 토큰으로 바꿀 수 있습니다.

```
tokenizer = Tokenizer()

data="In the town of Athy one Jeremy Lanigan \n Battered away ... ..."
corpus = data.lower().split("\n")

tokenizer.fit_on_texts(corpus)
total_words = len(tokenizer.word_index) + 1
```

위 코드는 [그림 8-1]처럼 단어를 토큰 값으로 바꿉니다.

In the town of Athy one Jeremy Lanigan

[4 2 66 8 67 68 69 70]

그림 8-1 문장 토큰화

예측 모델을 훈련하려면 한 단계 더 나아가 문장을 여러 개의 작은 문장으로 나누는 작업을 수행해야 합니다. 예를 들어 처음 두 개의 토큰으로 구성된 시퀀스와 처음 세 개의 토큰으로 구성된 시퀀스를 만드는 식입니다(그림 8-2).

하나의 시퀀스

[4 2 66 8 67 68 69 70]

여러 개의 입력 시퀀스

[4 2]

[4 2 66]

[4 2 66 8]

[4 2 66 8 67]

[4 2 66 8 67 68]

[4 2 66 8 67 68 69]

[4 2 66 8 67 68 69 70]

그림 8-2 하나의 시퀀스를 여러 개의 입력 시퀀스로 바꾸기

이렇게 하려면 문장의 각 줄을 texts_to_sequences 메서드를 이용해 토큰 리스트로 바꾸어야 합니다. 그리고 리스트의 각 토큰을 순회하면서 현재 토큰까지 리스트를 만듭니다.

코드는 다음과 같습니다.

```
input_sequences = []
for line in corpus:
    token_list = tokenizer.texts_to_sequences([line])[0]
    for i in range(1, len(token_list)):
        n_gram_sequence = token_list[:i+1]
        input_sequences.append(n_gram_sequence)

print(input_sequences[:5])
```

입력 시퀀스가 준비되면 패딩을 추가해 일정한 크기로 만듭니다. 여기서는 [그림 8-3]처럼 패딩을 앞에 추가합니다.

하나의 시퀀스

[4 2 66 8 67 68 69 70]

패딩된 여러 개의 입력 시퀀스

[0 0 0 0 0 0 0 0 0 0 4 2]

[0 0 0 0 0 0 0 0 0 4 2 66]

[0 0 0 0 0 0 0 0 4 2 66 8]

[0 0 0 0 0 0 0 4 2 66 8 67]

[0 0 0 0 0 0 4 2 66 8 67 68]

[0 0 0 0 0 4 2 66 8 67 68 69]

[0 0 0 0 4 2 66 8 67 68 69 70]

그림 8-3 입력 시퀀스에 패딩 추가하기

이렇게 패딩을 추가하려면 입력 시퀀스에서 가장 긴 문장을 찾아서 이 길이로 모든 시퀀스를 패딩해야 합니다. 이 작업을 수행하는 코드는 다음과 같습니다.

```
max_sequence_len = max([len(x) for x in input_sequences])

input_sequences = np.array(pad_sequences(input_sequences,
                           maxlen=max_sequence_len, padding='pre'))
```

마지막으로 패딩된 입력 시퀀스가 준비되면 이를 특성과 레이블로 나눕니다. 레이블은 단순히 입력 시퀀스의 마지막 토큰입니다(그림 8-4).

패딩된 입력 시퀀스

특성 ──────┐   ┌──── 레이블

[0 0 0 0 0 0 0 0 0 4 2]

[0 0 0 0 0 0 0 0 0 4 2 66]

[0 0 0 0 0 0 0 0 4 2 66 8]

[0 0 0 0 0 0 0 4 2 66 8 67]

[0 0 0 0 0 0 4 2 66 8 67 68]

[0 0 0 0 0 4 2 66 8 67 68 69]

[0 0 0 0 4 2 66 8 67 68 69 70]

그림 8-4 패딩된 입력 시퀀스를 특성(x)과 레이블(y)로 변환하기

신경망을 훈련할 때 각 특성을 해당 레이블에 매핑시켜야 합니다. 예를 들어 [0 0 0 0 4 2
66 8 67 68 69]에 대한 레이블은 [70]이 됩니다.

입력 시퀀스에서 레이블을 분리하는 코드는 다음과 같습니다.

```
xs, labels = input_sequences[:,:-1],input_sequences[:,-1]
```

다음으로 레이블을 인코딩해야 합니다. 지금은 레이블이 그냥 토큰입니다. 예를 들어 [그림
8-4]의 맨 위에 있는 2와 같습니다. 하지만 토큰을 레이블로 사용하려면 출력 뉴런에 매핑해
야 합니다. 따라서 n개의 단어를 분류하려면 각 단어가 클래스가 되고 n개의 뉴런이 필요합니
다. 여기서 어휘 사전의 크기를 결정하는 것이 중요합니다. 왜냐하면 단어가 많을수록 클래스
도 많아야 하기 때문입니다. 패션 MNIST 데이터셋에서 의류 아이템을 분류했던 2장과 3장을
떠올려보세요. 10개의 의류 아이템이 있었기 때문에 출력 층에 10개의 뉴런이 필요했습니다.
여기에서 어휘 사전에 있는 10,000개의 단어를 예측한다면 어떻게 될까요? 출력 층에 10,000
개의 뉴런을 두어야 합니다!

또한 신경망의 출력과 일치하도록 레이블을 원-핫 인코딩해야 합니다. [그림 8-4]를 참고하세
요. 신경망에 연속된 0 다음에 4로 이루어진 입력 X를 주입하면 2가 예측되어야 합니다. 하지
만 신경망이 이렇게 예측하려면 어휘 사전 개수의 뉴런을 가진 출력 층이 있어야 합니다. 여기
서 2를 예측하려면 두 번째 뉴런이 가장 높은 확률을 가져야 합니다.

레이블을 훈련에 사용할 수 있는 원-핫 인코딩으로 변환하려면 tf.keras 패키지에 있는 to_

categorical 함수를 사용합니다.

```
ys = tf.keras.utils.to_categorical(labels, num_classes=total_words)
```

변환된 결과는 [그림 8-5]와 같습니다.

문장:[0 0 0 0 4 2 66 8 67 68 69 70]

X:[0 0 0 0 0 4 2 66 8 67 68 69]

레이블:[70]

Y:[0. 0. 0. 0. 0. 0. 0. 0. 0. 0. 0. 0. 0. 0. 0. 0. 0.
 0. 0. 0. 0. 0. 0. 0. 0. 0. 0. 0. 0. 0. 0. 0. 0. 0.
 0. 0. 0. 0. 0. 0. 0. 0. 0. 0. 0. 0. 0. 0. 0. 0. 0.
 0. 0. 0. 0. 0. 0. 0. 0. 0. 0. 0. 0. 0. 0. 0. 1. 0.
 0. 0. 0. 0. 0. 0. 0. 0. 0. 0. 0. 0. 0. 0. 0. 0. 0.
 0. 0. 0. 0. 0. 0. 0. 0. 0. 0. 0. 0. 0. 0. 0. 0. 0.
 0. 0. 0. 0. 0. 0. 0. 0. 0. 0. 0. 0. 0. 0. 0. 0. 0.
 0. 0. 0. 0. 0. 0. 0. 0. 0. 0. 0. 0. 0. 0. 0. 0. 0.
 0. 0. 0. 0. 0. 0. 0. 0. 0. 0. 0. 0. 0. 0. 0. 0. 0.
 0. 0. 0. 0. 0. 0. 0. 0. 0. 0. 0. 0. 0. 0. 0. 0. 0.
 0. 0. 0. 0. 0. 0. 0. 0. 0. 0. 0. 0. 0. 0. 0. 0. 0.
 0. 0. 0. 0. 0. 0. 0. 0. 0. 0. 0. 0. 0. 0. 0. 0. 0.
 0. 0. 0. 0. 0. 0. 0. 0. 0. 0. 0. 0. 0. 0. 0. 0. 0.
 0. 0. 0. 0. 0. 0. 0. 0. 0. 0. 0.]

그림 8-5 원-핫 인코딩된 레이블

이는 매우 희소한(즉 0이 많은) 표현입니다. 훈련 데이터와 단어가 많다면 메모리가 금방 부족해질 겁니다. 훈련 데이터에 문장이 100,000개 있고 10,000개의 단어가 있다면 레이블을 담기 위해 1,000,000,000바이트가 필요합니다. 하지만 단어를 분류하고 예측하려면 이렇게 신경망을 설계해야 합니다.[1]

---

1 옮긴이_ 2장에서처럼 손실 함수로 'sparse_categorical_crossentropy'를 사용하면 원-핫 인코딩이 아니라 정수 레이블을 그대로 사용할 수 있습니다.

8.2 모델 만들기

이제 이 입력 데이터로 훈련할 수 있는 간단한 모델을 만들어보죠. 모델은 임베딩 층, LSTM 층, 밀집 층으로 구성됩니다.

임베딩에서는 단어 하나당 벡터 하나가 필요합니다. 따라서 파라미터 개수는 전체 단어 수와 임베딩 차원 수의 곱이 됩니다. 이 경우 단어가 많지 않기 때문에 8차원이면 충분합니다.

양방향 LSTM 층을 만들고 뉴런 개수는 시퀀스 최대 길이보다 1 작게 지정합니다.

마지막으로 출력 층은 전체 단어 개수의 뉴런을 가진 밀집 층입니다. 활성화 함수는 소프트맥스를 사용합니다. 이 층의 각 뉴런은 입력값에 대해 다음 단어에 해당하는 모든 단어의 확률을 출력합니다.

```python
model = Sequential()
model.add(Embedding(total_words, 8))
model.add(Bidirectional(LSTM(max_sequence_len-1)))
model.add(Dense(total_words, activation='softmax'))
```

모델을 범주형 크로스 엔트로피 손실 함수와 Adam 옵티마이저로 컴파일합니다. 또한 계산하고 싶은 측정 지표를 지정합니다.

```python
model.compile(loss='categorical_crossentropy',
              optimizer='adam', metrics=['accuracy'])
```

데이터가 크지 않은 간단한 모델이므로 1,500 정도의 많은 에폭 동안 훈련할 수 있습니다.

```python
history = model.fit(xs, ys, epochs=1500, verbose=1)
```

1,500번의 에폭 후에 매우 높은 정확도를 달성하는 것을 볼 수 있습니다(그림 8-6).

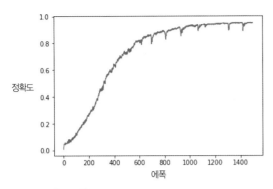

그림 8-6 훈련 정확도

모델의 정확도가 95%이므로 훈련 데이터에 있는 문자열을 주입하면 95% 확률로 정확하게 다음 단어를 예측합니다. 하지만 텍스트를 생성할 때 이전에 본 적 없는 단어가 계속 나오므로 정확도가 높음에도 불구하고 신경망이 금방 이상한 텍스트를 만들게 됩니다. 다음 절에서 이에 대해 살펴보겠습니다.

8.3 텍스트 생성하기

여기까지 시퀀스의 다음 단어를 예측하는 신경망을 훈련했습니다. 다음 단계로 텍스트 시퀀스를 주입하고 다음 단어를 예측해봅니다.

8.3.1 다음 단어 예측하기

먼저 시드 텍스트를 위한 구절을 만들어야 합니다. 시드 텍스트는 신경망이 생성하는 콘텐츠의 기반이 되는 초기 표현입니다. 신경망은 시드 텍스트의 다음 단어를 예측해 콘텐츠를 생성할 것입니다.

신경망이 이미 본 문장 'in the town of athy'로 시작해보죠.

```
seed_text = "in the town of athy"
```

texts_to_sequences 메서드를 사용해 토큰으로 바꾸어야 합니다. 하나의 값만 전달하지만 배열을 반환하기 때문에 반환하는 배열의 첫 번째 원소를 선택합니다.

```
token_list = tokenizer.texts_to_sequences([seed_text])[0]
```

다음으로 훈련 데이터와 동일한 크기로 만들기 위해 패딩을 추가합니다.

```
token_list = pad_sequences([token_list],
                           maxlen=max_sequence_len-1, padding='pre')
```

이제 토큰 리스트의 다음 단어를 예측하기 위해 model.predict를 호출합니다. 이 메서드는 말뭉치에 있는 각 단어에 대한 확률을 반환합니다. 따라서 결과를 np.argmax 함수에 전달해 가장 큰 인덱스를 찾습니다.

```
predicted = np.argmax(model.predict(token_list), axis=-1)
print(predicted)
```

반환값은 68입니다. 단어 인덱스를 보면 이 값은 단어 'one'에 해당합니다.

```
'town': 66, 'athy': 67, 'one': 68, 'jeremy': 69, 'lanigan': 70,
```

다음 코드로 predicted 값에 해당하는 단어 인덱스를 검색해 출력할 수 있습니다.

```
for word, index in tokenizer.word_index.items():
    if index == predicted:
        print(word)
        break
```

'in the town of athy'로 시작하면 이 신경망은 다음 단어로 'one'을 예측합니다. 훈련 데이터를 보면 노래가 다음 가사로 시작하기 때문에 예측이 정확하다는 걸 확인할 수 있습니다.

In the town of Athy <u>one</u> Jeremy Lanigan

Battered away til he hadnt a pound

모델이 작동하는 것을 확인했으므로 창의력을 발휘해 다른 시드 텍스트를 사용할 수 있습니다. 예를 들어 시드 텍스트로 'sweet jeremy saw dublin'을 사용하면 다음 단어로 'then'을 예측합니다(이 시드 텍스트의 단어는 모두 훈련 데이터에 포함되어 있습니다. 이런 경우 적어도 초기에는 더 정확한 단어가 예측된다고 기대할 수 있습니다).

8.3.2 예측을 연결해 텍스트 생성하기

이전 절에서 모델을 사용해 시드 텍스트 기반으로 다음 단어를 예측하는 방법을 살펴봤습니다. 신경망으로 새로운 텍스트를 만들려면 새로운 단어를 추가하면서 예측을 반복하면 됩니다.

예를 들어 앞서 'sweet jeremy saw dublin' 구절을 사용했을 때 다음 단어를 'then'으로 예측했습니다. 'then'을 끝에 추가한 'sweet jeremy saw dublin then'을 시드 텍스트로 이용하면 또 다른 예측을 얻을 수 있습니다. 이 과정을 반복하면 인공지능이 생성한 텍스트를 얻게 됩니다.

다음 코드는 앞선 과정을 반복하도록 수정한 코드입니다. 반복 횟수는 next_words 변수에 지정합니다.

```
seed_text = "sweet jeremy saw dublin"
next_words=10
for _ in range(next_words):
    token_list = tokenizer.texts_to_sequences([seed_text])[0]
    token_list = pad_sequences([token_list],  maxlen=max_sequence_len-1,
                padding='pre')
    predicted = np.argmax(model.predict(token_list), axis=-1)
    output_word = ""

    for word, index in tokenizer.word_index.items():
        if index == predicted:
            output_word = word
            break
    seed_text += " " + output_word

print(seed_text)
```

위 코드는 다음과 같은 문자열을 만듭니다.

```
sweet jeremy saw dublin then got there as me me a call doing me
```

순식간에 횡설수설한 문장이 되어버립니다. 이유가 뭘까요? 첫 번째 이유는 훈련 텍스트가 정말 작아 사용할 문맥이 거의 없기 때문입니다. 두 번째는 시퀀스의 다음 단어 예측이 이전 단어에 의존하기 때문입니다. 이전 단어의 예측이 좋지 못했다면 다음 단어를 잘 예측했다 하더라도 적절할 확률이 낮습니다. 이 단어를 시퀀스에 추가하고 다음 단어를 예측하면 이 확률이 낮아질 가능성이 더 높아집니다. 따라서 예측된 단어가 거의 무작위한 것처럼 보이게 됩니다.

예를 들어 'sweet jeremy saw dublin'에 있는 단어가 모두 말뭉치에 있지만 이 순서대로 있지는 않습니다. 첫 번째 예측을 수행했을 때 단어 'then'이 가장 가능성 있는 후보로 선택되었고 89%의 꽤 높은 확률을 가졌습니다. 이 단어를 시드 텍스트에 추가해 'sweet jeremy saw dublin then'을 만들면 훈련 데이터에 없는 또 다른 구절이 됩니다. 이 문장에서 예측을 수행하면 가장 높은 확률인 44%로 단어 'got'이 선택됩니다. 단어를 계속 문장에 추가하면 훈련 데이터와 일치할 확률이 줄어듭니다. 이렇게 예측 정확도는 나빠지게 되고 예측한 단어가 무작위 같다는 느낌을 받게 됩니다.

결국 인공지능은 점점 더 이해할 수 없는 콘텐츠를 만듭니다. 예를 들어 SF 단편영화 〈선스프링 Sunspring〉(https://oreil.ly/hTBtJ)을 아시나요. 이 영화의 대본은 여기서 만든 것과 같은 LSTM 기반의 신경망으로 쓰여졌습니다. 이 신경망은 SF 영화 대본으로 훈련했으며 모델에 시드 콘텐츠를 제공해 새로운 영화 대본을 만들었습니다. 결과는 아주 재미있습니다. 영화 초반의 내용은 말이 되지만 영화가 진행됨에 따라 점점 이해하기 어려워지는 것을 볼 수 있습니다.

8.4 데이터셋 확장하기

하드 코딩한 데이터셋에 사용했던 패턴을 동일하게 간단한 텍스트 파일로 확장할 수 있습니다. 예제를 위해 여러 노래에서 수집한 1,700줄의 텍스트를 사용해보겠습니다. 코드를 조금만 수정하면 하드 코딩한 텍스트 대신 이 파일을 사용할 수 있습니다.

콜랩에서 이 데이터를 다운로드하려면 다음 코드를 실행합니다.

```
!wget https://storage.googleapis.com/laurencemoroney-blog.appspot.com/irish-lyrics-
eof.txt
```

다음 코드로 이 텍스트를 로드합니다.

```
data = open('irish-lyrics-eof.txt').read()
corpus = data.lower().split("\n")
```

나머지 코드는 이전과 동일합니다!

1,000번의 에폭 동안 훈련하면 약 60%의 정확도를 달성하며 곡선이 평평해집니다(그림 8-7).

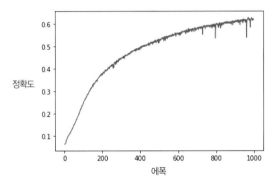

그림 8-7 더 큰 데이터셋에서 훈련하기

다시 'in the town of athy' 구문을 주입하면 'one'을 예측합니다. 하지만 이번에는 확률이 40%입니다.

'sweet jeremy saw dublin'의 경우 59% 확률로 'drawn'을 예측합니다. 10개의 단어를 예측한 결과는 다음과 같습니다.

```
sweet jeremy saw dublin drawn and fondly i am dead and the parting graceful
```

조금 나아 보이는군요! 하지만 더 개선할 수 있을까요?

8.5 모델 구조 바꾸기

모델을 향상할 수 있는 한 가지 방법은 여러 개의 LSTM 층을 쌓는 형식으로 구조를 변경하는 것입니다. 매우 간단하게 이 방법을 구현할 수 있습니다. 첫 번째 LSTM 층의 return_sequences를 True로 지정하면 됩니다. 다음 코드를 참고하세요.

```
model = Sequential()
model.add(Embedding(total_words, 8))
model.add(Bidirectional(LSTM(max_sequence_len-1, return_sequences='True')))
model.add(Bidirectional(LSTM(max_sequence_len-1)))
model.add(Dense(total_words, activation='softmax'))
model.compile(loss='categorical_crossentropy', optimizer='adam',
              metrics=['accuracy'])
history = model.fit(xs, ys, epochs=1000, verbose=1)
```

1,000번의 에폭 동안 훈련한 구조 변경의 효과는 [그림 8-8]과 같습니다. 이전 그래프와 크게 다르지 않습니다.

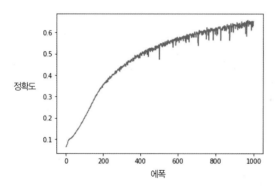

그림 8-8 두 번째 LSTM 층 추가하기

이전과 동일하게 'in the town of athy' 구절로 테스트하면 이번에는 51% 확률의 'more'를 다음 단어로 예측합니다. 'sweet jeremy saw dublin' 다음에는 61% 확률로 'cailín(게일어로 소녀를 의미합니다)'을 예측합니다. 하지만 마찬가지로 더 많은 단어를 예측하게 되면 순식간에 이해하기 어려운 결과가 출력됩니다.

결과는 다음과 같습니다.

```
sweet jeremy saw dublin cailín loo ra fountain plundering that fulfill
you mccarthy you mccarthy down
you know nothing jon snow johnny cease and she danced that put to smother well
i must the wind flowers
dreams it love to laid ned the mossy and night i weirs
```

다른 결과가 나오더라도 걱정하지 마세요. 잘못된 것이 아닙니다. 뉴런의 랜덤 초기화가 마지막 점수에 영향을 미친 결과입니다.

8.6 데이터 개선하기

새로운 노래 가사를 추가하지 않고 데이터셋 크기를 늘릴 수 있는 **윈도잉**windowing이라는 간단한 트릭이 있습니다. [그림 8-2]처럼 노래 가사에 있는 모든 줄을 하나씩 읽어 입력 시퀀스로 변환합니다. 사람은 운율을 느끼기 위해 한 줄씩 가사를 읽지만 모델은 그럴 필요가 없습니다. 특히 양방향 LSTM을 사용할 때 그렇습니다.

따라서 'In the town of Athy, one Jeremy Lanigan'을 처리하고 그다음 줄 'Battered away till he hadn't a pound'로 이동해 처리하는 대신 모든 줄을 하나의 긴 텍스트처럼 다룹니다. 그다음 윈도window를 만들어 n개의 단어를 처리하고 윈도를 한 단어 앞으로 이동해 다음 입력 시퀀스를 생성합니다(그림 8-9).

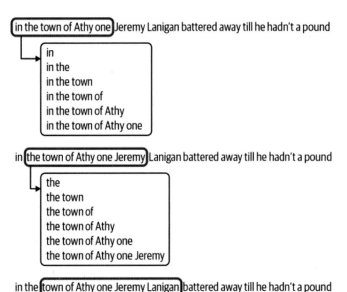

in the town of Athy one Jeremy Lanigan battered away till he hadn't a pound

```
in
in the
in the town
in the town of
in the town of Athy
in the town of Athy one
```

in the town of Athy one Jeremy Lanigan battered away till he hadn't a pound

```
the
the town
the town of
the town of Athy
the town of Athy one
the town of Athy one Jeremy
```

in the town of Athy one Jeremy Lanigan battered away till he hadn't a pound

그림 8-9 이동하는 단어 윈도

이렇게 하면 훨씬 많은 훈련 데이터가 발생해 입력 시퀀스가 늘어납니다. 전체 말뭉치 텍스트에 윈도를 이동시키면 (number_of_words – window_size) × window_size개의 훈련할 수 있는 입력 시퀀스를 얻을 수 있습니다.

이 작업을 위한 코드는 매우 간단합니다. 데이터를 로딩할 때 각 줄을 하나의 문장으로 분리하는 대신 말뭉치에 있는 단어로 바로 만들 수 있습니다.

```
window_size = 10
sentences = []
alltext = []
data = open('irish-lyrics-eof.txt').read()
corpus = data.lower()
words = corpus.split(" ")
range_size = len(words)-window_size
for i in range(0, range_size):
    thissentence=""
    for word in range(0, window_size-1):
        word = words[i+word]
        thissentence = thissentence + word
        thissentence = thissentence + " "
    sentences.append(thissentence)
```

윈도와 같은 크기의 시퀀스를 만들었기 때문에 `max_sequence_len`이 윈도 크기가 됩니다. 전체 파일을 읽어 소문자로 바꾸고 공백을 기준으로 나누어 단어 배열을 만듭니다. 그런 다음 단어 배열을 순회하면서 현재 인덱스에서부터 윈도 크기에 해당하는 개수만큼 단어를 선택해 문장을 만듭니다. 만들어진 문장을 문장 배열에 추가합니다.

데이터가 늘어났기 때문에 훈련 속도도 훨씬 느립니다. 하지만 결과는 크게 향상됩니다. 즉 생성된 텍스트가 횡설수설이 되기까지 훨씬 오래 걸린다는 뜻입니다.

생성된 문장 중에 마음에 드는 부분을 뽑아봤습니다. 특히 마지막 줄이 제일 마음에 드네요!

> you know nothing, jon snow is gone
>
> and the young and the rose and wide
>
> to where my love i will play
>
> the heart of the kerry
>
> the wall i watched a neat little town

튜닝할 수 있는 하이퍼파라미터가 많습니다. 윈도 크기를 변경하면 훈련 데이터의 양이 바뀝니다. 윈도 크기가 작으면 데이터가 더 많이 만들어지지만 하나의 레이블에 매핑되는 단어는 더 적어집니다. 따라서 윈도 크기를 너무 작게 만들면 이해할 수 없는 글이 생성됩니다. 임베딩 차원, LSTM의 뉴런 개수, 어휘 사전 크기를 바꿀 수 있습니다. 정확도가 최선의 측정 지표는 아닙니다. 얼마나 의미 있는 가사가 만들어졌는지 조사하고 싶겠지만 모델이 좋은지 나쁜지 결정할 수 있는 간편하고 확실한 법칙은 없습니다.

예를 들어 윈도 크기를 6으로 하고 임베딩 차원을 16으로 늘리고, LSTM 뉴런 개수를 (윈도 크기 6이 아니라) 32로 바꾸고, **Adam** 옵티마이저의 학습률을 높여 부드럽고 훌륭한 정확도 곡선(그림 8-10)을 얻었습니다. 만들어진 가사도 훨씬 낫습니다.

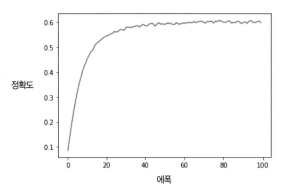

그림 8-10 조정된 하이퍼파라미터로 만든 정확도

'sweet jeremy saw dublin'을 시드 텍스트로 주입해 다음과 같은 텍스트를 얻었습니다(시드 텍스트에 있는 모든 단어는 말뭉치에 있는 단어입니다).

sweet jeremy saw dublin

whack fol

all the watch came

and if ever you love get up from the stool

longs to go as i was passing my aged father

if you can visit new ross

gallant words i shall make

such powr of her goods

and her gear

and her calico blouse

she began the one night

rain from the morning so early

oer railroad ties and crossings

i made my weary way

through swamps and elevations

my tired feet

was the good heavens

'whack fol'이 생소하겠지만, 아일랜드 노래에서 'la la la'나 'doobie-doobie-doo' 같은 역할을 하는 구절이라고 생각하면 됩니다. 결과 텍스트에서 정말 좋았던 부분은 'such power of her good and her gear, and her calico blouse'와 같이 나중에 나오는 구절에서도 단어의 의미가 그대로 유지된 문장이었습니다. 하지만 이는 말뭉치에 있는 기존 노래의 구절에 과대적합되었기 때문일 수 있습니다. 예를 들어 'oer railroad ties'로 시작하는 줄에서 'my tired feet'까지는 말뭉치에 있는 'The Lakes of Pontchartrain' 노래에서 그대로 가져온 부분입니다. 이런 문제가 생긴다면 학습률을 낮추거나 LSTM의 크기를 줄이는 것이 좋습니다. 하지만 우선 다양한 실험을 해보세요!

8.7 문자 기반 인코딩

지난 몇 개의 장에서 단어 기반 인코딩을 사용한 자연어 처리 작업을 알아보았습니다. 시작하기에는 이 방법 좋지만 텍스트를 생성할 때는 문자 기반 인코딩을 고려할 수 있습니다. 말뭉치에 있는 고유한 문자의 개수가 고유한 단어의 개수보다 훨씬 적기 때문입니다. 따라서 출력 층에 훨씬 적은 뉴런을 둘 수 있고 출력 예측이 적은 개수의 확률로 나누어집니다. 예를 들어 셰익스피어 데이터셋(`https://oreil.ly/XW_ab`)에는 고유한 문자가 65개뿐입니다. 따라서 예측을 만들 때 아일랜드 노래 데이터셋에 있는 2,700개 단어에서 다음 단어를 고르는 것이 아니라 65개만 보면 됩니다. 모델이 조금 더 간단해지는군요!

문자 인코딩의 또 다른 장점은 구두점 문자도 포함된다는 것입니다. 따라서 줄 바꿈 등과 같은 문자를 예측할 수 있습니다. 예를 들어 셰익스피어 말뭉치에서 훈련한 RNN을 사용해 〈왕좌의 게임〉에 이어지는 다음 텍스트를 생성했습니다.

YGRITTE:

You know nothing, Jon Snow.

Good night, we'll prove those body's servants to

The traitor be these mine:

So diswarl his body in hope in this resceins,

I cannot judg appeal't.

MENENIUS:

Why, 'tis pompetsion.

KING RICHARD II:

I think he make her thought on mine;

She will not: suffer up thy bonds:

How doched it, I pray the gott,

We'll no fame to this your love, and you were ends

이그리트^{YGRITTE}가 존 스노를 배신자로 생각하고 결박하려는 것(diswarl his body)이 멋져 보이지만 'resceins'의 의미를 모르겠습니다. 여러분이 만약 이 드라마를 본다면 이 부분이 줄거리 중 일부이므로 셰익스피어가 자기도 모르게 뭔가를 꾸미고 있는 상황인지도 모르겠습니다!

셰익스피어 데이터셋 같은 데이터를 훈련 데이터로 사용하면 익숙하지 않은 언어이므로 조금 관대해지는 경향이 있습니다.

아일랜드 노래 모델처럼 순식간에 이해하기 어려운 텍스트가 출력되지만 재미있는 점도 여전히 많습니다. 콜랩 노트북(https://oreil.ly/cbz9c)에서 직접 테스트해보세요!

8.8 마치며

이 장에서는 훈련된 LSTM 기반 모델을 사용해 기본적인 텍스트 생성 작업을 알아보았습니다. 단어를 레이블처럼 사용해 텍스트를 특성과 레이블로 나누고, 모델을 만들어 주어진 시드 텍스트에서 다음 단어를 예측하는 방법을 살펴보았습니다. 아일랜드 전통 노래로 만든 데이터셋을 사용해 더 나은 결과를 만들도록 모델을 향상시키기 위해 이 과정을 반복했습니다. 셰익스피어 텍스트를 예로 들어 문자 기반 텍스트 생성 방법으로 결과를 향상시킬 수 있는 방법도 잠시 알아보았습니다. 머신러닝 모델이 텍스트를 합성하는 방법에 대한 재미있는 소개였기를 바랍니다!

## CHAPTER 9

시퀀스와 시계열 데이터 이해하기

시계열time series은 어디에나 있습니다. 일기예보, 주가, 무어의 법칙Moore's law (그림 9-1) 같은 역사적인 트렌드trend에서 시계열을 관찰할 수 있습니다. 무어의 법칙은 반도체의 트랜지스터 개수가 2년마다 두 배가 된다는 법칙입니다. 거의 50년 동안 컴퓨팅 성능과 가격을 정확하게 예측하는 것으로 입증되었습니다.

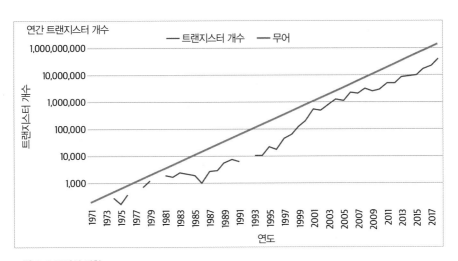

그림 9-1 무어의 법칙

시계열 데이터는 시간 간격을 두고 있는 일련의 데이터입니다. 이 데이터를 그래프로 그릴 경우, 일반적으로 x축은 시간이 됩니다. 여기에서와 같이 트랜지스터의 개수를 하나의 그래프로

그리고 무어의 법칙으로 예측한 값을 다른 그래프로 그릴 수 있습니다. 시간축에 대해 여러 개의 값이 있는 경우를 **다변량 시계열**multivariate time series이라고 부릅니다. 시간에 따른 강우량 같이 하나의 값만 존재한다면 이를 **일변량 시계열**univariate time series이라고 부릅니다.

무어의 법칙은 50년 동안 유지된 규칙을 따르며, 미래를 대략적으로 예측하는 고정되고 간단한 규칙이므로 예측이 단순합니다.

하지만 [그림 9-2] 같은 시계열은 어떤가요?

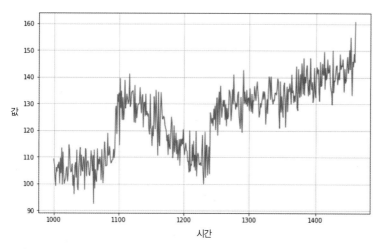

그림 9-2 실전 시계열

인위적으로 이 시계열을 만들었지만(나중에 이 장에서 만드는 법을 알아봅니다), 주식 차트나 계절별 강우량 같이 실제로 복잡한 시계열의 특징이 잘 나타나는 그래프입니다. 무작위하게 보임에도 불구하고 시계열은 예측할 수 있는 머신러닝 모델을 설계하는 데 도움이 되는 몇 가지 공통적 특징을 가지고 있습니다. 다음 절에서 이에 대해 알아보겠습니다.

9.1 시계열의 공통 특징

시계열은 랜덤하고 잡음이 많은 것처럼 보이지만 종종 예측 가능한 공통된 특징이 있습니다. 이 절에서 몇 가지 공통 특징을 알아봅니다.

9.1.1 트렌드

시계열은 일반적으로 특정한 방향으로 움직입니다. 무어의 법칙에서는 시간에 따라 y축의 값이 증가하는 상승 트렌드가 쉽게 관측됩니다. [그림 9-2]의 시계열에도 상승 트렌드가 있습니다. 물론 모든 시계열이 이렇지는 않습니다. 어떤 시계열은 계절 변화에도 불구하고 거의 일정하게 유지될 수 있고 어떤 시계열은 하강 트렌드가 있을 수 있습니다. 예를 들면 트랜지스터당 가격을 예측하는 무어의 법칙의 역버전이 이런 경우입니다.

9.1.2 계절성

많은 시계열이 시간에 따라 반복되는 패턴을 가집니다. 반복은 계절^{season}이라 부르는 일정한 간격으로 일어납니다. 예를 들어 날씨의 온도를 생각해보죠. 1년에는 네 개의 계절이 있고 여름의 온도가 가장 높습니다. 따라서 몇 년에 걸쳐 온도를 그래프로 그리면 네 계절마다 온도가 최고치에 다다르는 것을 볼 수 있습니다. 이 현상이 바로 **계절성**^{seasonality}입니다. 계절성은 날씨에만 국한된 것은 아니며 [그림 9-3]처럼 웹사이트 트래픽에도 존재합니다.

그림 9-3 웹사이트 트래픽

주 단위로 그래프를 그리면 일정하고 규칙적인 감소가 관찰됩니다. 그 이유가 뭘까요? 이 웹사이트는 소프트웨어 개발자를 위한 정보를 제공합니다. 예상할 수 있겠지만 주말에는 트래픽이 줄어듭니다! 따라서 이 시계열은 5일간 높고 2일간 낮은 계절성을 보입니다. 크리스마스와 새해를 대략 중간 지점에 두고 몇 개월에 걸쳐 그래프를 그리면 또 다른 계절성을 볼 수 있습니다. 만약 몇 년에 걸쳐 그래프를 그리면 연말 트래픽 하락 현상을 보게 될 것입니다.

계절성은 다양한 방식으로 시계열에 나타납니다. 예를 들어 소매 웹사이트의 트래픽은 주말에 정점에 다다를 것입니다.

9.1.3 자기상관

시계열에서 볼 수 있는 또 다른 특징은 어떤 이벤트 후에 예측 가능한 행동이 나타나는 것입니다. [그림 9-4]처럼 큰 상승 곡선이 있고 난 후에는 반드시 큰 하락이 발생합니다. 이를 **자기상관**autocorrelation이라 부릅니다.

이런 경우에 일련의 행동이 반복되는 것을 볼 수 있습니다. 자기상관은 시계열 패턴에 감춰져 있을 수 있지만 예측 가능한 특징이므로 이를 포함한 시계열도 예측할 수 있습니다.

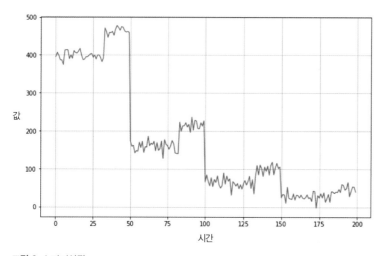

그림 9-4 자기상관

9.1.4 잡음

이름에서 알 수 있듯이 잡음noise은 시계열에 있는 랜덤한 변동입니다. 이러한 변동은 예측을 어렵게 만들고 트렌드, 계절성, 자기상관을 가려버리기도 합니다. 예를 들어 [그림 9-5]는 [그림 9-4]와 동일한 자기상관을 보여주지만 잡음이 조금 추가되었습니다. 자기상관을 파악하고 값을 예측하기가 훨씬 어려워 보입니다.

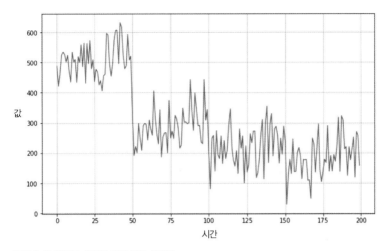

그림 9-5 잡음이 추가된 자기상관 시계열

그렇다면 이제부터 이런 특징이 포함된 시계열을 예측하는 방법을 알아보겠습니다.

9.2 시계열 예측 기법

머신러닝 기반 시계열 예측을 알아보기 전에 조금 단순한 예측 방법을 먼저 살펴보겠습니다. 이를 통해 머신러닝 예측의 정확도를 비교할 수 있는 기준 성능을 만들겠습니다.

9.2.1 기준 성능을 위한 단순한 예측

시계열을 예측하는 가장 기본적인 방법은 $t + 1$시간의 값을 t시간의 값으로 예측하는 것입니다. 이는 한 스텝만큼 시계열을 이동하는 효과를 냅니다.

먼저 트렌드, 계절성, 잡음을 가진 시계열 데이터를 만들어보죠.

```
def plot_series(time, series, format="-", start=0, end=None):
    plt.plot(time[start:end], series[start:end], format)
    plt.xlabel("Time")
    plt.ylabel("Value")
    plt.grid(True)
```

```
def trend(time, slope=0):
    return slope * time

def seasonal_pattern(season_time):
    """임의로 정한 패턴이므로 바꿔도 좋습니다"""
    return np.where(season_time < 0.4,
                    np.cos(season_time * 2 * np.pi),
                    1 / np.exp(3 * season_time))

def seasonality(time, period, amplitude=1, phase=0):
    """일정 간격마다 동일 패턴 반복"""
    season_time = ((time + phase) % period) / period
    return amplitude * seasonal_pattern(season_time)

def noise(time, noise_level=1, seed=None):
    rnd = np.random.RandomState(seed)
    return rnd.randn(len(time)) * noise_level

time = np.arange(4 * 365 + 1, dtype="float32")
baseline = 10
series = trend(time, .05)
amplitude = 15
slope = 0.09
noise_level = 6

# 시계열 만들기
series = baseline + trend(time, slope) \
                + seasonality(time, period=365, amplitude=amplitude)
# 잡음 추가
series += noise(time, noise_level, seed=42)
```

이 데이터를 그래프로 그리면 [그림 9-6]과 같습니다.

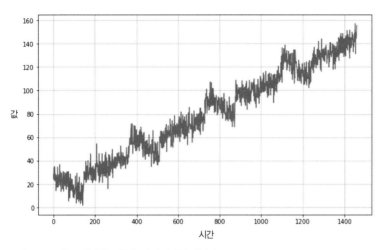

그림 9-6 트렌드, 계절성, 잡음을 가진 시계열 데이터

데이터가 준비되었으니 다른 데이터와 마찬가지로 훈련 세트와 검증 세트, 테스트 세트로 나눕니다. 데이터에 계절성이 관찰되므로 데이터를 나눌 때 각 분할에 계절성이 모두 포함되는 것이 좋습니다. 예를 들면 [그림 9-6]에 있는 데이터를 훈련 세트, 검증 세트로 나누려면 타임 스텝 1,000에서 나누는 것이 좋습니다. 스텝 1,000까지는 훈련 세트이고 스텝 1,000 이후는 검증 세트가 됩니다.

스텝 t의 값을 단순히 스텝 t − 1의 값으로 예측하므로 이렇게 나눌 필요는 없습니다. 하지만 이어지는 그래프에서 타임 스텝 1,000 이후의 데이터를 크게 확대하기 위해서 이 지점에서 나누었습니다.

분할 지점 이후의 시계열을 예측하려면 분할 지점이 저장된 변수 `split_time`을 사용합니다.

```
naive_forecast = series[split_time - 1:-1]
```

[그림 9-7]은 단순한 예측을 겹쳐서 그린 (`split_time`을 `1000`으로 지정했으므로 타임 스텝 1,000 이후의) 검증 세트입니다.

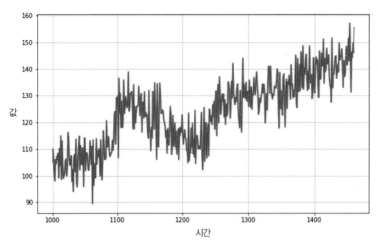

그림 9-7 단순한 시계열 예측[1]

그래프가 꽤 괜찮아 보입니다. 두 그래프의 값 사이에 관련성이 보이고 예측이 원래의 값과 가까워 보입니다. 하지만 정확도를 어떻게 측정할까요?

9.2.2 예측 정확도 측정하기

예측 정확도를 측정하는 방법은 많습니다. 하지만 여기서는 평균 제곱 오차$^{mean\ squared\ error}$(MSE)와 평균 절대 오차$^{mean\ absolute\ error}$(MAE)를 사용합니다.

MSE는 시간 t에서 예측과 실젯값 사이의 차이를 구하고 음수를 없애기 위해 제곱한 다음 평균을 구합니다. MAE는 시간 t에서 예측과 실젯값 사이의 차이를 구하고 음수를 제거하기 위해 제곱 대신 절댓값을 취합니다. 그다음 평균을 구합니다.

합성된 시계열 데이터에서 단순하게 예측한 결과를 사용해 MSE와 MAE를 구하는 코드는 다음과 같습니다.

```
print(keras.metrics.mean_squared_error(x_valid, naive_forecast).numpy())
print(keras.metrics.mean_absolute_error(x_valid, naive_forecast).numpy())
```

----

1   옮긴이_ 주황색 선이 예측값입니다.

MSE의 결과는 76.47, MAE는 6.89입니다. 이 오차를 줄일 수 있는 예측이라면 정확도가 더 높을 것입니다. 다음 절에서 이 방법을 찾아보겠습니다.

9.2.3 이동 평균으로 예측하기

앞의 단순한 예측은 시간 $t - 1$의 값을 시간 t의 예측으로 선택합니다. 이동 평균도 비슷하지만 $t - 1$의 값 대신 여러 값(예를 들면 30개)을 평균하여 시간 t의 예측값으로 사용합니다. 코드는 다음과 같습니다.

```python
def moving_average_forecast(series, window_size):
    """마지막 몇 개 값의 평균을 사용하여 예측합니다.
       window_size=1이면 단순한 예측과 동일합니다"""
    forecast = []
    for time in range(len(series) - window_size):
        forecast.append(series[time:time + window_size].mean())
    return np.array(forecast)

moving_avg = moving_average_forecast(series, 30)[split_time - 30:]

plt.figure(figsize=(10, 6))
plot_series(time_valid, x_valid)
plot_series(time_valid, moving_avg)
```

[그림 9-8]은 원본 데이터와 이동 평균 결과를 보여줍니다.

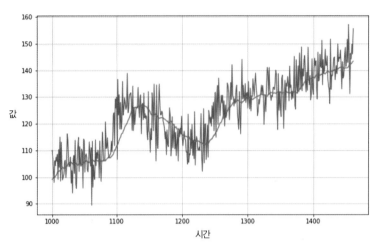

그림 9-8 이동 평균 그래프

MSE는 49, MAE는 5.5를 얻었습니다. 예측이 조금 향상되었네요. 하지만 이 방식은 트렌드나 계절성을 고려하지 않으므로 약간의 분석을 통해 결과를 더 향상할 수 있습니다.

9.2.4 개선된 이동 평균 방법

이 시계열의 계절성은 365일이므로 시간 t의 값에서 t − 365의 값을 빼서 트렌드와 계절성을 줄일 수 있습니다. 이렇게 하면 그래프가 평평해집니다. 코드는 다음과 같습니다.

```
diff_series = (series[365:] - series[:-365])
diff_time = time[365:]
```

이제 이 값에서 이동 평균을 계산해 이전 값에 더합니다.

```
diff_moving_avg = \
    moving_average_forecast(diff_series, 50)[split_time - 365 - 50:]

diff_moving_avg_plus_smooth_past = \
    moving_average_forecast(series[split_time - 370:-360], 10) + \
    diff_moving_avg
```

이를 그래프로 그리면(그림 9-9) 향상된 예측값을 바로 확인할 수 있습니다. 잡음이 완화되었지만 트렌드가 실젯값에 매우 가깝습니다. 계정설과 트렌드는 유지되는 것 같네요.

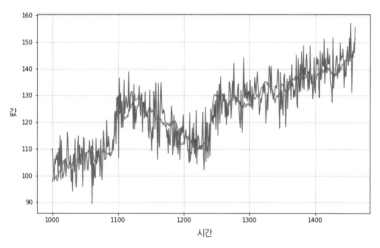

그림 9-9 개선된 이동 평균

MSE와 MAE를 계산하면 향상된 성능을 확인할 수 있습니다. MSE는 40.9, MAE는 5.13으로 확실히 성능이 좋아졌습니다.

9.3 마치며

이 장은 시계열 데이터와 시계열의 공통적인 몇 가지 특징을 소개했습니다. 합성 시계열 데이터를 만들고, 단순한 예측을 만들었습니다. 이 예측으로부터 MSE와 MAE를 사용해 기준 성능을 계산했습니다. 이 장에서는 잠시 텐서플로를 사용하지 않았지만 다음 장에서는 텐서플로와 머신러닝으로 돌아가 예측을 향상시킬 수 있는지 알아보겠습니다!

## CHAPTER 10

시퀀스를 예측하는
머신러닝 모델 만들기

9장에서 시퀀스 데이터와 트렌드, 계절성, 자기상관, 잡음 같은 시계열의 특징을 소개했습니다. 합성된 시계열 데이터를 만들고 통계적인 방법으로 예측하는 방법을 알아보았습니다. 이어지는 장에서는 머신러닝을 사용해 예측하는 방법을 살펴봅니다. 모델을 만들기 전에 먼저 머신러닝 모델을 훈련하기 위해 시계열 데이터를 구성하는 방법을 이해해야 합니다. 소위 윈도 데이터셋window dataset이라는 것을 만듭니다.

윈도 데이터셋이 필요한 이유를 알아보기 위해 9장에서 만든 시계열 데이터를 다시 떠올려봅시다. 앞선 시계열 데이터는 [그림 10-1]과 같았습니다.

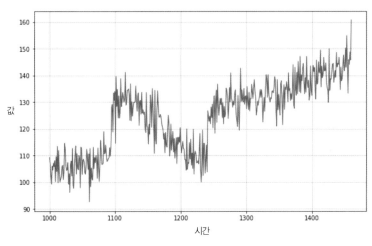

그림 10-1 합성 시계열 데이터

시간 t의 값은 시간 t 이전의 값으로 예측합니다. 예를 들어 이전 30개의 값으로 타임 스텝 1,200의 값을 예측한다고 가정해보죠. 이런 경우 [그림 10-2]처럼 타임 스텝 1,170부터 1,199까지의 값이 타임 스텝 1,200의 값을 결정하게 됩니다.

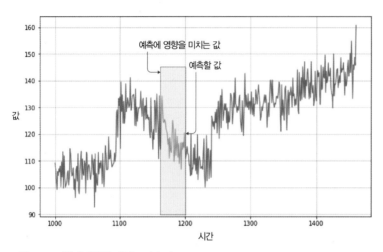

그림 10-2 예측에 영향을 미치는 이전 값

그다음은 이제 익숙한 작업입니다. 즉 타임 스텝 1,170~1,199의 값을 특성으로 삼고, 타임 스텝 1,200의 값을 레이블로 사용합니다. 특정 개수의 값을 특성으로 사용하고, 이어지는 하나의 값을 레이블로 사용할 수 있는 데이터셋이 있고, 데이터셋에 있는 모든 값에 대해 이 방식을 적용할 수 있다면 모델을 훈련하기에 꽤 훌륭한 특성과 레이블 집합을 얻을 수 있습니다.

9장의 시계열 데이터셋에 이를 적용하기 전에 속성은 모두 동일하지만 데이터양이 훨씬 적은 간단한 데이터셋을 만들어보겠습니다.

10.1 윈도 데이터셋 만들기

`tf.data` 라이브러리는 데이터 조작에 유용한 도구를 많이 가지고 있습니다. 이를 사용해 시계열 데이터를 흉내 내는 0~9로 이루어진 간단한 데이터셋을 만들어보겠습니다. 그다음 이를 윈도 데이터셋으로 변환해보죠. 코드는 다음과 같습니다.

```
dataset = tf.data.Dataset.range(10)
dataset = dataset.window(5, shift=1, drop_remainder=True)
dataset = dataset.flat_map(lambda window: window.batch(5))
for window in dataset:
    print(window.numpy())
```

먼저 range 함수를 사용해 데이터셋을 만듭니다. 이 함수는 0에서 n − 1까지의 값을 담은 데이터셋을 만듭니다. 앞의 경우 n은 10입니다.

그다음 dataset.window를 호출하고 데이터셋을 5개의 항목으로 구성된 윈도로 나누도록 첫 번째 매개변수에 5를 지정합니다. shift=1로 지정하면 윈도가 이전 위치에서 한 항목씩 이동합니다. 즉 첫 번째 윈도가 0에서부터 5개의 항목을 포함하고, 다음 윈도는 1에서부터 5개의 항목을 포함합니다. drop_remainder를 True로 지정하면 데이터셋의 마지막 부분에서 윈도 크기보다 적은 개수가 남았을 때 해당 윈도를 버리도록 합니다.

정의된 윈도를 사용해 데이터셋 분할을 수행할 수 있습니다. 여기에서는 flat_map 메서드[1]를 사용해 5개의 항목을 가진 배치를 생성합니다.

코드 수행 결과는 다음과 같습니다.

```
[0 1 2 3 4]
[1 2 3 4 5]
[2 3 4 5 6]
[3 4 5 6 7]
[4 5 6 7 8]
[5 6 7 8 9]
```

하지만 n개의 값을 특성으로 사용하고 이어지는 하나의 값을 레이블로 사용하는 훈련 데이터가 필요합니다. 또 다른 람다lambda 함수를 적용해 각 윈도를 마지막 이전의 값과 마지막 값으로 나눌 수 있습니다. 이렇게 하면 다음처럼 x와 y 데이터셋이 생성됩니다.

```
dataset = tf.data.Dataset.range(10)
dataset = dataset.window(5, shift=1, drop_remainder=True)
dataset = dataset.flat_map(lambda window: window.batch(5))
```

----

1   옮긴이_ flat_map 메서드는 데이터셋 원소에 매개변수로 전달된 함수를 적용하고 그 결과를 1차원 배열로 합칩니다.

```
dataset = dataset.map(lambda window: (window[:-1], window[-1:]))
for x,y in dataset:
    print(x.numpy(), y.numpy())
```

이제 결과가 예상과 일치하네요. 윈도에 있는 처음 네 개의 값을 특성으로 생각하고 이어지는
값을 레이블로 생각할 수 있습니다.

```
[0 1 2 3] [4]
[1 2 3 4] [5]
[2 3 4 5] [6]
[3 4 5 6] [7]
[4 5 6 7] [8]
[5 6 7 8] [9]
```

데이터셋이기 때문에 람다 함수를 통해 셔플링^{shuffling}과 배치^{batch}도 지원합니다. 여기서는 셔플
링을 적용한 다음 배치 크기를 2로 지정했습니다.

```
dataset = tf.data.Dataset.range(10)
dataset = dataset.window(5, shift=1, drop_remainder=True)
dataset = dataset.flat_map(lambda window: window.batch(5))
dataset = dataset.map(lambda window: (window[:-1], window[-1:]))
dataset = dataset.shuffle(buffer_size=10)
dataset = dataset.batch(2).prefetch(1)
for x,y in dataset:
    print("x = ", x.numpy())
    print("y = ", y.numpy())
```

출력 결과를 보면 첫 번째 배치는 2와 3으로 시작하는 두 개의 x와 레이블로 구성되고, 두 번째
배치는 1과 5로 시작하는 두 개의 x와 레이블로 구성됩니다.

```
x =  [[2 3 4 5]
      [3 4 5 6]]
y =  [[6]
      [7]]
x =  [[1 2 3 4]
      [5 6 7 8]]
y =  [[5]
      [9]]
```

```
x = [[0 1 2 3]
     [4 5 6 7]]
y = [[4]
     [8]]
```

이런 식으로 어떤 시계열 데이터셋도 신경망의 훈련 데이터로 바꿀 수 있습니다. 다음 절에서 9장의 합성 데이터를 사용해 훈련 데이터를 만들어보겠습니다. 그다음 간단한 DNN을 만들어 훈련하고 미래의 값을 예측해봅니다.

10.1.1 윈도를 적용한 시계열 데이터셋 만들기

이전 장에서 합성 시계열 데이터셋을 만들기 위해 사용한 코드는 다음과 같습니다.

```python
def trend(time, slope=0):
    return slope * time

def seasonal_pattern(season_time):
    return np.where(season_time < 0.4,
                    np.cos(season_time * 2 * np.pi),
                    1 / np.exp(3 * season_time))

def seasonality(time, period, amplitude=1, phase=0):
    season_time = ((time + phase) % period) / period
    return amplitude * seasonal_pattern(season_time)

def noise(time, noise_level=1, seed=None):
    rnd = np.random.RandomState(seed)
    return rnd.randn(len(time)) * noise_level

time = np.arange(4 * 365 + 1, dtype="float32")
series = trend(time, 0.1)
baseline = 10
amplitude = 20
slope = 0.09
noise_level = 5

series = baseline + trend(time, slope)
series += seasonality(time, period=365, amplitude=amplitude)
series += noise(time, noise_level, seed=42)
```

이 코드는 [그림 10-1]과 같은 시계열을 만듭니다. 다른 데이터셋을 만들고 싶다면 자유롭게 상숫값을 바꾸어도 좋습니다.

시계열 데이터가 준비되면 이를 이전 절에서 살펴본 코드와 비슷하게 윈도 데이터셋으로 바꿉니다. 여기서는 하나의 함수로 정의합니다.

```python
def windowed_dataset(series, window_size, batch_size, shuffle_buffer):
    dataset = tf.data.Dataset.from_tensor_slices(series)
    dataset = dataset.window(window_size + 1, shift=1, drop_remainder=True)
    dataset = dataset.flat_map(lambda window: window.batch(window_size + 1))
    dataset = dataset.shuffle(shuffle_buffer).map(
        lambda window: (window[:-1], window[-1]))
    dataset = dataset.batch(batch_size).prefetch(1)
    return dataset
```

tf.data.Dataset의 from_tensor_slices 함수는 텐서를 Dataset으로 변환합니다. 이 함수에 대한 자세한 내용은 텐서플로 문서(https://oreil.ly/suj2x)를 참고하세요.

이제 훈련 데이터를 준비했으므로 다음 코드를 사용할 수 있습니다. 먼저 시계열 데이터를 훈련 세트와 검증 세트로 나눕니다. 그다음 윈도 크기, 배치 크기, 셔플링 버퍼 크기 등의 상수를 지정합니다.

```python
split_time = 1000
time_train = time[:split_time]
x_train = series[:split_time]
time_valid = time[split_time:]
x_valid = series[split_time:]
window_size = 20
batch_size = 32
shuffle_buffer_size = 1000
dataset = windowed_dataset(x_train, window_size, batch_size,
                           shuffle_buffer_size)
```

이제 데이터는 tf.data.Dataset의 객체입니다. 따라서 model.fit에 하나의 매개변수로 데이터를 전달할 수 있으며 tf.keras가 나머지를 알아서 처리합니다.

데이터를 확인하고 싶다면 다음 코드를 사용하세요.

```
dataset = windowed_dataset(series, window_size, 1, shuffle_buffer_size)
for feature, label in dataset.take(1):
    print(feature)
    print(label)
```

여기서 출력을 읽기 쉽도록 batch_size를 1로 지정합니다. 출력 결과는 다음과 같습니다. 배치에 훈련 데이터 하나가 들어 있습니다.

```
tf.Tensor(
[[75.38214  66.902626 76.656364 71.96795  71.373764 76.881065
  75.62607  71.67851  79.358665 68.235466 76.79933  76.764114
  72.32991  75.58744  67.780426 78.73544  73.270195 71.66057
  79.59881  70.9117  ]], shape=(1, 20), dtype=float32)
tf.Tensor([67.47085], shape=(1,), dtype=float32)
```

첫 번째 숫자 리스트는 특성입니다. 윈도 크기가 20이므로 1 × 20 크기의 텐서입니다. 두 번째 숫자는 모델이 특성을 매핑할 레이블입니다(여기에서는 67.47085). 다음 절에서 훈련하는 방법을 살펴보겠습니다.

10.2 DNN을 만들고 시퀀스 데이터로 훈련하기

tf.data.Dataset으로 데이터를 준비했으니 tf.keras를 사용해 신경망 모델을 만드는 것은 매우 간단합니다. 먼저 다음과 같은 간단한 DNN을 살펴봅시다.

```
dataset = windowed_dataset(x_train, window_size,
                           batch_size, shuffle_buffer_size)

model = tf.keras.models.Sequential([
    tf.keras.layers.Dense(10, input_shape=[window_size],
                          activation="relu"),
    tf.keras.layers.Dense(10, activation="relu"),
    tf.keras.layers.Dense(1)
])
```

이는 세 개의 밀집 층으로 구성된 아주 간단한 모델입니다. 첫 번째 층은 `window_size` 크기의 입력을 받습니다. 출력 층은 예측값을 만듭니다.

이전처럼 손실 함수와 옵티마이저로 모델을 컴파일합니다. 손실 함수는 회귀 문제에 널리 사용되는 MSE(평균 제곱 오차)로 지정합니다(이 예제는 궁극적으로 회귀 문제입니다!). 옵티마이저로는 확률적 경사 하강법인 SGD가 좋은 선택입니다. 책에서는 이 클래스에 대해 자세히 설명하지 않지만 앤드루 응의 코세라 강좌 '심층 학습 특화 과정'(https://oreil.ly/A8QzN)에서 관련된 내용을 배울 수 있습니다. SGD는 학습률(`learning_rate`)과 모멘텀(`momentum`) 매개변수를 받아 옵티마이저의 최적화 과정을 조정합니다.[2] 데이터셋이 모두 다르기 때문에 적절한 값을 찾는 것이 좋습니다. 다음 절에서 최적의 값을 찾는 방법을 알아보겠지만 지금은 다음처럼 사용하겠습니다.

```
sgd = tf.keras.optimizers.SGD(learning_rate=1e-6, momentum=0.9)
model.compile(loss="mse",optimizer=sgd)
```

이제 데이터셋과 에폭 횟수를 지정해 `model.fit`을 호출하면 훈련이 시작됩니다.

```
model.fit(dataset,epochs=100,verbose=1)
```

훈련 과정에서 손실 함숫값이 처음에는 높았다가 점차 낮아지는 현상을 볼 수 있습니다. 다음은 처음 10개 에폭에 대한 출력입니다.

```
Epoch 1/100
45/45 [==============================] - 1s 15ms/step - loss: 898.6162
Epoch 2/100
45/45 [==============================] - 0s 8ms/step - loss: 52.9352
Epoch 3/100
45/45 [==============================] - 0s 8ms/step - loss: 49.9154
Epoch 4/100
45/45 [==============================] - 0s 7ms/step - loss: 49.8471
Epoch 5/100
45/45 [==============================] - 0s 7ms/step - loss: 48.9934
Epoch 6/100
```

---

2 옮긴이_ 모멘텀(momentum)과 네스테로프 모멘텀(nesterov momentum) 방식에 대해서는 옮긴이의 블로그(https://bit.ly/32dVkQS)를 참고하세요.

```
45/45 [==============================] - 0s 7ms/step - loss: 49.7624
Epoch 7/100
45/45 [==============================] - 0s 8ms/step - loss: 48.3613
Epoch 8/100
45/45 [==============================] - 0s 9ms/step - loss: 49.8874
Epoch 9/100
45/45 [==============================] - 0s 8ms/step - loss: 47.1426
Epoch 10/100
45/45 [==============================] - 0s 8ms/step - loss: 47.5133
```

10.3 DNN의 결과 평가하기

훈련된 DNN을 사용해 예측을 시작할 수 있습니다. 하지만 윈도 데이터셋을 사용했기 때문에 특정 개수의 타임 스텝 값을 기반으로 예측을 만듭니다.

다른 말로 하면 데이터가 series라는 리스트라면, 하나의 값을 예측하기 위해 시간 t에서 시간 t + window_size까지의 값을 모델에 전달해야 합니다. 그러면 모델이 그다음 타임 스텝에 대한 예측값을 반환합니다.

예를 들어 타임 스텝 1,020의 값을 예측하려면 타임 스텝 1,000에서 1,019까지의 값을 사용해 다음 값을 예측합니다. 다음 코드를 사용해 예측에 필요한 값을 준비합니다. series[1000:1019]가 아니라 series[1000:1020]로 지정해야 합니다!

```
print(series[1000:1020])
```

타임 스텝 1,020의 값을 출력하려면 다음처럼 series[1020]을 사용합니다.

```
print(series[1020])
```

이 데이터에서 예측을 만들기 위해 model.predict 메서드에 전달합니다. 하지만 훈련할 때와 입력 차원을 동일하게 유지하기 위해 다음처럼 [np.newaxis]을 추가합니다.

```
print(model.predict(series[1000:1020][np.newaxis]))
```

또는 다음처럼 더 일반적인 코드를 작성할 수 있습니다.

```
print(series[start_point:start_point+window_size])
print(series[start_point+window_size])
print(model.predict(
    series[start_point:start_point+window_size][np.newaxis]))
```

이 코드는 윈도 크기를 상당히 작은 길이인 20으로 가정합니다. 결과적으로 모델의 정확도가 낮을 수 있습니다. 다른 윈도 크기를 사용하고 싶다면 windowed_dataset 함수를 호출해 다시 데이터셋을 만들고 모델을 훈련해야 합니다.

다음은 타임 스텝 1,000을 시작점으로 삼은 윈도 크기 20까지의 값과 그다음 타임 스텝의 값, 예측한 값의 결과입니다.

```
[109.170746 106.86935  102.61668   99.15634  105.95478  104.503876
 107.08533  105.858284 108.00339  100.15279  109.4894   103.96404
 113.426094  99.67773  111.87749  104.26137  100.08899  101.00105
 101.893265 105.69048 ]
106.258606
[[105.36248]]
```

첫 번째 텐서는 특성으로 사용할 리스트입니다. 그다음 값은 레이블에 해당하는 106.258606입니다. 마지막으로 예측된 값은 105.36248입니다. 합리적인 예측을 얻었지만 정확도는 어떻게 측정해야 할까요? 다음 절에서 이에 대해 알아보겠습니다.

10.4 전반적인 예측 살펴보기

이전 절에서 윈도 크기(여기서는 20)만큼 이전 값을 받아 모델에 전달해 예측을 만드는 방법을 보았습니다. 모델의 전체 결과를 확인하려면 모든 타임 스텝에 대해 동일한 작업을 수행해야 합니다.

다음처럼 간단한 루프를 사용해 이 작업을 수행할 수 있습니다.

```
forecast = []
for time in range(len(series) - window_size):
    forecast.append(
        model.predict(series[time:time + window_size][np.newaxis]))
```

먼저 예측된 값을 저장할 forecast 리스트를 만듭니다. 그다음 원본 시계열의 모든 타임 스텝에서 predict 메서드를 호출하고 forecast 리스트에 결과를 저장합니다. 처음 n개의 원소에서는 이전 데이터가 충분하지 않기 때문에 예측을 수행할 수 없습니다. 여기서 n은 window_size입니다.

이 반복 루프가 끝나면 forecast 리스트에는 타임 스텝 21부터 예측된 값이 있습니다.

기억을 되살려보면 타임 스텝 1,000 시점에서 데이터셋을 훈련 세트와 검증 세트로 나누었습니다. 따라서 이 타임 스텝 다음의 예측만 가져와야 합니다. 예측한 데이터를 저장한 forecast 리스트는 20(또는 윈도 크기)만큼 앞선 타임 스텝의 값을 저장하므로 이 점을 고려해 다음 코드처럼 데이터를 나누고 넘파이 배열로 변환합니다.

```
forecast = forecast[split_time-window_size:]
results = np.array(forecast)[:, 0, 0]
```

이제 검증 세트와 예측 데이터의 크기가 같아졌으므로 다음과 같이 함께 그래프로 그릴 수 있습니다.

```
plt.figure(figsize=(10, 6))

plot_series(time_valid, x_valid)
plot_series(time_valid, results)
```

이 그래프는 [그림 10-3]과 같습니다.

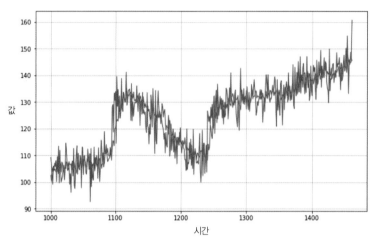

그림 10-3 검증 세트와 예측값의 그래프

빠르게 훑어봐도 예측이 그리 나빠 보이지 않네요. 대체적으로 원본 데이터 곡선을 잘 따라가고 있습니다. 데이터가 급격히 변하는 곳에서는 예측이 따라잡는 데 시간이 조금 걸리지만 전체적으로 준수합니다.

하지만 눈으로 곡선을 정확하게 평가하기는 어렵습니다. 측정 지표를 사용하는 것이 좋으며 그 방법 중 하나로 9장에서 MAE를 살펴봤습니다. 검증 세트와 결괏값을 사용해 다음 코드처럼 MAE를 측정할 수 있습니다.

```
tf.keras.metrics.mean_absolute_error(x_valid, results).numpy()
```

데이터에 무작위성이 있기 때문에 MAE의 결과는 각자 다를 수 있지만 여기서는 4.51을 얻었습니다.

가능한 한 정확한 예측을 얻는 과정이 MAE를 최소화하는 과정입니다. 윈도 크기 변경 등 이를 위해 사용할 수 있는 기법이 몇 가지 있지만 여러분의 숙제로 남겨 놓겠습니다. 다음 절에서는 옵티마이저에서 몇 가지 기본적인 하이퍼파라미터 튜닝을 수행하여 신경망 성능을 향상하고 MAE 결과에 어떤 영향을 미치는지 알아보겠습니다.

10.5 학습률 튜닝하기

이전 예제에서 모델을 다음과 같은 옵티마이저로 컴파일했습니다.

```
sgd = tf.keras.optimizers.SGD(learning_rate=1e-6, momentum=0.9)
model.compile(loss="mse",optimizer=sgd)
```

여기서 학습률은 1×10^{-6}입니다. 하지만 이는 정말 임의로 정한 숫자입니다. 이를 바꾸면 어떻게 될까요? 어떻게 바꿔야 할까요? 최상의 학습률을 찾으려면 많은 실험이 필요합니다.

tf.keras는 훈련 과정에서 학습률을 조정할 수 있는 콜백 기능을 제공합니다. 2장에서 에폭 끝마다 함수를 호출해 원하는 정확도에 도달하면 훈련을 중지하는 콜백을 배웠습니다.

콜백을 사용해 학습률 파라미터를 조정하고, 적절한 에폭을 찾기 위해 손실에 대한 학습률의 값을 그래프로 그려서 최적의 학습률을 결정할 수 있습니다.

이렇게 하려면 tf.keras.callbacks.LearningRateScheduler를 만든 다음 learning_rate 매개변수에 원하는 시작값을 지정합니다. 코드는 다음과 같습니다.

```
lr_schedule = tf.keras.callbacks.LearningRateScheduler(
    lambda epoch: 1e-8 * 10**(epoch / 20))
```

여기에서는 학습률이 1e-8에서부터 시작하며 에폭마다 학습률이 조금씩 증가합니다. 100번째 에폭이 끝나면 학습률이 1e-3까지 증가합니다.

이제 학습률 1e-8로 옵티마이저를 초기화하고 이 콜백을 model.fit 메서드에 지정합니다.

```
optimizer = tf.keras.optimizers.SGD(learning_rate=1e-8, momentum=0.9)
model.compile(loss="mse", optimizer=optimizer)
history = model.fit(dataset, epochs=100,
                    callbacks=[lr_schedule], verbose=0)
```

손실을 포함해 model.fit 메서드의 결과를 history에 저장했습니다. 에폭의 학습률에 대한 손실 그래프를 다음 코드로 그릴 수 있습니다.

```
lrs = 1e-8 * (10 ** (np.arange(100) / 20))
plt.semilogx(lrs, history.history["loss"])
plt.axis([1e-8, 1e-3, 0, 300])
```

람다 함수와 동일한 공식으로 lrs를 만듭니다. 그리고 1e-8과 1e-3 사이의 손실 그래프를 그립니다. 결과는 [그림 10-4]와 같습니다.

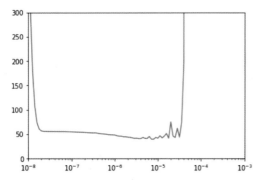

그림 10-4 학습률에 대한 손실 그래프

앞서 학습률을 1e-6으로 설정했지만 1e-5가 더 낮은 손실을 만드는 것 같습니다. 따라서 학습률 1e-5로 모델을 다시 정의해 훈련할 수 있습니다.

모델을 훈련한 다음, 손실이 조금 더 낮아진 것을 확인할 수 있습니다. 필자의 경우에는 학습률 1e-6에서 마지막 손실이 36.5였지만 학습률 1e-5에서는 32.9로 낮아졌습니다. 하지만 전체 데이터에 대해 예측을 수행하면 [그림 10-5]처럼 약간 차이가 있는 것을 볼 수 있습니다.

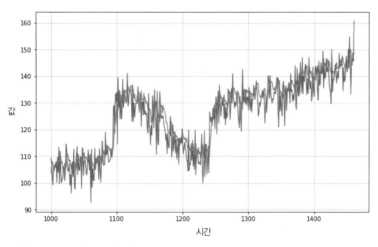

그림 10-5 학습률을 조정한 예측 결과

필자가 측정한 마지막 MAE 값은 4.96이었습니다. 성능이 조금 후퇴했습니다! 최상의 학습률을 알았다면 신경망의 성능을 최적화하기 위해 다른 방법을 살펴볼 수 있습니다. 가장 먼저 윈도 크기 조정부터 시도해볼 수 있습니다. 예측을 위해 20일 치 데이터는 부족할지도 모릅니다. 따라서 윈도 크기를 40으로 늘려봐도 좋습니다. 또 다른 방법은 훈련 에폭을 늘리는 것입니다. 이런 실험을 통해 4에 가까운 MAE를 얻을 수 있으며 이는 나쁘지 않은 값입니다.

10.6 케라스 튜너로 하이퍼파라미터 튜닝하기

이전 절에서 확률적 경사 하강법의 학습률을 최적화하는 방법을 보았습니다. 몇 에폭마다 학습률을 변경하고 손실을 측정하는 데에는 상당한 노력이 필요합니다. 또한 손실이 에폭마다 변화한다는 사실 때문에 실제로 최적의 값이 아니라 근삿값을 찾습니다. 진짜 최상의 값을 찾으려면 개별 매개변숫값마다 전체 에폭을 훈련해서 결과를 비교해야 합니다. 이는 학습률 하나의 하이퍼파라미터에 대한 것입니다. 최상의 모멘텀 값이나, 모델 구조에 해당하는 층의 뉴런 개수, 층 개수 등과 같은 다른 하이퍼파라미터에 대한 최상의 값을 찾으려면 테스트할 옵션이 순식간에 수천 개로 늘어납니다. 또한 이를 모두 훈련하는 코드를 작성하기도 어렵습니다.

다행히 케라스 튜너^{Keras Tuner}(https://oreil.ly/QDFVd)를 이용하면 비교적 쉽게 이 문제를 해결할 수 있습니다. 먼저 **pip** 명령을 사용해 케라스 튜너를 설치합니다.

```
!pip install keras-tuner
```

테스트할 범위를 지정해 하이퍼파라미터를 매개변수화할 수 있습니다. 케라스 튜너는 가능한 파라미터 조합에 대해 하나씩 여러 개의 모델을 훈련하고, 지정한 측정 지표로 모델을 평가해 최상의 모델을 리포트합니다. 여기서는 케라스 튜너가 제공하는 모든 옵션을 설명하지는 않지만 간단히 다음 예제를 살펴보며 사용 방법을 소개하겠습니다.

두 가지를 실험한다고 가정해보죠. 첫 번째는 모델 구조에 있는 입력 뉴런의 개수입니다. 이 모델은 입력 층에 10개의 뉴런이 있고 그다음 은닉 층에 10개의 뉴런이 있고 출력 층에 1개의 뉴런이 있습니다. 더 많은 뉴런이 있다면 모델의 성능이 올라갈까요? 예를 들어 입력 층의 뉴런을 30개까지 늘려보면 어떨까요?

이전에 입력 층을 다음과 같이 정의했습니다.

```
tf.keras.layers.Dense(10, input_shape=[window_size], activation="relu"),
```

하드코딩된 10이 아닌 다른 값을 테스트하고 싶다면 다음처럼 범위 형식으로 지정할 수 있습니다.[3]

```
tf.keras.layers.Dense(units=hp.Int('units', min_value=10, max_value=30, step=2),
                      activation='relu', input_shape=[window_size])
```

10부터 시작해 2씩 건너뛰어 30까지 증가하는 입력 뉴런 개수로 테스트하도록 층을 정의했습니다. 이제 케라스 튜너는 모델을 한 번 훈련하고 손실을 확인하는 것이 아니라 11번 훈련합니다!

또한 모델을 컴파일할 때 **momentum** 매개변수를 0.9로 하드코딩했습니다. 이 코드는 다음과 같습니다.

---

3 옮긴이_ 케라스 튜너의 하이퍼파라미터 클래스에 대한 자세한 내용은 https://keras.io/api/keras_tuner/hyperparameters를 참고하세요.

```
optimizer = tf.keras.optimizers.SGD(lr=1e-5, momentum=0.9)
```

이를 다음처럼 hp.Choice 클래스를 사용해 여러 개의 옵션을 테스트하도록 바꿀 수 있습니다.

```
sgd = tf.keras.optimizers.SGD(
    hp.Choice('momentum', values=[.9, .7, .5, .3]),
    lr=1e-5)
model.compile(loss="mse", optimizer=sgd)
```

모멘텀 옵션을 네 가지나 제공하므로 이전에 정의한 뉴런 개수와 합치면 가능한 조합이 총 44개가 됩니다. 케라스 튜너가 다양한 조합을 테스트하고 최상의 성능을 내는 모델을 리포트합니다.

모델 생성 함수를 작성해 설정을 완료해보겠습니다. 바뀐 모델 정의는 다음과 같습니다.

```
def build_model(hp):
    model = tf.keras.models.Sequential()
    model.add(tf.keras.layers.Dense(
        units=hp.Int('units', min_value=10, max_value=30, step=2),
        activation='relu', input_shape=[window_size]))
    model.add(tf.keras.layers.Dense(10, activation='relu'))
    model.add(tf.keras.layers.Dense(1))
    sgd = tf.keras.optimizers.SGD(
        learning_rate=1e-5,
        momentum=hp.Choice('momentum', values=[.9, .7, .5, .3]))
    model.compile(loss="mse", optimizer=sgd)
    return model
```

이제 케라스 튜너의 RandomSearch 객체를 만들어 모델의 하이퍼파라미터 탐색을 위임합니다.

```
tuner = RandomSearch(build_model,
                     objective='loss', max_trials=150,
                     executions_per_trial=3, directory='my_dir',
                     project_name='hello')
```

앞서 설명한 함수를 전달해 모델을 정의합니다. 하이퍼파라미터 매개변수(hp)를 사용해 어떤 값을 바꿀지 제어합니다. 손실을 최소화하기 위해 objective 매개변수를 'loss'로 지정합니다. max_trials 매개변수로 최대 탐색 횟수를 제한할 수 있습니다. executions_per_trial 매개변수로 (랜덤한 변동을 줄이기 위해) 모델 훈련과 평가 횟수를 지정합니다.

탐색을 시작하려면 다음과 같이 model.fit을 호출하는 것처럼 tuner.search를 호출합니다.

```
tuner.search(dataset, epochs=100, verbose=0)
```

이 장에서 다루었던 합성 시계열 데이터에서 이를 실행하면 탐색 옵션 정의에 따라 가능한 모든 하이퍼파라미터 조합으로 모델을 훈련합니다.

실행이 끝나면 tuner.results_summary를 호출해 최상위 10개의 모델을 확인할 수 있습니다.

```
tuner.results_summary()
```

결과는 다음과 같습니다.

```
Results summary
|-Results in my_dir/hello
|-Showing 10 best trials
|-Objective(name='loss', direction='min')
Trial summary
|-Trial ID: dcfd832e62daf4d34b729c546120fb14
|-Score: 33.18723194615371
|-Best step: 0
Hyperparameters:
|-momentum: 0.5
|-units: 28
Trial summary
|-Trial ID: 02ca5958ac043f6be8b2e2b5479d1f09
|-Score: 33.83273440510237
|-Best step: 0
Hyperparameters:
|-momentum: 0.7
|-units: 28
```

결과를 보면 모멘텀 0.5와 입력 유닛 28개에서 최선의 손실 점수를 달성했습니다. get_best_models 메서드로 이 모델과 다른 최상의 모델을 원하는 개수만큼 추출할 수 있습니다. 예를 들어 상위 네 개의 모델을 추출하려면 다음과 같이 호출합니다.

```
best_models = tuner.get_best_models(num_models=4)
```

그다음 이 모델을 테스트할 수 있습니다.

또는 찾은 하이퍼파라미터로 다음처럼 새로운 모델을 다시 만들 수 있습니다.

```
dataset = windowed_dataset(x_train, window_size, batch_size,
                           shuffle_buffer_size)

model = tf.keras.models.Sequential([
    tf.keras.layers.Dense(28, input_shape=[window_size],
                          activation="relu"),
    tf.keras.layers.Dense(10, activation="relu"),
    tf.keras.layers.Dense(1)
])

optimizer = tf.keras.optimizers.SGD(lr=1e-5, momentum=0.5)
model.compile(loss="mse", optimizer=optimizer)
history = model.fit(dataset, epochs=100,  verbose=1)
```

이 하이퍼파라미터로 훈련해 이전처럼 검증 세트에 대해 예측을 수행하면 [그림 10-6]과 같은 그래프를 얻습니다.

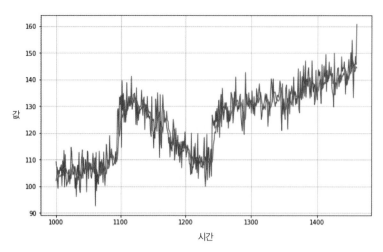

그림 10-6 최적의 하이퍼파라미터를 사용해 예측한 결과

최종 MAE는 4.47로 이전 모델의 4.51보다 조금 개선되었고, 이전 장에서 통계적인 방법으로 얻은 5.13보다는 훨씬 좋아졌습니다. 여기서 적용한 학습률은 1e-5지만 최적이 아닐 수 있습니다. 케라스 튜너를 사용하면 이런 식으로 하이퍼파라미터를 튜닝하거나 중간 층의 뉴런 개수나 심지어 다른 손실 함수와 옵티마이저를 테스트할 수도 있습니다. 이 모델을 더 향상할 수 있는지 다양하게 시도해보세요!

10.7 마치며

9장에서 본 시계열의 통계적 분석에 이어 이번 장에서는 더 나은 예측을 만들기 위해 모델에 머신러닝을 적용했습니다. 머신러닝은 패턴 매칭이 전부입니다. 먼저 심층 신경망으로 패턴을 찾아 MSE를 약 10% 정도 줄였습니다. 그다음 케라스 튜너로 하이퍼파라미터를 튜닝해 손실을 낮추고 정확도를 높였습니다. 11장에서는 간단한 심층 신경망을 넘어서 순환 신경망을 사용해 순차 데이터를 예측해보겠습니다.

## CHAPTER 11

시퀀스 모델을 위한 합성곱 신경망과 순환 신경망

이전 몇 개의 장에 걸쳐서 시퀀스 데이터를 소개했습니다. 처음에 통계적인 방법으로 시퀀스를 예측했고 그다음엔 심층 신경망을 사용한 머신러닝 방법을 적용했습니다. 케라스 튜너로 모델의 하이퍼파라미터를 튜닝하는 방법도 살펴보았습니다. 이 장에서는 합성곱 신경망과 순환 신경망을 사용해 시퀀스 데이터를 예측하는 능력을 더욱 향상하는 기법을 알아보겠습니다.

11.1 시퀀스 데이터를 위한 합성곱

3장에서 이미지 위를 지나가면서 특징을 추출하는 2D 필터를 가진 합성곱을 소개했습니다. 신경망은 훈련을 통해 픽셀을 레이블에 매핑할 때 효과적인 필터 값을 학습합니다. 이 과정을 거치며 이미지에서 특징을 추출합니다. 동일한 기법을 시계열 데이터에도 적용할 수 있지만 한 가지 수정이 필요합니다. 합성곱을 2차원이 아닌 1차원에서 수행하는 것입니다.

예를 들어 [그림 11-1]과 같은 숫자 시계열을 생각해보죠.

| 4 | 8 | 15 | 16 | 23 | 42 | 51 | 64 | 99 | -1 |

그림 11-1 숫자 시퀀스

1D 합성곱은 다음과 같이 작동합니다. 필터 값이 −0.5, 1, −0.5인 1 × 3 크기 필터로 합성곱한다고 생각해봅시다. [그림 11-2]와 같이 필터의 첫 번째 위치에서 입력값과 곱해져 −1.5를 만듭니다.

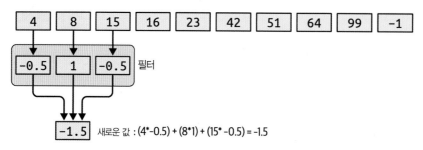

그림 11-2 숫자 시퀀스에 합성곱 사용하기

필터가 입력값 위를 지나가면서 새로운 값을 만듭니다. 예를 들어 [그림 11-3]처럼 다음번 필터 위치에서는 3을 출력합니다.

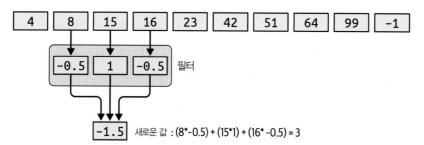

그림 11-3 두 번째 1D 합성곱

이런 방법을 사용하면 이미지 픽셀에서 특징을 추출하기 위해 합성곱하는 것과 마찬가지로 시퀀스 값 사이의 패턴을 성공적으로 추출하는 필터를 학습할 수 있습니다. 여기에서는 레이블이 나타나 있지 않지만 전체 손실을 최소화하기 위한 합성곱 필터를 학습할 수 있습니다.

11.1.1 1D 합성곱 신경망 만들기

합성곱을 만들기 전에 이전 장에서 사용했던 윈도 데이터셋 제너레이터를 수정해야 합니다. 합성곱 층을 사용하려면 샘플의 벡터 차원을 먼저 지정해야 하기 때문입니다. 윈도 데이터셋은 샘플 차원이 하나였지만 명시적으로 정의하지 않았습니다. 이를 위해 다음처럼 `windowed_dataset` 함수 시작 부분에 `tf.expand_dims`을 추가해 차원을 정의합니다.[1]

```python
def windowed_dataset(series, window_size, batch_size, shuffle_buffer):
    series = tf.expand_dims(series, axis=-1)
    dataset = tf.data.Dataset.from_tensor_slices(series)
    dataset = dataset.window(window_size + 1, shift=1, drop_remainder=True)
    dataset = dataset.flat_map(lambda window: window.batch(window_size + 1))
    dataset = dataset.shuffle(shuffle_buffer).map(lambda window: (window[:-1],
            window[-1]))
    dataset = dataset.batch(batch_size).prefetch(1)
    return dataset
```

데이터셋이 준비되었으므로 밀집 층 전에 합성곱 층을 추가할 수 있습니다.

```python
dataset = windowed_dataset(x_train, window_size, batch_size, shuffle_buffer_size)

model = tf.keras.models.Sequential([
    tf.keras.layers.Conv1D(filters=128, kernel_size=3,
                           strides=1, padding="causal",
                           activation="relu",
                           input_shape=[None, 1]),
    tf.keras.layers.Dense(28, activation="relu"),
    tf.keras.layers.layers.Dense(10, activation="relu"),
    tf.keras.layers.layers.Dense(1),
])

optimizer = tf.keras.optimizers.SGD(lr=1e-5, momentum=0.5)
model.compile(loss="mse", optimizer=optimizer)
history = model.fit(dataset, epochs=100, verbose=1)
```

`Conv1D` 층은 여러 가지 매개변수를 제공합니다.

---

[1] 옮긴이_ 이 예제의 데이터는 특성이 하나지만 1D 합성곱은 (타임 스텝 길이, 특성 크기)의 입력을 기대하기 때문에 `expand_dims` 함수로 마지막 차원을 하나 늘렸습니다. 10장에서처럼 `np.newaxis`를 사용해 차원을 늘릴 수도 있습니다.

- **filters**: 학습할 필터의 개수입니다. 필터의 가중치 값은 랜덤하게 생성되고 학습하면서 데이터에 맞게 조정됩니다.
- **kernel_size**: 필터 크기입니다. 앞서 예를 든 -0.5, 1, -0.5와 같은 필터의 커널 크기는 3입니다.
- **strides**: 필터가 입력 위를 지나갈 때 수행할 스텝 크기입니다. 일반적으로 1입니다.
- **padding**: 가장자리 데이터를 어떻게 처리할지 결정합니다. 3 × 1 필터를 사용하면 첫 번째와 마지막 값이 단 한 번만 합성곱에 참여하게 됩니다. 이는 기본적으로 첫 번째 원소에서 마지막 원소까지만 필터가 이동하기 때문입니다. 시퀀스 데이터의 경우 보통 causal을 사용합니다. 이때는 현재와 과거의 타임 스텝만 사용합니다. 따라서 3 × 1 필터의 경우 현재 타임 스텝과 이전 두 개의 타임 스텝의 값을 사용합니다.[2]
- **activation**: 활성화 함수를 지정합니다. 여기에서 relu는 층의 출력 중 음수를 0으로 만듭니다.
- **input_shape**: 신경망에 전달할 데이터의 크기를 지정합니다. 첫 번째 층이므로 이 매개변수를 지정해야 합니다.

위 코드로 훈련하면 이전과 같은 모델을 얻을 수 있지만 모델 예측을 위해 입력 층의 크기가 바뀌었기 때문에 예측 코드를 조금 수정해야 합니다.

이전 윈도를 고려해 값을 하나씩 예측하는 대신 시계열을 데이터셋으로 올바르게 변환했다면 전체 시계열에 대해 한 번에 예측을 수행할 수 있습니다. 이를 조금 쉽게 만들기 위해 특정 윈도 크기와 모델이 주어졌을 때 전체 시계열을 예측하는 헬퍼 함수를 만들어보겠습니다.

```python
def model_forecast(model, series, window_size):
    ds = tf.data.Dataset.from_tensor_slices(series)
    ds = ds.window(window_size, shift=1, drop_remainder=True)
    ds = ds.flat_map(lambda w: w.batch(window_size))
    ds = ds.batch(32).prefetch(1)
    forecast = model.predict(ds)
    return forecast
```

모델을 사용해 시계열을 예측하려면 다음처럼 Conv1D 층을 위해 새로운 축을 추가한 시계열을 전달하면 됩니다.

```python
forecast = model_forecast(model, series[..., np.newaxis], window_size)
```

분할 위치를 기준으로 검증 세트에 대한 예측을 따로 분리해보겠습니다.

---

2 옮긴이_ padding='causal'일 경우 [그림 11-2]에서 3 × 1 필터가 왼쪽으로 두 타임 스텝 이동해 시작한다고 생각하면 쉽습니다. 따라서 출력 시퀀스 길이는 입력 시퀀스의 길이와 같습니다.

```
results = forecast[split_time - window_size:-1, -1, 0]
```

검증 세트에 대한 결과는 [그림 11-4]와 같습니다.

필자의 경우 MAE는 4.89가 출력되었는데 이전보다 조금 더 나쁜 결과입니다. 이는 합성곱 층을 적절히 튜닝하지 않았거나 합성곱이 도움이 되지 않기 때문일 수 있습니다. 주어진 데이터에서 실험을 해봐야 합니다.

이 데이터는 잡음을 가지고 있기 때문에 실행할 때마다 값이 달라집니다. 10장의 코드와 이 코드를 별도로 실행하면 랜덤한 변동이 데이터와 MAE에 영향을 미칠 것입니다.[3]

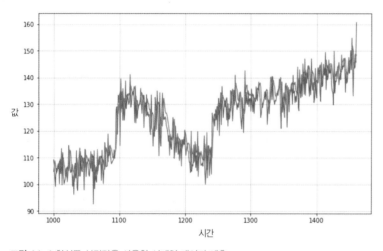

그림 11-4 합성곱 신경망을 사용한 시계열 데이터 예측

합성곱을 사용할 때는 항상 다음과 같은 질문이 뒤따릅니다. 특정 매개변수를 선택한 이유는 무엇인가요? 필터가 128개인 이유가 있나요? 필터의 크기는 왜 3 × 1인가요? 다행히도 이전에 했던 것처럼 케라스 튜너[4]를 사용해 실험할 수 있습니다. 다음 절에서 알아보죠.

---

3 옮긴이_ 10장과 11장의 주피터 노트북에서는 모두 랜덤 시드(random seed) 42를 사용하므로 동일한 데이터를 생성합니다.

4 https://oreil.ly/doxhE

11.1.2 Conv1D 하이퍼파라미터 튜닝하기

이전 절에서 필터 개수, 커널 크기, 스트라이드 크기 등의 하이퍼파라미터를 하드코딩한 1D 합성곱을 사용했습니다. 이런 매개변수로 신경망을 훈련했을 때는 MAE가 조금밖에 상승하지 않았고, Conv1D로 얻을 수 있는 이득이 없었습니다. 데이터에 따라서 항상 유용하지는 않을 수 있습니다. 하지만 최적이 아닌 하이퍼파라미터 때문일 수도 있습니다. 따라서 이 절에서는 케라스 튜너로 최적화하는 방법을 알아보겠습니다.

이번 예제에서는 다른 매개변수는 고정하고 필터 개수, 커널 크기, 스트라이드 크기를 테스트해보겠습니다.

```python
def build_model(hp):
    model = tf.keras.models.Sequential()
    model.add(tf.keras.layers.Conv1D(
        filters=hp.Int('units',min_value=128, max_value=256, step=64),
        kernel_size=hp.Int('kernels', min_value=3, max_value=9, step=3),
        strides=hp.Int('strides', min_value=1, max_value=3, step=1),
        padding='causal', activation='relu', input_shape=[None, 1]
    ))

    model.add(tf.keras.layers.Dense(28, input_shape=[window_size],
                                    activation='relu'))

    model.add(tf.keras.layers.Dense(10, activation='relu'))

    model.add(tf.keras.layers.Dense(1))

    sgd = tf.keras.optimizers.SGD(momentum=0.5, learning_rate=1e-5)
    model.compile(loss="mse", optimizer=sgd)
    return model
```

필터 개수는 128부터 시작해서 64개씩 늘려가며 256까지 테스트합니다. 커널 크기는 3에서 시작해 3씩 증가하며 9까지 테스트합니다. 스트라이드는 1에서 시작해서 3까지 늘려봅니다.

조합의 개수가 많기 때문에 실행하는 데 시간이 좀 걸립니다. filters를 더 작은 값에서 시작해보는 등 다른 변경을 시도해볼 수 있습니다.

하이퍼파라미터 탐색 코드는 다음과 같습니다.

```
tuner = RandomSearch(build_model, objective='loss',
                     max_trials=500, executions_per_trial=3,
                     directory='my_dir', project_name='cnn-tune')

tuner.search_space_summary()

tuner.search(dataset, epochs=100, verbose=2)
```

탐색이 완료된 후 커널 크기가 9이고 스트라이드는 1인 128개의 필터가 최상의 결과를 냈습니다. 초기 모델 설정과 비교하면 필터 크기에 큰 차이가 있습니다. 이는 데이터가 큰 결과라고 볼 수 있습니다. 필터 크기가 3일 때는 바로 이웃한 데이터에만 영향을 받습니다. 필터 크기가 9라면 더 멀리 떨어진 데이터도 필터 적용 결과에 영향을 미칩니다. 이 값으로 시작해 더 큰 필터 크기와 더 적은 필터 개수를 시도해볼 필요가 있습니다.[5] 모델의 성능을 더 향상할 수 있는지 확인해보는 실험은 여러분의 숙제로 남겨 놓겠습니다!

이 값을 모델 구조에 반영하면 다음과 같습니다.

```
dataset = windowed_dataset(x_train, window_size, batch_size,
                           shuffle_buffer_size)

model = tf.keras.models.Sequential([
    tf.keras.layers.Conv1D(filters=128, kernel_size=9,
                           strides=1, padding="causal",
                           activation="relu",
                           input_shape=[None, 1]),
    tf.keras.layers.Dense(28, input_shape=[window_size],
                          activation="relu"),
    tf.keras.layers.Dense(10, activation="relu"),
    tf.keras.layers.Dense(1),
])

optimizer = tf.keras.optimizers.SGD(lr=1e-5, momentum=0.5)
model.compile(loss="mse", optimizer=optimizer)
history = model.fit(dataset, epochs=100,  verbose=1)
```

---

5 옮긴이_ 하이퍼파라미터 탐색으로 얻은 필터 개수와 커널 크기가 탐색 범위의 경계에 해당하기 때문에 범위를 더 확장하여 시도해볼 필요가 있다는 의미입니다.

이 모델을 훈련하고 나면 [그림 11-5]처럼 앞서 만든 단순한 CNN과 이전 장의 DNN보다 높은 정확도를 달성합니다.

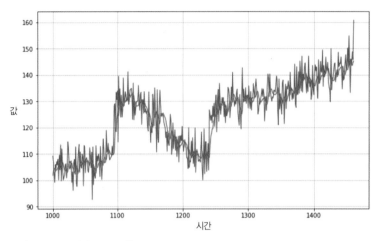

그림 11-5 최적화된 CNN 예측

MAE 결과는 4.39입니다. 합성곱 층을 사용하지 않았을 때 얻은 4.47보다 조금 향상되었습니다. CNN 하이퍼파라미터를 더 튜닝하면 더 좋은 성능을 얻을 수 있을 것입니다.

합성곱 이외에도 LSTM을 포함해 RNN으로 자연어 처리를 다룬 장에서 살펴본 기술은 시퀀스 데이터를 다룰 때 유용할 수 있습니다. 태생적으로 RNN은 문맥을 유지하도록 고안되었으며 이전 스텝의 값이 다음 스텝의 값에 영향을 미칠 수 있습니다. 다음으로 RNN을 사용한 시퀀스 모델링을 알아보겠습니다. 다만 그전에 합성 데이터셋에서 실전 데이터셋으로 이동해보겠습니다. 이번에는 날씨 데이터를 사용해봅니다.

11.2 NASA 날씨 데이터 사용하기

시계열 날씨 데이터에 대한 훌륭한 자료는 NASA의 고다드 우주 연구소(GISS)에서 공개한 표면 온도 분석 Surface Temperature analysis (`https://oreil.ly/6IixP`) 자료입니다. 페이지 오른쪽에 있는 Station Data(`https://oreil.ly/F9Hmw`) 링크를 클릭하면 데이터를 얻으려는 기상 관측소를 선택할 수 있습니다. 예를 들면 시애틀 터코마 Seattle Tacoma 국제공항을 선택하면 [그림

11-6]과 같은 페이지가 열립니다.

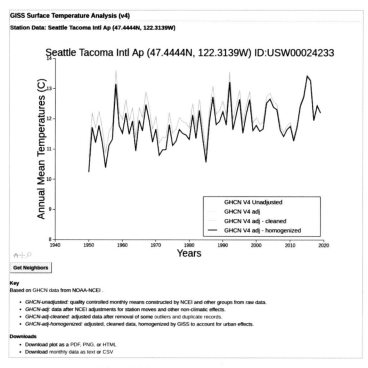

그림 11-6 GISS 표면 온도 데이터

페이지 하단에 월 데이터를 CSV 파일로 다운로드하는 링크가 있습니다. 이를 클릭하면 station.csv 파일이 다운로드됩니다. 이 파일을 열면 [그림 11-7]과 같이 한 행이 1년이고 각 열에 월이 있는 데이터가 담긴 표가 나타납니다.

	A	B	C	D	E	F	G	H	I	J	K	L	M
1	YEAR	JAN	FEB	MAR	APR	MAY	JUN	JUL	AUG	SEP	OCT	NOV	DEC
2	1950	-2.54	5.85	6.99	9.37	12.31	17.04	18.99	19.05	15.74	10.95	7.84	8.5
3	1951	4.14	6.19	5.49	11.15	13.73	17.57	19.38	17.86	16.43	11.85	8.38	3.87
4	1952	3.86	6.21	7.13	10.55	13.63	15.01	18.86	18.63	16.51	13.77	6.43	6.76
5	1953	8.25	5.95	7.49	9.63	12.85	14.45	18	18.49	16.77	13.17	9.56	7.12
6	1954	3.67	7.08	6.24	8.94	13.57	14.91	17.02	17.3	16.24	11.73	10.83	6.26
7	1955	5.38	4.86	5.37	8.39	11.78	15.83	17	17.49	15.3	11.62	5.23	4.96
8	1956	5.3	3.45	6.32	11.2	15.2	15.25	19.54	18.61	15.81	10.77	6.98	5.64

그림 11-7 데이터 탐색

CSV 데이터이므로 파이썬으로 쉽게 처리할 수 있지만 모든 데이터셋이 그렇듯이 포맷(형식)

을 주의해야 합니다. CSV 파일은 줄 단위로 읽습니다. 종종 한 줄은 하나의 데이터 포인트를
나타냅니다. 이 파일은 한 줄에 12개의 데이터 포인트가 있으므로 이를 고려하며 데이터를 읽
어야 합니다.

11.2.1 파이썬으로 GISS 데이터 읽기

GISS 데이터를 읽는 코드는 다음과 같습니다.

```python
def get_station_data():
    data_file = "station.csv"
    f = open(data_file)
    data = f.read()
    f.close()
    lines = data.split('\n')
    header = lines[0].split(',')
    lines = lines[1:]
    temperatures=[]
    for line in lines:
        if line:
            linedata = line.split(',')
            linedata = linedata[1:13]
            for item in linedata:
                if item:
                    temperatures.append(float(item))

    series = np.asarray(temperatures)
    time = np.arange(len(temperatures), dtype="float32")
    return time, series
```

지정한 경로에서 파일을 열고 전체 데이터를 한 줄로 읽습니다. 그다음 줄 바꿈 문자(\n)로 행
을 구분합니다. 첫 번째 줄은 건너뛰고 각 줄을 순회하면서 콤마(,)로 줄을 구분해 linedata
리스트에 추가합니다. 이 리스트의 첫 번째부터 열세 번째까지의 값은 1월에서 12월까지의 데
이터입니다. 문자열로 저장되어 있으므로 실수^{float}로 변환해 temperatures 리스트에 추가합
니다. 이 함수는 series란 넘파이 배열과 이와 크기가 동일한 time 넘파이 배열을 반환합니다.
time 배열은 np.arange 함수로 만들었기 때문에 첫 번째 원소가 0, 두 번째 원소가 1이 됩니
다. 따라서 이 함수는 0에서부터 데이터 포인트 개수 − 1까지 스텝을 나타내는 time과 이 타

임 스텝의 데이터 series를 반환합니다.

이 시계열 데이터를 정규화하기 위해 다음 코드를 실행합니다.

```
time, series = get_station_data()
mean = series.mean(axis=0)
series -= mean
std = series.std(axis=0)
series /= std
```

이전처럼 훈련 세트와 검증 세트로 나눕니다. 분할 위치는 데이터 크기에 따라 선택하면 됩니다. 이 데이터는 840개이므로 792에서 나누겠습니다(검증을 위해 4년 치 데이터를 보관합니다).

```
split_time = 792
time_train = time[:split_time]
x_train = series[:split_time]
time_valid = time[split_time:]
x_valid = series[split_time:]
```

데이터가 넘파이 배열이기 때문에 신경망을 훈련할 윈도 데이터셋을 만드는 데 이전 코드를 그대로 사용할 수 있습니다.

```
window_size = 24
batch_size = 12
shuffle_buffer_size = 48
dataset = windowed_dataset(x_train, window_size,
                           batch_size, shuffle_buffer_size)
valid_dataset = windowed_dataset(x_valid, window_size,
                                 batch_size, shuffle_buffer_size)
```

이 장의 앞부분 합성곱 신경망에서 정의한 windowed_dataset 함수를 사용합니다. RNN, GRU, LSTM도 동일한 크기의 데이터가 필요하기 때문입니다.

11.3 RNN으로 시퀀스 모델링하기

이제 NASA의 CSV 데이터를 윈도 데이터셋으로 준비했으므로 훈련 모델을 만드는 일은 비교적 쉽습니다(좋은 모델을 훈련하는 것이 조금 더 어렵습니다!). RNN을 사용한 간단한 모델로 시작해보죠. 모델 구성 코드는 다음과 같습니다.

```
model = tf.keras.models.Sequential([
    tf.keras.layers.SimpleRNN(100, return_sequences=True,
                              input_shape=[None, 1]),
    tf.keras.layers.SimpleRNN(100),
    tf.keras.layers.Dense(1)
])
```

여기에서는 케라스의 SimpleRNN 층을 사용합니다. RNN은 신경망의 한 종류로 시퀀스 모델을 만드는 성능이 뛰어납니다. 7장에서 자연어 처리를 살펴볼 때 RNN을 처음 접했습니다. 여기서 작동 방식을 자세히 언급하지 않겠지만 관심이 있거나 7장을 건너뛰었다면 지금 다시 살펴보세요. RNN은 지금까지 본 타임 스텝의 상태를 유지하면서 시퀀스의 타임 스텝을 처리하는 내부 순환 루프를 가지고 있습니다. SimpleRNN에서는 현재 스텝의 출력이 다음 타임 스텝에 입력으로 전달됩니다.

이전과 동일한 하이퍼파라미터로 모델을 컴파일하고 훈련하거나 케라스 튜너로 더 좋은 하이퍼파라미터를 찾을 수 있습니다. 여기서는 간단하게 이전 설정을 사용합니다.

```
optimizer = tf.keras.optimizers.SGD(lr=1.5e-6, momentum=0.9)
model.compile(loss=tf.keras.losses.Huber(),
              optimizer=optimizer, metrics=["mae"])

history = model.fit(dataset, epochs=100, verbose=1,
                    validation_data=valid_dataset)
```

100번의 에폭만으로도 모델이 어떻게 예측하는지 볼 수 있습니다. 예측 결과가 [그림 11-8]에 나타나 있습니다.

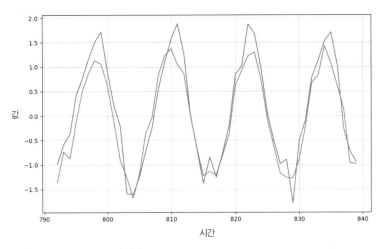

그림 11-8 SimpleRNN의 결과

여기서 보듯이 결과가 매우 좋습니다. 최고점과 타임 스텝 815와 828처럼 패턴이 예상치 못하게 변화될 때 간격이 조금 벌어지긴 했지만 전체적으로 나쁘지 않습니다. 그렇다면 1,500번 에폭 동안 훈련하면 결과는 어떻게 될까요(그림 11-9).

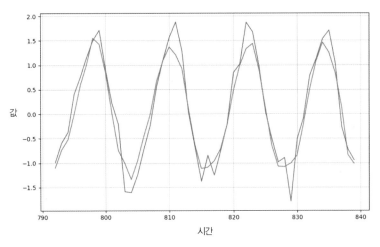

그림 11-9 1,500번의 에폭 동안 훈련한 RNN

최고점이 부드러워졌다는 점을 제외하고는 차이가 그리 크지 않습니다. 훈련 세트와 검증 세트에 대한 손실을 확인해보죠(그림 11-10).

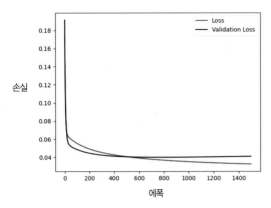

그림 11-10 SimpleRNN의 훈련 손실과 검증 손실

여기서 보듯이 훈련 손실과 검증 손실은 상당히 근접합니다. 하지만 에폭이 증가함에 따라 모델이 훈련 세트에 과대적합되기 시작합니다. 아마도 최상의 에폭 횟수는 500 근처일 것 같습니다.

이 현상의 원인을 파악해보자면 데이터가 월별 날씨 데이터라 계절성이 높기 때문일 수 있습니다. 또 다른 이유는 훈련 세트가 매우 큰 반면에 검증 세트는 작기 때문입니다. 다음에는 더 큰 날씨 데이터셋을 사용해보죠.

11.3.1 대용량 데이터셋 사용하기

KNMI Climate Explorer(`https://oreil.ly/J8CP0`)는 전 세계 여러 지역의 상세한 날씨 데이터를 제공합니다. 1772년부터 2020년까지 영국 중심부의 일일 온도로 구성된 데이터셋(`https://oreil.ly/OCqrj`)을 다운로드해 사용하겠습니다. 이 데이터는 GISS 데이터와 구조가 다릅니다. 날짜는 문자열이고 여러 개의 공백 뒤에 온도가 기록되어 있습니다.

헤더를 제외하고 공백을 삭제해 데이터를 준비했습니다. 이렇게 하면 다음과 같은 코드로 쉽게 데이터를 읽어들일 수 있습니다.

```
def get_tdaily_data():
    data_file = "tdaily_cet.dat.txt"
    f = open(data_file)
    data = f.read()
```

```
        f.close()
        lines = data.split('\n')
        temperatures=[]
        for line in lines:
            if line:
                linedata = line.split(' ')
                temperatures.append(float(linedata[1]))
        series = np.asarray(temperatures)
        time = np.arange(len(temperatures), dtype="float32")
        return time, series
```

이 데이터셋은 데이터 포인트 90,663개로 구성됩니다. 모델을 훈련하기 전에 적절하게 나누도록 하겠습니다. 80,000번 타임 스텝을 기준으로 나누어 10,663개 데이터를 검증 세트로 남겨 놓겠습니다. 또한 다음처럼 윈도 크기, 배치 크기, 셔플 버퍼 크기를 적절히 바꿉니다.

```
window_size = 60
batch_size = 120
shuffle_buffer_size = 240
```

나머지는 모두 동일합니다. [그림 11-11]은 100번의 에폭 동안 훈련한 후 검증 세트에 대한 예측 그래프이며 결과가 상당히 좋아 보입니다.

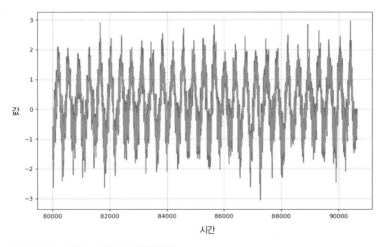

그림 11-11 KNMI 데이터를 사용한 예측

그래프에 데이터가 너무 많아 구분하기 어려우니 마지막 100일 치만 확대해서 살펴보겠습니다 (그림 11-12).

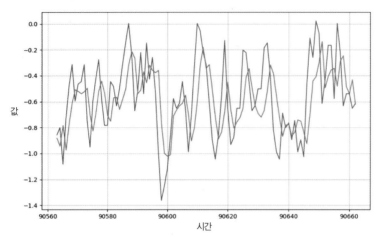

그림 11-12 100일 치 데이터에 대한 예측 결과

예측 곡선이 대체적으로 데이터를 따라가고 트렌드를 정확하게 예측하고 있지만, 특히 양극단에서 상당히 간격이 벌어져 있으므로 개선할 여지가 있습니다.

데이터를 정규화했기 때문에 손실과 MAE가 낮아 보일 수 있습니다. 실제보다 훨씬 분산이 낮은 정규화된 값의 손실과 MAE이기 때문입니다. 따라서 [그림 11-13]에서 0.1보다 작은 손실은 오해를 일으킬 수 있습니다.

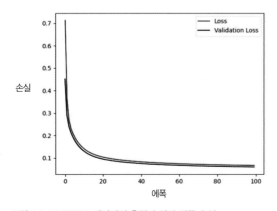

그림 11-13 KNMI 데이터의 훈련 손실과 검증 손실

원본 데이터로 복원하기 위해 정규화를 거꾸로 적용할 수 있습니다. 먼저 표준편차를 곱하고 평균을 더합니다. 그 후에 필요하다면 이전에 했던 것처럼 예측에 대한 실제 MAE를 계산할 수 있습니다.

11.4 다른 순환 층

SimpleRNN 이외에도 텐서플로는 GRU와 7장에서 소개한 LSTM 같은 다른 종류의 순환 층을 제공합니다. 이 장에서처럼 데이터를 TFRecord 기반으로 구성하면 이런 RNN 층을 바꾸어 실험하는 작업이 비교적 간단합니다.

예를 들어 앞서 만들었던 간단한 RNN은 다음과 같습니다.

```
model = tf.keras.models.Sequential([
    tf.keras.layers.SimpleRNN(100, input_shape=[None, 1],
                              return_sequences=True),
    tf.keras.layers.SimpleRNN(100),
    tf.keras.layers.Dense(1)
])
```

이를 GRU로 바꾸는 일은 다음처럼 간단하니다.

```
model = tf.keras.models.Sequential([
    tf.keras.layers.GRU(100, input_shape=[None, 1],
                        return_sequences=True),
    tf.keras.layers.GRU(100),
    tf.keras.layers.Dense(1)
])
```

LSTM도 비슷합니다.

```
model = tf.keras.models.Sequential([
    tf.keras.layers.LSTM(100, input_shape=[None, 1],
                         return_sequences=True),
```

```
    tf.keras.layers.LSTM(100),
    tf.keras.layers.Dense(1)
])
```

하이퍼파라미터, 손실 함수, 옵티마이저는 물론 이런 층들을 실험해볼 필요가 있습니다. 모든 경우에 통하는 만능 해법은 없기 때문에 주어진 상황에 맞는 최상의 모델은 데이터와 예측 요구 사항에 따라 달라집니다.

11.5 드롭아웃 사용하기

훈련 데이터의 MAE나 손실이 검증 데이터보다 훨씬 좋아져서 모델이 과대적합되었다면 드롭아웃을 사용할 수 있습니다. 3장에서 컴퓨터 비전의 입장에서 설명했듯이 드롭아웃은 훈련하는 동안 이웃한 뉴런을 랜덤하게 제외시킵니다. RNN에서는 순환 드롭아웃 매개변수도 제공합니다.

어떤 차이점이 있을까요? RNN에서 입력값으로 뉴런이 출력값과 다음 스텝에 전달되는 값을 계산합니다. 드롭아웃은 입력값을 랜덤하게 드롭아웃합니다. 순환 드롭아웃은 다음 스텝으로 전달되는 순환값을 랜덤하게 드롭아웃합니다.

예를 들어 [그림 11-14]와 같은 기본적인 순환 신경망 구조를 생각해보죠.

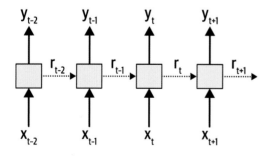

그림 11-14 순환 신경망

그림에는 각 타임 스텝에 층으로 주입되는 입력(x)이 있습니다. 현재 타임 스텝은 t이고, t − 2부터 t + 1까지의 순서대로 표시됩니다. 각 타임 스텝의 출력(y)도 나타나 있습니다. 타임 스텝 사이에 순환되는 값은 점선과 r로 표시됩니다.

드롭아웃은 랜덤하게 입력 x를 제외시킵니다. 순환 드롭아웃은 랜덤하게 순환값 r을 제외시킵니다.

야린 갈Yarin Gal과 주빈 가라마니Zoubin Ghahramani의 논문「A Theoretically Grounded Application of Dropout in Recurrent Neural Networks」(https://arxiv.org/pdf/1512.05287.pdf)에서 수학적 관점으로 살펴본 순환 드롭아웃의 작동 방식을 자세히 확인할 수 있습니다.

야린 갈은 딥러닝의 불확실성 연구(https://arxiv.org/abs/1506.02142)에서 순환 드롭아웃을 사용할 때 고려해야 할 한 가지 사항을 제시했습니다. 모든 타임 스텝에 동일 패턴의 드롭아웃이 적용되어야 하고 따라서 일정한 드롭아웃 마스크가 모든 타임 스텝에 적용되어야 한다는 것을 입증했습니다. 일반적으로 드롭아웃은 랜덤하지만 tf.keras에서 제공하는 드롭아웃은 야린 갈의 연구에서 권장하는 방식을 따릅니다.

드롭아웃과 순환 드롭아웃을 추가하려면 층에 해당 매개변수를 지정하면 됩니다. 예를 들어 다음처럼 GRU 층에 추가할 수 있습니다.

```
model = tf.keras.models.Sequential([
    tf.keras.layers.GRU(100, input_shape=[None, 1], return_sequences= True,
                        dropout=0.1, recurrent_dropout=0.1),
    tf.keras.layers.GRU(100, dropout=0.1, recurrent_dropout=0.1),
    tf.keras.layers.Dense(1),
])
```

드롭아웃 매개변수는 0~1 사이의 값으로 지정하며 드롭아웃될 비율을 나타냅니다. 예를 들어 0.1은 10%를 드롭아웃한다는 의미입니다.

드롭아웃을 사용한 RNN은 종종 수렴에 더 오랜 시간이 걸립니다. 따라서 더 많은 에폭 동안 훈련해야 합니다. [그림 11-15]는 GRU 층에 드롭아웃과 순환 드롭아웃을 0.1으로 적용해 1,000번의 에폭 동안 훈련한 결과입니다.

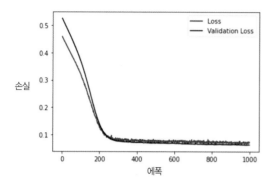

그림 11-15 드롭아웃을 사용한 GRU 훈련 결과

여기서 보듯이 300번 에폭까지 손실과 MAE가 빠르게 감소합니다. 그 이후에도 계속 감소하지만 요동이 상당히 많습니다. 드롭아웃을 사용할 때 이런 요동이 종종 관찰됩니다. 이는 학습률 같은 손실 함수의 파라미터는 물론 드롭아웃의 양을 조정할 수 있다는 의미입니다. [그림 11-16]에 나오듯이 이 신경망의 예측은 꽤 준수하지만 최고점이 실젯값보다 많이 낮기 때문에 개선될 여지가 있습니다.

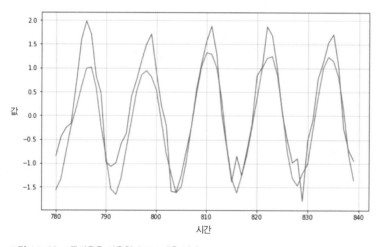

그림 11-16 드롭아웃을 사용한 GRU 예측 결과

이 장에서 보았듯이 신경망으로 시계열 데이터를 예측하는 것은 어렵지만 특히 케라스 튜너 같은 도구로 하이퍼파라미터를 튜닝하면 모델과 예측 결과를 향상할 수 있습니다.

11.6 양방향 RNN 사용하기

시퀀스를 분류할 때 고려할 수 있는 다른 방법은 양방향 RNN입니다. 미래의 값이 과거의 값에 영향을 미치는 구조가 처음에는 직관적이지 않을 수 있습니다. 하지만 시계열이 시간에 따라 반복되는 계절성을 가질 수 있다는 것을 떠올려보세요. 신경망으로 예측을 만드는 과정은 정교한 패턴 매칭이 전부입니다. 데이터가 반복된다면 데이터 반복의 신호를 미래의 값에서 찾을 수 있습니다. 양방향 층을 사용하면 모델을 훈련하여 타임 스텝 t에서 타임 스텝 t + x까지의 패턴과 타임 스텝 t + x에서 타임 스텝 t까지의 패턴을 감지할 수 있습니다.

다행히 양방향 RNN을 만드는 방법은 간단합니다. 예를 들어 이전 절에서 소개한 GRU를 사용해보죠. 양방향 GRU를 만들려면 tf.keras.layers.Bidirectional로 GRU 층을 감싸면 됩니다. 이렇게 하면 각 타임 스텝에서 원래 시퀀스 순서의 역순으로 두 번 훈련하게 됩니다. 이 결과는 다음 스텝을 진행하기 전에 합쳐집니다.

예를 들면 다음과 같습니다.

```
model = tf.keras.models.Sequential([
    tf.keras.layers.Bidirectional(
        tf.keras.layers.GRU(100, input_shape=[None, 1],return_sequences=True,
                            dropout=0.1, recurrent_dropout=0.1)),
    tf.keras.layers.Bidirectional(
        tf.keras.layers.GRU(100, dropout=0.1, recurrent_dropout=0.1)),
    tf.keras.layers.Dense(1),
])
```

드롭아웃을 사용한 양방향 GRU의 훈련 결과는 [그림 11-17]에 나타나 있습니다. 보다시피 큰 차이는 없고 MAE가 비슷합니다. 하지만 대규모 시계열 데이터셋에서는 정확도에 상당한 차이가 날 수 있으며, 여러 계절이 포함되도록 window_size 같은 훈련 파라미터를 조정하여 큰 영향을 끼칠 수 있습니다.

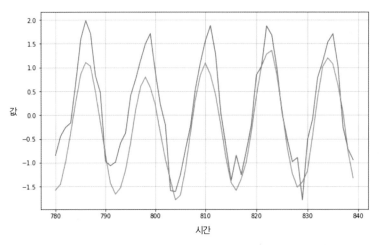

그림 11-17 양방향 GRU의 훈련 결과

정규화된 데이터에서 이 모델의 MAE는 약 0.48입니다. 주로 최고점에서 잘 예측하지 못하기에 이런 결과가 나온 것 같네요. 더 큰 윈도에서 양방향 RNN 모델을 다시 훈련하면 훨씬 낮은 0.28을 MAE 값으로 얻을 수 있습니다(그림 11-18).

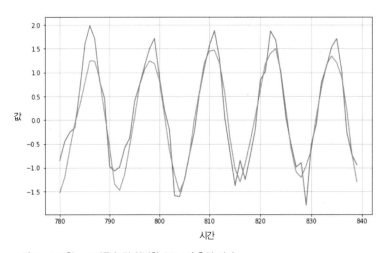

그림 11-18 윈도 크기를 늘린 양방향 GRU의 훈련 결과

여기서 보듯이 전체 예측을 향상하기 위해 여러 가지 다른 신경망 구조와 다른 하이퍼파라미터를 시도해볼 수 있습니다. 최상의 선택은 데이터에 따라 다릅니다. 따라서 여러분이 가진 특정한 데이터셋으로 문제를 해결할 때 이번 장에서 배운 기술이 유용할 거라 장담합니다!

11.7 마치며

이 장에서 여러 종류의 신경망으로 시계열 데이터를 예측하는 모델을 구축해보았습니다. 10장에서 만든 간단한 DNN에 이어서 합성곱 신경망과 RNN, GRU, LSTM 같은 순환 신경망을 다루었습니다. 하이퍼파라미터와 신경망 구조를 조정해 모델의 정확도를 향상하는 방법을 살펴보았고, 수백 년의 온도 측정값으로 구성된 대용량 실전 데이터셋으로 연습해보았습니다. 이제 여러분은 다양한 데이터셋에서 신경망을 만들 준비가 되었고 최적화에 필요한 사항을 잘 이해하고 있습니다!

모델 사용

Part II

모델 사용

12장 텐서플로 라이트 소개

13장 안드로이드 앱에서 텐서플로 라이트 사용하기

14장 iOS 앱에서 텐서플로 라이트 사용하기

15장 TensorFlow.js 소개

16장 TensorFlow.js에서 컴퓨터 비전 모델 훈련하기

17장 파이썬 모델을 변환해 재사용하기

18장 자바스크립트의 전이 학습

19장 텐서플로 서빙으로 배포하기

20장 인공지능 윤리, 공정성, 개인 정보 보호

## CHAPTER 12

텐서플로 라이트 소개

지금까지 이 책을 통해 텐서플로를 사용해 머신러닝 모델을 만드는 방법을 알아보았습니다. 명시적인 규칙을 프로그래밍하지 않고도 컴퓨터 비전, 자연어 처리, 시퀀스 모델링 같은 기능을 구현했습니다. 명시적인 규칙 대신 레이블된 데이터를 사용해 샘플을 구별하는 패턴을 신경망이 학습했고, 이를 확장해 문제를 해결했습니다. 이제부터는 방향을 전환해 일반적인 시나리오에서 앞선 모델을 사용하는 법을 살펴봅니다. 먼저 가장 분명하고 유용한 주제는 모바일 애플리케이션에서 사용하는 방법입니다. 이번 장에서 모바일과 임베디드 장치에서 머신러닝을 가능하게 만드는 기술인 텐서플로 라이트TensorFlow Lite를 소개합니다. 이어지는 두 개의 장에서는 안드로이드Android와 iOS에서 모델을 사용하는 시나리오를 다루어보겠습니다.

텐서플로 라이트는 두 가지 목적을 달성하기 위한 텐서플로의 부가 도구입니다. 첫 번째는 모바일 친화적인 모델을 만드는 것입니다. 가능한 한 정확도에 영향을 미치지 않고 모델 크기와 복잡도를 줄여서 모바일 장치와 같이 배터리 제약이 있는 환경에서 잘 작동하도록 만듭니다. 두 번째는 안드로이드, iOS, 모바일 리눅스Linux (라즈베리 파이Raspberry Pi), 다양한 마이크로컨트롤러microcontroller를 위한 런타임runtime을 제공하는 것입니다. 텐서플로 라이트로는 모델을 훈련할 수 없습니다. 텐서플로를 사용해 모델을 훈련하고 텐서플로 라이트 포맷으로 변환한 후 텐서플로 라이트 인터프리터interpreter를 사용해 모델을 로딩하고 실행합니다.

12.1 텐서플로 라이트란

텐서플로 라이트는 안드로이드와 iOS 개발자에게 효율적인 머신러닝 툴킷을 제공하기 위해 텐서플로의 모바일 버전으로 시작되었습니다. 컴퓨터나 클라우드 서비스에서 모델을 만들고 실행할 때는 배터리 소모, 화면 크기, 모바일 앱 개발에 필요한 요소가 문제가 되지 않습니다. 따라서 모바일 장치를 목표로 할 때는 새로운 제약 사항을 다루어야 합니다.

첫 번째로 모바일 애플리케이션 프레임워크는 가벼워야 합니다. 모바일 장치는 모델 훈련에 사용하는 일반적인 컴퓨터보다 훨씬 자원이 제한되어 있습니다. 따라서 개발자는 애플리케이션뿐만 아니라 애플리케이션 프레임워크에서 사용되는 자원에 매우 주의를 기울여야 합니다. 실제로 사용자가 앱 스토어를 브라우징할 때 애플리케이션의 크기를 확인하고 데이터 사용량을 기반으로 다운로드 여부를 결정합니다. 모델을 실행하는 프레임워크가 크고 모델 자체도 크다면 파일 크기가 커지므로 사용자의 접근을 방해합니다.

또한 프레임워크는 낮은 레이턴시latency를 가져야 합니다. 모바일 장치에서 실행하는 앱은 원활하게 실행되어야 하며 그렇지 않으면 사용률이 감소합니다. 수많은 앱들 중 38%의 앱만이 11번 이상 사용되며 62%의 앱은 10번 미만으로 사용됩니다. 실제로 앱 중 25%는 딱 한 번만 실행됩니다. 이런 현상이 나타나는 원인을 한 가지 꼽자면 앱 시작이나 데이터 처리가 느려 레이턴시가 커지기 때문이라고 볼 수 있습니다. 따라서 머신러닝 기반의 앱을 위한 프레임워크는 빠르게 로딩하고 신속하게 추론을 수행해야 합니다.

낮은 레이턴시와 함께 모바일 프레임워크는 효율적인 모델 포맷이 필요합니다. 강력한 슈퍼컴퓨터에서 훈련할 때는 일반적으로 모델 포맷이 가장 중요한 요소가 아닙니다. 앞선 장에서 보았듯이 모델 개발자가 추구하는 것은 높은 정확도, 낮은 손실, 과대적합 피하기 등입니다. 하지만 모바일 장치에서 실행할 때는 경량의 모델과 낮은 레이턴시를 위해서 모델 포맷도 고려해야 합니다. 지금까지 본 신경망에서 사용하는 대부분의 수학 연산은 높은 정밀도의 실수 연산입니다. 과학적인 연구에서는 이런 연산이 필수입니다. 하지만 모바일 장치에서 실행하는 경우는 그렇지 않을 수 있습니다. 모바일 프레임워크는 이런 절충안을 찾도록 돕고 필요하다면 모델을 변환하는 도구를 제공해야 합니다.

온디바이스on-device에서 실행하는 모델은 추론을 수행하기 위해 데이터를 클라우드 서비스로 전달할 필요가 없는 장점이 있습니다. 이는 사용자 정보 보호와 전력 소비 측면에서 유리합니다. 온디바이스 추론에 필요한 전력 소비량이 더 크지 않다면 셀룰러 통신이나 와이파이로 데이터를 전달하고 예측을 받을 필요가 없어 좋습니다. 예측을 실행하기 위해 장치에 데이터를 유지하는 것은 확실히 강력하고 점점 더 중요한 기능입니다! 이 책 뒷부분에서는 개인 정보를 보호하면서 온디바이스와 클라우드 기반 머신러닝의 장점을 혼합한 **연합 학습**federated learning에 대해 설명합니다.

이런 점을 고려하며 텐서플로 라이트를 만들었습니다. 앞서 언급한 대로 텐서플로 라이트는 모델 훈련을 위한 프레임워크가 아니라 모바일이나 임베디드 시스템의 제약 조건에 맞게 설계된 도구 모음입니다.

텐서플로 라이트는 크게 두 가지로 볼 수 있습니다. 텐서플로 모델의 크기를 줄이고 최적화하여 .tflite 포맷으로 바꾸는 컨버터converter와 다양한 런타임을 위한 인터프리터 모음입니다 (그림 12-1).

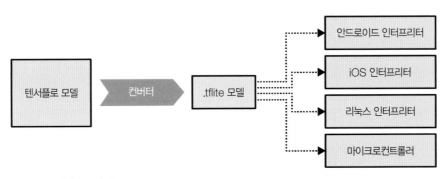

그림 12-1 텐서플로 라이트 도구

인터프리터 환경은 특정 프레임워크에서 제공하는 가속 옵션도 지원합니다. 예를 들어 텐서플로 라이트는 안드로이드 NNAPINeural Networks API (https://oreil.ly/wXjpm)를 지원하므로 사용 가능한 기기에서 이 옵션을 활용할 수 있습니다.

텐서플로 라이트나 텐서플로 라이트 컨버터가 텐서플로의 모든 연산(또는 op)을 지원하지는 않습니다. 모델을 변환할 때 이런 이슈가 생긴다면 온라인 문서(https://oreil.ly/otEIp)에서 자세한 내용을 확인하는 것이 좋습니다. 이 장의 뒷부분에서 보게 될 유용한 워크플로는 기존의 모바일용 모델을 현재 시나리오에 전이 학습으로 적용하는 것입니다. 텐서플로 웹사이트(https://oreil.ly/s28gE)와 텐서플로 허브(https://oreil.ly/U8siI)에서 텐서플로 라이트에 최적화된 모델을 찾을 수 있습니다.

12.2 훈련된 모델을 텐서플로 라이트로 변환하기

텐서플로로 간단한 모델을 만들고 텐서플로 라이트 포맷으로 변환한 다음 텐서플로 라이트 인터프리터에서 실행하는 과정을 단계별로 살펴보겠습니다. 여기에서는 구글 콜랩에 설치된 리눅스 인터프리터를 사용합니다. 13장에서는 안드로이드에서 이 모델을 사용하는 방법과 14장에서는 iOS에서 사용하는 방법을 알아보겠습니다.

1장에서 Y = 2X - 1 형태의 두 숫자 세트 사이의 관계를 학습하는 아주 간단한 텐서플로 모델을 보았습니다. 모델의 코드는 다음과 같습니다.

```
l0 = Dense(units=1, input_shape=[1])
model = Sequential([l0])
model.compile(optimizer='sgd', loss='mean_squared_error')

xs = np.array([-1.0, 0.0, 1.0, 2.0, 3.0, 4.0], dtype=float)
ys = np.array([-3.0, -1.0, 1.0, 3.0, 5.0, 7.0], dtype=float)

model.fit(xs, ys, epochs=500)

print(model.predict([10.0]))
print("학습된 가중치: {}".format(l0.get_weights()))
```

모델을 훈련하고 나면 `model.predict([x])`를 실행하여 예측 y를 얻을 수 있습니다. 앞의 코드에서 x=10일 때 모델이 반환한 값은 19에 가까운 값입니다.

이 모델이 작고 훈련하기 쉬우므로 이 예제를 사용해 텐서플로 라이트로 단계별로 변환해봅니다.

12.2.1 1단계: 모델 저장하기

텐서플로 라이트 컨버터는 SavedModel(선호되는 포맷)과 케라스 H5 포맷을 포함한 여러 파일 포맷을 지원합니다. 이 예제에서는 SavedModel을 사용합니다.

모델을 저장하려면 간단히 `tf.saved_model.save` 함수에 모델과 저장할 디렉터리를 전달합니다.

```
export_dir = 'saved_model/1'
tf.saved_model.save(model, export_dir)
```

이 모델은 [그림 12-2]처럼 **saved_model.pb** 파일과 애셋[asset], 변수를 저장합니다.

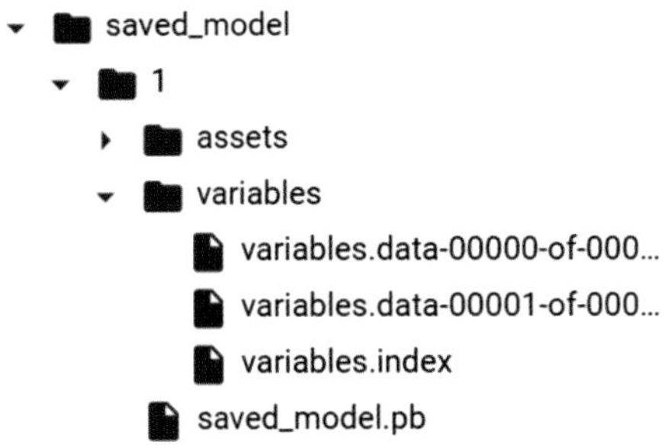

- ▾ 📁 saved_model
    - ▾ 📁 1
        - ▸ 📁 assets
        - ▾ 📁 variables
            - 📄 variables.data-00000-of-000…
            - 📄 variables.data-00001-of-000…
            - 📄 variables.index
        - 📄 saved_model.pb

그림 12-2 SavedModel 구조

모델을 저장하고 나면 텐서플로 라이트 컨버터를 사용해 변환할 수 있습니다.

NOTE_ 텐서플로 팀은 새로운 API와의 호환성을 포함해 텐서플로 전체 생태계에 걸친 호환성을 위해 SavedModel 포맷 사용을 권장합니다.

12.2.2 2단계: 모델 변환하기

텐서플로 라이트 컨버터는 **tf.lite** 패키지 아래에 있습니다. **from_saved_model** 메서드에 모델이 저장된 디렉터리를 전달해 컨버터 객체를 만듭니다. 그다음 **convert** 메서드를 호출해 모델을 변환합니다.

```
# 모델을 변환합니다.
converter = tf.lite.TFLiteConverter.from_saved_model(export_dir)
tflite_model = converter.convert()
```

그리고 **pathlib**를 사용해 **.tflite** 모델로 저장합니다.

```
import pathlib
tflite_model_file = pathlib.Path('model.tflite')
tflite_model_file.write_bytes(tflite_model)
```

.tflite 파일이 준비되었으므로 이제 어떤 인터프리터 환경에서도 사용할 수 있습니다. 나중에 안드로이드와 iOS에서 이 모델을 사용하겠지만 지금은 파이썬 기반 인터프리터를 사용해 콜랩에서 실행해보겠습니다. 동일한 인터프리터를 라즈베리 파이 같은 임베디드 리눅스 환경에서도 사용할 수 있습니다.

12.2.3 3단계: TFLite 모델 로드하고 텐서 할당하기

다음 단계는 모델을 인터프리터로 로드하고 예측할 때 모델에 주입할 데이터를 위해 텐서를 할당합니다. 그다음 모델이 출력하는 예측을 읽습니다. 이 부분이 바로 프로그래머 관점에서 텐서플로 라이트를 사용할 때 텐서플로와 크게 다른 점입니다. 텐서플로에서는 간단히 model. predict(something)을 호출하고 결과를 받습니다. 하지만 텐서플로 라이트는 텐서플로가 가진 의존성이 많이 없습니다. 특히 파이썬이 아닌 환경에서 조금 더 저수준으로 입력과 출력 텐서를 다루어야 합니다. 장치가 이해할 수 있도록 데이터 포맷을 맞추고 출력을 파싱해야 합니다.

먼저 모델을 로드하고 텐서를 할당합니다.

```
interpreter = tf.lite.Interpreter(model_content=tflite_model)
interpreter.allocate_tensors()
```

모델로부터 입력과 출력에 대한 세부 정보를 얻을 수 있으므로 이를 통해 모델이 기대하는 데이터 포맷과 모델이 출력하는 포맷을 이해할 수 있습니다.

```
input_details = interpreter.get_input_details()
output_details = interpreter.get_output_details()
print(input_details)
print(output_details)
```

코드를 실행하면 상당히 많은 내용이 출력됩니다.

먼저 입력 파라미터를 조사해보죠. shape 속성은 [1,1] 타입의 배열입니다. 클래스는 numpy. float32입니다. 이 설정은 입력 데이터의 크기와 포맷을 알려줍니다.

```
[{'name': 'dense_input', 'index': 0, 'shape': array([1, 1], dtype=int32),
  'shape_signature': array([1, 1], dtype=int32), 'dtype': <class
  'numpy.float32'>, 'quantization': (0.0, 0), 'quantization_parameters':
  {'scales': array([], dtype=float32), 'zero_points': array([], dtype=int32),
  'quantized_dimension': 0}, 'sparsity_parameters': {}}]
```

입력 데이터 포맷을 맞추기 위해 x=10.0에 대한 y를 예측하려면 다음 코드를 사용해 입력 배열의 크기와 타입을 정의합니다.

```
to_predict = np.array([[10.0]], dtype=np.float32)
print(to_predict)
```

10.0을 감싼 두 개의 대괄호가 조금 복잡해 보일 수 있습니다. array[1,1] 크기를 만들기 위해 첫 번째 대괄호에서 한 개의 리스트를 만들고 이 리스트에 한 개의 값, 즉 [10.0]을 포함시켜 [[10.0]]이 됩니다. 사용하고 있는 크기는 numpy.float32인데 dtype=int32로 정의되어 혼란스러울 수 있습니다. dtype 파라미터는 크기를 정의하는 데이터 타입이지 이 크기 안에 저장된 콘텐츠의 타입이 아닙니다.

출력 세부 내용도 매우 비슷합니다. 여기서 주목할 부분은 크기입니다. 출력도 [1,1] 타입의 배열이므로 입력이 [[x]]인 것과 매우 비슷하게 출력도 [[y]]로 기대할 수 있습니다.

```
[{'name': 'Identity', 'index': 3, 'shape': array([1, 1], dtype=int32),
  'shape_signature': array([1, 1], dtype=int32), 'dtype': <class
  'numpy.float32'>, 'quantization': (0.0, 0), 'quantization_parameters':
  {'scales': array([], dtype=float32), 'zero_points': array([], dtype=int32),
  'quantized_dimension': 0}, 'sparsity_parameters': {}}]
```

12.2.4 4단계: 예측 수행하기

인터프리터로 예측을 얻으려면 예측에 사용할 값으로 입력 텐서를 설정한 후 모델에 입력값을 알려야 합니다.

```
interpreter.set_tensor(input_details[0]['index'], to_predict)
interpreter.invoke()
```

input_details의 배열 인덱스를 사용해 입력 텐서를 지정합니다. 입력이 하나뿐인 간단한 모델이라 input_details[0]이고 필요한 인덱스는 그 아래 'index' 키에 있습니다. input_details의 첫 번째 항목은 하나의 인덱스 0만 가지며 이 모델은 [1,1]의 크기를 기대합니다. 따라서 to_predict 값을 여기에 넣습니다. 그다음 인터프리터 객체의 invoke 메서드를 호출합니다.

다음으로 get_tensor 메서드에 읽고 싶은 텐서의 인덱스를 전달하고 예측값을 반환받습니다.

```
tflite_results = interpreter.get_tensor(output_details[0]['index'])
print(tflite_results)
```

여기에서도 출력 텐서가 하나뿐이므로 output_details[0]이고 그 아래 'index' 키를 지정해 출력값의 인덱스를 전달합니다.

예를 들어 다음 코드를 실행해보세요.

```
to_predict = np.array([[10.0]], dtype=np.float32)
print(to_predict)
interpreter.set_tensor(input_details[0]['index'], to_predict)
interpreter.invoke()
tflite_results = interpreter.get_tensor(output_details[0]['index'])
print(tflite_results)
```

출력은 다음과 같습니다.

```
[[10.]]
[[18.975412]]
```

10은 입력값이고 18.97은 예측된 값입니다. 이 값은 19에 아주 가깝습니다. X = 10일 때 2X - 1은 19입니다. 왜 19가 출력되지 않는지는 1장을 참고하세요!

매우 간단한 예제를 살펴봤으니 다음으로 조금 더 복잡한 예제를 다루어보겠습니다. 잘 알려진 이미지 분류 모델로 전이 학습 모델을 만들고 텐서플로 라이트로 변환해보겠습니다. 이를 통해 모델 최적화와 양자화quantization에 대해 조금 더 자세히 살펴보겠습니다.

스탠드얼론 인터프리터

텐서플로 라이트는 전체 텐서플로 생태계의 일부분으로, 훈련된 모델을 변환하고 실행하는 데 필요한 도구로 구성됩니다. 다음 두 개의 장에서는 안드로이드와 iOS 인터프리터를 사용하는 방법을 배웁니다. 하지만 스탠드얼론standalone 파이썬 인터프리터(https://oreil.ly/K-p1n)도 있습니다. 이 인터프리터는 라즈베리 파이 같이 파이썬을 실행할 수 있는 시스템에 설치할 수 있습니다. 이를 사용하면 파이썬을 실행할 수 있는 임베디드 시스템에서 모델을 실행할 수 있습니다. 사용 방법은 조금 전에 본 인터프리터와 동일합니다.

12.3 전이 학습으로 만든 이미지 분류기를 텐서플로 라이트로 변환하기

이번에는 3장과 4장에서 본 강아지-고양이 컴퓨터 비전 모델을 전이 학습을 사용해 다시 만들어보겠습니다. 텐서플로 허브에 있는 모델을 사용하므로 텐서플로 허브를 설치해야 합니다. 설치 방법은 온라인 문서(https://www.tensorflow.org/hub)를 참고하세요.

12.3.1 1단계: 모델 만들고 저장하기

먼저 데이터를 가져옵니다.

```
import numpy as np
import matplotlib.pylab as plt
```

```python
import tensorflow as tf
import tensorflow_hub as hub
import tensorflow_datasets as tfds

def format_image(image, label):
    image = tf.image.resize(image, (224, 224)) / 255.0
    return  image, label

(raw_train, raw_validation, raw_test), metadata = tfds.load(
    'cats_vs_dogs',
    split=['train[:80%]', 'train[80%:90%]', 'train[90%:]'],
    with_info=True,
    as_supervised=True,
)

num_examples = metadata.splits['train'].num_examples
num_classes = metadata.features['label'].num_classes
print(num_examples)
print(num_classes)

BATCH_SIZE = 32
train_batches = raw_train.shuffle(num_examples // 4).map(format_image).batch(BATCH_SIZE).prefetch(1)

validation_batches = raw_validation.map(format_image).batch(BATCH_SIZE).prefetch(1)
test_batches = raw_test.map(format_image).batch(1)
```

이 코드는 강아지-고양이 데이터셋을 다운로드해 훈련 세트, 검증 세트, 테스트 세트로 나눕니다.

그다음 텐서플로 허브에 있는 mobilenet_v2 모델을 사용해 feature_extractor라는 케라스 층을 만듭니다.

```python
handle_base, pixels, FV_SIZE = ("mobilenet_v2", 224, 1280)

MODULE_HANDLE ="https://tfhub.dev/google/tf2-preview/{}/feature_vector/4".format(handle_base)

IMAGE_SIZE = (pixels, pixels)

feature_extractor = hub.KerasLayer(MODULE_HANDLE,
```

```
                              input_shape=IMAGE_SIZE + (3,),
                              output_shape=[FV_SIZE],
                              trainable=False)
```

이제 특성 추출 층이 준비되었으므로 이를 신경망의 첫 번째 층으로 두고 클래스 개수(여기서는 2개)만큼의 뉴런을 가진 출력 층을 만듭니다. 그다음으로 모델을 컴파일하고 훈련합니다.

```
model = tf.keras.Sequential([
        feature_extractor,
        tf.keras.layers.Dense(num_classes, activation='softmax')
    ])

model.compile(optimizer='adam',
              loss='sparse_categorical_crossentropy',
              metrics=['accuracy'])

hist = model.fit(train_batches,
                 epochs=5,
                 validation_data=validation_batches)
```

단 5번의 에폭 동안의 훈련만으로 훈련 세트에서는 99%의 정확도, 검증 세트에서는 98% 이상의 정확도를 달성합니다. 다음 코드로 모델을 저장합니다.

```
CATS_VS_DOGS_SAVED_MODEL = "exp_saved_model"
tf.saved_model.save(model, CATS_VS_DOGS_SAVED_MODEL)
```

이제 저장된 모델을 사용해 변환할 차례입니다.

12.3.2 2단계: 텐서플로 라이트로 모델 변환하기

이전처럼 저장된 모델을 .tflite 모델로 변환할 수 있습니다. 여기서는 converted_model.tflite로 저장합니다.

```
converter = tf.lite.TFLiteConverter.from_saved_model(CATS_VS_DOGS_SAVED_MODEL)
tflite_model = converter.convert()
tflite_model_file = 'converted_model.tflite'
```

```
with open(tflite_model_file, "wb") as f:
    f.write(tflite_model)
```

변환된 모델 파일이 있으면 이를 사용해 인터프리터를 시작할 수 있습니다. 이 작업이 완료되면 이전처럼 인터프리터 객체로부터 입력과 출력 세부 정보를 얻어야 합니다. 입력과 출력 인덱스를 각각 input_index와 output_index 변수에 저장합니다. 이렇게 하면 코드를 읽기가 조금 더 편합니다!

```
interpreter = tf.lite.Interpreter(model_path=tflite_model_file)
interpreter.allocate_tensors()

input_index = interpreter.get_input_details()[0]["index"]
output_index = interpreter.get_output_details()[0]["index"]

predictions = []
```

test_batches에는 테스트 이미지가 많이 있습니다. 다음 코드로 100개의 이미지를 선택해서 테스트해보죠(100개 대신 원하는 개수로 지정해도 괜찮습니다).

```
test_labels, test_imgs = [], []
for img, label in test_batches.take(100):
    interpreter.set_tensor(input_index, img)
    interpreter.invoke()
    predictions.append(interpreter.get_tensor(output_index))
    test_labels.append(label.numpy()[0])
    test_imgs.append(img)
```

이전에는 이미지를 읽을 때 format_image 매핑 함수로 훈련과 추론 데이터를 올바른 크기로 바꾸었습니다. 따라서 여기에서는 입력 인덱스에 있는 인터프리터의 텐서를 원하는 이미지로 설정하기만 하면 됩니다. 인터프리터의 invoke 메서드를 호출한 후에 출력 인덱스에 있는 텐서를 가져올 수 있습니다.

다음 코드를 사용하면 예측과 레이블을 비교할 수 있습니다.

```
score = 0
for item in range(0,99):
    prediction=np.argmax(predictions[item])
    label = test_labels[item]
    if prediction==label:
        score=score+1

print("100개 중 맞은 예측 수: " + str(score))
```

99개 또는 100개의 예측이 맞았을 것입니다.

또한 다음 코드로 테스트 데이터에 대한 모델의 출력을 시각화할 수도 있습니다.[1]

```
for index in range(0,99):
    plt.figure(figsize=(6,3))
    plt.subplot(1,2,1)
    plot_image(index, predictions, test_labels, test_imgs)
    plt.show()
```

[그림 12-3]은 출력 중 일부분입니다(전체 코드는 깃허브의 12장 노트북에 업로드되어 있습니다).

dog 98% (dog) dog 100% (dog)

dog 100% (dog) cat 100% (cat)

그림 12-3 추론 결과

----

1   옮긴이_ plot_image 함수의 정의는 깃허브 노트북을 참고하세요.

이 모델은 모바일을 위한 최적화가 포함되지 않은 평범한 변환 모델입니다. 다음 절에서 모바일 장치를 위해 모델을 최적화하는 방법을 알아보겠습니다.

12.3.3 3단계: 모델 최적화하기

텐서플로 라이트 인터프리터를 사용해 모델을 훈련하고, 변환하고, 사용하는 과정을 모두 살펴봤습니다. 이제 모델을 최적화하고 양자화하는 방법을 알아봅시다.

첫 번째 타입의 최적화는 **동적 범위 양자화**^{dynamic range quantization}입니다. 다음처럼 변환을 수행하기 전에 컨버터 객체의 **optimizations** 속성으로 지정할 수 있습니다.

```
converter = tf.lite.TFLiteConverter.from_saved_model(CATS_VS_DOGS_SAVED_MODEL)
converter.optimizations = [tf.lite.Optimize.DEFAULT]

tflite_model = converter.convert()
tflite_model_file = 'converted_model.tflite'

➤with open(tflite_model_file, "wb") as f:
    f.write(tflite_model)
```

집필 시점에서 사용할 수 있는 최적화 옵션은 다음과 같습니다(나중에 더 추가될 수 있습니다).[2]

- OPTIMIZE_FOR_SIZE: 모델을 가능한 한 작게 만들기 위해 최적화를 수행합니다.
- OPTIMIZE_FOR_LATENCY: 추론 시간을 최대한 줄이도록 최적화를 수행합니다.
- DEFAULT: 크기와 추론 시간 사이의 최선의 균형을 찾습니다.

이 경우 최적화하기 전의 모델 크기는 약 9MB지만 최적화를 수행한 후에는 2.3MB로 거의 70%가 줄었습니다. 다양한 실험을 통해 모델의 크기를 4배 작게 만들고 속도를 2~3배 올릴 수 있습니다. 하지만 모델 종류에 따라 정확도에 손해가 발생할 수 있습니다. 따라서 양자화를 한다면 모델을 철저히 테스트하는 것이 좋습니다. 여기에서는 모델의 정확도가 99%에서 94%로

----

2 옮긴이_ OPTIMIZE_FOR_SIZE와 OPTIMIZE_FOR_LATENCY는 텐서플로 2.3 버전부터 사용을 중지하도록 권고하고 있으며 DEFAULT와 동일하게 작동합니다. 텐서플로 2.5 버전에서 희소한 가중치 배열을 가진 모델에 적용하여 크기와 속도를 향상할 수 있는 EXPERIMENTAL_SPARSITY가 실험적으로 추가되었습니다.

떨어졌습니다.

특정 하드웨어를 활용하기 위해 **완전한 정수 양자화**^full integer quantization나 **float16 양자화**로 이를 개선할 수 있습니다. 완전한 정수 양자화는 모델의 가중치를 32비트 실수에서 8비트 정수로 바꿉니다. 특히 대규모 모델일 경우 정확도에 미치는 영향이 비교적 작으면서 모델 크기와 속도에는 큰 영향을 미칠 수 있습니다.

완전한 정수 양자화를 하려면 대표 데이터^representative data를 지정해 컨버터에 대략적인 예상 데이터 범위를 알려주어야 합니다. 예를 들면 다음과 같습니다.

```python
converter = tf.lite.TFLiteConverter.from_saved_model(CATS_VS_DOGS_SAVED_MODEL)

converter.optimizations = [tf.lite.Optimize.DEFAULT]

def representative_data_gen():
    for input_value, _ in test_batches.take(100):
        yield [input_value]

converter.representative_dataset = representative_data_gen
converter.target_spec.supported_ops = [tf.lite.OpsSet.TFLITE_BUILTINS_INT8]

tflite_model = converter.convert()
tflite_model_file = 'converted_model.tflite'

with open(tflite_model_file, "wb") as f:
    f.write(tflite_model)
```

대표 데이터를 제공하면 컨버터는 모델을 통과하는 데이터를 조사해 가장 좋은 변환 범위를 찾습니다. 그다음 supported_ops를 (여기에서는 INT8로) 설정하여 이 정밀도로 양자화되도록 합니다. 만들어진 모델은 조금 더 용량이 늘어날 수 있습니다. 이 경우 convertor.optimizations만 사용했을 때 2.3MB에서 2.8MB로 늘어났습니다. 하지만 정확도는 다시 99%가 되었습니다. 따라서 이 방법을 사용하면 정확도를 유지하면서 모델 크기를 약 1/3로 줄일 수 있습니다!

12.4 마치며

이 장에서 텐서플로 라이트를 소개하고 개발 환경보다 작고 성능이 낮은 장치에서 실행 가능한 모델을 설계하는 방법을 배웠습니다. 안드로이드, iOS, iPadOS 같은 모바일 운영체제와 라즈베리 파이 같은 리눅스 기반 컴퓨팅 환경, 텐서플로를 지원하는 마이크로컨트롤러 기반 시스템이 여기에 포함됩니다. 간단한 모델을 만들고 이를 사용해 변환 워크플로를 살펴보았습니다. 그리고 전이 학습으로 기존의 모델을 주어진 데이터셋에 적합하게 변환하는 조금 더 복잡한 예를 다루었습니다. 이 모델을 텐서플로 라이트로 변환하고 모바일 환경에 맞게 최적화했습니다. 다음 장에서는 이번 장에서 배운 지식을 바탕으로 안드로이드 기반 인터프리터로 안드로이드 앱에서 텐서플로 라이트를 사용하는 방법을 알아보겠습니다.

## CHAPTER 13

안드로이드 앱에서 텐서플로 라이트 사용하기

12장에서 모바일이나 임베디드 시스템과 호환되는 포맷으로 모델을 변환하는 도구 모음인 텐서플로 라이트를 소개했습니다. 이어지는 몇 개의 장에서 이런 모델을 여러 가지 런타임에서 사용하는 방법을 알아보겠습니다. 여기서는 텐서플로 라이트 모델을 사용하는 안드로이드 앱을 만드는 방법을 배웁니다. 먼저 안드로이드 앱을 만드는 데 사용하는 핵심 도구인 안드로이드 스튜디오Android Studio를 빠르게 살펴보겠습니다.[1]

13.1 안드로이드 스튜디오란

안드로이드 스튜디오는 스마트폰, 태블릿에서부터 TV, 자동차, 시계 등까지 다양한 장치를 위해 안드로이드 앱 개발을 할 수 있도록 제공하는 IDE(통합 개발 환경)입니다. 이 장에서는 스마트폰 앱 개발을 위한 안드로이드 스튜디오 사용법에 초점을 맞추겠습니다. 안드로이드 스튜디오는 무료로 다운로드할 수 있고 주요 운영체제에 맞는 버전을 모두 제공합니다.

- https://developer.android.com/studio

---

1 옮긴이_ 이 장의 코드는 원서 깃허브의 chapter13 폴더를 참고하세요(https://github.com/lmoroney/tfbook/tree/master/chapter13).

안드로이드 스튜디오가 제공하는 멋진 기능 중 하나는 안드로이드 에뮬레이터^{emulator}입니다. 물리적인 장치가 없어도 앱을 테스트할 수 있습니다. 이번 장에서는 에뮬레이터를 많이 사용할 예정입니다! 전통적으로 안드로이드 애플리케이션을 개발할 때 프로그래밍 언어로 자바를 사용해왔습니다. 하지만 최근에 구글이 안드로이드 스튜디오에 코틀린^{Kotlin}을 추가했으니 이번 장에서도 코틀린을 사용합니다.

코틀린이 무엇인가요?

코틀린(https://kotlinlang.org)은 현대적인 오픈 소스 언어입니다. 자바와 함께 안드로이드 앱을 만드는 주요 프로그래밍 언어입니다. 작성할 기본적인 코드의 양을 줄이도록 간결하게 설계되었습니다. 또한 프로그래머 친화적으로 설계되어 많은 종류의 오류를 피할 수 있습니다 (예를 들면 내장 널 가능^{nullable} 타입을 사용한 널 포인터 예외 처리). 기존 라이브러리와 상호 운영이 가능하므로 외톨이로 진화된 것은 아닙니다. 안드로이드가 자바 언어로 오랫동안 개발되어 왔고, 많은 라이브러리도 자바로 구축되어 있기에 이 점이 매우 중요합니다.

13.2 첫 번째 텐서플로 라이트 안드로이드 앱 만들기

아직 안드로이드 스튜디오가 없다면 지금 설치하세요. 모든 것을 설정하고 업데이트해서 준비를 마치는 데 약간의 시간이 걸립니다. 이어지는 페이지에서 새로운 앱을 만드는 과정을 소개하겠습니다. 사용자 인터페이스를 설계하고 텐서플로 라이트 의존성을 추가하고 그다음 추론을 위해 코딩해봅니다. 이 앱은 하나의 값을 입력하면 추론을 수행하고 $Y = 2X - 1$을 계산하는 정말 간단한 작업을 수행합니다. 여기에서 X는 앱에 입력한 값입니다. 이런 간단한 앱에는 과도한 기능이지만 이와 같은 앱의 구조는 훨씬 더 복잡한 앱의 구조와 거의 동일합니다.

13.2.1 1단계: 새로운 안드로이드 프로젝트 만들기

안드로이드 스튜디오를 실행한 후 [File] → [New] → [New Project]에서 새로운 앱을 만들 수 있습니다. [그림 13-1]처럼 Create New Project 다이얼로그 창이 열립니다.

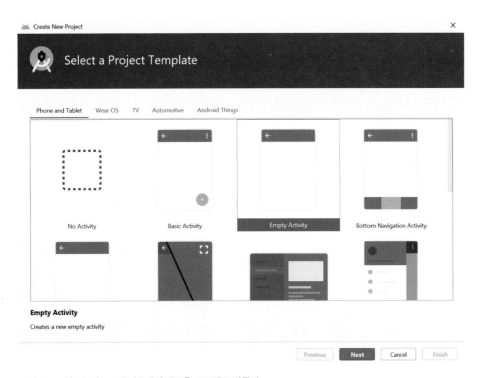

그림 13-1 안드로이드 스튜디오에서 새로운 프로젝트 만들기

[그림 13-1]처럼 [Empty Activity]를 선택합니다. 이 템플릿은 자동으로 생성되는 코드가 거의 없는 가장 간단한 안드로이드 앱입니다. [Next]를 클릭하면 Configure Your Porject 다이얼로그 창이 나타납니다(그림 13-2).

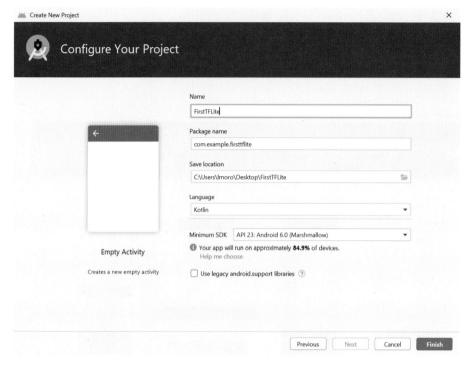

그림 13-2 프로젝트 설정

다이얼로그에서 이름은 'FirstTFLite'로 설정하고 언어는 'Kotlin'으로 선택합니다. Minimum SDK는 기본적으로 'API 23'이며 원한다면 그대로 둘 수 있습니다.

작성을 마치면 [Finish] 버튼을 클릭합니다. 이제 안드로이드 스튜디오가 앱에 필요한 모든 코드를 만듭니다. 안드로이드 애플리케이션에는 많은 파일이 필요합니다. 하나의 액티비티^{activity}는 모습을 정의하는 레이아웃^{layout} 파일(XML 형식)과 이와 연관된 `.kt` 파일(코틀린 형식)을 가집니다. 앱을 빌드하는 방법, 사용할 의존성, 자원, 애셋 등을 정의한 여러 가지 설정 파일도 있습니다. 처음에는 이렇게 간단한 앱과 관련된 파일이 너무 많아서 당황할 수 있습니다.

13.2.2 2단계: 레이아웃 파일 수정하기

화면 왼쪽에 프로젝트 탐색기가 있습니다. 맨 위에 [Android]를 선택하고 res 폴더를 찾아보세요. 이 폴더 안에 layout 폴더가 있습니다. 이 폴더 안에서 activity_main.xml 파일을 찾을 수 있습니다(그림 13-3).

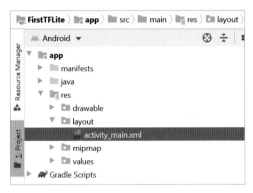

그림 13-3 액티비티 디자인 파일 찾기

이 파일을 더블클릭하면 안드로이드 스튜디오 레이아웃 에디터가 등장합니다. 액티비티를 정의하기 위한 XML 에디터는 물론 액티비티의 사용자 인터페이스를 시각적으로 나타냅니다. 하나의 창만 나타날 수 있는데 두 창을 모두 보고 싶다면(필자가 권장하는 환경입니다!) [그림 13-4]의 오른쪽 위에 강조된 세 개의 버튼을 사용하세요. 왼쪽에서 오른쪽 방향으로 XML 에디터, XML 에디터와 비주얼 디자이너로 화면 나누기, 비주얼 디자이너 버튼을 제공합니다. 또한 바로 아래에 Attributes 탭이 있습니다. 여기서 개별 사용자 인터페이스 요소의 모든 속성을 편집할 수 있습니다. 여러 안드로이드 앱을 만들다보면 비주얼 레이아웃 도구를 사용해 제어 패널의 항목을 디자인 화면으로 드래그 앤 드롭하고 Attributes 윈도에서 레이아웃 너비를 설정하는 방식이 편리하다고 느낄 것입니다.

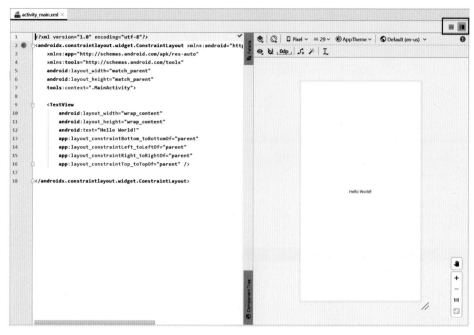

그림 13-4 안드로이드 스튜디오에서 레이아웃 에디터 사용하기

[그림 13-4]에서 보듯이 이 안드로이드 액티비티는 'Hello World'라고 쓰인 하나의
TextView 컨트롤을 담고 있습니다. 액티비티 코드를 다음과 같이 바꿉니다.

```xml
<?xml version="1.0" encoding="utf-8"?>
<LinearLayout xmlns:tools="http://schemas.android.com/tools"
        android:orientation="vertical"
        xmlns:android="http://schemas.android.com/apk/res/android"
        android:layout_height="match_parent"
        android:layout_width="match_parent">
    <LinearLayout
        android:layout_width="match_parent"
        android:layout_height="wrap_content">
        <TextView
            android:id="@+id/lblEnter"
            android:layout_width="wrap_content"
            android:layout_height="wrap_content"
            android:text="Enter X:   "
            android:textSize="18sp"></TextView>
        <EditText
```

```
                android:id="@+id/txtValue"
                android:layout_width="180dp"
                android:layout_height="wrap_content"
                android:inputType="number"
                android:text="1"></EditText>
        <Button
                android:id="@+id/convertButton"
                android:layout_width="wrap_content"
                android:layout_height="wrap_content"
                android:text="Convert">
        </Button>
    </LinearLayout>
</LinearLayout>
```

이 코드에서 중요한 부분은 EditText와 Button 컨트롤의 android:id 필드입니다. 이 값을 바꾸어도 괜찮지만 만약 바꾼다면 나중에 코드를 작성할 때 동일한 값을 사용해야 합니다. 두 컨트롤을 각각 txtValue와 convertButton으로 설정했습니다. 코드에서 이 값을 주목해서보세요!

13.2.3 3단계: 텐서플로 라이트 의존성 추가하기

텐서플로 라이트는 기본적으로 안드로이드 API에 포함되어 있지 않습니다. 따라서 안드로이드 앱에서 텐서플로 라이트를 사용할 때 외부 라이브러리를 임포트한다는 것을 환경에 알려야 합니다. 안드로이드 스튜디오에서는 Gradle 빌드 도구를 사용해 이를 처리합니다. 이 도구를 사용하면 build.gradle이란 JSON 파일로 환경을 구성할 수 있습니다. 안드로이드 스튜디오는 실제로 두 개의 Gradle 파일을 제공하기 때문에 신참 안드로이드 개발자에게는 처음에 조금 혼란스러울 수 있습니다. 프로젝트 수준의 build.gradle과 앱 수준의 build.gradle이 있습니다. [그림 13-5]에서 볼 수 있듯이 첫 번째 파일은 프로젝트 폴더에 있고 두 번째 파일은 app 폴더에 있습니다.

[그림 13-5]에 강조된 앱 수준의 build.gradle 파일을 수정하겠습니다. 이 파일은 앱에 대한 의존성을 상세히 정의합니다. 이 파일을 열고 다음 두 가지를 수정합니다. 첫 번째는 dependencies 섹션에 implementation을 추가해 텐서플로 라이트 라이브러리를 포함시킵니다.

```
implementation 'org.tensorflow:tensorflow-lite:0.0.0-nightly'
```

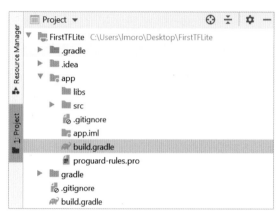

그림 13-5 build.gradle 파일 선택하기

두 번째는 android{} 섹션 안에 다음처럼 새로운 설정을 만듭니다.

```
android{
...
    aaptOptions {
        noCompress "tflite"
    }
...
}
```

이 설정은 컴파일러가 .tflite 파일을 압축하지 않도록 만듭니다. 안드로이드 스튜디오 컴파
일러는 구글 플레이 스토어에서 다운로드하는 시간을 줄이기 위해 애셋의 크기를 작게 컴파일
합니다. 하지만 .tflite 파일이 압축되면 텐서플로 라이트 인터프리터가 인식하지 못합니다.
압축을 하지 않기 위해 .tflite 파일에 대한 aaptOptions를 noCompress로 설정합니다. 일
부 사람들은 그냥 .lite 확장자를 사용하지만 만약 다른 확장자를 사용한다면 여기에 그 확장

자를 지정하세요.

이제 프로젝트를 빌드할 수 있습니다. 빌드하는 동안 텐서플로 라이트 라이브러리가 다운로드되어 링크됩니다.

13.2.4 4단계: 텐서플로 라이트 모델 추가하기

12장에서 X와 Y 값 집합에서 Y = 2X - 1을 추론하는 간단한 모델을 만들었습니다. 모델을 훈련하고, 텐서플로 라이트로 변환하고, .tflite 파일로 저장했습니다. 이 단계에서는 앞서 저장한 파일을 사용합니다.

가장 먼저 프로젝트 안에 assets 폴더를 만듭니다. 프로젝트 탐색기에서 app/src/main 폴더로 이동한 다음 main 폴더에서 마우스 오른쪽 버튼을 클릭해 [New Directory]를 선택합니다. 새로 만들 디렉터리 이름을 'assets'으로 입력합니다. 모델을 훈련한 후 다운로드한 .tflite 파일을 이 디렉터리로 옮깁니다. 이전에 이 파일을 만들지 않았다면 책의 깃허브에서 다운로드할 수 있습니다.[2]

작업을 마치고 나면 프로젝트 탐색기는 [그림 13-6]과 같습니다. assets 폴더의 아이콘이 바뀌지 않더라도 걱정하지 마세요. 빌드가 끝난 후에 안드로이드 스튜디오가 업데이트합니다.

그림 13-6 모델을 assets 폴더에 추가하기

이제 준비 작업을 마쳤으니 코딩을 시작할 시간입니다!

---

2 https://github.com/lmoroney/tfbook/tree/master/chapter13/FirstTFLite/app/src/main/assets

13.2.5 5단계: 추론에 텐서플로 라이트를 사용하기 위해 액티비티 코드 작성하기

코틀린을 사용하지만 소스 파일이 [그림 13-6]에서 볼 수 있는 java 디렉터리에 있습니다. 이 폴더를 열면 패키지 이름으로 된 폴더를 볼 수 있습니다. 그 안에 MainActivity.kt 파일이 있습니다. 이 파일을 더블클릭해 코드 에디터에서 엽니다.

먼저 assets 디렉터리에서 텐서플로 라이트 모델을 로드하는 헬퍼 함수를 작성해야 합니다.

```
private fun loadModelFile(assetManager: AssetManager, modelPath: String): ByteBuffer
{
    val fileDescriptor = assetManager.openFd(modelPath)
    val inputStream = FileInputStream(fileDescriptor.fileDescriptor)
    val fileChannel = inputStream.channel
    val startOffset = fileDescriptor.startOffset
    val declaredLength = fileDescriptor.declaredLength
    return fileChannel.map(FileChannel.MapMode.READ_ONLY, startOffset, declaredLength)
}
```

.tflite 파일은 인터프리터가 신경망 모델을 만드는 데 사용할 가중치와 절편을 압축한 이진 파일입니다. 따라서 안드로이드 용어로는 ByteBuffer입니다. 이 코드는 modelPath에서 파일을 로드하여 ByteBuffer로 반환합니다.

그다음 액티비티 클래스 안에 모델과 인터프리터를 위한 프로퍼티property를 추가합니다(클래스 멤버 함수 안이 아니라 클래스 정의 바로 아래 추가합니다).

```
private lateinit var tflite : Interpreter
private lateinit var tflitemodel : ByteBuffer
```

tflite가 모든 작업을 수행할 인터프리터 객체이고 tflitemodel이 ByteBuffer로 인터프리터에 전달할 모델입니다.

그다음 액티비티가 생성될 때 호출되는 onCreate 함수에서 인터프리터를 초기화하고 model.tflite를 로드하는 코드를 추가합니다.

```
try{
    tflitemodel = loadModelFile(this.assets, "model.tflite")
    tflite = Interpreter(tflitemodel)
```

```
    } catch(ex: Exception){
        ex.printStackTrace()
    }
```

또한 onCreate 함수에 두 개의 컨트롤을 위한 코드를 추가합니다. 값을 입력할 EditText와 추론을 얻기 위해 누를 Button입니다.

```
var convertButton: Button = findViewById<Button>(R.id.convertButton)
convertButton.setOnClickListener{
    doInference()
}
txtValue = findViewById<EditText>(R.id.txtValue)
```

또한 다음 함수에서 참조하기 때문에 **tflite**, **tflitemodel**과 동일하게 다음처럼 클래스 수준에서 EditText를 선언해야 합니다.

```
private lateinit var txtValue : EditText
```

마지막으로 추론을 수행할 차례입니다. 이를 위해 **doInference** 함수를 만듭니다.

```
private fun doInference(){
}
```

이 함수 안에 입력된 데이터를 추론을 위해 텐서플로 라이트에 전달하고 반환된 값을 화면에 출력합니다.

숫자가 입력될 **EditText** 컨트롤은 문자열을 반환하므로 실수로 변환해야 합니다.

```
var userVal: Float = txtValue.text.toString().toFloat()
```

12장을 떠올려보면 모델에 데이터를 주입할 때 넘파이 배열로 변환했습니다. 넘파이는 파이썬 라이브러리이므로 안드로이드에서는 사용하지 못합니다. 하지만 **FloatArray**를 사용해 처리할 수 있습니다. 하나의 값을 전달하더라도 텐서 같은 배열로 만들어야 합니다.

```
var inputVal: FloatArray = floatArrayOf(userVal)
```

이 모델은 바이트 스트림을 반환하므로 이를 해석해야 합니다. 모델이 4바이트 실숫값을 반환하므로 출력을 받기 위해 4바이트 ByteBuffer를 준비합니다. 여러 방법으로 바이트를 정렬할 수 있지만 플랫폼 기본 순서로 정렬하면 됩니다.

```
var outputVal: ByteBuffer = ByteBuffer.allocateDirect(4)
outputVal.order(ByteOrder.nativeOrder())
```

추론을 수행하려면 입력과 출력을 전달하면서 인터프리터의 run 메서드를 호출합니다. 이 메서드는 inputVal에서 값을 읽은 후 outputVal에 출력을 저장합니다.

```
tflite.run(inputVal, outputVal)
```

ByteBuffer로 출력이 저장되며 포인터pointer는 버퍼의 끝을 가리킵니다. 값을 읽기 위해 버퍼의 시작 부분으로 포인터를 리셋해야 합니다.

```
outputVal.rewind()
```

이제 ByteBuffer의 내용을 실숫값으로 읽을 수 있습니다.

```
var f:Float = outputVal.getFloat()
```

사용자에게 값을 출력하기 위해 AlertDialog를 사용할 수 있습니다.

```
val builder = AlertDialog.Builder(this)
with(builder)
{
    setTitle("TFLite Interpreter")
    setMessage("Your Value is:$f")
    setNeutralButton("OK", DialogInterface.OnClickListener {
        dialog, id -> dialog.cancel()
    })
```

```
        show()
    }
```

앱을 실행하고 직접 테스트해보세요! [그림 13-7]과 같은 결과를 볼 수 있습니다.

그림 13-7 에뮬레이터에서 실행한 인터프리터

13.3 이미지를 처리하는 앱 만들기

이전 절에서 보았듯이 안드로이드 앱을 만들 때 많은 파일들이 생성됩니다. 텐서플로 라이트 인터프리터를 적절히 초기화하기 위한 코드와 설정도 필요합니다. 앞서 이 방법을 소개했으니 텐서플로 라이트를 사용하는 다른 안드로이드 앱을 만든다면 거의 동일한 과정을 거치면 됩니다. 유일한 큰 차이점은 모델이 이해할 수 있는 형태로 입력 데이터를 만들고 이와 비슷하게 출력 데이터를 파싱하는 것입니다. 예를 들면 12장의 강아지-고양이 분류 모델에서는 강아지나 고양이 이미지를 주입하고 추론 결과를 받습니다. 이 모델은 정규화된 224 × 224픽셀의 컬러 이미지를 입력으로 기대합니다. 이를 위해서는 안드로이드 이미지 컨트롤에서 이미지를 가져와 신경망이 이해할 수 있는 형태로 변환하는 방법을 알아야 합니다!

예를 들어 [그림 13-8]과 같은 이미지를 생각해보죠. 395 × 500픽셀의 강아지 이미지입니다.

그림 13-8 강아지 이미지

먼저 모델을 훈련할 때 사용한 이미지 차원인 224 × 224픽셀로 크기를 변경해야 합니다. 이는 안드로이드 **Bitmap** 라이브러리를 사용하면 됩니다. 예를 들어 다음과 같이 224 × 224 비트맵을 만들 수 있습니다(여기에서 **bitmap**은 앱에서 로드한 원본 이미지를 담고 있습니다. 전체 앱 코드는 책의 깃허브 저장소를 참고하세요).

```
val scaledBitmap = Bitmap.createScaledBitmap(bitmap, 224, 224, false)
```

이미지 크기를 바꾸었으므로 안드로이드에서 이미지가 어떻게 구성되는지와 모델이 기대하는 구조를 맞추어야 합니다. 이 책의 앞부분에서는 모델을 훈련할 때 이미지를 정규화된 텐서로 주입했습니다. 예를 들어 이와 같은 이미지는 (224, 224, 3) 크기 텐서입니다. 224 × 224는 이미지 크기이고 3은 컬러 채널입니다. 값은 모두 0과 1 사이로 정규화되었습니다.

요약하면 이미지를 표현하기 위해 0과 1 사이의 224 × 224 × 3개의 실숫값이 필요합니다. 다음과 같은 코드로 실수 하나가 4바이트인 **ByteArray**에 저장할 수 있습니다.

```
val byteBuffer = ByteBuffer.allocateDirect(4 * 224 * 224 * 3)
byteBuffer.order(ByteOrder.nativeOrder())
```

반면 안드로이드 이미지의 픽셀은 32비트 정수로 RGB 값이 저장되어 있습니다. 예를 들어 픽셀 하나의 값이 0x0010FF10와 같습니다. 0x 뒤에 등장하는 처음 두 값은 투명도이므로 무시하고, 나머지 부분이 RGB에 해당합니다. 즉 0x10이 빨강, 0xFF가 초록, 0x10이 파랑입니다. 지금까지 적용했던 정규화는 R, G, B 채널 값을 간단하게 255로 나누는 것입니다. 이렇게 하면 빨강은 0.06275, 초록은 1, 파랑은 0.06275가 됩니다.

이런 변환을 위해 224 × 224 정수 배열을 만들고 **getPixels** API를 사용해 픽셀 값을 복사합니다.

```
val intValues = IntArray(224 * 224)
scaledbitmap.getPixels(intValues, 0, 224, 0, 0, 224, 224)
```

이제 이 배열을 순회하면서 픽셀 값을 하나씩 읽어 정규화된 실숫값으로 변환해야 합니다. 비트 시프트shift를 사용해 특정 채널 값을 얻을 수 있습니다. 예를 들어 0x0010FF10과 같은 값이 있다고 가정해보죠. 오른쪽으로 16비트를 시프트하면 FF10을 잃은 0x0010이 됩니다. 그다음 0xFF와 논리곱and 연산을 하면 마지막 두 숫자가 남아 0x10을 얻습니다. 비슷하게 오른쪽으로 8비트를 시프트하면 0x0010FF를 얻고 논리곱 연산을 통해 0xFF를 얻습니다. 이 방법으로 픽셀의 관련 비트를 빠르고 쉽게 제거할 수 있습니다. 정숫값에 **shr** 메서드를 사용해 **input.shr(16)**과 같이 쓰면 오른쪽으로 16비트를 이동하라는 뜻입니다.

```
var pixel = 0
for (i in 0 until INPUT_SIZE) {
    for (j in 0 until INPUT_SIZE) {
        val input = intValues[pixel++]
        byteBuffer.putFloat(((input.shr(16) and 0xFF) / 255))
        byteBuffer.putFloat(((input.shr(8) and 0xFF) / 255))
        byteBuffer.putFloat(((input and 0xFF)) / 255))
    }
}
```

이전처럼 출력에 대해 결과를 담을 배열을 정의해야 합니다. 이 배열이 **ByteArray**일 필요는 없습니다. 결괏값이 실수라는 것을 안다면 **FloatArray**를 정의할 수 있습니다. 강아지-고양이 분류 모델의 경우 두 개의 클래스가 있으므로 모델의 출력 층에는 강아지와 고양이 클래스에 해당하는 두 개의 뉴런이 있습니다. 따라서 결괏값을 읽기 위해 다음과 같은 배열을 정의할 수 있습니다.

```
val result = Array(1) { FloatArray(2) }
```

원소가 두 개인 배열을 담은 하나의 배열입니다. 파이썬을 사용했을 때 [[1.0 0.0]] 같은 값을 보았던 것을 기억하세요. 여기서도 동일합니다. Array(1)은 바깥쪽 배열을 정의합니다. FloatArray(2)는 [1.0 0.0]에 해당합니다. 조금 혼란스러울 수 있지만 텐서플로 앱을 더 많이 만들어보면서 익숙해지기를 바랍니다!

이전처럼 interpreter.run을 사용합니다.

```
interpreter.run(byteBuffer, result)
```

결과는 두 값을 가진 배열을 포함하는 배열이 됩니다. [그림 13-9]처럼 안드로이드 디버거에서 이를 확인할 수 있습니다.

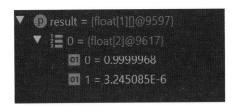

그림 13-9 출력값 확인

안드로이드로 모바일 앱을 만들 때 고려해야 할 가장 복잡한 부분이 모델을 만드는 것과 바로 이 부분입니다. 파이썬에서 특히 넘파이를 사용해 값을 표현하는 방법은 안드로이드와 많이 다를 수 있습니다. 신경망이 입력으로 기대하는 방식으로 데이터 포맷을 바꾸는 변환 코드를 작성해야 하고, 결괏값을 파싱하기 위해 신경망의 출력 형태를 이해해야 합니다.

코드 생성

이 책의 집필 시점에 메타데이터로부터 코드를 생성하는 도구(`https://oreil.ly/cMDna`)가 실험적으로 공개되었습니다. 이를 사용하려면 변환할 때 텐서플로 라이트 모델에 메타데이터를 추가해야 합니다. 여기에서 자세한 내용을 다루지는 않지만 온라인 문서(`https://oreil.ly/fdzXh`)에서 메타데이터를 만드는 방법을 참고할 수 있습니다. 그다음 이 도구를 사용해 코드를 생성하면 이 장에서 했던 것처럼 저수준의 `ByteBuffer`를 다루지 않아도 됩니다. 텐서플로 라이트 모델 메이커Model Maker 라이브러리(`https://oreil.ly/wPEwa`)를 살펴볼 수도 있습니다.

13.4 텐서플로 라이트 샘플 앱(안드로이드용)

텐서플로 팀은 다양한 샘플 앱을 오픈 소스로 제공합니다. 이 장에서 배운 것을 토대로 공개된 앱을 분석해 작동 방식을 배워볼 수 있습니다. 다음과 같은 앱을 제공하며 이게 전부는 아닙니다.

- **이미지 분류**: 장치의 카메라로부터 입력을 받아 천 개의 다른 항목으로 분류합니다.
- **객체 탐지**: 장치의 카메라로부터 입력을 받아 감지한 객체에 바운딩 박스bounding box를 그립니다.
- **자세 추정**pose estimation: 카메라로 사람을 보고 자세를 추정합니다.
- **음성 인식**speech recognition: 일반적인 음성 명령을 인식합니다.
- **제스처 인식**gesture recognition: 손동작에 대한 모델을 훈련하고 카메라로 손동작을 인식합니다.
- **스마트 답장**smart reply: 입력 메시지를 받아 답장을 생성합니다.
- **이미지 분할**image segmentation: 객체 탐지와 비슷하지만 이미지의 각 픽셀이 속한 클래스를 예측합니다.
- **스타일 트랜스퍼**style transfer: 이미지에 새로운 그림 스타일을 적용합니다.
- **숫자 분류**: 손으로 쓴 숫자를 인식합니다.
- **텍스트 분류**: IMDb 데이터셋에서 훈련한 모델을 사용해 텍스트의 감성을 인식합니다.
- **질문 응답**question answering: BERTBidirectional Encoder Representations from Transformers를 사용해 사용자의 질문에 대한 답변을 생성합니다.

Awesome TFLite 저장소(`https://oreil.ly/Rxpbx`)에서 깃허브에 있는 선별된 앱 리스트를 볼 수 있습니다.

13.5 마치며

이 장에서 안드로이드 환경에서 텐서플로 라이트를 사용해보았습니다. 안드로이드 애플리케이션의 구조와 여기에 텐서플로 라이트를 통합하는 방법을 소개했습니다. 안드로이드 애셋으로 모델을 구현하는 방법과 모델을 인터프리터에 로드해 사용하는 방법을 배웠습니다. 무엇보다도 안드로이드 기반 데이터(이미지나 숫자)를 모델이 사용하는 텐서와 유사한 입력 배열로 변환해야 하는 이유와 출력 데이터를 파싱하는 방법을 알아보았습니다. 이를 통해 이런 데이터는 **ByteBuffer**로 저장된 메모리 매핑된 텐서라는 것을 알았습니다. 몇 가지 예를 통해 이 작업을 수행하는 방법을 자세히 살펴보았습니다. 다른 문제를 처리하는 데 필요한 기술을 익혔기를 바랍니다. 다음 장에서는 이 작업을 다시 반복하지만 이번에는 iOS에서 스위프트^{Swift}를 사용해봅니다.

iOS 앱에서 텐서플로 라이트 사용하기

12장에서 텐서플로 라이트를 소개하고, 텐서플로 모델을 모바일 장치에서 사용할 수 있도록 에너지 효율적이고 컴팩트한 포맷으로 변환하는 방법을 알아보았습니다. 13장에서는 텐서플로 라이트 모델을 사용하는 안드로이드 앱을 만들어보았습니다. 이번 장에서는 동일한 작업을 iOS에서 수행합니다. 몇 가지 간단한 앱을 만들고 스위프트 프로그래밍 언어를 사용해 텐서플로 라이트에서 추론을 수행하는 방법을 알아보겠습니다.

이 장의 예제를 따라 하려면 macOS가 설치된 컴퓨터가 필요합니다. 개발 도구로 Xcode를 사용하는데 맥 컴퓨터에서만 지원합니다. Xcode가 아직 없다면 앱 스토어에서 설치할 수 있습니다. Xcode에는 물리적인 장치가 없어도 아이폰과 아이패드 앱을 실행할 수 있는 iOS 시뮬레이터Simulator를 제공하며 개발에 필요한 모든 것을 제공합니다.

14.1 Xcode로 첫 번째 텐서플로 라이트 앱 만들기

Xcode를 설치하고 실행한 후 이 절에서 설명하는 단계를 따라 하면 간단한 iOS 앱을 만들 수 있습니다. 12장에서 나온 Y = 2X - 1 문제를 다루는 앱입니다. 머신러닝 앱으로 만들기에는 지나치게 간단한 문제지만 핵심 구조는 복잡한 앱에서 사용하는 것과 동일합니다. 따라서 이 방법이 앱에서 모델을 사용하는 방법을 설명하는 데 매우 유용합니다.

14.1.1 1단계: 기본적인 iOS 앱 만들기

Xcode를 열고 [File] → [New Project]를 선택합니다. 그다음 새로운 프로젝트를 위한 템플 릿을 선택해야 합니다. 가장 간단한 템플릿인 [Single View App]을 선택하고(그림 14-1) [Next]를 클릭합니다.

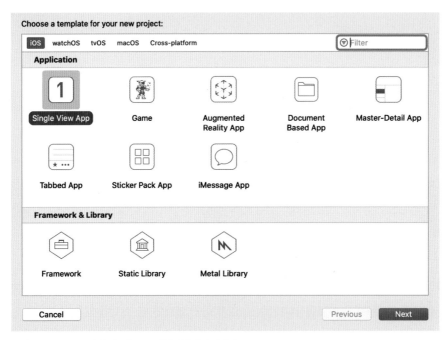

그림 14-1 Xcode에서 새로운 iOS 애플리케이션 만들기

다음으로 앱 이름을 포함해 새로운 프로젝트에 대한 옵션을 설정합니다. 이름을 'firstlite'로 입 력하고 언어는 'Swift', 사용자 인터페이스는 'Storyboard'로 선택합니다(그림 14-2).

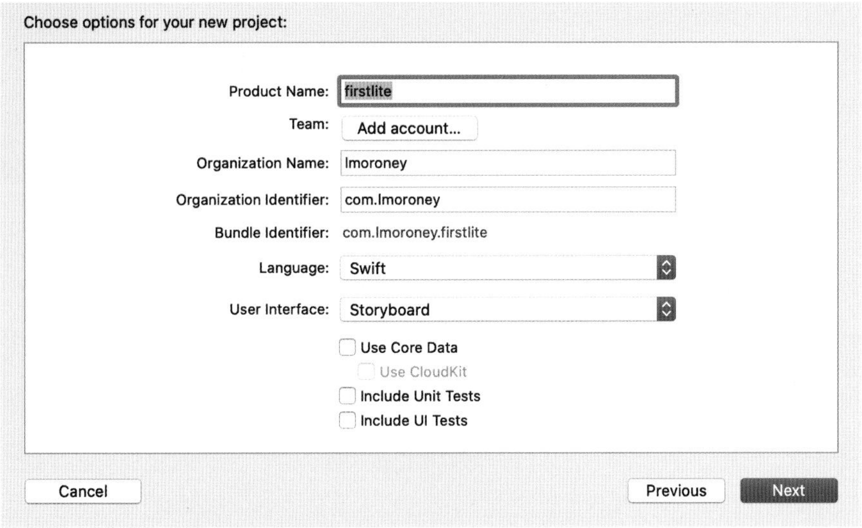

그림 14-2 새로운 프로젝트의 옵션 설정하기

[Next]를 클릭해 아이폰이나 아이패드 시뮬레이터에서 실행될 기본적인 iOS 앱을 만듭니다. 다음 단계는 여기에 텐서플로 라이트를 추가하는 것입니다.

14.1.2 2단계: 프로젝트에 텐서플로 라이트 추가하기

iOS 프로젝트에 의존성을 추가하기 위해 의존성 관리 프로젝트인 CocoaPods(https:// cocoapods.org)를 사용할 수 있습니다. 이 프로젝트는 수천 개의 라이브러리를 관리하며 앱에 쉽게 통합할 수 있습니다. 이를 위해 프로젝트 세부 내용과 필요한 의존성을 기술한 Podfile을 만들어야 합니다. 이 파일은 확장자 없이 Podfile이란 이름으로 텍스트 파일을 만들면 됩니다. 이 파일은 Xcode가 만든 firstlite.xcodeproj 파일이 들어 있는 동일한 디렉터리에 넣어야 합니다. Podfile의 내용은 다음과 같습니다.

```
# Uncomment the next line to define a global platform for your project
platform :ios, '12.0'
target 'firstlite' do
    # Comment the next line if you're not using Swift and don't want to
    # use dynamic frameworks
    use_frameworks!
```

```
    # Pods for ImageClassification
    pod 'TensorFlowLiteSwift'
end
```

중요한 부분은 텐서플로 라이트 스위프트 라이브러리를 프로젝트에 추가하는 pod 'TensorFlowLiteSwift' 줄입니다.

그다음 터미널에서 Podfile이 있는 디렉터리로 이동해 다음 명령을 실행합니다.

```
pod install
```

그러면 의존성 때문에 필요한 라이브러리를 다운로드해 프로젝트에 추가합니다. 다운로드된 파일은 Pods라는 새로운 폴더에 저장됩니다. [그림 14-3]처럼 .xcworkspace 파일도 추가됩니다. 나중에 프로젝트를 열 때 .xcodeproj 파일이 아닌 이 파일을 사용합니다.

그림 14-3 pod install 실행 후 파일 구조

이제 기본적인 iOS 앱이 만들어졌고 텐서플로 라이트 의존성을 추가했습니다. 다음 단계에서 사용자 인터페이스를 만들어보죠.

14.1.3 3단계: 사용자 인터페이스 만들기

Xcode 스토리보드 에디터는 사용자 인터페이스를 만드는 시각적인 도구입니다. 워크스페이스를 열면 왼쪽에 소스 파일 목록을 볼 수 있습니다. 여기에서 Main.storyboard를 선택하고 컨트롤 팔레트^{control palette}를 사용해 컨트롤을 아이폰 화면 뷰에 드래그 앤 드롭합니다(그림 14-4).

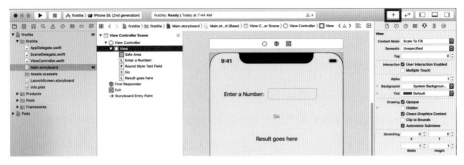

그림 14-4 스토리보드에 컨트롤 추가하기

컨트롤 팔레트를 찾을 수 없다면 [그림 14-4]에 강조된 화면 오른쪽 위에 있는 [+] 버튼을 클릭하면 됩니다. 레이블을 추가하고 텍스트를 'Enter a Number'로 바꿉니다. 그다음 'Result goes here' 텍스트를 하나 더 추가합니다. 버튼을 추가하고 캡션을 'Go'로 바꿉니다. 마지막으로 텍스트 필드^{Text Field}를 추가합니다. [그림 14-4]와 비슷하게 정렬합니다. 화려하지 않아도 괜찮습니다!

컨트롤의 레이아웃을 잡았으므로 코드에서 이를 참조할 수 있어야 합니다. 스토리보드에서는 컨트롤의 내용을 읽거나 설정하기 위해 주소를 지정할 때 아웃렛^{outlet}을 사용하거나 또는 사용자가 컨트롤과 상호작용할 때 특정 코드를 실행하기 위해 액션^{action}을 사용할 수 있습니다.

분할 화면을 사용하면 가장 쉽게 이를 연결할 수 있습니다. 한쪽에 스토리보드를 놓고 다른 한쪽에 `ViewController.swift`를 놓습니다. [그림 14-5]에 강조된 분할 스크린 컨트롤 버튼을 눌러 화면을 분할할 수 있습니다. 한쪽을 클릭하고 스토리보드를 선택합니다. 다른 한쪽을 클릭하고 `ViewController.swift`를 선택합니다.

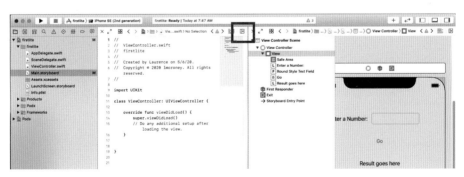

그림 14-5 분할 스크린

화면을 분할하고 나면 드래그 앤드 드롭으로 아웃렛과 액션을 만들 수 있습니다. 이 앱에서는 사용자가 텍스트 필드에 숫자를 입력하고 [Go] 버튼을 누릅니다. 그다음 입력한 값에 대해 추론을 수행하고 'Result goes here' 레이블에 결과를 표시합니다.

즉 두 개의 컨트롤을 읽거나 써야 합니다. 사용자가 입력한 값을 가져오기 위해 텍스트 필드의 내용을 읽고, 'Result goes here' 레이블에 결과를 써야 합니다. 따라서 두 개의 아웃렛이 필요합니다. 이를 만들기 위해 [Ctrl] 키를 누르고 스토리보드에 있는 컨트롤을 ViewController. swift 파일로 드래그해 클래스 정의 바로 아래로 떨어뜨립니다. 정의할 내용을 묻는 팝업 창이 [그림 14-6]처럼 나타납니다.

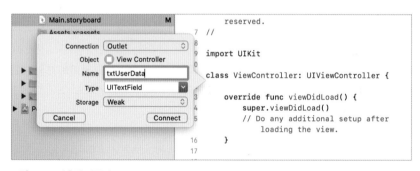

그림 14-6 아웃렛 만들기

Connection 타입은 아웃렛입니다. `txtUserData` 텍스트 필드를 위한 아웃렛과 `txtResult` 레이블을 위한 아웃렛을 만듭니다.

그다음 `ViewController.swift` 파일로 버튼을 드래그합니다. 팝업 창에서 Connection 타입을 'Action'으로 선택하고 Event 타입은 'Touch Up Inside'를 선택합니다. 이 과정을 통해 `btnGo`의 액션을 정의합니다(그림 14-7).

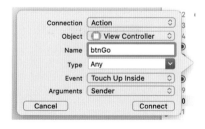

그림 14-7 액션 추가하기

이 시점에서 ViewController.swift 파일은 다음처럼 보일 것입니다. IBOutlet과 IBAction 코드를 주목하세요.

```
import UIKit
class ViewController: UIViewController {
    @IBOutlet weak var txtUserData: UITextField!
    @IBOutlet weak var txtResult: UILabel!
    @IBAction func btnGo(_ sender: Any) {
    }
    override func viewDidLoad() {
        super.viewDidLoad()
        // Do any additional setup after loading the view.
    }
}
```

UI를 준비했으므로 다음 단계는 추론을 처리할 코드를 작성해야 합니다. ViewController 로 직이 있는 동일한 스위프트 파일을 사용하지 않고 별도의 코드 파일을 사용하겠습니다.

14.1.4 4단계: 모델 추론 클래스 추가하고 초기화하기

UI와 모델 추론을 분리하기 위해 ModelParser 파일을 담을 새로운 스위프트 파일을 만듭니다. 이 파일에서 모델에 데이터를 주입하고, 추론을 수행하고 결과를 파싱합니다. Xcode에서 [File] → [New File]을 선택하고 템플릿 타입으로 [Swift File]을 선택합니다(그림 14–8).

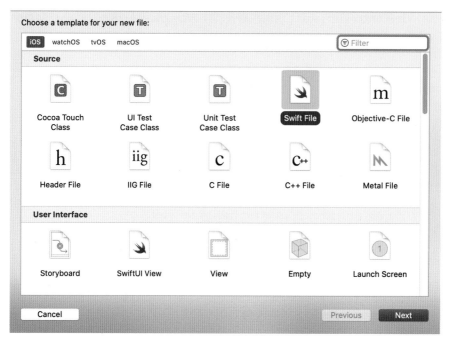

그림 14-8 새로운 스위프트 파일 추가하기

이름을 'ModelParser'로 지정하고 Targets 체크박스에 firstlite 프로젝트가 체크되어 있는지 확인하세요(그림 14-9).

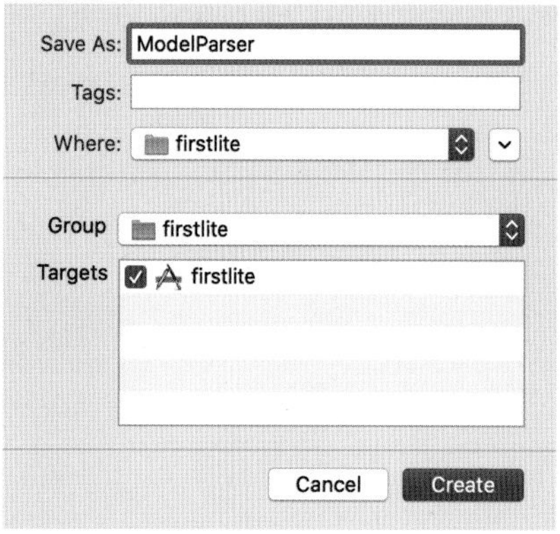

그림 14-9 프로젝트에 ModelParser.swift 추가하기

프로젝트에 추가된 ModelParser.swift 파일에 추론 로직을 추가하고 편집할 수 있습니다. 먼저 파일 맨 위에 TensorFlowLite를 포함해 다음과 같은 임포트 문을 추가합니다.

```
import Foundation
import TensorFlowLite
```

모델 파일 model.tflite에 대한 참조를 이 클래스에 추가합니다. 아직 이 파일을 추가하지 않았지만 잠시 후에 추가하겠습니다.

```
typealias FileInfo = (name: String, extension: String)

enum ModelFile {
    static let modelInfo: FileInfo = (name: "model", extension: "tflite")
}
```

typealias와 enum은 코드를 조금 더 간소화시킵니다. 잠시 후에 이를 사용하겠습니다. 다음으로 모델을 인터프리터로 로드해야 합니다. 따라서 먼저 클래스의 프라이빗 변수private variable로 인터프리터를 선언해야 합니다.

```
private var interpreter: Interpreter
```

스위프트 변수는 초기화해야 하므로 init 함수로 이 작업을 수행합니다. 다음 함수는 두 개의 입력 매개변수를 받습니다. 첫 번째 modelFileInfo는 방금 전 선언한 FileInfo 타입입니다. 두 번째 threadCount는 인터프리터 초기화에 사용할 스레드 개수이며 기본값은 1로 지정합니다. 이 함수에서 앞서 언급한 모델 파일(model.tflite)에 대한 참조를 만듭니다.

```
init?(modelFileInfo: FileInfo, threadCount: Int = 1) {
    let modelFilename = modelFileInfo.name

    guard let modelPath = Bundle.main.path
    (
        forResource: modelFilename,
        ofType: modelFileInfo.extension
    )
    else {
```

```
            print("Failed to load the model file")
            return nil
    }
```

번들bundle 안에 모델 파일에 대한 경로가 있다면 이를 로드할 수 있습니다.

```
do
    {
        interpreter = try Interpreter(modelPath: modelPath)
    }
    catch let error
    {
        print("Failed to create the interpreter")
        return nil
    }
```

14.1.5 5단계: 추론 수행하기

ModelParser 클래스 안에서 추론을 수행할 수 있습니다. 사용자가 텍스트 필드에 문자열을 입력하면 실수로 변환됩니다. 따라서 실수를 받아 모델에 전달하고, 추론을 수행하고, 결괏값을 파싱하는 함수가 필요합니다.

먼저 runModel 함수를 만들어보죠. 예외 처리를 위해 do {로 시작합니다.

```
func runModel(withInput input: Float) -> Float? {
    do {
```

다음으로 인터프리터에 텐서를 할당해야 합니다. 다음은 추론을 위해 텐서를 초기화하고 준비하는 코드입니다.

```
        try interpreter.allocateTensors()
```

그리고 입력 텐서를 만듭니다. 스위프트는 Tensor 데이터 타입이 없으므로 UnsafeMutable BufferPointer 메모리에 데이터를 직접 써야 합니다. 이 타입을 Float로 지정할 수 있습니다. data 변수 주소부터 실수 하나 길이만큼 읽습니다. 이를 통해 실숫값에 대한 바이트를 버퍼에 모두 복사합니다.

```
var data: Float = input
let buffer: UnsafeMutableBufferPointer<Float> =
    UnsafeMutableBufferPointer(start: &data, count: 1)
```

데이터가 버퍼에 있으므로 이를 인터프리터의 0번째 입력에 복사할 수 있습니다. 하나의 입력 텐서만 있으므로 이를 버퍼로 지정할 수 있습니다.

```
try interpreter.copy(Data(buffer: buffer), toInputAt: 0)
```

추론을 실행하려면 인터프리터의 **invoke** 메서드를 호출합니다.

```
try interpreter.invoke()
```

하나의 출력 텐서만 있으므로 인덱스 0에서 출력을 읽습니다.

```
let outputTensor = try interpreter.output(at: 0)
```

값을 입력할 때와 비슷하게 안전하지 않은 데이터인 저수준 메모리를 다루어야 합니다. **Float32** 값의 배열(하나의 원소만 있지만 여전히 배열로 다루어야 합니다)이므로 다음처럼 읽을 수 있습니다.

```
let results: [Float32] = [Float32](unsafeData: outputTensor.data) ?? []
```

?? 문법이 생소할 수 있습니다. 이는 출력 텐서를 복사해 결과를 **Float32** 배열로 만듭니다. 만약 실패하면 빈 배열이 된다는 뜻입니다. 이 코드가 작동하려면 **Array** 확장을 구현해야 합니다. 전체 코드는 마지막 단계에서 살펴볼 수 있습니다.

결과를 배열에 저장했다면 배열의 첫 번째 원소가 필요한 결괏값이 됩니다. 만약 실패하면 **nil**이 반환됩니다.

```
            guard let result = results.first else {
                return nil
            }
            return result
    }
```

이 함수는 do {로 시작했으므로 에러가 발생하면 이를 출력하고, nil을 반환해야 합니다.

```
    catch {
        print(error)
        return nil
    }
  }
```

마지막으로 아직 ModelParser.swift 파일이므로 안전하지 않은 데이터를 처리하고 배열로 로드하는 Array 확장을 추가할 수 있습니다.

```
extension Array {
    init?(unsafeData: Data) {
        guard unsafeData.count % MemoryLayout<Element>.stride == 0
            else { return nil }
        #if swift(>=5.0)
        self = unsafeData.withUnsafeBytes {
            .init($0.bindMemory(to: Element.self))
        }
        #else
        self = unsafeData.withUnsafeBytes {
            .init(UnsafeBufferPointer<Element>(
                start: $0,
                count: unsafeData.count / MemoryLayout<Element>.stride
            ))
        }
        #endif  // swift(>=5.0)
    }
}
```

텐서플로 라이트 모델에서 바로 실수를 파싱할 때 사용할 수 있습니다.

모델 파싱 클래스를 작성했으므로 다음 단계로 앱에 모델을 추가해봅시다.

14.1.6 6단계: 앱에 모델 추가하기

앱에 모델을 추가하기 위해 앱 안에 `models` 디렉터리를 만들어야 합니다. Xcode의 `firstlite` 폴더에서 마우스 오른쪽을 클릭해 [New Group]을 선택합니다(그림 14-10). 새로운 그룹 이름을 'models'로 지정합니다.

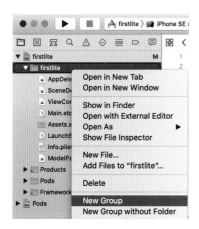

그림 14-10 앱에 새로운 그룹 추가하기

12장에서 본 간단한 Y = 2X - 1 샘플로 훈련한 모델을 사용할 수 있습니다. 모델이 아직 없다면 깃허브에 있는 노트북을 사용해 만들 수 있습니다.[1]

변환된 모델 파일(`model.tflite`)이 준비되면 방금 전 추가한 Xcode의 `models` 그룹으로 드래그 앤드 드롭합니다. 'Copy items if needed'를 선택하고 그 아래 Add to targets 항목에서 'firstlite'의 체크박스가 체크되어 있는지 확인합니다(그림 14-11).

----

1 https://github.com/rickiepark/aiml4coders/blob/main/ch12/12-tensorflow-lite.ipynb

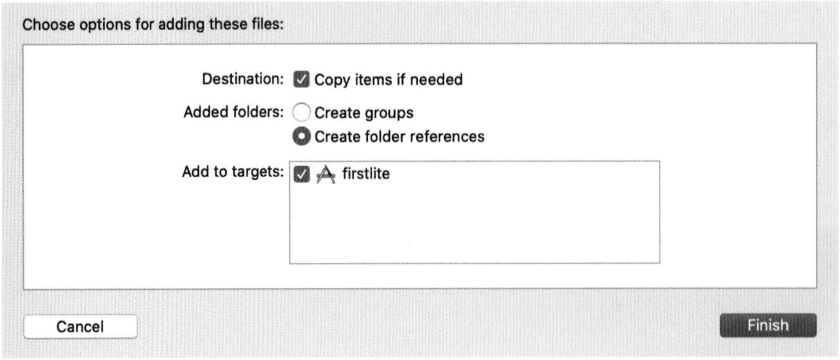

그림 14-11 프로젝트에 모델 추가하기

프로젝트에 모델이 추가되었고 추론에 사용할 수 있습니다. 마지막 단계로 UI 로직을 완싱해 봅니다. 그러면 모든 것이 준비 완료됩니다!

14.1.7 7단계: UI 로직 추가하기

앞서 UI 설명이 포함된 스토리보드를 만들고 UI 로직이 담긴 `ViewController.swift` 파일을 수정했습니다. 대부분의 추론 작업은 `ModelParser` 클래스에 위임되므로 UI 로직은 매우 간단합니다.

먼저 `ModelParser` 클래스의 인스턴스를 프라이빗 변수로 추가합니다.

```
private var modelParser: ModelParser? =
    ModelParser(modelFileInfo: ModelFile.modelInfo)
```

이전에 **btnGo** 버튼에 액션을 만들었습니다. 이 액션은 사용자가 버튼을 클릭할 때 호출됩니다. 이 액션이 호출될 때 **doInference** 함수를 실행하도록 수정합니다.

```
@IBAction func btnGo(_ sender: Any) {
    doInference()
}
```

이제 doInference 함수를 만듭니다.

```
private func doInference() {
```

사용자가 데이터를 입력할 텍스트 필드는 **txtUserData**입니다. 이 값을 읽을 때 값이 비어 있다면 결과를 0.00으로 설정하고 추론을 수행하지 않습니다.

```
guard let text = txtUserData.text, text.count > 0 else {
    txtResult.text = "0.00"
    return
}
```

그렇지 않으면 실수로 변환합니다. 변환에 실패하면 함수를 종료합니다.

```
guard let value = Float(text) else {
    return
}
```

여기까지 도달하면 입력을 전달해 모델을 실행할 수 있습니다. 나머지는 **ModelParser**가 처리해 결괏값 또는 **nil**을 반환합니다. 반환값이 **nil**이면 함수를 종료합니다.

```
guard let result = self.modelParser?.runModel(withInput: value) else {
    return
}
```

여기까지 이르렀다면 결과를 얻게 됩니다. 따라서 실수를 문자열로 바꾸어 **txtResult**의 레이블로 로드합니다.

```
txtResult.text = String(format: "%.2f", result)
```

이게 전부입니다! 모델 로딩과 추론은 **ModelParser** 클래스가 처리하므로 **ViewController**는 간단하게 유지됩니다. 전체 코드는 다음과 같습니다.

```swift
import UIKit

class ViewController: UIViewController {
    private var modelParser: ModelParser? =
        ModelParser(modelFileInfo: ModelFile.modelInfo)
    @IBOutlet weak var txtUserData: UITextField!

  @IBOutlet weak var txtResult: UILabel!
    @IBAction func btnGo(_ sender: Any) {
        doInference()
    }
    override func viewDidLoad() {
        super.viewDidLoad()
        // Do any additional setup after loading the view.
    }
    private func doInference() {
        guard let text = txtUserData.text, text.count > 0 else {
            txtResult.text = "0.00"
            return
        }
        guard let value = Float(text) else {
            return
        }
        guard let result = self.modelParser?.runModel(withInput: value) else {
            return
        }
        txtResult.text = String(format: "%.2f", result)
    }

}
```

앱을 구동하기 위해 필요한 모든 작업을 마쳤습니다. 앱을 실행하면 시뮬레이터에서 볼 수 있습니다. 텍스트 필드에 숫자를 입력하고 버튼을 누릅니다. 그러면 [그림 14-12] 같은 결괏값을 볼 수 있습니다.

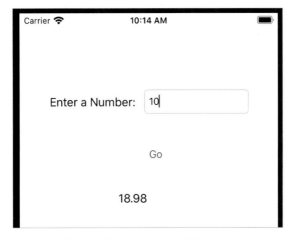

그림 14-12 아이폰 시뮬레이터에서 앱 실행하기

매우 간단한 앱을 만들어보았지만 텐서플로 라이트의 작동 방식을 이해하는 데 도움이 되는 좋은 템플릿입니다. 이 절에서는 다음과 같은 방법을 알아보았습니다.

- Podfile을 사용해 텐서플로 라이트 의존성 추가하기
- 앱에 텐서플로 라이트 모델 추가하기
- 모델을 인터프리터로 로드하기
- 입력 텐서를 읽어 메모리에 직접 쓰기
- 출력 텐서를 읽고 실수 배열 같은 고수준 데이터 구조로 복사하기
- 스토리보드와 뷰 컨트롤러로 구성된 사용자 인터페이스에 연결하기

다음 절에서는 간단한 예제를 넘어 조금 더 복잡한 데이터를 살펴보겠습니다.

14.2 한 걸음 더: 이미지 처리하기

이전 예제에서 간단한 추론을 위해 텐서플로 라이트를 사용하는 완전한 앱을 만들어보았습니다. 하지만 간단한 앱임에도 불구하고 모델에 데이터를 전달하고 출력을 파싱하는 과정은 저수준으로 데이터를 다루기 때문에 약간은 직관적이지 않을 수 있습니다. 다행히 이미지와 같은 복잡한 데이터를 다룰 때 이 과정이 더 복잡해지지는 않습니다.

12장에서 만든 강아지-고양이 분류 모델을 사용해보죠. 이 절에서 훈련된 모델로 스위프트에서 iOS 앱을 만드는 방법을 알아보겠습니다. 이 모델은 강아지나 고양이 이미지가 주어지면 사진 속에 무엇이 있는지 추론합니다.

이미지 텐서는 너비, 높이, 컬러 채널과 같은 세 개의 차원으로 구성됩니다. 예를 들어 강아지-고양이 모바일 샘플을 기반으로 하는 MobileNet 구조를 사용할 때 차원은 224 × 224 × 3이 됩니다. 즉, 각 이미지는 224 × 224 픽셀이고 3개의 컬러 채널을 가집니다. 각 픽셀은 빨강, 초록, 파랑 채널의 강도를 의미하는 0과 1 사이의 값을 나타냅니다.

iOS에서 이미지는 일반적으로 `UIImage` 클래스 객체로 표현됩니다. 이 객체의 `pixelBuffer` 속성은 이미지에 있는 모든 픽셀 버퍼를 반환합니다.

`CoreImage` 라이브러리에는 픽셀 버퍼의 타입을 반환하는 `CVPixelBufferGetPixelFormatType` API가 있습니다.

```
let sourcePixelFormat = CVPixelBufferGetPixelFormatType(pixelBuffer)
```

일반적으로 알파(불투명도), 빨강, 초록, 파랑 채널을 가진 32비트 이미지입니다. 하지만 채널의 순서가 다른 경우가 있습니다. 다른 포맷으로 이미지가 저장되어 있다면 나머지 코드가 동작하지 않으므로 포맷을 확인할 필요가 있습니다.

```
assert(sourcePixelFormat == kCVPixelFormatType_32ARGB ||
       sourcePixelFormat == kCVPixelFormatType_32BGRA ||
       sourcePixelFormat == kCVPixelFormatType_32RGBA)
```

224 × 224 크기의 정방형 이미지여야 하므로 centerThumbnail 속성을 사용해 가운데를 중심으로 224 × 224 정사각형 모양으로 이미지를 잘라내는 것이 가장 좋습니다.

```
let scaledSize = CGSize(width: 224, height: 224)
guard let thumbnailPixelBuffer =
    pixelBuffer.centerThumbnail(ofSize: scaledSize)
else {
    return nil
}
```

이미지를 224 × 224 크기로 줄였으므로 다음 단계는 알파 채널을 제거하는 것입니다. 모델은 224 × 224 × 3 크기 이미지에서 훈련되었다는 것을 기억하세요. 3은 RGB 채널이고 알파 채널은 없습니다.

픽셀 버퍼이므로 여기에서 RGB 데이터를 추출해야 합니다. 다음 헬퍼 함수는 알파 채널을 찾아 이를 제거합니다.

```swift
private func rgbDataFromBuffer(_ buffer: CVPixelBuffer,
                              byteCount: Int) -> Data? {

    CVPixelBufferLockBaseAddress(buffer, .readOnly)
    defer { CVPixelBufferUnlockBaseAddress(buffer, .readOnly) }
    guard let mutableRawPointer =
        CVPixelBufferGetBaseAddress(buffer)
    else {
        return nil
    }

    let count = CVPixelBufferGetDataSize(buffer)
    let bufferData = Data(bytesNoCopy: mutableRawPointer,
                          count: count, deallocator: .none)

    var rgbBytes = [Float](repeating: 0, count: byteCount)
    var index = 0

    for component in bufferData.enumerated() {
        let offset = component.offset
        let isAlphaComponent = (offset % alphaComponent.baseOffset) ==
            alphaComponent.moduloRemainder

        guard !isAlphaComponent else { continue }

        rgbBytes[index] = Float(component.element) / 255.0
        index += 1
    }

    return rgbBytes.withUnsafeBufferPointer(Data.init)
}
```

이 코드는 원시 바이트를 배열로 복사하는 Data 확장을 사용합니다.

```
extension Data {
    init<T>(copyingBufferOf array: [T]) {
        self = array.withUnsafeBufferPointer(Data.init)
    }
}
```

이제 방금 만든 픽셀 버퍼를 **rgbDataFromBuffer**에 전달할 수 있습니다.

```
guard let rgbData = rgbDataFromBuffer(
    thumbnailPixelBuffer,
    byteCount: 224 * 224 * 3
    )
else {
    print("Failed to convert the image buffer to RGB data.")
    return nil
}
```

여기까지 오면 원시 RGB 데이터가 모델이 기대하는 포맷이 됩니다. 이를 입력 텐서로 바로 복사할 수 있습니다.

```
try interpreter.allocateTensors()
try interpreter.copy(rgbData, toInputAt: 0)
```

그다음 인터프리터를 호출하고 출력 텐서를 읽습니다.

```
try interpreter.invoke()
outputTensor = try interpreter.output(at: 0)
```

강아지-고양이 분류 문제의 경우 두 개의 실숫값을 가진 배열이 출력됩니다. 첫 번째 값은 이미지가 고양이일 확률이고 두 번째는 강아지일 확률입니다. 앞에서 보았던 코드와 같으며 이전예제와 동일한 **Array** 확장을 사용합니다.

```
let results = [Float32](unsafeData: outputTensor.data) ?? []
```

보다시피 더 복잡한 예제이지만 디자인 패턴은 동일합니다. 모델 구조와 원시 입력, 출력 포맷을 이해해야 합니다. 그다음으로 모델이 기대하는 방식으로 입력 데이터를 구성합니다. 이는 원시 바이트를 버퍼에 쓰거나, 적어도 배열을 사용해 처리하는 것을 의미합니다. 모델이 출력하는 원시 바이트 스트림을 읽고 이를 저장하기 위한 데이터 구조를 만들어야 합니다. 출력 관점에서 보면 이는 거의 항상 이 장에서 보았던 실수 배열입니다. 여기서 구현한 코드를 사용하면 대부분의 작업을 처리할 수 있습니다!

14.3 텐서플로 라이트 샘플 앱(iOS용)

텐서플로 팀은 다양한 샘플 앱을 제공하며 꾸준히 업데이트합니다. 이 장에서 배운 것을 토대로 샘플 앱을 살펴보면 입력과 출력 로직을 이해할 수 있을 것입니다. 집필 시점에서 제공하는 iOS용 샘플 앱 종류는 다음과 같습니다.

- **이미지 분류**: 장치의 카메라로부터 입력을 받아 천 개의 다른 항목으로 분류합니다.
- **객체 탐지**: 장치의 카메라로부터 입력을 받아 감지한 객체에 바운딩 박스를 그립니다.
- **자세 추정**: 카메라로 사람을 보고 자세를 추정합니다.
- **음성 인식**: 일반적인 음성 명령을 인식합니다.
- **제스처 인식**: 손동작에 대한 모델을 훈련하고 카메라로 손동작을 인식합니다.
- **이미지 분할**: 객체 탐지와 비슷하지만 이미지의 각 픽셀이 속한 클래스를 예측합니다.
- **숫자 분류**: 손으로 쓴 숫자를 인식합니다.

14.4 마치며

이 장에서 텐서플로 라이트와 iOS 앱을 통합하는 방법을 배웠습니다. 추론을 수행하기 위해 인터프리터로 모델을 호출하는 간단한 앱을 만드는 일반적인 과정을 따라 해보았습니다. 특히 모델을 다룰 때 모델이 기대하는 입력과 일치하도록 저수준으로 데이터를 다루는 방법을 살펴봤습니다. 또한 모델이 출력하는 원시 데이터를 파싱하는 방법도 배웠습니다. 여기까지는 머신러닝을 iOS 사용자에게 제공하기 위한 길고 재미있는 여행의 시작일 뿐입니다. 다음 장에서는 네이티브[native] 모바일 개발 환경에서 브라우저로 넘어가 TensorFlow.js를 사용해 브라우저에서 모델을 훈련하고 추론하는 방법을 알아보겠습니다.

## CHAPTER 15

TensorFlow.js 소개

텐서플로 생태계에는 네이티브 모바일이나 임베디드 시스템에서 실행되는 텐서플로 라이트도 있지만, TensorFlow.js도 있습니다. TensorFlow.js는 브라우저에서 직접 사용할 수 있는 인기 있는 자바스크립트 언어를 이용하거나 백엔드의 Node.js를 이용해 머신러닝 모델을 개발할 수 있습니다. 이를 통해 추론을 실행하거나 새로운 모델을 훈련할 수 있습니다. 또한 파이썬으로 만든 모델을 자바스크립트에서 호환되는 모델로 변환하는 도구도 제공합니다. 이 장에서는 TensorFlow.js가 전체 생태계에 적용되는 방식과 구조를 살펴봅니다. 브라우저와 통합되는 오픈 소스 IDE를 사용해 모델을 구축하는 방법을 배우겠습니다.

15.1 TensorFlow.js란

텐서플로 생태계를 요약해서 나타내자면 [그림 15-1]과 같습니다. 모델 훈련을 위한 도구, 기존 모델과 층을 위한 저장소, 사용자에게 모델을 배포하는 기술로 구성됩니다.

그림의 오른쪽 부분에는 12~14장에서 살펴본 텐서플로 라이트와 19장에서 살펴볼 텐서플로 서빙Serving이 있고, TensorFlow.js도 그 아래에 놓여 있습니다. 주로 모델의 런타임으로 여겨지기 때문입니다. 하지만 모델 훈련에도 사용할 수 있으므로 파이썬과 함께 일급 언어로 간주되어야 합니다. TensorFlow.js는 브라우저나 Node.js 같은 백엔드에서 실행할 수 있지만 이

책의 목적상 브라우저에 주로 초점을 맞추겠습니다.[1]

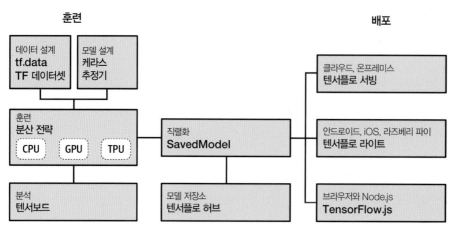

그림 15-1 텐서플로 생태계

TensorFlow.js가 브라우저 기반 훈련과 추론을 제공하는 구조는 [그림 15-2]와 같습니다.

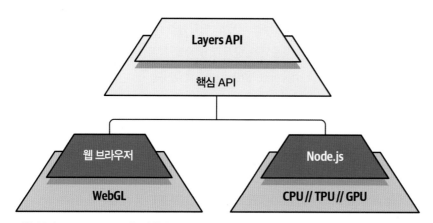

그림 15-2 TensorFlow.js의 고수준 구조

1   옮긴이_ 15장부터 18장까지의 예제는 온라인(https://ml-ko.kr/aiml4corders/index.html)에서 바로 확인할 수 있습니다.
    Node.js 활용법과 TensorFlow.js의 다양한 예제를 살펴보려면 『구글 브레인 팀에게 배우는 딥러닝 with TensorFlow.js』(길벗,
    2022)를 참고하세요.

개발자는 일반적으로 자바스크립트에서 케라스와 비슷한 문법을 제공하는 Layers API를 사용하므로 책의 앞부분에서 배운 기술을 자바스크립트에서 사용할 수 있습니다. 핵심 API가 그 아래를 뒷받침하며 이름에서도 알 수 있듯이 텐서플로의 핵심 기능을 자바스크립트로 제공합니다. Layers API의 기초를 형성하는 것은 물론 파이썬 기반 모델을 JSON 기반 포맷으로 변환하는 도구를 사용해 기존 모델을 재사용할 수 있습니다.

핵심 API는 WebGL로 GPU 가속을 활용해 웹 브라우저에서 실행할 수 있습니다. 또는 환경 설정에 따라 Node.js에서 CPU 외에도 TPU나 GPU 기반 가속을 활용할 수 있습니다.

HTML이나 자바스크립트로 웹 개발을 해본 적이 없더라도 걱정하지 마세요. 이 장은 입문서로 첫 번째 모델을 만드는 데 필요한 충분한 배경지식을 제공하겠습니다. 입맛에 맞는 웹/자바스크립트 개발 환경을 사용할 수 있지만 처음 입문한다면 브래킷츠[Brackets]를 추천합니다. 다음 절에서 브래킷츠를 설치하고 실행하는 방법을 알아본 후에 첫 번째 모델을 만들어보겠습니다.

15.2 브래킷츠 설치하고 실행하기

브래킷츠는 무료 오픈 소스 텍스트 편집기로 웹 개발자, 특히 입문자에게 매우 유용합니다. 브라우저와 잘 통합되어 있어 로컬에서 파일을 테스트하고 디버깅할 수 있습니다. 종종 웹 개발 환경을 세팅할 때 이 부분이 매우 까다롭습니다. HTML이나 자바스크립트 코드를 작성하는 것은 쉽지만 브라우저로 이를 제공하는 서버가 없으면 테스트하고 디버깅하기 정말 어렵습니다. 브래킷츠는 윈도우, 맥, 리눅스에서 사용할 수 있어 어떤 운영체제를 사용하더라도 사용자 경험이 비슷합니다. 이 장에서는 리눅스 민트[Linux Mint]를 사용했고 아주 잘 작동했습니다!

브래킷츠를 다운로드해 설치한 후 실행하면 [그림 15-3]과 비슷한 Getting Started 페이지가 나옵니다. 오른쪽 위 모서리에는 번개 모양 아이콘이 있습니다.

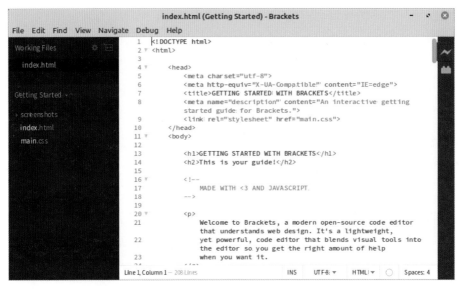

그림 15-3 브래킷츠 Getting Started 페이지

이 아이콘을 클릭하면 웹 브라우저가 실행됩니다. 브래킷츠에서 HTML 코드를 수정하면 브라우저에 실시간으로 업데이트됩니다. 예를 들어 13번째 줄은 다음과 같습니다.

```
<h1>GETTING STARTED WITH BRACKETS</h1>
```

이를 다음과 같은 코드로 바꿉니다.

```
<h1>Hello, TensorFlow Readers!</h1>
```

그러면 [그림 15-4]처럼 수정된 대로 브라우저의 내용이 실시간으로 바뀌는 것을 볼 수 있습니다.

그림 15-4 브라우저 실시간 업데이트

이 기능은 브라우저에서 HTML과 자바스크립트로 개발할 때 정말 유용합니다. 환경에 구애받지 않고 코드에 집중할 수 있기 때문입니다. 특히 머신러닝에는 새로운 개념이 많기 때문에 큰 방해 없이 작업할 수 있는 환경이 아주 중요합니다.

Getting Started 페이지의 작업 디렉터리는 브래킷츠가 제공하는 기본 디렉터리입니다. 별도의 디렉터리에서 작업하려면 파일 시스템에 새 디렉터리를 만들고 이 디렉터리를 열면 됩니다. 브래킷츠에서 새로운 파일을 만들면 이 디렉터리 아래에 생성되고 실행됩니다. 디렉터리에 파일을 저장할 수 있는 권한이 있는지 확인하세요!

이제 개발 환경을 준비했으므로 자바스크립트로 첫 번째 머신러닝 모델을 만들 차례입니다. 이를 위해 두 숫자 사이의 관계를 추론하는 모델로 다시 돌아가보겠습니다. 책을 처음부터 순서대로 읽었다면 이미 이 모델을 여러 번 보았지만 자바스크립트로 프로그래밍할 때 고려해야 할 문법 차이를 이해하는 데 여전히 도움이 될 것입니다!

15.3 첫 번째 TensorFlow.js 모델 만들기

브라우저에서 TensorFlow.js를 사용하려면 HTML 파일에 자바스크립트로 포함시켜야 합니다. 이를 위해 다음처럼 빈 HTML 파일을 만들어 기본적인 코드를 추가합니다.

```
<html>
<head></head>
<body>
    <h1>첫 번째 HTML 페이지</h1>
</body>
</html>
```

그다음 <head> 섹션에 TensorFlow.js 라이브러리 위치를 담은 <script> 태그를 추가합니다.

```
<script src="https://cdn.jsdelivr.net/npm/@tensorflow/tfjs@latest"></script>
```

이제 해당 페이지를 로드하면 TensorFlow.js가 다운로드됩니다. 하지만 화면에 변화는 없을 것입니다.

그다음 바로 아래 또 다른 `<script>` 태그를 추가합니다. 여기에서 모델을 정의할 수 있습니다. 파이썬으로 텐서플로 모델을 만드는 것(자세한 내용은 1장 참조)과 매우 비슷하지만 차이가 조금 있습니다. 예를 들어 자바스크립트는 모든 줄이 세미콜론(;)으로 끝납니다. 또한 `model.add`나 `model.compile` 같은 메서드의 파라미터는 JSON을 사용합니다.

이 모델은 하나의 뉴런을 가진 층 하나로 구성됩니다. 손실 함수로 MSE를 사용하고 옵티마이저로 경사 하강법을 사용합니다.

```js
<script lang="js">
    const model = tf.sequential();
    model.add(tf.layers.dense({units: 1, inputShape: [1]}));
    model.compile({loss:'meanSquaredError', optimizer:'sgd'});
```

그다음 데이터를 추가합니다. 이 부분은 넘파이 배열을 사용하는 파이썬과 조금 다릅니다. 물론 자바스크립트에는 넘파이가 없으므로 그 대신 `tf.tensor2d`를 사용합니다. 넘파이와 비슷하지만 한 가지 핵심적인 차이점이 있습니다.

```
const xs = tf.tensor2d([-1.0, 0.0, 1.0, 2.0, 3.0, 4.0], [6, 1]);
const ys = tf.tensor2d([-3.0, -1.0, 2.0, 3.0, 5.0, 7.0], [6, 1]);
```

첫 번째 값 리스트 외에도 첫 번째 리스트의 크기를 정의하는 두 번째 리스트를 전달합니다. `tensor2d` 함수는 6 × 1 크기의 값 리스트와 [6, 1]로 텐서를 초기화합니다. 만약 일곱 개의 값을 주입한다면 두 번째 파라미터는 [7, 1]이 됩니다.[2]

훈련을 위해 `doTraining` 함수를 만듭니다. 이 함수는 `model.fit` 메서드를 사용해 모델을 훈련합니다. 이 메서드에 전달하는 매개변수는 JSON으로 구성됩니다.

```
async function doTraining(model) {
    const history =
        await model.fit(xs, ys,
            { epochs: 500,
                callbacks:{
```

---

2   옮긴이_ 두 번째 매개변수로 크기를 전달하는 대신 첫 번째 매개변수를 [6, 1] 크기에 맞게 리스트의 리스트로 전달해도 됩니다. 예를 들면 const xs = tf.tensor2d([[-1.0], [0.0], [1.0], [2.0], [3.0], [4.0]]);처럼 쓸 수 있습니다.

```
                    onEpochEnd: async(epoch, logs) =>{
                        console.log("에폭:"
                                        + epoch
                                        + " 손실:"
                                        + logs.loss);
                    }
                }
            });
    }
```

훈련은 일정 시간이 걸리므로 이 함수를 비동기 함수로 만드는 것이 좋습니다. 그다음 model. fit 호출 앞에 await를 추가합니다. 파라미터로 에폭 횟수와 에폭이 끝날 때 손실을 출력하는 콜백을 지정합니다.

마지막으로 할 일은 모델을 전달해 doTraining 함수를 호출하고 훈련이 끝난 후 결과를 출력하는 것입니다.

```
doTraining(model).then(() => {
    alert(model.predict(tf.tensor2d([10], [1,1])));
});
```

model.predict 메서드에 하나의 값을 전달해 예측합니다. 이 메서드도 예측할 값으로 tensor2d를 사용하기 때문에 두 번째 매개변수로 첫 번째 매개변수의 크기를 전달해야 합니다. 10에 대한 예측값을 얻으려면 이를 사용해 만든 tensor2d와 크기를 전달해야 합니다.

전체 코드는 다음과 같습니다.

```
<html>
<head>
<script src="https://cdn.jsdelivr.net/npm/@tensorflow/tfjs@latest"></script>
<script lang="js">
    async function doTraining(model){
        const history =
            await model.fit(xs, ys,
                        { epochs: 500,
                          callbacks:{
                              onEpochEnd: async(epoch, logs) =>{
                                  console.log("Epoch:"
                                              + epoch
```

```
                                                  + " Loss:"
                                                  + logs.loss);
                            }
                        }
                    });
        }
        const model = tf.sequential();
        model.add(tf.layers.dense({units: 1, inputShape: [1]}));
        model.compile({loss:'meanSquaredError',
                        optimizer:'sgd'});
        model.summary();
        const xs = tf.tensor2d([-1.0, 0.0, 1.0, 2.0, 3.0, 4.0], [6, 1]);
        const ys = tf.tensor2d([-3.0, -1.0, 2.0, 3.0, 5.0, 7.0], [6, 1]);
        doTraining(model).then(() => {
            alert(model.predict(tf.tensor2d([10], [1,1])));
        });
    </script>
</head>
<body>
    <h1>첫 번째 HTML 페이지</h1>
</body>
</html>
```

이 페이지를 새로 고침하면 아무 일도 일어나지 않는 것처럼 보입니다. 조금만 기다리면 [10]에 대한 예측 결과를 보여주는 [그림 15-5]와 같은 팝업 창이 나타납니다.

그림 15-5 훈련 후 추론 결과

팝업 창이 뜰 때까지 잠깐 기다림이 필요해 조금 당황스러울 수 있습니다. 예측할 수 있겠지만 바로 이 기다림의 시간 동안 모델이 훈련을 수행합니다. doTraining 함수에 에폭당 손실을 콘솔에 출력하도록 콜백 함수를 만든 것을 기억하세요. 브라우저 개발자 도구에서 이를 확인할 수 있습니다. 크롬 브라우저에서는 오른쪽 위 모서리에 있는 세 개의 점을 클릭하고 [도구 더보기] → [개발자 도구]를 선택합니다. 또는 [Ctrl]+[Shift]+[I]를 누릅니다.

개발자 도구를 연 다음 Console 탭을 선택하고 페이지를 새로 고침합니다. 모델이 다시 훈련되면서 에폭마다 손실이 출력됩니다(그림 15-6).

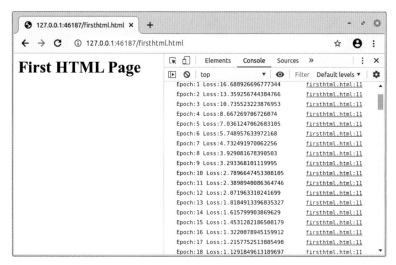

그림 15-6 브라우저의 개발자 도구에 출력되는 에폭당 손실

첫 번째 그리고 가장 간단한 모델을 만드는 과정을 둘러보았습니다. 이제 조금 더 복잡한 모델을 만들어보죠.

15.4 붓꽃 분류기 만들기

이전 예제는 매우 간단했습니다. 이번에는 조금 더 복잡한 모델을 다루어보죠. 머신러닝을 공부한 적이 있다면 붓꽃 데이터셋iris dataset을 한 번쯤 들어보았을 것입니다. 이 데이터셋은 머신러닝 학습에 아주 제격입니다.

이 데이터셋에는 150개의 샘플이 있으며, 각 샘플은 꽃 품종을 구분 짓는 특성 네 가지를 포함하고 있습니다. 이 특성은 꽃받침sepal과 꽃잎petal의 길이와 너비를 담고 있으며 이 네 특성을 사용해 산점도 행렬scatter matrix을 그리면 붓꽃의 세 가지 품종이 확실히 구분되는 것을 확인할 수 있습니다(그림 15-7).

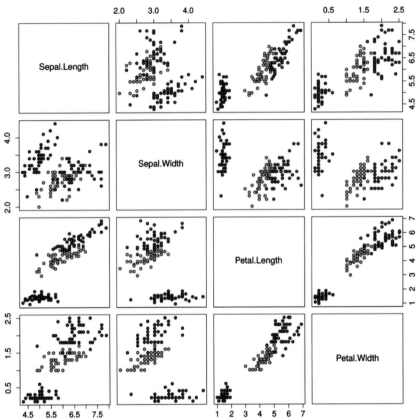

그림 15-7 붓꽃 데이터셋의 산점도 행렬(출처: 위키미디어 공용(https://oreil.ly/zgf7c))

간단한 데이터셋이지만 [그림 15-7]은 이 문제의 복잡성을 보여줍니다. 어떤 규칙으로 세 종류의 붓꽃을 분류할 수 있을까요? 꽃잎 길이와 너비 그래프에서 Iris setosa(빨간색 점)는 다른 두 붓꽃과 양상이 확연히 다르지만 파란색과 녹색은 섞여 있습니다. 이런 점이 머신러닝 학습에 이상적입니다. 데이터셋이 작기 때문에 빠르게 훈련할 수 있지만 규칙 기반 프로그래밍으로 풀기는 어렵습니다!

UCI 머신러닝 저장소(https://oreil.ly/aIVGp)에서 데이터셋을 다운로드할 수 있습니다. 또는 자바스크립트에서 사용하기 편하도록 CSV로 변환한 파일은 이 책의 깃허브에 있습니다.[3]

---

3 https://github.com/rickiepark/aiml4coders/tree/main/ch15/iris.csv

CSV의 내용은 다음과 같습니다.

```
sepal_length,sepal_width,petal_length,petal_width,species
5.1,3.5,1.4,0.2,setosa
4.9,3,1.4,0.2,setosa
4.7,3.2,1.3,0.2,setosa
4.6,3.1,1.5,0.2,setosa
5,3.6,1.4,0.2,setosa
5.4,3.9,1.7,0.4,setosa
4.6,3.4,1.4,0.3,setosa
5,3.4,1.5,0.2,setosa
...
```

각 꽃의 데이터 포인트는 처음 네 개의 값입니다. 레이블은 다섯 번째 값이며 setosa, versicolor, virginica 중 하나입니다. CSV 파일의 첫 번째 줄은 열 이름이라는 걸 잘 기억해두세요. 나중에 유용하게 사용할 예정입니다!

이전처럼 기본적인 HTML 페이지를 만들어 시작하겠습니다. TensorFlow.js를 로드하기 위해 <head> 태그 사이에 <script> 태그를 추가합니다.

```
<html>
<head>
<script src="https://cdn.jsdelivr.net/npm/@tensorflow/tfjs@latest"></script>
</head>
<body>
    <h1>붓꽃 분류기</h1>
</body>
</html>
```

TensorFlow.js는 URL에서 CSV 파일을 로드할 수 있는 tf.data.csv 함수를 제공합니다. 이 함수의 매개변수로 어떤 열이 레이블인지 지정할 수 있습니다. CSV 파일의 첫 번째 줄은 열 이름입니다. 이를 사용해 레이블을 담고 있는 species 열을 다음처럼 지정할 수 있습니다.

```
<script lang="js">
    async function run(){
        const csvUrl = 'iris.csv';
        const trainingData = tf.data.csv(csvUrl, {
```

```
        columnConfigs: {
            species: {
                isLabel: true
            }
        }
    });
```

레이블은 문자열이므로 신경망을 훈련할 때 적합하지 않습니다. 이 모델은 세 개의 출력 뉴런을 가진 다중 분류기입니다. 각 뉴런이 출력하는 것은 입력 데이터가 세 개의 붓꽃에 대한 확률입니다. 따라서 레이블을 원-핫 인코딩하는 것이 맞습니다.

setosa를 [1, 0, 0]으로 나타내면 첫 번째 뉴런이 이 클래스에 대해 높은 확률을 출력해야 합니다. virginica를 [0, 1, 0], versicolor를 [0, 0, 1]로 나타내면 최종 뉴런이 각 클래스에 대해 어떤 값을 출력해야 하는지 정의하게 됩니다.

tf.data를 사용해 데이터를 로드했기 때문에 xs(특성)와 ys(레이블)를 다르게 매핑할 수 있습니다. 따라서 다음처럼 특성은 그대로 두고 레이블을 원-핫 인코딩합니다.

```
const convertedData =
    trainingData.map(({xs, ys}) => {
        const labels = [
            ys.species == "setosa" ? 1 : 0,
            ys.species == "virginica" ? 1 : 0,
            ys.species == "versicolor" ? 1 : 0
        ]
        return{ xs: Object.values(xs), ys: Object.values(labels)};
    }).batch(10);
```

레이블을 세 값으로 이루어진 배열로 저장했습니다. 붓꽃 품종에 해당하는 경우 1이고 그 외에는 0입니다. 따라서 setosa는 [1, 0, 0]으로 인코딩됩니다.

이 매핑 함수는 원본 xs와 원-핫 인코딩된 ys를 반환합니다.

이제 모델을 정의합니다. 입력 층의 크기는 특성의 개수입니다. 이 경우 CSV 파일의 열 개수에서 1을 빼면 됩니다(마지막 열은 레이블입니다).

```
const numOfFeatures = (await trainingData.columnNames()).length - 1;

const model = tf.sequential();
model.add(tf.layers.dense({inputShape: [numOfFeatures],
                           activation: "sigmoid", units: 5}))

model.add(tf.layers.dense({activation: "softmax", units: 3}));
```

훈련 데이터에서 원-핫 인코딩된 클래스는 세 개이므로 마지막 층의 유닛 개수는 3입니다.

다음으로 손실 함수와 옵티마이저를 지정합니다. 다중 분류기이므로 범주형 크로스 엔트로피 같은 범주형 손실 함수를 사용해야 합니다. tf.train 아래에 있는 adam 옵티마이저를 사용해 학습률 같은 매개변수를 지정할 수 있습니다(여기에서는 0.06을 사용합니다).

```
model.compile({loss: "categoricalCrossentropy", optimizer: tf.train.adam(0.06)});
```

tf.data로 데이터를 로드했으므로 model.fit 대신에 model.fitDataset을 사용해 모델을 훈련할 수 있습니다. 100번의 에폭 동안 훈련하고 콘솔에 손실을 출력하기 위해 다음과 같이 콜백을 사용합니다.

```
await model.fitDataset(convertedData,
    { epochs:100,
      callbacks: {
          onEpochEnd: async(epoch, logs) => {
              console.log("에폭: " + epoch +
                          " 손실: " + logs.loss);
              }
          }
       }
);
```

훈련이 끝난 후 모델을 테스트하려면 tensor2d 함수로 원하는 값을 준비해야 합니다. tensor2d 함수를 사용할 때 데이터 크기를 지정하는 것을 잊지 마세요. 이 경우 네 개의 특성이 있으므로 다음과 같이 정의할 수 있습니다.

```
const testVal = tf.tensor2d([4.4, 2.9, 1.4, 0.2], [1, 4]);
```

그다음 model.predict에 전달해 예측을 얻습니다.

```
const prediction = model.predict(testVal);
```

반환된 값은 다음과 같은 형태일 것입니다.

```
[[0.9968228, 0.00000029, 0.0031742],]
```

가장 큰 값을 찾기 위해 argMax 함수를 사용합니다.

```
tf.argMax(prediction, axis=1)
```

0번째 원소의 값이 가장 크기 때문에 [0]이 반환됩니다.

dataSync 메서드를 사용해 텐서에서 자바스크립트 배열로 변환합니다. 이 연산은 (GPU 등에서) 텐서 값을 동기적으로 다운로드합니다. UI 스레드를 멈추게 하므로 사용할 때 주의해야 합니다!

다음 코드는 [0]이 아니라 0을 반환합니다.

```
const pIndex = tf.argMax(prediction, axis=1).dataSync();
```

다음과 같이 반환된 인덱스 값을 클래스 이름으로 매핑합니다.

```
const classNames = ["Setosa", "Virginica", "Versicolor"];
alert(classNames[pIndex[0]])
```

이제까지 CSV 파일에서 데이터를 로드하고, 데이터셋으로 변환하고, 모델을 훈련하는 방법을 알아보았습니다. 또한 이 모델에서 예측을 수행하는 방법도 살펴보았습니다. 다른 데이터셋을 사용해 기술을 더 연마해보세요!

15.5 마치며

이 장은 TensorFlow.js를 소개하고, 브라우저에서 모델을 훈련하고 추론을 수행하는 방법을 설명했습니다. 오픈 소스 브래킷츠 IDE를 사용해 로컬에서 모델을 만들고 테스트하는 방법도 살펴봤습니다. 이를 사용해 두 숫자를 매핑하는 선형 회귀 모델과 붓꽃 데이터셋을 사용한 분류 모델을 훈련해보았습니다. 이 장에서는 매우 간단한 예제를 다루었지만 16장에서는 한 단계 더 나아가 TensorFlow.js로 컴퓨터 비전 모델을 훈련하는 방법을 알아보겠습니다.

CHAPTER 16

TensorFlow.js에서 컴퓨터 비전 모델 훈련하기

2장과 3장에서 텐서플로로 컴퓨터 비전을 위한 모델을 만드는 방법을 배웠습니다. 이미지 안의 내용을 인식하도록 모델을 훈련했습니다. 이번 장에서는 동일한 작업을 자바스크립트로 수행합니다. 브라우저에서 실행하는 손글씨 숫자 분류기를 만들고 MNIST 데이터셋에서 훈련해보겠습니다. [그림 16-1]을 참고하세요.

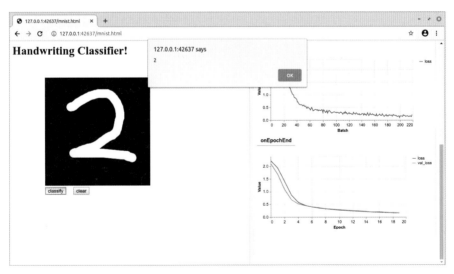

그림 16-1 브라우저에서 손글씨 분류하기

TensorFlow.js를 사용해 구현할 때 알아야 할 몇 가지 중요한 사항이 있습니다. 특히 브라우저에서 애플리케이션을 만들 때 유념해야 합니다. 아마도 훈련 데이터를 다루는 방법이 가장 중요하고 큰 문제일 겁니다. 브라우저에서는 URL에서 데이터를 가져올 때마다 HTTP 연결이 형성됩니다. 이 연결을 통해 서버로 명령을 전달하고 결과를 받아와 파싱합니다. 머신러닝은 일반적으로 많은 훈련 데이터를 사용합니다. 예를 들어 MNIST와 패션 MNIST의 경우, 작은 데이터셋임에도 불구하고 70,000개의 이미지로 구성됩니다. 이는 70,000개의 HTTP 연결을 만들 수 있다는 뜻입니다! 이 장의 뒷부분에서 어떻게 이를 처리하는지 알아보겠습니다.

또한 이전 장에서 보았듯이 Y = 2X - 1과 같이 매우 간단한 예제에서도 에폭 손실을 볼 수 있는 디버그 콘솔을 열지 않는 한 훈련 과정 동안에 아무것도 나타나지 않습니다. 훨씬 복잡한 모델을 훈련한다면 훈련 과정에서 어떤 일이 일어나는지 이해하기 어려울 수 있습니다. 다행히 [그림 16-1]의 오른쪽에 있는 차트처럼 기본으로 제공되는 시각화 도구를 사용할 수 있습니다. 이 장에서 이에 대해서도 알아보겠습니다.

이전 장에서 보았던 합성곱 신경망(CNN)을 자바스크립트로 정의할 때는 문법적인 차이가 있습니다. 먼저 이에 대해 살펴봅시다. CNN에 대한 기억을 되살리려면 3장을 참고하세요.

16.1 텐서플로 개발자를 위한 자바스크립트 고려 사항

이번 장에서처럼 자바스크립트로 완전한(또는 그에 가까운) 애플리케이션을 만들 때 여러 가지 고려해야 할 사항이 있습니다. 자바스크립트는 파이썬과 다릅니다. TensorFlow.js 팀이 파이썬 텐서플로와 유사하게 만들기 위해 열심히 노력했지만 여전히 몇 가지 차이가 있습니다.

먼저 문법이 다릅니다. 여러 면에서 자바스크립트의 텐서플로 코드(특히 케라스 코드)는 파이썬과 매우 비슷하지만 몇 가지 문법 차이가 있습니다. 가장 두드러진 것은 이전 장에서 언급했듯이 매개변수로 JSON을 사용한다는 점입니다.

그다음은 동시성입니다. 특히 브라우저에서 훈련할 때 UI 스레드를 중단할 수 없습니다. 대신 자바스크립트의 Promise와 await를 사용해 비동기적으로 많은 연산을 수행해야 합니다. 이 장에서 이 개념에 대해 깊게 다루려는 것은 아닙니다. 이에 대해 익숙하지 않다면 실행이 완료될 때까지 기다리는 대신, 따로 자기 일을 수행하고 완료되면 다시 호출되는 비동기 함수로 생각할 수 있습니다. `tfjs-vis` 라이브러리를 사용하면 비동기적으로 TensorFlow.js 모델을 훈련하는 경우 코드를 디버깅할 때 도움이 됩니다. 이 시각화 도구는 현재 페이지를 방해하지 않고 브라우저의 사이드바를 별도로 제공하여 훈련 진행 과정 같은 시각화를 출력합니다. 16.3절 '시각화를 위해 콜백 사용하기'에서 자세히 알아보겠습니다.

자원 사용도 중요한 고려 사항입니다. 브라우저는 공유 환경이기 때문에 여러 탭을 열어 다른 작업을 수행하거나, 하나의 웹 앱에서 여러 연산을 수행할 수 있습니다. 따라서 얼마나 많은 메모리를 사용하는지 제어하는 것이 중요합니다. 머신러닝 모델 훈련은 특성과 레이블을 매핑하는 패턴을 이해하고 찾기 위해 많은 데이터가 필요하기 때문에 메모리를 많이 사용할 수밖에 없습니다. 결과적으로 직접 메모리를 정리해야 합니다. `tidy` API는 이를 위해 고안되었으며 가능한 한 많이 사용해야 합니다. `tidy`로 함수를 감싸면 함수에서 반환하지 않는 모든 텐서는 함수가 종료될 때 정리되고 메모리에서 삭제됩니다.

텐서플로 API는 아니지만 자바스크립트의 `arrayBuffer`는 편리한 데이터 구조입니다. 저수준 메모리처럼 데이터를 관리하기 위한 `ByteBuffer`와 비슷합니다. 원-핫 인코딩에서 본 것처럼 머신러닝 애플리케이션은 종종 매우 희소한 인코딩을 사용합니다. 자바스크립트에서 처리는 스레드 집약적일 수 있고 브라우저를 중지시키는 것이 좋지 않으므로, 디코딩할 때 프로세서의 성능이 필요하지 않은 희소 인코딩이 유용할 수 있습니다. 이 장의 예에서 레이블은 다음과 같은 방식으로 인코딩됩니다. 10개의 클래스에 대해 9개는 0x00이고 특성에 일치하는 클래스는 0x01입니다. 이는 하나의 레이블을 위해 10바이트 또는 80비트가 사용된다는 뜻입니다. 개발자라면 1~10 사이의 숫자는 4비트만 필요하다는 것을 압니다. 하지만 이런 식으로 인코딩하면 결괏값을 디코딩해야 하며 결국 65,000번이나 레이블을 디코딩해야 합니다. 따라서 `arrayBuffer`를 사용해 바이트로 희소한 인코딩을 하는 것이 용량은 더 크지만 빠를 것입니다.

이미지를 다루는 데 도움이 되는 `tf.browser` API도 언급할 가치가 있습니다. 집필 시점에는 `tf.browser.toPixels`와 `tf.browser.fromPixels` 두 개의 메서드가 있습니다.[1] 이름에서 알 수 있듯이 이미지를 텐서로 바꾸거나 텐서를 바이트 배열이나 브라우저 캔버스^{canvas}에 그립니다. 나중에 그림을 그리고 모델로 그림을 해석할 때 이 메서드를 사용해봅니다.

1　옮긴이_ 최신 버전에서는 `tf.browser.fromPixels`의 비동기 버전인 `tf.browser.fromPixelsAsync`가 추가되었습니다.

16.2 자바스크립트로 CNN 만들기

텐서플로 케라스를 사용할 때 여러 개의 층으로 신경망을 구성합니다. 합성곱 신경망은 일반적으로 여러 개의 합성곱 층과 풀링 층을 이은 다음, 이 출력을 펼쳐서 밀집 층으로 주입합니다. 예를 들어 다음은 3장에서 MNIST 데이터셋을 분류하는 CNN입니다.

```
model = tf.keras.models.Sequential([
    tf.keras.layers.Conv2D(64, (3, 3), activation='relu',
                            input_shape=(28, 28, 1)),
    tf.keras.layers.MaxPooling2D(2, 2),
    tf.keras.layers.Conv2D(64, (3, 3), activation='relu'),
    tf.keras.layers.MaxPooling2D(2,2),
    tf.keras.layers.Flatten(),
    tf.keras.layers.Dense(128, activation=tf.nn.relu),
    tf.keras.layers.Dense(10, activation=tf.nn.softmax)])
```

한 줄씩 자바스크립트로 구현해보겠습니다. 먼저 **sequential** 함수로 모델을 정의합니다.

```
model = tf.sequential();
```

그다음 커널 크기가 3 × 3인 필터 64개를 학습하는 2D 합성곱 층을 첫 번째 층으로 정의합니다. 첫 번째 층의 입력 크기는 28 × 28 × 1입니다. 다음 코드의 문법은 파이썬과 다르지만 유사성을 찾을 수 있습니다.

```
model.add(tf.layers.conv2d({inputShape: [28, 28, 1],
                            kernelSize: 3, filters: 64, activation: 'relu'}));
```

다음 층은 2 × 2 크기의 풀링을 사용하는 **MaxPooling2D** 층입니다. 자바스크립트에서는 다음과 같이 구현합니다.

```
model.add(tf.layers.maxPooling2d({poolSize: [2, 2]}));
```

다음으로 또 다른 합성곱 층과 최대 풀링 층이 뒤따릅니다. 다만 여기서는 입력 층이 아니므로 입력 크기를 지정하지 않는다는 차이가 있습니다. 자바스크립트에서는 다음과 같이 구현합니다.

```
model.add(tf.layers.conv2d({filters: 64,
                            kernelSize: 3, activation: 'relu'}));
model.add(tf.layers.maxPooling2d({poolSize: [2, 2]}));
```

여기서 나온 출력을 펼칩니다. 자바스크립트로는 다음과 같이 씁니다.

```
model.add(tf.layers.flatten());
```

이 모델은 두 개의 밀집 층으로 끝납니다. 하나는 128개의 뉴런과 relu 활성화 함수를 사용하고 출력 층은 10개의 뉴런과 softmax 활성화 함수를 사용합니다.

```
model.add(tf.layers.dense({units: 128, activation: 'relu'}));
model.add(tf.layers.dense({units: 10, activation: 'softmax'}));
```

보다시피 자바스크립트 API는 파이썬과 매우 비슷합니다. 하지만 문법적인 차이가 있어 실수할 수 있습니다. API 이름은 자바스크립트의 방식을 따라 캐멀 케이스camelCase 방식을 따르지만 소문자로 시작합니다(예를 들어 MaxPooling2D가 아니라 maxPooling2D). 파라미터는 쉼표로 분리된 리스트 형태가 아닌 JSON으로 정의됩니다. 자바스크립트로 신경망을 만들 때 이런 차이점을 주의하세요.

다음은 자바스크립트로 모델을 만드는 전체 코드입니다.

```
model = tf.sequential();

model.add(tf.layers.conv2d({inputShape: [28, 28, 1],
    kernelSize: 3, filters: 8, activation: 'relu'}));
model.add(tf.layers.maxPooling2d({poolSize: [2, 2]}));
model.add(tf.layers.conv2d({filters: 16,
    kernelSize: 3, activation: 'relu'}));
model.add(tf.layers.maxPooling2d({poolSize: [2, 2]}));
model.add(tf.layers.flatten());
model.add(tf.layers.dense({units: 128, activation: 'relu'}));
model.add(tf.layers.dense({units: 10, activation: 'softmax'}));
```

마찬가지로 모델을 컴파일할 때 파이썬과 자바스크립트의 차이점을 볼 수 있습니다. 다음은 파이썬 코드입니다.

```
model.compile(optimizer='adam',
              loss='sparse_categorical_crossentropy',
              metrics=['accuracy'])
```

동일한 자바스크립트 코드는 다음과 같습니다.

```
model.compile({
    optimizer: tf.train.adam(),
    loss: 'categoricalCrossentropy',
    metrics: ['accuracy']
});
```

두 코드는 매우 비슷하지만 파라미터를 JSON으로 전달하는 점을 기억하세요(parameter=value가 아니라 parameter: value입니다). 그리고 전체 파라미터 목록을 중괄호({})로 감쌉니다.

16.3 시각화를 위해 콜백 사용하기

15장에서 간단한 신경망을 훈련할 때 에폭마다 발생한 손실을 콘솔에 출력했습니다. 개발자 도구를 사용해 훈련이 진행됨에 따라 생겨난 변화를 콘솔에서 관찰했습니다. 여기서 더 나아간 조금 더 고급 방법은 브라우저 기반 개발을 위해 특별히 제작된 TensorFlow.js의 시각화 도구를 사용하는 것입니다. 훈련 지표를 리포팅하고 모델을 평가하는 등의 도구가 포함됩니다. 이 시각화 도구는 브라우저의 별도 영역에 나타나기 때문에 웹 페이지의 콘텐츠를 방해하지 않습니다. 이를 바이저visor라고 부릅니다. 기본적으로 모델 구조를 출력합니다.

tfjs-vis 라이브러리를 사용하려면 다음 스크립트를 페이지에 추가합니다.

```
<script src="https://cdn.jsdelivr.net/npm/@tensorflow/tfjs-vis"></script>
```

훈련하는 동안 이 시각화를 보려면 model.fit을 호출할 때 콜백을 지정해야 합니다. 예를 들면 다음과 같습니다.

```
return model.fit(trainXs, trainYs, {
    batchSize: BATCH_SIZE,
    validationData: [testXs, testYs],
    epochs: 20,
    shuffle: true,
    callbacks: fitCallbacks
});
```

이 콜백은 tfvis.show.fitCallbacks를 사용해 const로 정의합니다. 이 함수는 컨테이너와 출력할 지표 두 개의 매개변수를 받습니다. 이 두 매개변수도 다음처럼 const로 정의합니다.

```
const metrics = ['loss', 'val_loss', 'accuracy', 'val_accuracy'];
const container = { name: 'Model Training', styles: { height: '640px' },
                    tab: 'Training Progress' };
const fitCallbacks = tfvis.show.fitCallbacks(container, metrics);
```

container는 시각화 영역을 정의하는 매개변수입니다. 기본적으로 하나의 탭 안에서 모두 시각화됩니다. 여기서는 'Training Progress'로 지정한 tab 파라미터를 사용하면 훈련 과정을 별도의 탭에서 나타낼 수 있습니다. [그림 16-2]는 앞의 코드로 실행했을 때 출력되는 그래프입니다.

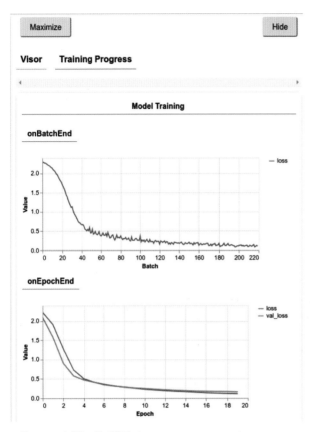

그림 16-2 시각화 도구 사용하기

다음으로 훈련 데이터를 관리하는 방법을 알아보죠. 앞서 언급했듯이 URL을 통해 수천 개의 이미지를 다운로드하는 것은 UI 스레드를 멈추게 하므로 브라우저에서 좋지 않은 방법입니다. 하지만 게임 개발 세계에 있는 몇 가지 트릭을 사용해볼 수 있습니다.

16.4 MNIST 데이터셋으로 훈련하기

TensorFlow.js에서 훈련 데이터를 다룰 때 이미지를 하나씩 다운로드하는 대신 모든 이미지를 하나의 이미지로 합쳐서 한 번에 다운로드하는 것이 좋습니다. 이런 이미지를 스프라이트 시트sprite sheet라고 부릅니다. 게임 분야에서 널리 사용하는 방법이며 효율적인 파일 저장을 위해 게임 그래픽을 여러 개의 작은 파일이 아닌 하나의 파일에 모두 저장합니다. 훈련 이미지를 하나의 파일에 저장하면 HTTP 연결을 하나만 열어 모든 이미지를 한 번에 다운로드 할 수 있습니다.

여러분의 학습을 위해 텐서플로 팀은 MNIST와 패션 MNIST 데이터셋의 스프라이트 시트를 만들었습니다. 예를 들면 MNIST 이미지는 `mnist_images.png`(https://oreil.ly/8-Cgl)라는 파일로 제공합니다(그림 16-3).[2]

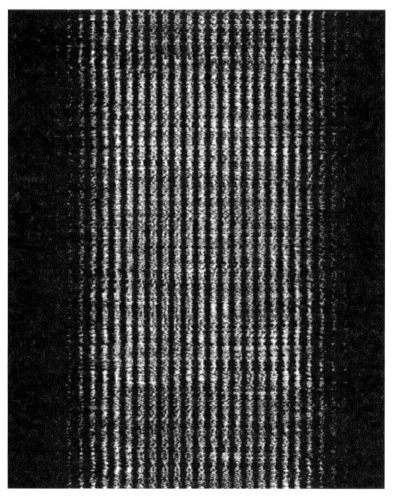

그림 16-3 이미지 뷰어로 열어 본 `mnist_images.png`의 일부

---

2 옮긴이_ 패션 MNIST의 스프라이트 시트 주소는 https://storage.googleapis.com/learnjs-data/model-builder/fashion_mnist_images.png입니다.

이미지 파일의 차원을 살펴보면 행이 65,000픽셀입니다. 각 행은 784(28 × 28)의 픽셀로 구성됩니다. 너비 차원이 이상해 보이지만 MNIST 이미지는 28 × 28 크기의 흑백 이미지라는 것을 기억하세요. 이미지를 다운로드하여 한 줄씩 읽어 28 × 28픽셀 크기의 이미지로 나눌 수 있습니다.

자바스크립트로 이미지를 로드한 다음 원본 이미지에서 각 줄을 추출하여 캔버스에 그릴 수 있습니다. 그다음 이 캔버스의 바이트를 훈련에 사용할 데이터셋으로 추출합니다. 이는 다소 복잡해 보일 수 있습니다. 하지만 자바스크립트는 브라우저 내 기술로서 데이터나 이미지 처리를 위해 고안된 것이 아닙니다. 이 방법은 잘 작동하고 실제로 매우 빠르게 실행됩니다! 하지만 자세한 내용을 알아보기 전에 레이블이 어떻게 저장되어 있는지 확인해야 합니다.

먼저 훈련과 테스트 데이터에 필요한 상수를 정의해보죠. MNIST 이미지는 한 이미지에 한 줄씩 65,000개의 줄이 있다는 점을 기억하세요. 훈련과 테스트 데이터의 비율은 5:1로 정의합니다. 이 비율을 사용해 훈련 데이터와 테스트 데이터의 개수를 계산합니다.

```javascript
const IMAGE_SIZE = 784;
const NUM_CLASSES = 10;
const NUM_DATASET_ELEMENTS = 65000;

const TRAIN_TEST_RATIO = 5 / 6;

const NUM_TRAIN_ELEMENTS = Math.floor(TRAIN_TEST_RATIO * NUM_DATASET_ELEMENTS);
const NUM_TEST_ELEMENTS = NUM_DATASET_ELEMENTS - NUM_TRAIN_ELEMENTS;
```

전체 코드는 책의 깃허브에 있습니다.[3] 자유롭게 설정을 변경해봐도 좋습니다!

그다음 스프라이트 시트를 담을 이미지 컨트롤과 이를 슬라이싱하는 데 사용하는 캔버스를 만들어야 합니다.

```javascript
const img = new Image();
const canvas = document.createElement('canvas');
const ctx = canvas.getContext('2d');
```

이미지를 로드하기 위해 img 태그의 소스를 스프라이트 시트 경로로 지정합니다.

3　옮긴이_ 전체 코드는 번역서 깃허브 https://bit.ly/aiml-git의 16장을 참고하세요.

```
img.src = MNIST_IMAGES_SPRITE_PATH;
```

이미지가 로드되면 바이트를 담을 버퍼를 준비합니다. 이 이미지는 PNG 파일이고 픽셀마다 4바이트이므로 65,000(이미지 개수) × 768(28 × 28픽셀 수) × 4(픽셀당 PNG 바이트 수) 크기의 버퍼가 필요합니다. 이미지별로 파일을 나누지 않고 청크chunk로 나눌 수 있습니다. chunkSize를 지정해 한 번에 이미지 5,000개를 가져옵니다.

```
img.onload = () => {
    img.width = img.naturalWidth;
    img.height = img.naturalHeight;

    const datasetBytesBuffer =
        new ArrayBuffer(NUM_DATASET_ELEMENTS * IMAGE_SIZE * 4);

    const chunkSize = 5000;
    canvas.width = img.width;
    canvas.height = chunkSize;
```

이제 루프 안에서 이미지를 청크로 나누고 각 청크의 바이트를 캔버스에 그립니다. 이렇게 하면 PNG를 캔버스에 디코딩하므로 이미지의 원본 바이트 값을 읽을 수 있습니다. 데이터셋에 있는 개별 이미지는 흑백이므로 R, G, B 바이트 값이 같습니다. 따라서 이 중에 어떤 값이든 하나만 읽으면 됩니다.

```
for (let i = 0; i < NUM_DATASET_ELEMENTS / chunkSize; i++) {
    const datasetBytesView = new Float32Array(
        datasetBytesBuffer, i * IMAGE_SIZE * chunkSize * 4,
        IMAGE_SIZE * chunkSize);
    ctx.drawImage(
        img, 0, i * chunkSize, img.width, chunkSize, 0, 0, img.width,
        chunkSize);

    const imageData = ctx.getImageData(0, 0, canvas.width, canvas.height);

    for (let j = 0; j < imageData.data.length / 4; j++) {
        // 흑백 이미지이므로 모든 채널의 값이 같습니다.
        // 따라서 그냥 빨강 채널의 값을 읽습니다.
        datasetBytesView[j] = imageData.data[j * 4] / 255;
```

```
        }
    }
```

이제 이 이미지를 데이터셋으로 로드할 수 있습니다.

```
    this.datasetImages = new Float32Array(datasetBytesBuffer);
```

이미지와 비슷하게 레이블도 하나의 파일(https://oreil.ly/l4Erh)로 저장되어 있습니다. 이 파일은 레이블을 희소 인코딩한 이진 파일입니다. 각 레이블은 10바이트로 표현되고 클래스에 해당하는 바이트는 01 값을 가집니다. 눈으로 확인하는 것이 이해하기 쉬우므로 [그림 16-4]를 살펴봅시다.

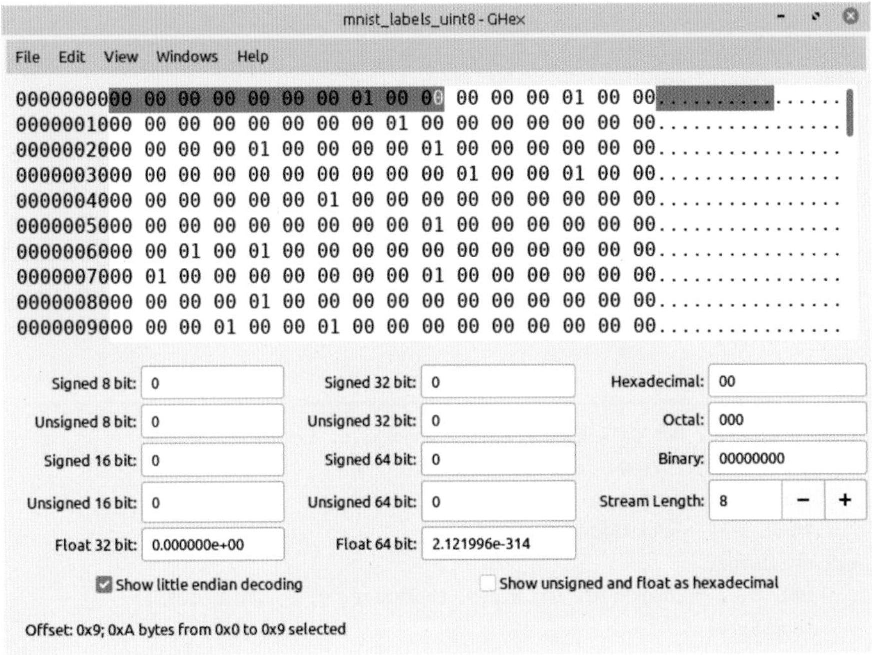

그림 16-4 레이블 파일 탐색

이 파일의 16진숫값으로 처음 10바이트가 강조되어 있습니다. 10바이트 중 8번째 바이트가 01이고 나머지는 00입니다. 이는 첫 번째 이미지의 레이블이 7임을 나타냅니다. MNIST 데이터에는 0~9까지 10개의 클래스가 있으므로 8번째 레이블은 숫자 7이 됩니다.

결국 이미지를 다운로드하고 각 줄씩 바이트 디코딩하는 것 외에 레이블도 디코딩이 필요합니다. 다음 코드처럼 이미지와 함께 URL을 사용해 레이블 파일을 다운로드하고 **arrayBuffer**를 사용해 레이블을 정수 배열로 디코딩합니다.

```
const labelsRequest = fetch(MNIST_LABELS_PATH);
const [imgResponse, labelsResponse] =
    await Promise.all([imgRequest, labelsRequest]);

this.datasetLabels = new Uint8Array(await labelsResponse.arrayBuffer());
```

레이블을 희소하게 인코딩했기 때문에 코드는 매우 단순해집니다. 한 줄의 코드로 모든 레이블을 버퍼로 가져올 수 있습니다. 레이블에 왜 이런 비효율적인 저장 방식을 사용했는지 궁금할 수 있습니다. 저장 방식은 복잡하지만 디코딩은 더 쉽기 때문입니다!

이제 이미지와 레이블을 훈련 세트와 테스트 세트로 나눕니다.

```
this.trainImages = this.datasetImages.slice(0, IMAGE_SIZE * NUM_TRAIN_ELEMENTS);
this.testImages = this.datasetImages.slice(IMAGE_SIZE * NUM_TRAIN_ELEMENTS);

this.trainLabels = this.datasetLabels.slice(0, NUM_CLASSES * NUM_TRAIN_ELEMENTS);
this.testLabels = this.datasetLabels.slice(NUM_CLASSES * NUM_TRAIN_ELEMENTS);
```

훈련을 위해 데이터를 배치로 묶을 수 있습니다. 이미지는 **Float32Array**이고 레이블은 **UInt8Array**입니다. 이를 **tensor2d** 함수를 사용해 텐서로 변환하여 **xs**와 **labels**에 저장합니다.

```
nextBatch(batchSize, data, index) {
    const batchImagesArray = new Float32Array(batchSize * IMAGE_SIZE);
    const batchLabelsArray = new Uint8Array(batchSize * NUM_CLASSES);

    for (let i = 0; i < batchSize; i++) {
        const idx = index();

        const image = data[0].slice(idx * IMAGE_SIZE, idx * IMAGE_SIZE + IMAGE_SIZE);
        batchImagesArray.set(image, i * IMAGE_SIZE);
```

```
        const label = data[1].slice(idx * NUM_CLASSES, idx * NUM_CLASSES +
                                NUM_CLASSES);
        batchLabelsArray.set(label, i * NUM_CLASSES);
    }

    const xs = tf.tensor2d(batchImagesArray, [batchSize, IMAGE_SIZE]);
    const labels = tf.tensor2d(batchLabelsArray, [batchSize, NUM_CLASSES]);

    return {xs, labels};
}
```

다음과 같은 배치 메서드를 사용해 훈련 데이터를 원하는 배치 크기의 셔플된 훈련 배치로 만들 수 있습니다.

```
nextTrainBatch(batchSize) {
    return this.nextBatch(
        batchSize, [this.trainImages, this.trainLabels], () => {
            this.shuffledTrainIndex =
                (this.shuffledTrainIndex + 1) % this.trainIndices.length;
            return this.trainIndices[this.shuffledTrainIndex];
        });
}
```

테스트 데이터도 동일한 방식을 적용해 셔플된 배치를 만들 수 있습니다.

이제 훈련 준비를 마쳤으므로 측정 지표, 시각화, 배치 크기 같은 매개변수를 설정합니다. 훈련 배치를 얻으려면 **nextTrainBatch**를 호출하고 적절한 텐서 크기로 바꿉니다. 그다음 동일한 작업을 테스트 데이터에서도 수행합니다.

```
const metrics = ['loss', 'val_loss', 'accuracy', 'val_accuracy'];
const container = { name: 'Model Training', styles: { height: '640px' },
                    tab: 'Training Progress' };
const fitCallbacks = tfvis.show.fitCallbacks(container, metrics);

const BATCH_SIZE = 512;
const TRAIN_DATA_SIZE = 5500;
const TEST_DATA_SIZE = 1000;
```

```
const [trainXs, trainYs] = tf.tidy(() => {
    const d = data.nextTrainBatch(TRAIN_DATA_SIZE);
    return [
        d.xs.reshape([TRAIN_DATA_SIZE, 28, 28, 1]),
        d.labels
    ];
});

const [testXs, testYs] = tf.tidy(() => {
    const d = data.nextTestBatch(TEST_DATA_SIZE);
    return [
        d.xs.reshape([TEST_DATA_SIZE, 28, 28, 1]),
        d.labels
    ];
});
```

tf.tidy 호출을 주목하세요.[4] 함수 이름에서 알 수 있듯이 함수가 반환하는 텐서를 제외하고 중간에 만들어진 모든 텐서를 정리합니다. 이는 TensorFlow.js를 사용할 때 브라우저의 메모리 누수를 막기 위한 필수적인 방법입니다.

모든 것이 완료되었으므로 훈련 데이터, 훈련 레이블과 검증 데이터, 검증 레이블을 전달해 손쉽게 훈련을 수행할 수 있습니다.

```
return model.fit(trainXs, trainYs, {
    batchSize: BATCH_SIZE,
    validationData: [testXs, testYs],
    epochs: 20,
    shuffle: true,
    callbacks: fitCallbacks
});
```

[그림 16-1]에서 보았던 것처럼 훈련이 진행됨에 따라 콜백 함수가 바이저에 그래프를 그릴 것입니다.

---

4 https://js.tensorflow.org/api/latest/#tidy

16.5 TensorFlow.js로 이미지에 대해 추론 수행하기

추론을 수행하려면 먼저 이미지가 준비되어야 합니다. [그림 16-1]을 보면 직접 이미지를 그릴 수 있는 인터페이스가 있습니다. 이를 사용해 추론을 수행할 수 있습니다. 이 영역은 280 × 280 크기의 캔버스로 다음과 같이 설정합니다.

```
rawImage = document.getElementById('canvasimg');
ctx = canvas.getContext("2d");
ctx.fillStyle = "black";
ctx.fillRect(0,0,280,280);
```

이제 `rawImage`가 캔버스 객체를 가리킵니다. 사용자가 이미지를 그린 후 `tf.browser.fromPixels` API를 사용해 픽셀 값을 읽어 추론을 수행합니다.

```
var raw = tf.browser.fromPixels(rawImage,1);
```

캔버스 크기가 280 × 280이므로 추론을 위해 28 × 28 크기로 줄여야 합니다. 이를 위해 `tf.image.resizeBilinear` API를 사용합니다.

```
var resized = tf.image.resizeBilinear(raw, [28,28]);
```

모델의 입력 텐서 크기는 28 × 28 × 1이어야 하므로 다음과 같이 차원을 추가합니다.

```
var tensor = resized.expandDims(0);
```

이제 `model.predict`에 이 텐서를 전달해 추론을 수행합니다. 모델의 출력은 확률 배열이므로 텐서플로의 `argMax` 함수를 사용해 가장 큰 원소의 인덱스를 고릅니다.

```
var prediction = model.predict(tensor);
var pIndex = tf.argMax(prediction, 1).dataSync();
```

웹 페이지를 구성하는 HTML, TensorFlow.js 모델 훈련과 추론은 물론 캔버스 처리를 위한 자바스크립트를 포함해 전체 코드는 책의 깃허브에 있습니다.[5]

16.6 마치며

자바스크립트는 여러 용도로 사용할 수 있는 매우 강력한 브라우저 기반 언어입니다. 이 장에서는 브라우저에서 이미지 분류기를 훈련하기 위해 필요한 내용을 살펴보고 사용자가 그릴 수 있는 캔버스를 다루어보았습니다. 입력을 파싱해 텐서로 만들고, 분류한 다음, 결과를 사용자에게 반환했습니다. 이 예제는 자바스크립트 프로그래밍의 여러 면을 연결한 유용한 데모입니다. HTTP 연결 횟수를 줄이는 것같이 훈련에서 발생할 수 있는 몇 가지 제약 사항과 희소하게 인코딩된 레이블에서 보았듯이 내장 디코더를 사용해 데이터를 처리하는 방법을 설명했습니다.

하지만 매번 브라우저에서 새로운 모델을 훈련하는 것이 아니라 파이썬 텐서플로에서 만든 기존 모델을 재사용하고 싶을 수 있습니다. 다음 장에서 이 방법을 알아보겠습니다.

---

5   옮긴이_ 전체 코드는 번역서 깃허브 https://bit.ly/aiml-git의 16장을 참고하세요.

## CHAPTER 17

파이썬 모델을 변환해 재사용하기

브라우저에서 훈련하는 것이 강력한 기능이지만 시간이 걸리므로 이 방법을 항상 원하는 것은 아닙니다. 15장과 16장에서 보았듯이 브라우저에서 간단한 모델을 훈련하는 것만으로도 브라우저를 한동안 멈추게 할 수 있습니다. 진행 과정을 시각화하는 것이 도움이 되지만 최상의 사용자 경험은 아닙니다. 이를 피하는 세 가지 다른 방법이 있습니다. 첫 번째, 파이썬에서 모델을 훈련하고 자바스크립트로 변환합니다. 두 번째, 다른 곳에서 훈련을 하고, 자바스크립트 호환 포맷으로 제공되는 기존 모델을 사용합니다. 세 번째, 3장에서 소개한 전이 학습을 사용합니다. 시간 소모적인 학습을 다시 수행하지 않고 한 데이터셋에서 학습된 특성, 가중치, 절편을 다른 작업에 사용할 수 있습니다. 이 장에서는 처음 두 가지 방식을 다룹니다. 그리고 자바스크립트에서 전이 학습을 수행하는 방법은 18장에서 알아보겠습니다.

17.1 파이썬 기반 모델을 자바스크립트로 변환하기

tensorflowjs 파이썬 도구를 사용해 텐서플로로 훈련한 모델을 자바스크립트로 변환할 수 있습니다. 설치 방법은 다음과 같습니다.

```
!pip install tensorflowjs
```

예를 들어 이 책에서 계속 사용했던 간단한 다음 모델을 예로 들어보죠.

```
import numpy as np
import tensorflow as tf
from tensorflow.keras import Sequential
from tensorflow.keras.layers import Dense
dense = Dense(units=1, input_shape=[1])
model = Sequential([dense])
model.compile(optimizer='sgd', loss='mean_squared_error')
xs = np.array([-1.0, 0.0, 1.0, 2.0, 3.0, 4.0], dtype=float)
ys = np.array([-3.0, -1.0, 1.0, 3.0, 5.0, 7.0], dtype=float)
model.fit(xs, ys, epochs=500, verbose=0)
print(model.predict([10.0]))
print("신경망이 학습한 것: {}".format(dense.get_weights()))
```

훈련된 모델을 다음처럼 저장할 수 있습니다.

```
model.save('/tmp/saved_model/')
```

모델을 저장하면 **tensorflowjs** 도구에 입력 포맷(여기서는 **keras_saved_model**)과 저장된 디렉터리 경로, JSON 모델을 저장할 위치를 지정하여 변환할 수 있습니다.

```
!tensorflowjs_converter \
    --input_format=keras_saved_model \
    /tmp/saved_model/ \
    /tmp/linear
```

지정된 디렉터리에 JSON 모델이 만들어집니다(이 경우에는 **/tmp/linear**). 이 디렉터리의 내용을 보면 **group1-shardof1.bin**이란 이진 파일이 있습니다(그림 17-1). 이 파일에 신경망이 학습한 가중치와 절편을 효율적인 이진 포맷으로 저장합니다.

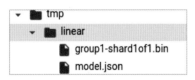

그림 17-1 tensorflowjs_converter의 출력

JSON 파일에는 모델 정의가 포함되어 있습니다. 예를 들어 다음과 같은 내용을 볼 수 있습니다.

```
"weightsManifest": [
    {"paths": ["group1-shard1of1.bin"],
     "weights": [{"name": "dense_2/kernel", "shape": [1, 1], "dtype": "float32"},
    {"name": "dense_2/bias", "shape": [1], "dtype": "float32"}]}
]
```

가중치와 절편의 크기, 이를 담고 있는 .bin 파일의 위치를 나타냅니다.

16진수 편집기로 .bin 파일을 열어보면 [그림 17-2]와 같은 8바이트 값을 볼 수 있습니다.

```
00000000 F1 90 FF 3F 5A 4F 7D BF
```

그림 17-2 .bin 파일의 내용

신경망이 하나의 뉴런으로 Y = 2X - 1에 대해 학습했기 때문에 float32(4바이트) 타입의 가중치 하나와, float32(4바이트) 타입의 절편 하나를 가집니다. 따라서 .bin 파일에 8바이트가 저장됩니다.

앞서 신경망 코드의 출력은 다음과 같습니다.

```
신경망이 학습한 것: [array([[1.9966108]], dtype=float32),
array([-0.98949206], dtype=float32)]
```

Floating Point to Hex Converter(https://oreil.ly/cLNPG)와 같은 도구로 가중치 (1.9966108)를 16진수로 바꿀 수 있습니다.

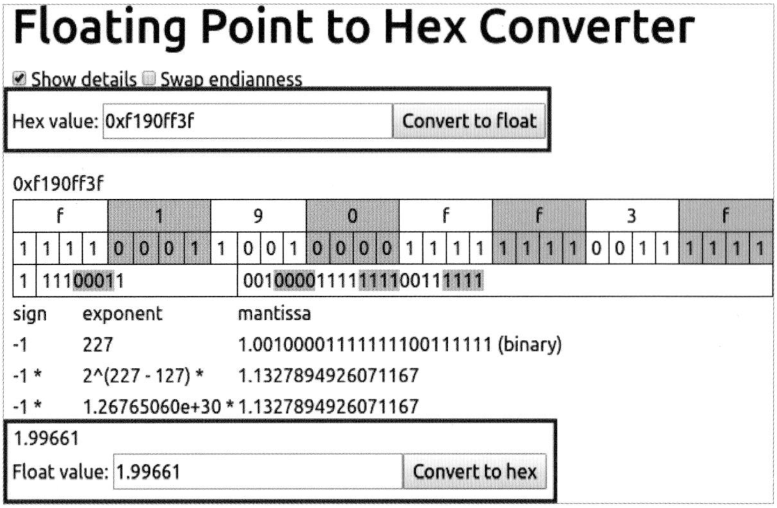

Floating Point to Hex Converter

☑ Show details ☐ Swap endianness

Hex value: 0xf190ff3f   [Convert to float]

0xf190ff3f

f	1	9	0	f	f	3	f
1 1 1 1	0 0 0 1	1 0 0 1	0 0 0 0	1 1 1 1	1 1 1 1	0 0 1 1	1 1 1 1

1	1110 0011	001 0000 1111 1111 0011 1111

sign	exponent	mantissa
-1	227	1.0010000111111111100111111 (binary)
-1 *	2^(227 - 127) *	1.1327894926071167
-1 *	1.26765060e+30 *	1.1327894926071167

1.99661

Float value: 1.99661   [Convert to hex]

그림 17-3 실숫값을 16진수로 바꾸기

1.99661 값을 16진수로 바꾸면 [그림 17-2]에 있는 처음 4바이트의 값인 F190FF3F가 됩니다. 절편을 16진수로 바꾸어도 비슷한 결과를 얻습니다(Swap endianness 체크 상자를 선택해야 합니다).

17.1.1 변환된 모델 사용하기

JSON 파일과 .bin 파일이 있다면 TensorFlow.js 앱에서 모델을 손쉽게 사용할 수 있습니다. JSON 파일이 위치한 URL을 지정하여 모델을 로드할 수 있습니다. 브래킷츠에 내장된 서버를 사용하면 127.0.0.1:<포트>를 주소로 사용할 수 있습니다. 이 주소를 await tf.loadLayersModel(URL) 명령에 사용해 모델을 로드합니다. 예를 들면 다음과 같습니다.

```
const MODEL_URL = 'http://127.0.0.1:35601/model.json';
const model = await tf.loadLayersModel(MODEL_URL);
```

35601은 각자의 로컬 서버 포트에 맞도록 수정하세요. model.json 파일과 .bin 파일은 동일한 디렉터리에 있어야 합니다.[1]

....

1 옮긴이_ 예를 들면 /tmp/linear 폴더 안에 만들어진 파일을 현재 브래킷츠의 작업 디렉터리로 복사하세요.

모델을 사용해 예측을 만들려면 이전처럼 입력값과 크기를 tensor2d 함수에 전달해야 합니다. 여기에서는 10.0의 예측값을 만들어보죠. tensor2d 함수의 첫 번째 매개변수로 [10.0]을 전달하고 두 번째 매개변수로 [1,1]을 지정합니다.

```
const input = tf.tensor2d([10.0], [1, 1]);
const result = model.predict(input);
```

전체 HTML 페이지는 다음과 같습니다.

```html
<html>
<head>
<script src="https://cdn.jsdelivr.net/npm/@tensorflow/tfjs@latest"></script>
<script>
    async function run(){
        const MODEL_URL = 'http://127.0.0.1:35601/model.json';
        const model = await tf.loadLayersModel(MODEL_URL);
        console.log(model.summary());
        const input = tf.tensor2d([10.0], [1, 1]);
        const result = model.predict(input);
        alert(result);
    }
    run();
</script>
<body>
</body>
</html>
```

이 페이지를 실행하면 바로 모델을 로드하고 예측 결과를 팝업 창에 출력합니다. 화면은 [그림 17-4]와 같습니다.

그림 17-4 추론 결과

확실히 매우 간단한 예제입니다. 모델의 이진 파일 크기가 8바이트라 쉽게 조사할 수 있었습니다. 하지만 JSON과 이진 파일 사용법을 이해하는 데 도움이 되었기를 바랍니다. 직접 만든 모델을 변환하는 경우 훨씬 큰 이진 파일이 만들어집니다. 이 파일은 여기에서 본 것처럼 모델의 가중치와 절편을 이진 인코딩한 파일입니다.

다음 절에서 이런 방식으로 미리 변환된 모델을 살펴보고 자바스크립트에서 이를 사용해봅니다.

17.2 사전에 변환된 모델 사용하기

직접 모델을 자바스크립트로 변환하는 것 말고도 사전에 변환된 모델을 사용할 수도 있습니다. 텐서플로 팀은 여러 개의 모델을 변환하여 깃허브[2]에 제공합니다. 이미지, 오디오, 텍스트를 포함해 다양한 데이터에서 훈련된 모델이 있습니다. 이들 중 몇 가지 모델을 살펴보고 자바스크립트에서 어떻게 사용하는지 알아보겠습니다.

17.2.1 유해 텍스트 분류기 사용하기

텐서플로 팀이 제공하는 텍스트 기반 모델 중 하나는 유해 텍스트 분류기Toxicity classifier (https://oreil.ly/fJTNg)입니다. 이 모델은 텍스트 문자열을 받아 다음과 같은 유해성이 있는지 판단합니다.

- 인신 공격identity attack
- 모욕insult
- 외설obscenity
- 심각한 유해성severe toxicity
- 음란물sexually explicit
- 위협threat
- 일반적인 유해성general toxicity

---

2 https://github.com/tensorflow/tfjs-models

이 모델은 Civil Comments 데이터셋(https://oreil.ly/jUtEQ)에서 훈련되었습니다. 위와 같은 종류로 레이블된 2백만 개 이상의 댓글로 구성됩니다. 사용법은 간단합니다. 다음과 같이 TensorFlow.js와 함께 모델을 로드합니다.

```
<script src="https://cdn.jsdelivr.net/npm/@tensorflow/tfjs@latest"></script>
<script src="https://cdn.jsdelivr.net/npm/@tensorflow-models/toxicity"></script>
```

라이브러리를 로드한 후 문장을 분류할 임곗값을 지정합니다. 기본값은 0.85지만 모델을 로드할 때 다음과 같이 다른 값으로 바꿀 수 있습니다.

```
const threshold = 0.7;
toxicity.load(threshold).then(model => {
```

그다음 분류하려는 문장을 배열로 만듭니다. 모델은 여러 개의 문장을 동시에 분류할 수 있습니다.

```
const sentences = ['you suck', 'I think you are stupid',
                   'i am going to kick your head in',
                   'you feeling lucky, punk?'];
model.classify(sentences).then(predictions => {
```

그다음 결과로 받은 **predictions** 객체를 파싱합니다. 이 객체는 유해성 종류에 하나씩, 즉 일곱 개의 원소로 구성된 배열입니다(그림 17-5).

```
▼ (7) [{…}, {…}, {…}, {…}, {…}, {…}, {…}] 🛈
  ▶ 0: {label: "identity_attack", results: Array(4)}
  ▶ 1: {label: "insult", results: Array(4)}
  ▶ 2: {label: "obscene", results: Array(4)}
  ▶ 3: {label: "severe_toxicity", results: Array(4)}
  ▶ 4: {label: "sexual_explicit", results: Array(4)}
  ▶ 5: {label: "threat", results: Array(4)}
  ▶ 6: {label: "toxicity", results: Array(4)}
    length: 7
  ▶ __proto__: Array(0)
```

그림 17-5 유해 텍스트 예측의 결과

각 원소는 해당 클래스에 대한 문장의 결과를 담고 있습니다. 예를 들어 모욕에 해당하는 레이블 1을 확장시켜보면 네 개의 원소를 볼 수 있습니다. 이는 네 개의 입력 문장이 모욕에 해당할 확률입니다(그림 17-6).

확률값의 순서는 [음성, 양성]입니다. 따라서 두 번째 원소의 값이 높으면 유해한 텍스트라는 것을 의미합니다. 이 경우 'you suck' 문장은 0.91875의 확률로 모욕이라고 판단합니다. 반면 'I am going to kick your head in'은 유해 텍스트이지만 모욕에 대한 확률은 0.089로 낮습니다.

이 결과를 파싱하려면 유해 종류에 따라 predictions 배열을 순회한 다음, 그 안에서 각 문장을 순회하며 유해성을 결정합니다. 예측값이 지정된 임곗값보다 크다면 true로 지정되는 match 속성을 사용해 판단합니다.

```
▼1:
   label: "insult"
 ▼results: Array(4)
   ▼0:
      match: true
    ▶ probabilities: Float32Array(2) [0.08124715834856033, 0.918752908706665]
    ▶ __proto__: Object
   ▼1:
      match: true
    ▶ probabilities: Float32Array(2) [0.004555284511297941, 0.9954447150230408]
    ▶ __proto__: Object
   ▼2:
      match: false
    ▶ probabilities: Float32Array(2) [0.9109156131744385, 0.08908446133136749]
    ▶ __proto__: Object
   ▼3:
      match: false
    ▶ probabilities: Float32Array(2) [0.9996488094329834, 0.0003512044495437294]
    ▶ __proto__: Object
    length: 4
```

그림 17-6 분류 결과 살펴보기

코드는 다음과 같습니다.

```
for(sentence=0; sentence<sentences.length; sentence++) {
    for(toxic_type=0; toxic_type<7; toxic_type++) {
        if(predictions[toxic_type].results[sentence].match) {
            console.log("문장: " + sentences[sentence] + "\n" +
                        predictions[toxic_type].label +
                        "일 확률: " +
```

```
                          predictions[toxic_type].results[sentence].probabilities[1]);
            }
        }
    }
```

결과는 [그림 17-7]과 같습니다.

```
In the sentence: you suck
insult was found with probability of 0.918752908706665

In the sentence: you suck
toxicity was found with probability of 0.9688231945037842

In the sentence: I think you are stupid
insult was found with probability of 0.9954447150230408

In the sentence: I think you are stupid
toxicity was found with probability of 0.9955390095710754

In the sentence: i am going to kick your head in
toxicity was found with probability of 0.7943095564842224
```

그림 17-7 샘플 입력에 대한 유해 텍스트 분류기의 결과

만약 자신의 웹사이트에 유해 필터를 구현하고 싶다면 이와 같이 몇 줄의 코드로 만들 수 있습니다!

일곱 종류의 유해성 중 일부만 감지하고 싶다면 먼저 다음처럼 원하는 감지 대상을 리스트로 만듭니다.

```
const labelsToInclude = ['identity_attack', 'insult', 'threat'];
```

그런 다음 모델을 로드할 때 임곗값과 함께 지정합니다.

```
toxicity.load(threshold, labelsToInclude).then(model => {}
```

물론 백엔드에서 유해성을 감지해 처리하고 싶다면 Node.js 백엔드에서 이 모델을 사용할 수도 있습니다.

17.2.2 MobileNet을 사용해 브라우저에서 이미지 분류하기

tfjs-models 저장소에는 텍스트 분류 모델은 물론 MobileNet(https://oreil.ly/OTRUU) 같은 이미지 분류 모델도 포함되어 있습니다. MobileNet 모델은 천 개의 클래스를 정확히 분류하는 동시에 작고 전력 효율적으로 설계되었습니다. 따라서 이 모델의 출력 뉴런 개수는 천 개이며 각 뉴런은 이미지가 해당 클래스에 포함될 확률을 출력합니다. 따라서 모델에 이미지를 전달하면 천 개의 확률 리스트가 반환되기 때문에 이를 클래스에 매핑해야 합니다. 하지만 이 자바스크립트 모델은 이를 간소화하여 가장 높은 확률 세 개를 반환합니다.

다음은 전체 클래스(https://bit.ly/3Dyj807) 중 일부입니다.

```
00: tench
01: goldfish
02: great white shark
03: tiger shark
04: hammerhead
05: electric ray
```

먼저 다음처럼 TensorFlow.js와 mobilenet 스크립트를 로드합니다.

```
<script src="https://cdn.jsdelivr.net/npm/@tensorflow/tfjs@latest"> </script>
<script src="https://cdn.jsdelivr.net/npm/@tensorflow-models/mobilenet@1.0.0">
```

모델을 사용하려면 먼저 이미지를 준비해야 합니다. 가장 간단한 방법은 <img> 태그를 사용해 이미지를 로드하는 것입니다. <div> 태그를 만들어 결과를 출력해보겠습니다.

```
<body>
    <img id="img" src="coffee.jpg"></img>
    <div id="output" style="font-family:courier;font-size:24px;height=300px">
    </div>
</body>
```

모델을 사용해 이미지를 분류하려면 간단하게 모델을 로드해 <img> 요소를 모델에 전달하면 됩니다.

```
const img = document.getElementById('img');
const outp = document.getElementById('output');
mobilenet.load().then(model => {
    model.classify(img).then(predictions => {
        console.log(predictions);
    });
});
```

[그림 17-8]처럼 콘솔 로그에 분류 결과가 출력됩니다.

```
▼Array(3) ⓘ
  ▼0:
     className: "vase"
     probability: 0.6312612295150757
   ▶ __proto__: Object
  ▼1:
     className: "pot, flowerpot"
     probability: 0.20017513632774353
   ▶ __proto__: Object
  ▼2:
     className: "cup"
     probability: 0.11374199390411377
   ▶ __proto__: Object
   length: 3
 ▶ __proto__: Array(0)
```

그림 17-8 MobileNet 출력

예측 결과를 파싱하기 위해 **predictions** 객체를 순회하면서 클래스 이름과 확률을 화면에 출력합니다.

```
for(var i = 0; i<predictions.length; i++){
    outp.innerHTML += "<br/>" + predictions[i].className + " : "
                      + predictions[i].probability;
}
```

[그림 17-9]는 브라우저에 출력된 샘플 이미지와 예측 결과를 보여줍니다.

```
vase : 0.6312612295150757
pot, flowerpot : 0.20017513632774353
cup : 0.11374199390411377
```

그림 17-9 이미지 분류 결과

다음은 이 페이지의 전체 코드입니다. 이미지는 페이지와 동일한 디렉터리에 있어야 합니다. 여기서는 coffee.jpg를 사용했지만 다른 이미지로 바꾸고 싶다면 <img> 태그의 src 속성을 바꾸어 테스트할 수 있습니다.

```html
<html>
<head>
<script src="https://cdn.jsdelivr.net/npm/@tensorflow/tfjs@latest"> </script>
<script src="https://cdn.jsdelivr.net/npm/@tensorflow-models/mobilenet@1.0.0">
</script>
</head>
<body>
    <img id="img" src="coffee.jpg"></img>
    <div id="output" style="font-family:courier;font-size:24px;height=300px">
    </div>
</body>
<script>
    const img = document.getElementById('img');
    const outp = document.getElementById('output');
    mobilenet.load().then(model => {
        model.classify(img).then(predictions => {
            console.log(predictions);
            for (var i = 0; i<predictions.length; i++) {
                outp.innerHTML += "<br/>" + predictions[i].className + " : "
```

```
                        + predictions[i].probability;
                }
            });
        });
    </script>
    </html>
```

17.2.3 PoseNet 사용하기

텐서플로 팀이 변환하여 제공하는 또 다른 흥미로운 모델은 브라우저에서 거의 실시간에 가깝게 자세를 추정하는 PoseNet(`https://oreil.ly/FOoe5`)입니다. 이 모델은 이미지를 받아 이미지에 있는 17개의 중요 신체 부위의 위치를 반환합니다.

- 코
- 양쪽 눈
- 양쪽 귀
- 양쪽 어깨
- 양쪽 팔꿈치
- 양쪽 손목
- 양쪽 엉덩이
- 양쪽 무릎
- 양쪽 발목

간단한 예제로 브라우저에 있는 이미지의 자세를 추정해보겠습니다. 먼저 TensorFlow.js와 **posenet** 모델을 로드합니다.

```
<head>
    <script src="https://cdn.jsdelivr.net/npm/@tensorflow/tfjs"></script>
    <script src="https://cdn.jsdelivr.net/npm/@tensorflow-models/posenet">
    </script>
</head>
```

브라우저에서 이미지를 로드하는 **<img>** 태그와 중요 신체 부위의 위치를 표시할 캔버스를 만듭니다.

```
<div><canvas id='cnv' width='661px' height='656px'/></div>
<div><img id='master' src="tennis.png"/></div>
```

예측을 수행하려면 이미지 요소를 posenet 모델에 전달하고 estimateSinglePose 메서드를
호출합니다.

```
var imageElement = document.getElementById('master');
posenet.load().then(function(net) {
    const pose = net.estimateSinglePose(imageElement, {});
    return pose;
}).then(function(pose) {
    console.log(pose);
    drawPredictions(pose);
})
```

예측 결과가 pose 객체에 담깁니다. 이 객체는 신체 부위의 위치가 저장된 배열입니다(그림
17-10).

```
▼Object 🛈
  ▼keypoints: Array(17)
    ▼0:
      part: "nose"
      ▶position: {x: 338.951882447714, y: 147.63976189876809}
      score: 0.9993178844451904
      ▶__proto__: Object
    ▶1: {score: 0.9989699125289917, part: "leftEye", position: {…}}
    ▶2: {score: 0.9965984225273132, part: "rightEye", position: {…}}
    ▶3: {score: 0.9560711979866028, part: "leftEar", position: {…}}
    ▶4: {score: 0.736717164516449, part: "rightEar", position: {…}}
    ▶5: {score: 0.9932397603988647, part: "leftShoulder", position: {…}}
    ▶6: {score: 0.9985883831977844, part: "rightShoulder", position: {…}}
    ▶7: {score: 0.9734750390052795, part: "leftElbow", position: {…}}
    ▶8: {score: 0.9767395853996277, part: "rightElbow", position: {…}}
    ▶9: {score: 0.9655238389968872, part: "leftWrist", position: {…}}
    ▶10: {score: 0.7352950572967529, part: "rightWrist", position: {…}}
    ▶11: {score: 0.9939306974411011, part: "leftHip", position: {…}}
    ▶12: {score: 0.9954432249069214, part: "rightHip", position: {…}}
    ▶13: {score: 0.9826021790504456, part: "leftKnee", position: {…}}
    ▶14: {score: 0.93722003698349, part: "rightKnee", position: {…}}
    ▶15: {score: 0.9435631632804871, part: "leftAnkle", position: {…}}
    ▶16: {score: 0.860307514667511, part: "rightAnkle", position: {…}}
    length: 17
```

그림 17-10 PoseNet 모델에서 반환된 결과

각 항목은 텍스트 설명(예를 들면 nose)과 x, y 좌표 위치, 그리고 올바르게 신체 부위를 표시했는지를 나타내는 신뢰도인 score 값을 포함합니다. 예를 들면 [그림 17-10]에서 nose로 표시된 부분의 가능성은 0.999입니다.

이를 사용해 이미지에 감지한 신체 부위를 나타낼 수 있습니다. 먼저 이미지를 캔버스에 로드합니다.

```
var canvas = document.getElementById('cnv');
var context = canvas.getContext('2d');
var img = new Image()
img.src="tennis.png"
img.onload = function() {
    context.drawImage(img, 0, 0)
    var centerX = canvas.width / 2;
    var centerY = canvas.height / 2;
    var radius = 2;
```

그다음 예측 결과를 순회하면서 신체 부위 이름과 좌표(x, y)를 추출해 캔버스에 나타냅니다.

```
for(i=0; i<pose.keypoints.length; i++){
    part = pose.keypoints[i].part
    loc = pose.keypoints[i].position;
    context.beginPath();
    context.font = "16px Arial";
    context.fillStyle="aqua"
    context.fillText(part, loc.x, loc.y)
    context.arc(loc.x, loc.y, radius, 0, 2 * Math.PI, false);
    context.fill();
}
```

이를 실행하면 [그림 17-11]과 같은 결과를 볼 수 있습니다.

그림 17-11 신체 부위 위치를 추정해 표시한 이미지

또한 score 속성을 사용해 낮은 점수의 예측을 걸러낼 수도 있습니다. 예를 들면 사람 얼굴만 있는 이미지를 사용한다면 낮은 확률의 예측은 걸러내도록 코드를 수정해 얼굴과 관련된 부위만 그림에 나타내도록 할 수 있습니다.

```
for(i=0; i<pose.keypoints.length; i++) {
    if(pose.keypoints[i].score > 0.1) {
        // 이 위치를 나타냅니다.
    }
}
```

사람 얼굴을 클로즈업한 이미지라면 어깨나 발목을 표시할 필요가 없습니다. 이런 부위의 점수는 매우 낮지만 0은 아닙니다. 따라서 이를 걸러내지 않으면 이미지 어딘가에 출력됩니다. 실제로는 이미지에 이런 신체 부위가 없기 때문에 명백히 오류입니다!

[그림 17-12]는 확률이 낮은 부위를 제외시킨 얼굴 사진입니다. PoseNet은 얼굴이 아니라 주로 몸의 자세를 추정하기 때문에 입의 위치는 찾지 않습니다.

그림 17-12 얼굴 사진에 적용한 PoseNet

PoseNet 모델에는 더 많은 기능이 있습니다. 여기서는 기본적인 기능만 알아보았습니다. 웹캠으로 실시간 자세 감지를 하고, (낮은 정확도의 예측이 빠를 수 있기 때문에)자세의 정확도를 수정하고, 속도를 최적화하기 위해 다른 구조를 시도해보고, 여러 사람의 자세를 감지할 수 있습니다.[3]

17.3 마치며

이 장에서 파이썬 기반 모델을 TensorFlow.js에서 사용하는 방법을 알아보았습니다. 모델을 직접 훈련한 후 변환 도구를 사용해 변환하거나 기존 모델을 사용했습니다. 변환할 때 `tensorflowjs` 도구로 메타데이터를 담은 JSON 파일과 가중치와 절편을 담은 이진 파일을 만들었습니다. 브라우저에서 자바스크립트 라이브러리로 간편하게 모델을 로드하고 사용했습니다.

그리고 사전에 변환된 몇 가지 모델을 살펴보고 자바스크립트 코드에서 어떻게 사용하는지 배웠습니다. 먼저 텍스트가 유해한지 감지하는 유해 텍스트 감지 모델을 실험했고, 그다음 컴퓨

---

3 옮긴이_ https://github.com/tensorflow/tfjs-models 저장소에 있는 posenet 디렉터리 대신 새로운 pose-detection 디렉터리에서 여러 모델을 사용할 수 있습니다.

터 비전을 위한 MobileNet 모델로 이미지의 콘텐츠를 예측했습니다. 마지막으로 PoseNet 모델을 사용해 이미지에 있는 신체 부위를 감지하고 이를 표시하는 방법을 알아보았습니다. 또한 확률이 낮은 점수를 제외시켜 이미지에 없는 부위는 생략했습니다.

18장에서는 기존 모델을 재사용하는 다른 방법인 전이 학습을 알아보겠습니다. 사전에 훈련된 특성을 사용해 자신만의 모델을 훈련해봅시다.

## CHAPTER 18

자바스크립트의 전이 학습

17장에서 자바스크립트에서 모델을 불러오는 두 가지 방법을 살펴보았습니다. 파이썬 기반 모델을 변환하거나 텐서플로 팀이 제공하는 기존 모델을 사용하는 방법이었습니다. 하지만 처음부터 훈련하는 것 외에 한 가지 옵션이 더 있습니다. 하나의 작업을 위해 훈련한 모델의 일부 층을 다른 작업에 사용하는 '전이 학습' 방법입니다. 예를 들어 컴퓨터 비전을 위해 훈련한 합성곱 신경망은 여러 층의 필터를 학습했을 것입니다. 대규모 데이터셋에서 많은 클래스를 인식하도록 훈련되었다면 다른 작업에서도 사용할 수 있는 범용적인 필터를 갖추고 있습니다.

TensorFlow.js에서 전이 학습을 수행하는 방법은 기존 모델이 배포되는 방식에 따라 여러 가지가 있습니다. 이를 크게 세 가지 범주로 나눌 수 있습니다.

- 모델이 TensorFlow.js 변환기를 사용해 만든 `model.json` 파일을 가지고 있다면 층을 둘러보고, 그중에 하나를 선택해 새로운 모델의 입력으로 사용할 수 있습니다.
- 텐서플로 허브에서 일반적으로 볼 수 있는 것처럼 그래프 기반 모델로 변환되었다면 특성 벡터를 다른 모델에 주입하여 학습된 특성을 활용할 수 있습니다.
- 모델이 간편한 배포를 위해 자바스크립트 파일로 감싸져 있다면 손쉽게 임베딩이나 다른 특성 벡터에 접근하여 예측이나 전이 학습을 수행할 수 있습니다.

이 장에서 세 가지 방식을 모두 알아보겠습니다. 먼저 17장에서 이미지 분류기로 사용했던 MobileNet의 사전 훈련된 층을 새로운 모델에 사용하는 방법을 조사해보겠습니다.

18.1 MobileNet으로 전이 학습 수행하기

MobileNet 모델은 여러 버전(https://oreil.ly/yl3ka)이 있으며 주로 온디바이스 이미지 인식을 위해 훈련됩니다. 이 모델들은 1,000개의 클래스와 천만 개 이상의 이미지로 구성된 ImageNet 데이터셋에서 훈련되었습니다. 전이 학습으로 사전 학습된 필터를 사용하고, 원래 훈련된 천 개의 클래스 대신 현재 클래스에 맞게 밀집 층을 바꿀 수 있습니다.

전이 학습을 사용하는 앱을 만들려면 다음 단계를 따라야 합니다.

1. MobileNet 모델을 다운로드하고 사용할 층을 정합니다.
2. MobileNet의 출력을 입력으로 사용할 별도의 모델을 만듭니다.
3. 훈련에 사용할 데이터를 데이터셋으로 로드합니다.
4. 모델을 훈련합니다.
5. 추론을 수행합니다.

웹캠으로 캡처한 가위, 바위, 보 손 모양을 판별하는 브라우저 애플리케이션을 만들어보며 이 단계를 직접 구현해보겠습니다. 이 애플리케이션은 전이 학습으로 새로운 모델을 훈련합니다. 이 모델은 MobileNet에서 사전 훈련된 층을 사용하고 현재 클래스에 맞는 밀집 층을 추가합니다.

18.1.1 1단계: MobileNet 다운로드하고 사용할 층 식별하기

TensorFlow.js 팀은 구글 클라우드 스토리지를 통해 미리 변환된 여러 모델을 제공합니다. 직접 테스트해보고 싶다면 이 책의 깃허브 저장소(https://oreil.ly/I6ykm)에서 확인할 수 있습니다. 이 장에서 사용할 모델(mobilenet_v1_0.25_224/model.json)을 포함해 여러 버전의 MobileNet 모델이 있습니다.

모델을 살펴보기 위해 이름이 mobilenet-transfer.html인 HTML 파일을 만듭니다. 이 파일에서 TensorFlow.js와 잠시 후에 만들 index.js 파일을 로드합니다.

```html
<html>
    <head>
        <script src="https://cdn.jsdelivr.net/npm/@tensorflow/tfjs@latest">
        </script>
    </head>
    <body></body>
```

```
    <script src="index.js"></script>
</html>
```

그다음 HTML 파일에서 사용할 index.js 파일을 만듭니다. 이 파일은 모델을 다운로드하고 모델 구조를 출력할 비동기 함수를 포함합니다.

```
async function init(){
    const url = 'https://storage.googleapis.com/tfjs-models/tfjs/
mobilenet_v1_0.25_224/model.json'
    const mobilenet = await tf.loadLayersModel(url);
    console.log(mobilenet.summary())
}
init()
```

콘솔에 나온 model.summary 출력의 마지막 부분을 보면 [그림 18-1]과 같습니다.

```
_____________________________________________________________ tfjs@latest:2
______
conv_pw_13_bn (BatchNormaliz [null,7,7,256]               1024 tfjs@latest:2
_____________________________________________________________ tfjs@latest:2
______
conv_pw_13_relu (Activation) [null,7,7,256]               0    tfjs@latest:2
_____________________________________________________________ tfjs@latest:2
______
global_average_pooling2d_1 ( [null,256]                   0    tfjs@latest:2
_____________________________________________________________ tfjs@latest:2
______
reshape_1 (Reshape)          [null,1,1,256]               0    tfjs@latest:2
_____________________________________________________________ tfjs@latest:2
______
dropout (Dropout)            [null,1,1,256]               0    tfjs@latest:2
_____________________________________________________________ tfjs@latest:2
______
conv_preds (Conv2D)          [null,1,1,1000]                   tfjs@latest:2
257000
_____________________________________________________________ tfjs@latest:2
______
act_softmax (Activation)     [null,1,1,1000]              0    tfjs@latest:2
_____________________________________________________________ tfjs@latest:2
______
reshape_2 (Reshape)          [null,1000]                  0    tfjs@latest:2
============================================================= tfjs@latest:2
======
Total params: 475544                                           tfjs@latest:2
Trainable params: 470072                                       tfjs@latest:2
Non-trainable params: 5472                                     tfjs@latest:2
_____________________________________________________________ tfjs@latest:2
```

그림 18-1 MobileNet 모델의 model.summary 출력

MobileNet 전이 학습의 핵심은 활성화 층을 찾는 것입니다. 그림 오른쪽 아래에서 확인할 수 있듯이 마지막 두 개의 활성화 층이 있습니다. 마지막 층은 천 개의 출력을 만듭니다. 이는 MobileNet이 훈련된 천 개의 클래스에 해당됩니다. 따라서 학습된 활성화 층, 특히 학습된 합성곱 필터를 원하는 경우에는 이보다 앞선 활성화 층을 찾아야 합니다. [그림 18-1]에서 볼 수 있듯이 이 모델의 마지막에서 두 번째 활성화 층은 conv_pw_13_relu입니다. 이 층(또는 이전의 다른 활성화 층)의 출력을 사용해 전이 학습을 수행할 수 있습니다.

18.1.2 2단계: MobileNet의 출력을 입력으로 사용하는 별도의 모델 만들기

모델을 만들 때 일반적으로 입력 층부터 시작해서 출력 층까지 모든 층을 설계합니다. 전이 학습에서는 기존 모델의 출력을 입력으로 사용하고 새로운 출력 층을 만듭니다. [그림 18-2]는 MobileNet의 대략적인 고수준 구조입니다. 이 모델은 224 × 224 × 3 크기의 이미지를 받아 신경망을 통과시켜서 천 개의 출력값을 만듭니다. 각 출력은 이미지가 해당 클래스를 포함할 확률입니다.

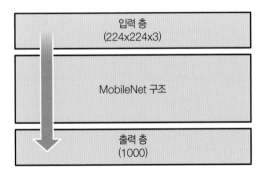

그림 18-2 고수준의 MobileNet 구조

앞서 모델 구조를 살펴보고 마지막에서 두 번째 합성곱 층의 활성화인 conv_pw_13_relu 층을 찾았습니다. 이 층을 포함해 모델 구조를 표현하면 [그림 18-3]과 같습니다.

MobileNet 모델은 천 개의 클래스를 식별할 수 있지만 여기서 구현하려는 클래스는 포함하지 않습니다(가위, 바위, 보 손 모양). 이 세 클래스에 대해 훈련할 수 있는 새로운 모델이 필요합니다. 이전 장에서 보았듯이 밑바닥부터 모델을 훈련하여 세 클래스를 구분하는 특성을 찾도록 필터를 학습할 수 있습니다. 또는 MobileNet에서 학습된 필터를 사용하기 위해 새로운 모델에 conv_pw_13_relu 층의 출력을 주입해 세 클래스를 분류할 수 있습니다. 대략적인 구조는 [그림 18-4]와 같습니다.

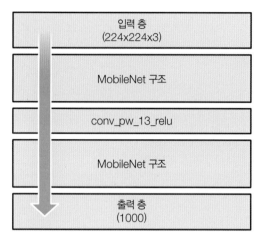

그림 18-3 conv_pw_13_relu 층을 나타낸 고수준의 MobileNet 구조

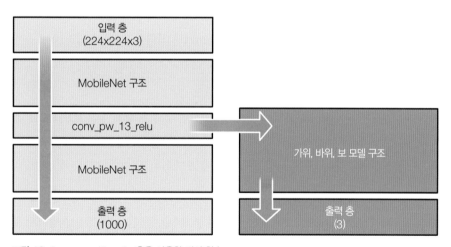

그림 18-4 conv_pw_13_relu 층을 사용한 전이 학습

이를 코드로 구현하기 위해 다음처럼 index.js 파일을 업데이트합니다.

```
let mobilenet

async function loadMobilenet() {
    const mobilenet = await tf.loadLayersModel(url);
    const layer = mobilenet.getLayer('conv_pw_13_relu');
    return tf.model({inputs: mobilenet.inputs, outputs: layer.output});
}

async function init(){
    mobilenet = await loadMobilenet()
    model = tf.sequential({
        layers: [
            tf.layers.flatten({inputShape: mobilenet.outputs[0].shape.slice(1)}),
            tf.layers.dense({ units: 100, activation: 'relu'}),
            tf.layers.dense({ units: 3, activation: 'softmax'})
        ]
    });
    console.log(model.summary())
}

init()
```

비동기 함수로 mobilenet 모델을 로딩합니다. 모델을 로딩하고 난 후 getLayer 메서드로 conv_pw_13_relu 층을 추출합니다. 이 함수는 mobilenet의 입력과 conv_pw_13_relu 층의 출력이 출력으로 설정된 모델을 반환합니다. [그림 18-4]에 오른쪽 방향 화살표가 바로 이 부분입니다.

함수가 반환되면 새로운 sequential 모델을 만듭니다. 이 모델의 첫 번째 층은 mobilenet 출력(즉 conv_pw_13_relu의 출력)을 펼친 것입니다. 그다음 백 개의 뉴런을 가진 밀집 층에 주입합니다. 이 층의 출력을 가위, 바위, 보에 해당하는 세 개의 뉴런을 가진 밀집 층에 주입합니다.

이 모델에 대해 model.fit 메서드를 호출하면 세 개의 클래스를 인식하는 모델을 훈련하게 됩니다. 하지만 이미지에 있는 특성을 식별하기 위해 모든 필터를 학습하지 않고 MobileNet이 이미 학습한 필터를 사용할 수 있습니다. 그전에 훈련을 위한 데이터가 필요합니다. 다음 단계에서 데이터 수집에 대해 알아보겠습니다.

18.1.3 3단계: 데이터 수집하기

이 예제는 브라우저에서 웹캠을 사용해 가위, 바위, 보 손 모양을 캡처합니다. 웹캠에서 데이터를 캡처하는 것은 이 책의 범위를 넘어서므로 자세히 언급하지는 않겠습니다. 책의 깃허브에 있는 webcam.js 파일(텐서플로 팀 제작)을 참고하세요. 웹캠에서 이미지를 캡처해 텐서플로에서 인식하는 포맷의 배치 이미지를 반환합니다. 또한 TensorFlow.js 코드로 인한 브라우저의 메모리 누수를 막기 위해 필요한 모든 처리를 수행합니다. 다음 코드는 이 파일에서 발췌한 것입니다.

```
capture() {
    return tf.tidy(() => {
        // <video> 요소에서 이미지를 텐서로 읽습니다.
        const webcamImage = tf.browser.fromPixels(this.webcamElement);
        const reversedImage = webcamImage.reverse(1);
        // 이미지에서 중앙 부위의 정사각형을 잘라냅니다.
        const croppedImage = this.cropImage(reversedImage);
        // 배치 크기를 1로 만들기 위해 첫 번째 차원을 추가합니다.
        const batchedImage = croppedImage.expandDims(0);
        // 이미지를 -1과 1 사이로 정규화합니다.
        // 이미지 픽셀 값이 0-255이므로 127로 나누고 1을 뺍니다.
        return batchedImage.toFloat().div(tf.scalar(127)).sub(tf.scalar(1));
    });
}
```

HTML 파일에 <script> 태그로 이 js 파일을 추가합니다.

```
<script src="webcam.js"></script>
```

<video> 태그, 가위, 바위, 보 중에 하나를 선택하기 위한 버튼, 캡처한 샘플 수를 출력하기 위한 <div> 태그를 포함하는 <div>를 HTML에 추가합니다. 코드는 다음과 같습니다.

```
<html>
    <head>
        <script src="https://cdn.jsdelivr.net/npm/@tensorflow/tfjs@latest">
        </script>
        <script src="webcam.js"></script>
    </head>
```

```
<body>
    <div>
        <video autoplay playsinline muted id="wc" width="224" height="224"/>
    </div>
    <button type="button" id="0" onclick="handleButton(this)">Rock</button>
    <button type="button" id="1" onclick="handleButton(this)">Paper</button>
    <button type="button" id="2" onclick="handleButton(this)">Scissors</button>
    <div id="rocksamples">Rock Samples:</div>
    <div id="papersamples">Paper Samples:</div>
    <div id="scissorssamples">Scissors Samples:</div>
</body>
<script src="index.js"></script>
</html>
```

그다음 할 일은 index.js 파일 맨 위에서 `<video>` 태그 ID로 Webcam 클래스의 객체를 만듭니다.

```
const webcam = new Webcam(document.getElementById('wc'));
```

그리고 init 함수에서 웹캠을 초기화합니다.

```
await webcam.setup();
```

이 페이지를 실행하면 세 개의 버튼과 웹캠 캡처 화면을 볼 수 있습니다(그림 18-5).

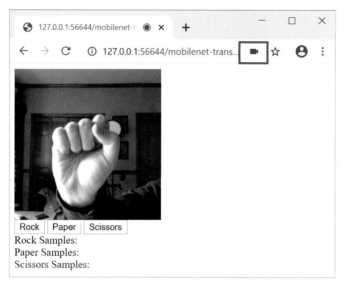

그림 18-5 웹캠 구동하기

웹캠 영상이 보이지 않는다면 이 그림의 우측 상단에 강조된 크롬 상태 표시줄에 있는 카메라 아이콘을 확인하세요. 아이콘이 빨갛게 표시된다면 브라우저가 웹캠을 사용할 수 있도록 권한을 부여해야 합니다. 그러면 웹캠 캡처 영상을 볼 수 있을 것입니다. 다음으로 할 일은 이미지를 캡처하고 2단계에서 만든 모델을 훈련하기 적합하도록 포맷을 맞추는 것입니다.

TensorFlow.js는 파이썬의 데이터셋 클래스를 사용할 수 없으므로 직접 데이터셋 클래스를 만들겠습니다. `rps-dataset.js` 자바스크립트 파일을 만들고 다음처럼 레이블을 위한 배열을 초기화합니다.

```
class RPSDataset {
    constructor() {
        this.labels = []
    }
}
```

웹캠에서 가위, 바위, 보 손 모양 샘플을 캡처할 때마다 데이터셋에 추가합니다. `addExample` 메서드에서 이를 수행하여 xs에 추가할 수 있습니다. 하지만 원본 이미지를 추가하는 것이 아니라 `mobilenet`의 출력 결과를 추가합니다. 잠시 후에 이에 대해 알아보겠습니다.

처음 이 메서드를 호출하면 xs는 null이므로 **tf.keep** 메서드로 xs를 만들어야 합니다. 이 함수는 그 이름에서 알 수 있듯이 **tf.tidy** 함수로 인해 텐서가 정리되지 않도록 합니다. 또한 레이블을 생성자에서 만든 labels 배열에 추가합니다. xs가 null이 아니면 xs를 oldX에 복사하고 여기에 샘플을 추가해 새로운 xs를 만듭니다. 그다음 레이블을 labels 배열에 추가하고 이전 oldX를 삭제합니다.

```
addExample(example, label) {
    if (this.xs == null) {
        this.xs = tf.keep(example);
        this.labels.push(label);
    } else {
        const oldX = this.xs;
        this.xs = tf.keep(oldX.concat(example, 0));
        this.labels.push(label);
        oldX.dispose();
    }
}
```

이 방식대로 하면 레이블은 배열이 됩니다. 하지만 모델을 훈련하려면 원-핫 인코딩된 배열이 필요합니다. 따라서 데이터셋 클래스에 헬퍼 함수 하나를 추가하겠습니다. 이 함수는 labels 배열을 numClasses 매개변수로 지정한 클래스 개수로 인코딩합니다.

```
encodeLabels(numClasses) {
    for (var i = 0; i < this.labels.length; i++) {
        if (this.ys == null) {
            this.ys = tf.keep(tf.tidy(
                () => {return tf.oneHot(
                    tf.tensor1d([this.labels[i]]).toInt(), numClasses)}));
        } else {
            const y = tf.tidy(
                () => {return tf.oneHot(
                    tf.tensor1d([this.labels[i]]).toInt(), numClasses)});
            const oldY = this.ys;
            this.ys = tf.keep(oldY.concat(y, 0));
            oldY.dispose();
            y.dispose();
        }
    }
}
```

tf.oneHot 메서드가 핵심입니다. 이름에서 알 수 있듯이 입력값을 원-핫 인코딩으로 변환합니다.

HTML에 세 개의 버튼을 추가하고 다음처럼 onclick 속성에 handleButton 함수를 지정합니다.

```
<button type="button" id="0" onclick="handleButton(this)">Rock</button>
<button type="button" id="1" onclick="handleButton(this)">Paper</button>
<button type="button" id="2" onclick="handleButton(this)">Scissors</button>
```

index.js에 handleButton 함수를 구현합니다. 이 함수는 <button> 태그의 id를 레이블로 바꿉니다. 그다음 웹캠 이미지를 캡처해 mobilenet의 predict 메서드를 호출합니다. 이 결과와 레이블을 앞서 만든 addExample 메서드를 사용해 샘플로 추가합니다.

```
function handleButton(elem) {
    label = parseInt(elem.id);
    const img = webcam.capture();
    dataset.addExample(mobilenet.predict(img), label);
}
```

다음으로 넘어가기 전에 addExample 메서드를 이해하는 것이 좋습니다. 원본 이미지를 캡처해 데이터셋에 추가할 수 있지만 [그림 18-4]를 기억하세요. conv_pw_13_relu 층의 출력으로 mobilenet 객체를 만들었습니다. mobilenet 객체의 predict 메서드를 호출하면 conv_pw_13_relu 층의 출력을 얻을 것입니다. [그림 18-1]을 다시 보면 이 출력의 크기는 [?, 7, 7, 256]입니다. 이 내용이 [그림 18-6]에 정리되어 있습니다.

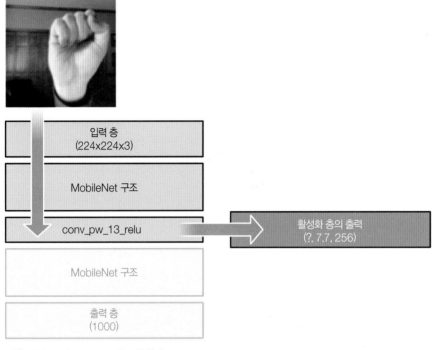

그림 18-6 mobilenet.predict의 결과

CNN에서 이미지가 네트워크를 통과하면서 여러 필터를 학습합니다. 이런 필터의 학습 결과가 추론 시 이미지에 곱해집니다. 필터를 통과한 이미지는 일반적으로 풀링이 적용되어 다음 층으로 전달됩니다. 이미지가 출력 층에 도달할 때 하나의 컬러 이미지가 아니라 7 × 7 크기의 이미지(또는 특성 맵) 256개가 만들어집니다. 이것이 필터 전체가 적용된 결과입니다. 그다음 이를 분류하기 위해 밀집 층에 주입합니다.

추가된 샘플 수를 카운트하는 코드를 추가해 사용자 인터페이스를 업데이트할 수 있습니다. 책에는 싣지 않았지만 깃허브 저장소에서 모든 코드를 확인할 수 있습니다.

HTML 페이지에 rps-dataset.js 파일을 <script> 태그로 추가하는 것을 잊지 마세요.

```
<script src="rps-dataset.js"></script>
```

크롬의 개발자 도구에서 브레이크포인트[breakpoint]를 설정하고 변수를 조사할 수 있습니다. 코드를 실행하고 **dataset.addExample** 메서드에 브레이크포인트를 설정하고 **dataset** 변수를 확인해보세요. 가위, 바위, 보 버튼 중 하나를 클릭하면 데이터셋이 업데이트되는 것을 볼 수 있습니다. [그림 18-7]에 세 버튼을 하나씩 클릭한 결과가 나타나 있습니다.

```
▼dataset: RPSDataset
 ▼labels: Array(3)
     0: 0
     1: 1
     2: 2
     length: 3
   ▶ __proto__: Array(0)
 ▼xs: t
   ▶dataId: {}
     dtype: "float32"
     id: 1065
     isDisposed: (...)
     isDisposedInternal: false
     kept: true
     rank: (...)
     rankType: "4"
     scopeId: 1477
   ▶ shape: (4) [3, 7, 7, 256]
     size: 37632
   ▶ strides: (3) [12544, 1792, 256]
   ▶ __proto__: Object
```

그림 18-7 데이터셋 확인

labels 배열에 0, 1, 2 세 개의 레이블이 저장되어 있습니다. 이 레이블은 아직 원-핫 인코딩되지 않았습니다. 또한 데이터셋은 샘플을 모아놓았기 때문에 4D 텐서입니다. 첫 번째 차원(3)은 샘플의 개수입니다. 그다음 차원(7, 7, 256)은 **mobilenet**의 활성화 출력에 해당됩니다.

모델을 훈련할 수 있는 데이터셋이 준비되었습니다. 사용자가 버튼을 클릭하면 각 클래스의 샘플 여러 개를 수집할 수 있습니다. 그다음 이를 분류하기 위해 밀집 층에 주입합니다.

18.1.4 4단계: 모델 훈련하기

이 앱은 버튼을 눌러야 모델을 훈련합니다. 훈련이 끝나면 다른 버튼을 눌러 웹캠에서 캡처한 이미지에 대해 예측을 시작합니다. 예측을 중지하는 다른 버튼도 있습니다.

위와 같은 역할을 하는 세 개의 버튼을 넣기 위해 다음 HTML 코드를 페이지에 추가합니다. 마지막 **<div>** 태그는 결과를 출력하는 용도입니다. 세 버튼은 **doTraining**, **startPredicting**, **stopPredicting**을 호출합니다.

```
<button type="button" id="train" onclick="doTraining()">
    신경망 훈련하기
</button>
<div id="dummy">
    훈련이 완료되면 '예측 시작' 버튼을 눌러 예측 결과를 확인할 수 있습니다.
    '예측 중지' 버튼을 누르면 예측이 종료됩니다.
</div>
<button type="button" id="startPredicting" onclick="startPredicting()">
    예측 시작
</button>
<button type="button" id="stopPredicting" onclick="stopPredicting()">
    예측 중지
</button>
<div id="prediction"></div>
```

index.js 파일 안에 doTraining 메서드를 추가해 훈련을 시작합니다.

```
function doTraining(){
    train();
}
```

train 함수에서 레이블을 원-핫 인코딩하고, 모델을 정의한 다음 모델을 훈련합니다. 이 모델의 첫 번째 층의 inputShape은 mobilenet의 출력 크기입니다. 앞서 mobilenet 객체의 출력을 conv_pw_13_relu 층의 출력으로 지정했던 것을 기억하세요.

```
async function train() {
    dataset.ys = null;
    dataset.encodeLabels(3);
    model = tf.sequential({
        layers: [
            tf.layers.flatten({inputShape: mobilenet.outputs[0].shape.slice(1)}),
            tf.layers.dense({ units: 100, activation: 'relu'}),
            tf.layers.dense({ units: 3, activation: 'softmax'})
        ]
    });
    const optimizer = tf.train.adam(0.0001);
    model.compile({optimizer: optimizer, loss: 'categoricalCrossentropy'});
    let loss = 0;
    model.fit(dataset.xs, dataset.ys, {
```

```
        epochs: 10,
        callbacks: {
            onBatchEnd: async (batch, logs) => {
                loss = logs.loss.toFixed(5);
                console.log('LOSS: ' + loss);
            }
        }
    });
}
```

10번의 에폭 동안 모델을 훈련합니다. 모델의 손실 곡선을 확인한 후 에폭 횟수를 적절히 조정할 수 있습니다.

init 함수를 만들어 웹캠과 mobilenet 모델을 로드하는 것이 좋을 것 같습니다. 이 함수의 코드는 다음과 같습니다.

```
async function init(){
    await webcam.setup();
    mobilenet = await loadMobilenet()
}
```

웹캠 앞에서 가위, 바위, 보 손 모양을 연습해보세요. 적절한 버튼을 눌러 각 클래스 샘플을 캡처합니다. 클래스마다 50번 정도 반복하고 '신경망 훈련' 버튼을 누릅니다. 잠시 후에 훈련이 끝나고 콘솔을 통해 손실값을 확인할 수 있습니다. 필자의 경우 손실이 2.5에서 시작해 0.0004에서 끝났습니다. 즉 모델이 잘 훈련되었습니다.

데이터셋에 샘플을 추가할 때마다 활성화된 샘플을 추가하기 때문에 클래스마다 샘플 50개면 충분합니다. 각 이미지는 7 × 7 이미지 256개를 만들어 밀집 층에 주입됩니다. 따라서 150개 샘플은 훈련에서 38,400개 샘플의 효과를 냅니다.

이제 모델을 훈련했으므로 예측을 시도해볼 수 있습니다!

18.1.5 5단계: 추론 수행하기

4단계를 완료하면 모델을 훈련하기 위한 코드가 완성됩니다. 또한 예측을 시작하고 중지하는 버튼도 만들었습니다. 이 버튼들이 startPredicting와 stopPredicting 함수를 호출하도록 설정했으므로 두 함수를 만들어보죠. 두 함수는 예측 여부를 결정하는 isPredicting 불리언 변수를 각각 true/false로 설정합니다. 그다음 predict 함수를 호출합니다.

```
function startPredicting(){
    isPredicting = true;
    predict();
}

function stopPredicting(){
    isPredicting = false;
    predict();
}
```

그다음 predict 함수에서 훈련된 모델을 사용할 수 있습니다. 이 함수는 웹캠 입력을 캡처하고 이 이미지에 대해 mobilenet.predict를 호출해 활성화 출력을 얻습니다. 그다음 활성화 출력을 모델에 전달해 예측을 만듭니다. 레이블이 원-핫 인코딩되어 있기 때문에 argMax를 사용해 가장 높은 확률의 출력값을 선택합니다.

```
async function predict() {
    while (isPredicting) {
        const predictedClass = tf.tidy(() => {
            const img = webcam.capture();
            const activation = mobilenet.predict(img);
            const predictions = model.predict(activation);
            return predictions.as1D().argMax();
        });
        const classId = (await predictedClass.data())[0];
        var predictionText = "";
        switch (classId) {
            case 0:
                predictionText = "예측 결과: 바위";
                break;
            case 1:
                predictionText = "예측 결과: 보";
                break;
            case 2:
                predictionText = "예측 결과: 가위";
                break;
        }
```

```
        document.getElementById("prediction").innerText = predictionText;

        predictedClass.dispose();
        await tf.nextFrame();
    }
}
```

0, 1, 2 값에 따라 예측 `<div>`에 결과를 표시하고 사용한 변수를 정리합니다.

isPredicting 불리언 변수가 while 루프의 조건이므로 이 변수를 제어하는 버튼으로 예측을 시작하고 중지할 수 있습니다. 이 페이지를 실행하고, 샘플을 수집하고, 모델을 훈련한 다음 추론을 실행합니다. 예를 들어 [그림 18-8]을 보면 손 모양이 가위임을 정확히 맞춥니다!

그림 18-8 브라우저에서 훈련된 모델을 사용해 추론 수행하기

이 예제에서 전이 학습을 사용해 모델을 만드는 방법을 살펴보았습니다. 다음 절에서는 텐서플로 허브에 저장되어 있는 그래프 기반 모델을 사용하는 방법을 알아보겠습니다.

18.2 텐서플로 허브를 사용한 전이 학습

텐서플로 허브(https://www.tensorflow.org/hub)는 재사용 가능한 텐서플로 모델을 제공하는 온라인 라이브러리입니다. 많은 모델이 이미 자바스크립트로 변환되어 있습니다. 하지만 전이 학습을 사용하려면 전체 모델 중에서 'image feature vector' 모델 타입을 찾아야 합니다. 이런 모델은 학습된 특성을 출력하도록 이미 마지막 밀집 층을 제거해놓은 상태입니다. 여기서 사용할 방법은 이전 절의 예제와는 조금 다릅니다. 이전 예제에서는 MobileNet의 활성화 출력을 다른 모델의 입력으로 사용했습니다. 여기서는 특성 벡터feature vector가 전체 이미지를 나타내는 1D 텐서입니다.

MobileNet 모델을 사용하려면 TFHub.dev(https://tfhub.dev)에 접속해 원하는 모델 포맷으로 TF.js를 선택하고 MobileNet 구조를 선택합니다. [그림 18-9]와 같이 사용 가능한 모델이 표시됩니다.

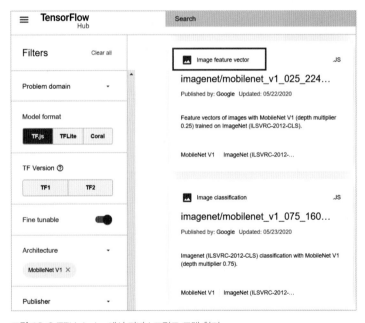

그림 18-9 TFHub.dev에서 자바스크립트 모델 찾기

이미지 특성 벡터 모델(여기서는 025_224를 사용합니다)을 선택합니다. 모델의 상세 페이지에 있는 'Example use' 섹션에서 다음처럼 모델 다운로드 방법을 소개하는 코드를 찾을 수 있습니다.

```
tf.loadGraphModel("https://tfhub.dev/google/tfjs-model/imagenet/
    mobilenet_v1_025_224/feature_vector/3/default/1", { fromTFHub: true })
```

이 코드를 사용해 모델을 다운로드하고 특성 벡터의 차원을 조사할 수 있습니다. 다음은 dog.jpg 이미지 파일을 분류하는 HTML 코드입니다(dog.jpg는 HTML 파일과 동일한 디렉터리에 있어야 합니다).

```
<html>
<head>
<script src="https://cdn.jsdelivr.net/npm/@tensorflow/tfjs@latest"> </script>
</head>
<body>
    <img id="img" src="dog.jpg"/>
</body>
</html>
<script>
async function run() {
    const img = document.getElementById('img');
    model = await tf.loadGraphModel('https://tfhub.dev/google/tfjs-model/imagenet/
            mobilenet_v1_025_224/feature_vector/3/default/1', {fromTFHub: true});
    var raw = tf.browser.fromPixels(img).toFloat();
    var resized = tf.image.resizeBilinear(raw, [224, 224]);
    var tensor = resized.expandDims(0);
    var result = await model.predict(tensor).data();
    console.log(result)
}

run();
</script>
```

이 HTML 파일을 실행하고 콘솔을 확인하면 분류 모델의 출력을 볼 수 있습니다(그림 18-10). 책의 예제와 동일한 모델이라면 256개의 원소를 가진 Float32Array가 출력됩니다. 다른 MobileNet 버전은 출력 크기가 다를 수 있습니다.

Float32Array(256) [0.042415667325258255, 88, 0.762848973274231, 0.647595524787902 884735107, 3.03347544784546, 0.07227948 80345916748, -0, 0.7141353487968445, -0, 52067566, 0.05228123813867569, 0.0076292 41, -0, -0, -0, 0.73615424156189, 2.743

그림 18-10 콘솔 출력 확인하기

이미지 특성 벡터 모델의 출력 크기를 확인하면 이를 사용해 전이 학습을 수행할 수 있습니다. 예를 들어 가위, 바위, 보 예제라면 [그림 18-11]과 같은 구조를 사용할 수 있습니다.

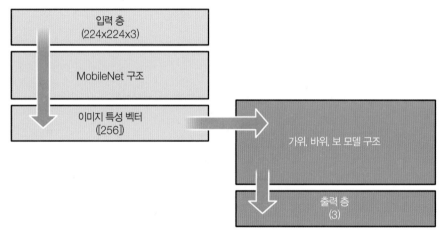

그림 18-11 이미지 특성 벡터를 사용한 전이 학습

가위, 바위, 보 앱에서 모델을 로드하는 코드를 수정하고 활성화 출력 대신 이미지 특성 벡터를 받을 수 있도록 바꾸어보죠.

텐서플로 허브에서 모델을 로드하려면 **loadMobilenet** 함수를 다음과 같이 수정합니다.

```
async function loadMobilenet() {
    const mobilenet =
        await tf.loadGraphModel("https://tfhub.dev/google/tfjs-model/imagenet/
        mobilenet_v1_050_160/feature_vector/3/default/1", {fromTFHub: true})
    return mobilenet
}
```

그다음 분류 모델을 정의하는 **train** 함수에서 첫 번째 층이 입력 특성 벡터의 출력([256])을 받도록 수정합니다. 코드는 다음과 같습니다.

```
model = tf.sequential({
    layers: [
        tf.layers.dense({ inputShape: [256], units: 100, activation: 'relu'}),
        tf.layers.dense({ units: 3, activation: 'softmax'})
    ]
});
```

이 입력 크기는 모델마다 다릅니다. 크기를 알 수 없는 경우 앞서 소개한 HTML과 동일한 페이지를 사용해 이 크기를 찾을 수 있습니다.

코드를 수정하고 나면 자바스크립트를 사용해 텐서플로 허브에 있는 모델로 전이 학습을 수행할 수 있습니다!

18.3 TensorFlow.org를 사용한 전이 학습

자바스크립트 개발자를 위한 모델을 얻을 수 있는 또 다른 곳은 TensorFlow.org(`https://oreil.ly/Xw8lI`)입니다(그림 18-12). 여기서는 이미지 분류, 객체 탐지 모델 등을 제공하며 바로 사용할 수 있습니다. 링크를 클릭하면 그래프 기반 모델을 쉽게 사용할 수 있도록 자바스크립트로 감싼 클래스를 제공하는 깃허브 저장소로 연결됩니다.

MobileNet(`https://oreil.ly/OTRUU`)의 경우 다음과 같은 `<script>` 태그로 이 모델을 사용할 수 있습니다.

```
<script src="https://cdn.jsdelivr.net/npm/@tensorflow-models/mobilenet@1.0.0">
</script>
```

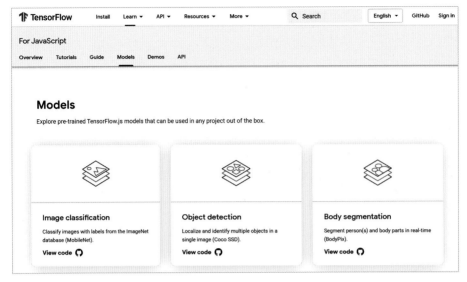

그림 18-12 TensorFlow.org에서 소개하는 모델

코드를 둘러보면 두 가지를 알 수 있습니다. 먼저 레이블이 자바스크립트로 인코딩되어 있어 별도로 레이블을 검색하는 과정 없이 추론 결과를 간편하게 확인할 수 있습니다. 다음과 같은 코드를 볼 수 있습니다.

```
var i = {
    0:"tench, Tinca tinca",
    1:"goldfish, Carassius auratus",
    2:"great white shark, white shark, man-eater, man-eating shark, Carcharodon
        carcharias",
    3:"tiger shark, Galeocerdo cuvieri",
...
```

또한 깃허브 페이지 아래에는 텐서플로 허브의 여러 모델을 자바스크립트 변수로 로드하는 방법이 나타나 있습니다. 예를 들어 MobileNet 버전 1의 경우 다음과 같습니다.

```
mobilenet.load({
    version: 1,
    alpha?: 0.25 | .50 | .75 | 1.0
})
```

0.25, 0.50, 0.75와 같은 값은 '너비 승수^{width multiplier}'입니다. 작고 계산 비용이 덜 드는 모델을 만드는 데 사용됩니다. 자세한 내용은 이 모델을 소개하는 원저 논문(https://oreil.ly/95NIb)을 참고하세요.

덕분에 코드가 매우 간소화됩니다. 예를 들어 이미지 추론을 수행할 때 앞서 MobileNet으로 강아지 이미지를 추론하기 위해 만든 코드와 다음 HTML 코드를 비교해보세요.

```html
<html>
<head>
<script src="https://cdn.jsdelivr.net/npm/@tensorflow/tfjs@latest">
</script>
<script src="https://cdn.jsdelivr.net/npm/@tensorflow-models/mobilenet@1.0.0">
</script>
</head>
<body>
  <img id="img" src="dog.jpg"/>
</body>
</html>
<script>
async function run(){
  const img = document.getElementById('img');
  mobilenet.load().then(model => {
    model.classify(img).then(predictions => {
      console.log('예측: ');
      console.log(predictions);
    });
  });
}

run();
</script>
```

분류를 위해 이미지를 텐서로 변환할 필요가 없습니다. 훨씬 코드가 간단하므로 예측에 집중할 수 있습니다. 임베딩을 얻으려면 다음처럼 `model.classify` 대신에 `model.infer` 메서드를 사용하세요.

```
embeddings = model.infer(img, embedding=true);
console.log(embeddings);
```

필요하다면 이 임베딩으로 MobileNet 전이 학습을 수행할 수 있습니다.

18.4 마치며

이 장에서는 기존의 자바스크립트 기반 모델로부터 전이 학습을 수행하는 여러 가지 방법을 알아보았습니다. 모델 구현 방법이 다양하기 때문에 전이 학습에 활용하는 방식도 여러 가지입니다. 첫 번째 TensorFlow.js 컨버터로 만든 JSON 파일을 사용하는 방법을 보았습니다. 이 파일을 사용해 모델 층을 탐색하고 그중에 하나를 전이 학습에 사용했습니다. 두 번째로 그래프 기반 모델을 사용하는 방법을 살펴봤습니다. 일반적으로 빠른 추론을 제공하기 때문에 텐서플로 허브에서 선호하는 모델 종류지만, 전이 학습을 위해 층을 선택할 수 있는 자유도가 줄어듭니다. 이 방법을 사용할 때 다운로드된 모델에는 전체 구조가 포함되지 않고 특성 벡터 출력을 위해 출력 층이 제거된 상태입니다. 이 모델에서 별개의 모델로 전이 학습할 수 있습니다. 마지막으로 TensorFlow.org(`http://tensorflow.org`)에서 제공하고 텐서플로 팀이 이미 자바스크립트로 감싼 모델을 사용하는 방법을 배웠습니다. 데이터 다운로드, 레이블 참조, 전이 학습을 위해 모델로부터 임베딩이나 다른 특성 벡터를 만드는 헬퍼 함수도 포함합니다.

필자는 텐서플로 허브와 가능하다면 특성 벡터 출력이 있는 모델을 사용하기를 권장합니다. 하지만 만약 원하는 모델을 찾을 수 없더라도 TensorFlow.js는 다양한 방식으로 전이 학습을 수행할 수 있는 충분히 유연한 생태계를 가지고 있다는 것을 기억하세요.

## CHAPTER 19

텐서플로 서빙으로 배포하기

이전 몇 개의 장에서 안드로이드, iOS, 웹 브라우저에 모델을 배포하는 방법을 알아보았습니다. 모델을 배포할 수 있는 확실한 또 다른 장소는 서버^{server}입니다. 사용자가 데이터를 서버로 전송하면 모델로 추론을 수행해 결과를 반환합니다. 이를 위해 제품 수준의 확장성은 물론 API 엔드포인트를 제공하는 간단한 래퍼^{wrapper}인 텐서플로 서빙^{TensorFlow Serving}을 사용할 수 있습니다. 이번 장에서는 텐서플로 서빙을 소개하고 이를 사용해 간단한 모델을 배포하고 추론을 관리하는 방법을 알아보겠습니다.

19.1 텐서플로 서빙이란

이 책은 주로 모델을 만드는 데 초점을 맞추었습니다. 모델 구축은 그 자체만으로도 엄청난 작업이지만 머신러닝 모델을 제품에 사용할 때 필요한 전체 그림의 일부분일 뿐입니다. [그림 19-1]에서 볼 수 있듯이 모델링 코드는 설정, 데이터 수집, 데이터 검증, 모니터링, 자원 관리, 특성 추출은 물론 분석 도구, 프로세스 관리 도구, 서빙 인프라를 위한 코드와 함께 운영되어야 합니다.

텐서플로 생태계에서는 이를 위해 텐서플로 익스텐디드^{TensorFlow Extended}(TFX)라는 도구를 제공합니다. 다만 이 책에서는 이번 장에서 소개할 서빙 인프라 외 나머지 TFX에 대해서는 다루지 않습니다. 이에 대해 더 자세히 알고 싶다면 『살아 움직이는 머신러닝 파이프라인 설계』(한빛미디어, 2021)를 참고하세요.[1]

그림 19-1 머신러닝 시스템의 모듈 구조

머신러닝 모델의 파이프라인은 [그림 19-2]에 요약되어 있습니다.

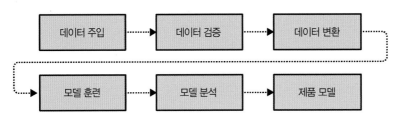

그림 19-2 머신러닝 제품 파이프라인

먼저 파이프라인을 호출해 데이터를 수집, 주입, 검증합니다. 깨끗한 데이터가 준비되면 적절한 레이블링을 포함하여 훈련에 사용할 수 있는 포맷으로 변환합니다. 그다음 모델을 훈련하고 훈련이 완료되면 모델을 분석합니다. 모델의 정확도를 테스트하고 손실 곡선을 확인하는 등의 과정입니다. 분석 결과가 만족스러우면 제품을 위한 모델을 얻게 됩니다.

모델이 준비되면 배포할 수 있습니다. 예를 들어 [그림 19-3]과 같은 과정으로 텐서플로 라이트를 사용해 모바일 장치에 배포할 수 있습니다.

---

1 **옮긴이_** 일반적인 머신러닝 파이프라인 구축의 모범 사례가 궁금하다면 『머신러닝 파워드 애플리케이션』(한빛미디어, 2021)을 참고하세요.

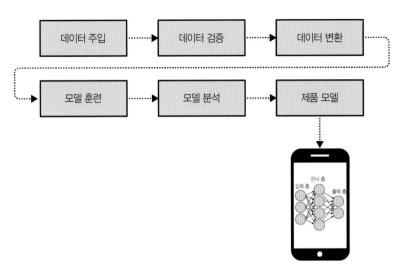

그림 19-3 제품 모델을 모바일에 배포하기

텐서플로 서빙은 서버에 모델을 호스팅하는 인프라를 제공하는 구조에 알맞습니다. 클라이언트가 HTTP로 데이터를 전송하여 이 서버에 요청할 수 있습니다. 데이터를 모델에 통과시켜 추론을 실행하고 결과를 얻어 클라이언트에 반환합니다(그림 19-4).

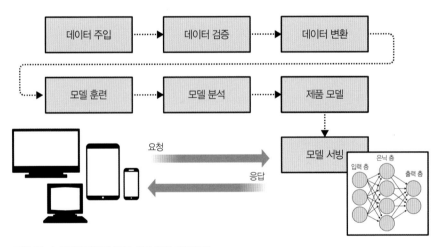

그림 19-4 파이프라인에 모델 서빙 구조 추가하기

이런 유형의 구조에서는 클라이언트가 사용할 모델의 버전을 제어하는 것이 중요합니다. 예를 들어 모델을 모바일 장치에 배포하면 클라이언트마다 다른 버전을 사용하게 될 수 있습니다.

하지만 인프라를 사용해 배포하면 [그림 19-4]에서 보듯이 이를 피할 수 있습니다. 또한 여러 버전의 모델을 실험할 수도 있습니다. 일부 클라이언트는 한 버전의 모델을 사용해 추론하고 다른 클라이언트는 다른 버전을 사용하는 식입니다(그림 19-5).

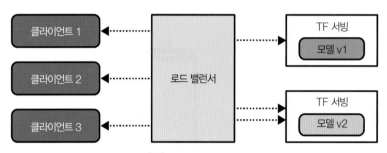

그림 19-5 텐서플로 서빙을 사용해 여러 버전의 모델 처리하기

19.2 텐서플로 서빙 설치하기

텐서플로 서빙은 두 종류의 서버 구조로 설치할 수 있습니다. 먼저 `tensorflow-model-server`는 여러 종류의 서버에 대해 플랫폼 전용 컴파일러 옵션을 사용하는 완전히 최적화된 서버입니다. 사용하는 머신이 지원하는 서버에 속한다면 이 방식이 일반적으로 선호됩니다. 또 다른 서버인 `tensorflow-model-server-universal`은 모든 머신에서 작동하는 기본 최적화 옵션으로 컴파일된 서버입니다. `tensorflow-model-server`를 사용할 수 없을 때 좋은 대안입니다. 텐서플로 서빙을 설치하는 방법은 도커Docker를 사용하거나 apt를 사용해 직접 패키지를 설치하는 방법 등 여러 가지가 있습니다. 여기에서는 앞선 두 가지 방법을 알아보겠습니다.

19.2.1 도커를 사용해 설치하기

아마도 도커를 사용하는 것이 가장 쉽고 빠른 설치 방법일 것입니다. 먼저 `docker pull` 명령으로 텐서플로 서빙 패키지를 가져옵니다.

```
docker pull tensorflow/serving
```

그다음 깃허브에서 텐서플로 서빙 코드를 클론합니다.

```
git clone https://github.com/tensorflow/serving
```

여기에는 Half Plus Two를 포함한 몇 개의 샘플 모델이 포함되어 있습니다. Half Plus Two
는 하나의 값을 전달하면 그 값의 절반에 2를 더한 값을 반환합니다. 이 예제를 위해 먼저 샘플
모델의 경로를 위한 TESTDATA 변수를 설정합니다.

```
TESTDATA="$(pwd)/serving/tensorflow_serving/servables/tensorflow/testdata"
```

이제 도커 이미지로 텐서플로 서빙을 실행합니다.

```
docker run -t --rm -p 8501:8501 \
    -v "$TESTDATA/saved_model_half_plus_two_cpu:/models/half_plus_two" \
    -e MODEL_NAME=half_plus_two \
    tensorflow/serving &
```

서버 포트를 8501로 지정했습니다(이 장 뒷부분에서 더 자세히 설명합니다). 그리고 이
서버에서 모델을 실행합니다. 이제 http://localhost:8501/v1/models/half_plus_
two:predict와 같은 주소로 모델에 접근할 수 있습니다.

추론하려는 데이터를 전달하려면 이 주소에 POST 방식으로 텐서를 전달해야 합니다. 다음은
curl을 사용해 데이터를 전송하는 예입니다(개발 장비에서 작업 중이라면 별도의 터미널을
열어 실행하세요).

```
curl -d '{"instances": [1.0, 2.0, 5.0]}' \
    -X POST http://localhost:8501/v1/models/half_plus_two:predict
```

결과는 [그림 19-6]과 같습니다.

```
lmoroney@lmoroney-ASM100:~/serving/tensorflow
instances": [1.0, 2.0, 5.0]}'      -X POST htt
{
    "predictions": [2.5, 3.0, 4.5
    ]
}lmoroney@lmoroney-ASM100:~/serving/tensorflo
```

그림 19-6 텐서플로 서빙이 반환한 결과

도커 이미지는 확실히 편리하지만 컴퓨터에 직접 설치해야 하는 경우가 있을 수 있습니다. 다음 절에서 이 방법을 알아보겠습니다.

19.2.2 리눅스에 설치하기

tensorflow-model-server나 tensorflow-model-server-universal을 사용하든 간에 패키지 이름은 동일합니다. 따라서 올바른 패키지를 사용하는지 확신을 가지려면 시작하기 전에 tensorflow-model-server를 삭제하는 것이 좋습니다. 이 절의 코드는 깃허브에 있는 노트북으로 콜랩에서 실습할 수 있습니다.[2]

```
apt-get remove tensorflow-model-server
```

그다음 텐서플로 패키지 소스(https://oreil.ly/wpIF_)를 시스템에 추가합니다.

```
echo "deb http://storage.googleapis.com/tensorflow-serving-apt stable tensorflow-
model-server tensorflow-model-server-universal" | tee /etc/apt/sources.list.d/ten-
sorflow-serving.list && \ curl https://storage.googleapis.com/tensorflow-serving-
apt/tensorflow-serving.release.pub.gpg | apt-key add -
```

로컬 시스템에서 sudo가 필요하다면 다음과 같이 실행할 수 있습니다.

```
sudo echo "deb http://storage.googleapis.com/tensorflow-serving-apt stable tensor-
flow-model-server tensorflow-model-server-universal" | sudo tee /etc/apt/sources.
list.d/tensorflow-serving.list && \ curl https://storage.googleapis.com/tensorflow-
```

---

2 옮긴이_ 현재 콜랩은 tensorflow-model-server 2.8.0 버전을 지원합니다. 깃허브 노트북에서 2.8.0 버전을 설치하는 방법을 참고하세요. https://github.com/rickiepark/aiml4coders/blob/main/ch19/19-serving_basic.ipynb

```
serving-apt/tensorflow-serving.release.pub.gpg | sudo apt-key add -
```

그다음 apt-get을 업데이트합니다.

```
apt-get update
```

업데이트가 완료되면 모델 서버를 설치합니다.

```
apt-get install tensorflow-model-server
```

다음 명령으로 최신 버전을 설치했는지 확인할 수 있습니다.

```
apt-get upgrade tensorflow-model-server
```

이제 패키지를 사용할 준비를 마쳤습니다.

19.3 모델 구축과 배포

이 절에서는 모델을 만들어 배포 준비를 하고 텐서플로 서빙으로 배포해 추론을 실행하는 전체 과정을 둘러보겠습니다. 이 책에서 계속 보아왔던 두 숫자 사이의 관계를 예측하는 간단한 모델을 사용합니다.

```python
xs = np.array([-1.0,  0.0, 1.0, 2.0, 3.0, 4.0], dtype=float)
ys = np.array([-3.0, -1.0, 1.0, 3.0, 5.0, 7.0], dtype=float)

model = tf.keras.Sequential([tf.keras.layers.Dense(units=1, input_shape=[1])])

model.compile(optimizer='sgd', loss='mean_squared_error')

history = model.fit(xs, ys, epochs=500, verbose=0)

print("모델 훈련 완료")

print(model.predict([10.0]))
```

이 모델은 매우 빠르게 훈련되고 X가 10.0일 때 Y를 예측하면 약 18.98정도의 결과를 얻습니다.

그다음 임시 폴더에 모델을 저장합니다.

```
import tempfile
import os
MODEL_DIR = tempfile.gettempdir()
version = 1
export_path = os.path.join(MODEL_DIR, str(version))
print(export_path)
```

콜랩에서 실행하면 /tmp/1과 같은 경로가 출력됩니다. 여러분의 컴퓨터에서 실행하는 경우에 원하는 디렉터리를 지정할 수 있지만 여기서는 임시 폴더를 사용하겠습니다.

모델을 저장할 디렉터리에 다른 파일이 들어 있다면 저장하기 전에 삭제하는 것이 좋습니다 (임시 디렉터리를 사용하는 것도 이런 이유 중 하나입니다!). 저장할 모델을 올바르게 서빙에 사용하기 위해 export_path 디렉터리에 있는 내용을 지웁니다.

```
if os.path.isdir(export_path):
    print('\n저장된 모델이 있다면 삭제합니다.\n')
    !rm -r {export_path}
```

이제 모델을 저장합니다.

```
model.save(export_path, save_format="tf")

print('\nexport_path = {}'.format(export_path))
!ls -l {export_path}
```

저장이 완료되면 디렉터리 내용을 확인해보세요. 다음과 같은 내용이 보여야 합니다.

```
INFO:tensorflow:Assets written to: /tmp/1/assets

export_path = /tmp/1
total 48
```

```
drwxr-xr-x 2 root root  4096 May 21 14:40 assets
-rw-r--r-- 1 root root 39128 May 21 14:50 saved_model.pb
drwxr-xr-x 2 root root  4096 May 21 14:50 variables
```

텐서플로 서빙은 모델을 조사할 수 있는 saved_model_cli 도구를 제공합니다. show 옵션과 모델 디렉터리를 지정해 실행하면 모델의 전체 메타데이터를 얻을 수 있습니다.

```
!saved_model_cli show --dir {export_path} --all
```

!은 콜랩에서 셸 명령을 의미합니다. 로컬 터미널에서 실행한다면 이 문자를 쓸 필요가 없습니다.

이 명령의 출력은 매우 길지만 다음과 같은 세부 정보가 포함됩니다.

```
signature_def['serving_default']:
  The given SavedModel SignatureDef contains the following input(s):
    inputs['dense_input'] tensor_info:
        dtype: DT_FLOAT
        shape: (-1, 1)
        name: serving_default_dense_input:0
  The given SavedModel SignatureDef contains the following output(s):
    outputs['dense'] tensor_info:
        dtype: DT_FLOAT
        shape: (-1, 1)
        name: StatefulPartitionedCall:0
```

signature_def의 serving_default 항목을 주목하세요. 나중에 이를 사용하겠습니다.

입력과 출력에는 크기와 타입이 있습니다. 이 경우 둘 다 실수형이고 크기는 (-1, 1)입니다. −1은 무시할 수 있고 모델의 입력과 출력이 실수라는 점을 기억하세요.

콜랩을 사용하는 경우 배시bash 명령으로 텐서플로 서빙을 실행할 때 모델 디렉터리 경로를 운영체제에 알려야 합니다. 이를 위해 다음과 같이 운영체제의 환경 변수를 사용합니다.

```
os.environ["MODEL_DIR"] = MODEL_DIR
```

명령줄로 텐서플로 모델 서버를 실행하려면 여러 가지 파라미터가 필요합니다. 먼저 --bg 스위치를 사용해 이 명령이 백그라운드에서 실행되도록 합니다. nohup 명령은 'no hangup' 을 의미하며 터미널이 종료되더라도 이 명령이 계속 실행되도록 요청합니다. 그다음 tensorflow_model_server 명령에 몇 가지 파라미터를 지정합니다. rest_api_port는 서버 를 실행할 포트 번호입니다. 여기서는 8501로 지정합니다. model_name에는 모델의 이름을 지 정합니다. 여기서는 helloworld로 지정합니다. 마지막으로 model_base_path에 MODEL_DIR 환경 변수에 저장된 모델 경로를 전달합니다. 전체 명령은 다음과 같습니다.

```
%%bash --bg
nohup tensorflow_model_server \
  --rest_api_port=8501 \
  --model_name=helloworld \
  --model_base_path="${MODEL_DIR}" >server.log 2>&1
```

명령줄 마지막에 결과를 server.log에 출력하도록 지정했습니다. 콜랩에서 실행하면 다음과 같이 간단한 메시지가 출력됩니다.

```
Starting job # 0 in a separate thread.
```

다음 코드를 사용해 server.log 파일을 확인할 수 있습니다.

```
!tail server.log
```

이 출력을 살펴보면 서버가 성공적으로 시작되었고 localhost:8501에서 HTTP/REST API 를 시작했다는 것을 볼 수 있습니다.

```
2020-05-21 14:41:20.026123: I tensorflow_serving/model_servers/server.cc:358]
Running gRPC ModelServer at 0.0.0.0:8500 ...
[warn] getaddrinfo: address family for nodename not supported
2020-05-21 14:41:20.026777: I tensorflow_serving/model_servers/server.cc:378]
Exporting HTTP/REST API at:localhost:8501 ...
[evhttp_server.cc : 238] NET_LOG: Entering the event loop ...
```

만약 실패했다면 이와 관련된 메시지가 표시됩니다. 이런 경우 시스템을 다시 시작해야 할 수 있습니다.

서버를 테스트하고 싶다면 파이썬에서 다음 코드를 실행합니다.

```python
import json
xs = np.array([[9.0], [10.0]])
data = json.dumps({"signature_name": "serving_default", "instances": xs.tolist()})
print(data)
```

서버에 데이터를 보내려면 JSON 포맷으로 만들어야 합니다. 먼저 보내려는 값을 넘파이 배열로 만듭니다. 이 경우에는 9.0과 10.0, 두 값으로 이루어진 배열입니다. 앞서 보았듯이 입력 크기가 (-1, 1)이기 때문에 각 값이 하나의 리스트로 이루어진 배열입니다. 즉 모델은 입력으로 하나의 값을 기대하기 때문에 여러 값을 한 번에 서버로 보내려면 리스트마다 하나의 값을 넣은 다음, 다시 리스트로 감싸야 합니다.

두 개의 이름/값 쌍을 서버로 보내기 위해 json.dumps로 JSON 문자열을 만듭니다. 첫 번째 쌍은 모델이 호출할 signature_name과 serving_default입니다(앞에서 모델을 조사할 때 이를 보았습니다). 두 번째는 instances와 모델에 전달할 값 리스트입니다.

이 데이터를 출력하면 다음과 같은 형태입니다.

```
{"signature_name": "serving_default", "instances": [[9.0], [10.0]]}
```

requests 라이브러리로 HTTP POST 방식을 사용해 서버를 호출할 수 있습니다. URL 구조에 유의하세요. 모델 이름은 helloworld이고 예측을 수행하려고 합니다. 이 POST 명령은 앞서 만든 데이터와 서버에 콘텐츠가 JSON이라는 것을 알리기 위한 헤더가 필요합니다.

```python
import requests
headers = {"content-type": "application/json"}
json_response = \
    requests.post('http://localhost:8501/v1/models/helloworld:predict',
    data=data, headers=headers)
print(json_response.text)
```

응답은 예측을 담은 JSON 문자열입니다.

```
{
    "predictions": [[16.9834747], [18.9806728]]
}
```

19.3.1 서버 설정 탐색하기

이전 예제에서 모델을 만들고 명령줄에서 텐서플로 서빙을 구동해 모델을 배포했습니다. 서빙할 모델, 사용할 포트와 같은 메타데이터를 파라미터로 전달했습니다. 텐서플로 서빙은 설정파일을 사용해 더 많은 서빙 옵션을 제공합니다.

모델 설정 파일은 ModelServerConfig라는 프로토콜 버퍼[protobuf] 포맷을 사용합니다. 이 파일에서 가장 많이 사용하는 항목은 여러 설정을 포함하는 model_config_list입니다. 이를 통해 각기 다른 이름으로 서빙되는 여러 개의 모델을 지정할 수 있습니다. 예를 들어 텐서플로 서빙을 실행할 때 모델 이름과 경로를 지정하는 대신 다음과 같이 설정 파일에서 지정할 수 있습니다.

```
model_config_list {
  config {
    name: '2x-1model'
    base_path: '/tmp/2xminus1/'
  }
  config {
    name: '3x+1model'
    base_path: '/tmp/3xplus1/'
  }
}
```

모델 이름과 경로를 파라미터로 전달하지 않고 이런 설정 파일로 텐서플로 서빙을 실행하면 URL마다 다른 모델을 매핑할 수 있습니다. 예를 들어 다음과 같이 사용합니다.

```
%%bash --bg
nohup tensorflow_model_server \
  --rest_api_port=8501 \
  --model_config=/path/to/model.config >server.log 2>&1
```

이제 ⟨server⟩:8501/v1/models/2x-1model:predict나 ⟨server⟩:8501/v1/models/3x+
1model:predict로 POST 요청을 보낼 수 있습니다. 텐서플로 서빙이 적절한 모델을 로딩해 추
론을 수행하고 결과를 반환할 것입니다.

모델 설정 파일에는 모델마다 버전을 지정할 수도 있습니다. 예를 들어 이전 모델 설정을 다음
처럼 업데이트해보죠.

```
model_config_list {
  config {
    name: '2x-1model'
    base_path: '/tmp/2xminus1/'
    model_version_policy: {
      specific {
        versions : 1
        versions : 2
      }
    }
  }
  config {
    name: '3x+1model'
    base_path: '/tmp/3xplus1/'
    model_version_policy: {
      all : {}
    }
  }
}
```

첫 번째 모델의 버전 1과 버전 2를 배포하고 두 번째 모델은 모든 버전을 배포합니다. 이런 설
정을 사용하지 않으면 base_path에 설정된 버전이 배포됩니다. 지정하지 않는 경우에는 모델
의 최신 버전이 배포됩니다. 또한 첫 번째 모델의 버전에 명시적인 이름을 부여할 수 있습니다.
예를 들어 버전 1을 master로 버전 2를 beta로 이름을 붙일 수 있습니다. 다음은 이렇게 설정
한 예입니다.

```
model_config_list {
  config {
    name: '2x-1model'
    base_path: '/tmp/2xminus1/'
    model_version_policy: {
```

```
      specific {
        versions : 1
        versions : 2
      }
    }
    version_labels {
      key: 'master'
      value: 1
    }
    version_labels {
      key: 'beta'
      value: 2
    }
  }
  config {
    name: '3x+1model'
    base_path: '/tmp/3xplus1/'
    model_version_policy: {
        all : {}
    }
  }
 }
}
```

이제 다음 코드로 첫 번째 모델의 베타 버전에 요청할 수 있습니다.

```
<server>:8501/v1/models/2x-1model/versions/beta
```

서버를 중지, 재시작하지 않고 서버 설정을 바꾸려면 주기적으로 설정 파일을 읽도록 할 수 있습니다. 그러면 파일이 수정될 경우 설정이 업데이트됩니다. 예를 들어 마스터가 더 이상 v1이 아니라 v2로 만들어야 한다고 가정해보죠. 이런 내용을 반영하도록 설정 파일을 수정할 수 있습니다. 만약 서버가 다음처럼 --model_config_file_poll_wait_seconds 파라미터로 시작되었다면 지정된 시간이 초과된 후 새로운 설정이 로드됩니다.

```
%%bash --bg
nohup tensorflow_model_server \
  --rest_api_port=8501 \
  --model_config=/path/to/model.config
  --model_config_file_poll_wait_seconds=60 >server.log 2>&1
```

19.4 마치며

이번 장에서는 TFX를 처음으로 만나보았습니다. 모든 머신러닝 시스템에는 모델 구축 이외에도 다른 구성 요소가 상당히 많습니다. 이런 구성 요소 중 하나인 모델 배포를 위한 텐서플로 서빙을 설치하고 설정하는 방법을 배웠습니다. 모델 구축, 배포를 위한 준비, 서버 배포 그리고 HTTP POST 요청을 사용해 추론을 실행해보았습니다. 그다음 설정 파일의 옵션을 살펴보고 여러 가지 모델을 배포하고 모델마다 다른 버전을 배포하는 방법을 알아보았습니다. 다음 장에서는 방향을 바꾸어 연합 학습federated learning으로 사용자의 개인 정보를 관리하면서 분산 학습을 수행하는 방법을 알아보겠습니다.

## CHAPTER 20

인공지능 윤리, 공정성, 개인 정보 보호

이 책에서는 다양한 작업을 실행하는 모델을 훈련해보고, 텐서플로 생태계에서 모델을 배포하기 위해 제공하는 여러 API를 개발자 입장에서 둘러보았습니다. 명시적인 프로그래밍 로직 대신에 레이블된 데이터를 사용해 모델을 훈련하는 이 방법은 머신러닝과 인공지능 혁명의 핵심입니다.

1장에서 개발자를 위한 이런 변화를 [그림 20-1]과 같은 그림으로 압축했습니다.

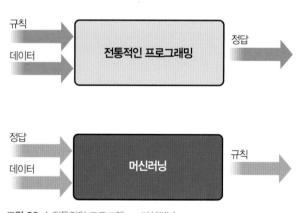

그림 20-1 전통적인 프로그램 vs 머신러닝

이는 새로운 도전으로 이어집니다. 소스 코드를 들여다보면 시스템이 어떻게 작동하는지 파악할 수 있습니다. 하지만 간단하더라도 모델 훈련의 결과는 모델 안에 학습된 파라미터로 구성된 이진 파일입니다. 가중치, 절편, 학습된 필터 등이 여기에 해당합니다. 하지만 이 값들은 모두 모호하며 무엇을 뜻하고 어떻게 작동하는지 해석하기 어렵습니다.

컴퓨팅 작업을 돕기 위해 훈련된 모델을 사용하기 시작한다면 모델의 작동 방식에 대한 투명성 확보가 매우 중요합니다. 따라서 인공지능 엔지니어로서 윤리, 공정성, 개인 정보 보호에 대해 이해하는 것이 중요합니다. 다만 여러 권의 책으로 다룰 만큼 방대한 주제이므로 이 장에서는 간단히 소개하는 것으로 마치겠습니다. 하지만 필요한 것을 배우는 데 도움이 되기를 바랍니다.

무엇보다도 사용자에 대한 공정함fair을 관점으로 시스템을 구축하는 것이 새롭거나 미덕을 드러내거나 정치적인 올바름을 추가하는 것이 아니라는 것이 중요합니다. 이번 장에서 보여주려는 내용은 사람들이 느끼는 공정성에 대한 감정과는 상관없이 공정하고 윤리적인 관점으로 시스템을 구축하는 것이 엔지니어링 관점에서 올바르다는 것입니다. 더불어 이 방식은 미래의 기술 부채technical debt를 피하는 데에도 도움이 될 겁니다.

20.1 프로그래밍의 공정성

최근 머신러닝과 인공지능의 발전으로 윤리와 공정성의 개념이 주목을 받았지만, 컴퓨터 시스템에서 불평등과 불공정은 항상 우려되는 주제였습니다. 필자는 공정성과 편견의 영향은 고려하지 않고, 하나의 시나리오만 가정해 만든 시스템을 많이 보았습니다.

다음과 같은 예를 생각해보죠. 여러분의 회사에 고객 데이터베이스가 있고 높은 판매율이 기대되는 특정한 우편번호를 가진 고객을 대상으로 마케팅 캠페인을 시작하려고 합니다. 이를 위해 회사는 데이터베이스에 있지만 아직 아무것도 구매하지 않은 특정 우편번호의 사람들에게 할인 쿠폰을 보냅니다. 다음과 같은 SQL을 작성해 이 조건에 해당하는 잠재 고객을 선택할 수 있습니다.

```
SELECT * from Customers WHERE ZIP=target_zip AND PURCHASES=0
```

이 코드는 완벽하게 합리적으로 보일 수 있습니다. 하지만 이 우편번호에 해당하는 인구 통계를 고려해보세요. 이 지역에 사는 사람 대다수가 특정 인종이거나 높은 연령층으로 구성된다면 어떨까요? 고객 기반을 고르게 늘리지 못하고 한 부류로 과하게 타겟팅하거나 더 심하게는 한 인종에게만 할인을 제공하여 다른 사람들을 차별할 수 있습니다. 계속 이런 식으로 타겟팅하게 되면 인구 통계적으로 편향된 고객 기반이 생겨 궁극적으로 주로 한 집단에만 서비스하는 회사가 되어버릴 수 있습니다.

실제로 필자가 경험한 다른 예도 있습니다! 1장에서 활동을 감지하는 머신러닝의 개념을 설명하기 위해 몇 개의 이모티콘을 사용했습니다(그림 20-2).

```
0101001010100101010   1010100101001010101   1001010011111010101   1111111110100011101
1001010101001011101   0101010010010010001   1101010111010101110   0011111010111110101
0100101010010101001   0010011111010101111   1010101111010101011   0101110101010101110
0101001010100101010   1010100100111101011   1111110001111010101   1010101010100111110

  Label = WALKING       Label = RUNNING        Label = BIKING        Label = GOLFING
```

그림 20-2 머신러닝을 설명하기 위한 이모티콘

여기에는 몇 년 전에 시작된 비하인드 스토리가 있습니다. 도쿄를 방문했을 때 필자는 달리기를 배우기 시작했습니다. 도시에 있는 친한 친구가 황궁(고쿄)Imperial Palace 주변을 달리자며 [그림 20-3]과 같이 이모티콘 두 개가 포함된 문자로 필자를 초대했습니다.

로런스, 내일 황궁으로 하러 가는 거 어때?

그림 20-3 이모티콘이 포함된 텍스트

문자에는 달리는 여성과 남성 이모티콘이 있었습니다. 저는 답장으로 같은 이모티콘을 보내고 싶었지만 데스크톱 채팅 애플리케이션에서는 동일한 이모티콘을 고를 수 없었습니다. 이모티콘을 쓰려면 단축 코드를 입력해야 했습니다.

단축 코드 (running)를 입력하니 달리는 남성 이모티콘으로 바뀌었습니다. 하지만 여성 이모티콘을 얻기 위한 방법이 없었습니다. 열심히 구글에서 검색해보니 (running)+우를 입력하면 여성 이모티콘을 얻을 수 있다는 것을 알았습니다. 하지만 우를 어떻게 입력해야 할까요?

운영체제에 따라 입력 방법이 다릅니다. 예를 들어 윈도우에서는 [Alt] 키를 누른 채로 숫자 키 패드에서 12를 눌러야 합니다. 리눅스에서는 왼쪽 [Ctrl]+[Shift]+[U]를 누르고 이 기호의 유니코드 2640을 입력해야 합니다.

여성 이모티콘을 얻으려면 생각보다 많은 키를 입력해야 합니다. 여성 이모티콘을 만들기 위해서 남성 이모티콘에 우를 추가해야 한다는 점은 말할 필요도 없이 성차별적인 프로그래밍입니다.

이모티콘의 역사를 생각해보죠. 이모티콘의 시작은 텍스트 문자가 옆으로 누운 형태였습니다. 예를 들면 웃는 모습은 :), 윙크는 ;)처럼요. 여담으로 ∗:) 는 〈세서미 스트리트Sesame Street〉의 어니Ernie처럼 보여 제가 가장 좋아합니다. 이런 문자는 해상도가 낮으므로 기본적인 성별이 없습니다. 이모티콘이 문자에서 그래픽으로 진화하면서 흑백 '스틱 맨stick man' 형태의 그림으로 바뀌었습니다. 스틱 맨이란 이름에 단서가 있듯이 팔다리가 막대기인 이모티콘입니다. 점차 모바일 장치의 그래픽이 향상되면서 이모티콘이 더욱 선명해졌습니다. 예를 들어 초기 iPhone OS(2.2)에서 달리기 이모티콘('달리는 사람'으로 이름이 바뀜)은 다음과 같았습니다. 🏃

그래픽이 더 발전하고 화면 픽셀 밀도가 증가하면서 이모티콘은 계속 진화했습니다. iOS 13.3 에서는 달리는 사람 이모티콘이 [그림 20-4]와 같아졌습니다.

그림 20-4 iOS 13.3에 있는 달리는 사람 이모티콘

엔지니어링에서는 그래픽을 향상하는 것은 물론 이전 버전과 호환성을 유지하는 것이 중요합니다. 따라서 이전 버전의 소프트웨어가 (running)이라는 단축 코드로 달리는 남자를 의미했다면, 이후에 그래픽 성능이 좋아진 버전에서도 이와 비슷한 이모티콘을 제공해야 합니다. 결국 (running)은 분명하게 달리는 '남자'가 되었습니다.

의사 코드로 쓰면 어떻게 될까요?

```
if shortcode.contains("(running)") {
    showGraphic(personRunning)
}
```

이는 그래픽이 바뀌어도 하위 호환성을 유지하므로 잘 작성된 코드입니다. 새로운 화면과 그래픽을 위해 코드를 업데이트할 필요가 없으며 **personRunning** 리소스^{resource}만 바꾸면 됩니다. 그러나 최종 사용자에게는 다른 효과가 생기므로 공정하기 위해선 달리는 여성 이모티콘도 제공해야 합니다.

하지만 같은 단축 코드를 사용할 수 없고 하위 호환성을 깨고 싶지 않습니다. 따라서 다음처럼 코드를 수정합니다.

```
if shortcode.contains("(running)") {
    if(shortcode.contains("+♀")) {
        showGraphic(womanRunning);
    } else {
        showGraphic(personRunning);
    }
}
```

코드 측면에서 보면 합리적인 코드 수정입니다. 하위 호환성을 깨뜨리지 않고 추가적인 기능을 제공하며 기억하기 쉽습니다. 달리는 여성 이모티콘이 필요하면 우 기호를 사용하면 됩니다. 하지만 이 예에서 알 수 있듯이 인생은 코딩과 다릅니다. 이런 설계가 여러 의견을 불러일으키는 과도한 논쟁거리가 되어버리기도 합니다.

이모티콘을 만들 때 남녀평등이 고려되지 않은 기술 부채는 오늘날 해결 방법에도 여전히 남아 있습니다. 이모지피디아^{Emojipedia}에 있는 달리는 여성 페이지[1]를 확인해보세요. 이 이모티콘이 ZWJ^{zero-width joiner} 시퀀스[2]로 정의된 것을 볼 수 있습니다. 즉 달리는 여성 이모티콘은 달리는 사람, ZWJ, 우를 연결해 나타냅니다. 달리는 여성 이모티콘에 대한 해결 방법을 구현하는 것만이 사용자에게 적절한 경험을 제공하는 유일한 방법입니다.

다행히 이모티콘을 제공하는 많은 앱이 단축 코드가 아니라 메뉴에서 고르는 방법을 사용하기

---

1 https://emojipedia.org/woman-running
2 옮긴이_ 여러 이모티콘을 연결해 한 개의 이모티콘으로 만들 수 있는 이모티콘입니다.

때문에 이 이슈가 조금 가려졌습니다. 하지만 이면에는 아직 남아 있으며 이 문제가 다소 사소해 보이지만 공정성이나 편향을 고려하지 않은 과거의 결정이 얼마나 큰 영향을 미칠 수 있는지 보여줍니다. 현재를 구하기 위해 미래를 희생하지 마세요!

다시 인공지능과 머신러닝으로 돌아가보죠. 새로운 애플리케이션 시대가 열리면서 애플리케이션 사용의 모든 측면을 고려하는 것이 아주 중요합니다. 가능한 한 공정해야 하고 편향되지 않아야 합니다. 이게 바로 올바른 일이며 미래의 기술 부채를 피하는 데 도움이 될 자세입니다.

20.2 머신러닝의 공정성

머신러닝 시스템은 코드 중심이 아니라 데이터 중심입니다. 따라서 다른 문제 영역과 편향을 식별하는 것은 데이터를 이해하는 문제입니다. 결국 데이터를 탐색하고 어떻게 모델을 통과하는지 이해하는 데 도움이 되는 도구가 필요합니다. 훌륭한 데이터를 가지고 있더라도 엉망으로 설계된 시스템은 문제를 일으킬 수 있습니다. 다음은 머신러닝 시스템을 만들 때 이런 이슈를 피하기 위해 살펴봐야 할 몇 가지 고려 사항입니다.

머신러닝이 실제로 필요한지 결정하기

당연해 보이지만 기술 시장에 새로운 트렌드가 유행하면 이를 구현해야 하는 압박감이 항상 있습니다. 가장 좋은 최신 기술을 사용한다는 것을 보여주기 위해 투자자나 영업부 또는 다른 곳으로부터 종종 압력이 들어옵니다. 즉 제품에 머신러닝을 넣어달라는 요청을 받을 수 있습니다. 하지만 요청 사항이 불필요한 작업이라면 어떻게 해야 할까요? 머신러닝이 작업에 적합하지 않거나, 또는 미래에 유용할 수 있겠지만 현재 적절한 데이터를 가지고 있지 않을 수 있습니다. 이런 이유로 비기능적인 요구 사항을 만족시키기 위해 궁지에 몰리게 되면 어떻게 될까요?

일본에서 GAN generative adversarial network을 사용해 얼굴의 위쪽을 기반으로 아래쪽 절반을 예측하는 이미지 생성 학생 대회에 참석한 적이 있습니다. COVID-19 이전의 독감 시즌이었고 많은 사람들이 마스크를 쓰고 있었습니다. 이 대회의 아이디어는 마스크 안의 얼굴을 예측할 수 있는지 보는 것이었습니다. 이 작업을 위해 얼굴 데이터가 필요했으므로 나이와 성별 레이블이 달린 얼굴 이미지를 제공하는 IMDb WIKI 데이터셋(https://oreil.ly/uUIV6)을 사용했습니다. 하지만 여기서 무엇이 문제였을까요? 데이터셋에 있는 얼굴 이미지 대부분이 일본

인이 아니었습니다. 따라서 학습한 모델은 필자의 얼굴은 잘 예측했지만 다른 사람들의 얼굴은 그러지 못했습니다. 적절한 데이터 없이 머신러닝 솔루션을 급하게 만드느라 학생들은 편향된 솔루션을 만들었습니다. 이는 수업을 위한 대회였을 뿐이고 작업 결과는 훌륭했지만 머신러닝 제품이 필요하지 않거나 적절한 모델을 만들기에 충분한 데이터가 없을 때 시장 출시만을 바라 보고 서두르게 되면 편향된 모델을 만들기 쉽고, 미래에 큰 기술 부채를 야기한다는 것을 상기 시켜줍니다.

시작부터 측정 지표를 설계하고 구현하기

특히 머신러닝을 사용하지 않는 시스템에 머신러닝을 추가해야 한다면 현재 시스템을 어떻게 사용하고 있는지 가능한 한 많이 추적해야 합니다. 앞서 이모티콘의 예를 생각해보죠. 만약 달 리는 여성이 남성만큼 많아서 남성 이모티콘이 사용자 경험의 실수라는 것을 일찍 깨달았다면 여성 이모티콘을 진작 구현했을 것이고, 지금과 같은 문제가 발생하지 않았을 겁니다. 머신러 닝을 위한 데이터 지향 아키텍처를 설계할 때 항상 사용자의 요구 사항을 이해하려고 노력해야 합니다. 이해를 바탕으로 구현한다면 사용자의 요구 사항을 적절한 범위 내에서 충족시키고, 미래 트렌드를 예측하고 앞서 나갈 수 있을 것입니다.

실행 가능한 최소 모델을 구축하고 반복하기

시스템에 머신러닝 모델을 배포하는 것에 대한 기대치를 설정하기 전에 실행 가능한 최소 모 델을 구축해보아야 합니다. 머신러닝과 인공지능은 모든 문제를 해결하는 마법의 솔루션이 아 닙니다. 주어진 데이터를 바탕으로 시스템에 머신러닝을 도입할 수 있는 최소 기능 제품minimum viable product(MVP)부터 구축해야 합니다. 모델이 잘 작동하나요? 모든 사용자에게 공정함을 유 지하면서 시스템을 확장하는 데 필요한 데이터를 더 많이 수집하는 방법이 있나요? MVP를 얻 은 후에는 제품에 투입하기 전까지 계속 반복하고 프로토타입을 만들고 테스트해야 합니다.

인프라가 신속한 재배포를 지원하는지 확인하기

텐서플로 서빙을 사용하는 서버, 텐서플로 라이트를 사용하는 모바일 장치 또는 TensorFlow. js를 사용하는 브라우저를 다룰 때 모델을 재배포하는 방법을 미리 알아놓는 것이 중요합니다. 편향뿐만 아니라 어떤 이유로든 실패하는 시나리오가 발생하게 되면 최종 사용자의 경험을 손 상시키지 않으면서 새 모델을 신속하게 배포하는 기능이 있어야 합니다. 예를 들어 설정 파일과 함께 텐서플로 서빙을 사용하면 이름을 가진 여러 모델을 정의해 모델 간에 빠르게 전환할 수 있습니다. 텐서플로 라이트를 사용하면 모델이 애셋으로 배포됩니다. 따라서 앱에 하드코딩하는 대신 앱이 인터넷에서 모델의 업데이트된 버전을 확인하고 새로운 버전이 감지되면 업데이트할 수 있습니다. 또한 모델을 사용해 추론을 실행하는 코드를 추상화(예를 들어 하드코딩된 레이블을 사용하지 않기)하면 재배포할 때 발생하는 오류를 피할 수 있습니다.

20.3 공정성을 위한 도구

모델 훈련에 사용하는 데이터, 모델 자체, 모델의 추론 결과를 이해하는 데 도움을 주는 도구 시장은 꾸준히 성장 중입니다. 여기에서 현재 사용 가능한 몇 가지 도구를 살펴보겠습니다.

20.3.1 What-If 도구

필자가 가장 좋아하는 도구 중 하나는 구글의 What-If입니다. 이 도구의 목표는 최소한의 코딩으로 머신러닝 모델을 검사하는 것입니다. 이 도구를 사용하면 데이터와 해당 데이터에 대한 모델의 출력을 함께 검사할 수 있습니다. 1994년 미국 인구조사 데이터셋의 약 30,000개 레코드를 기반으로 개인 소득을 예측하도록 훈련된 모델을 사용하는 예(https://oreil.ly/sRv23)가 있습니다. 예를 들어 모기지 회사에서 이를 사용해 대출금을 상환할 수 있는지 여부를 판단해 대출 승인을 결정한다고 상상해보세요.

What-If 도구가 제공하는 기능 중 하나를 사용해 추론값을 선택하고 해당 추론으로 이어진 데이터셋의 데이터 포인트를 볼 수 있습니다. [그림 20-5]를 참고하세요.

이 모델은 저소득에 대한 확률을 0에서 1 사이의 값으로 반환합니다. 0.5보다 작은 값은 고소득을 나타내고 0.5 이상의 값은 저소득을 나타냅니다. 이 사용자는 0.528의 점수를 받았고 가상 모기지 신청 시나리오에서는 소득이 낮기 때문에 거부될 수 있습니다. 이 도구를 사용하면 실제로 사용자의 데이터 중 일부(예를 들면 나이)를 변경해 추론에 미치는 영향을 확인할 수 있습니다. 이 사람의 경우 나이를 42세에서 48세로 변경하면 임곗값 0.5보다 낮은 점수를 얻고 결과적으로 대출 신청이 '거부'에서 '승인'으로 바뀝니다. 사용자의 다른 정보는 변경되지 않았으며 연령만 변경되었습니다. 즉 잠재적인 나이 편향이 있다는 강력한 신호입니다.

What-If 도구를 사용하면 성별, 인종 등의 세부 정보를 포함해 이와 같은 다양한 신호를 실험할 수 있습니다. 모델 자체가 아니라 한 고객에게서 발생하는 문제를 해결하기 위해 전체 모델을 변경해야 하는 일회성 상황처럼 주객전도된 현상을 방지하기 위해 이 도구는 가장 가까운 반대 샘플을 찾는 기능을 제공합니다. 즉 편향을 찾기 위해 데이터(또는 모델 구조)를 탐색할 수 있도록 다른 추론 결과를 만드는 가장 가까운 데이터셋을 찾습니다.

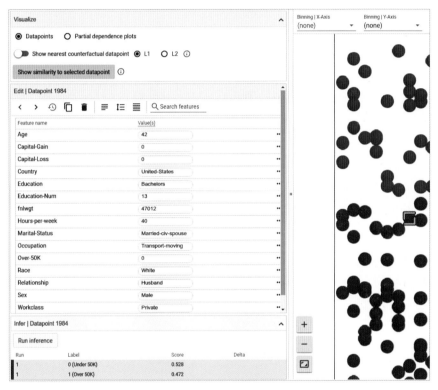

그림 20-5 What-If 도구 사용하기

여기서는 What-If 도구 기능 중 일부분만 소개했습니다. 웹사이트(`https://oreil.ly/NQPB6`)에 사용 가능한 예제가 많이 있으니 한번 살펴보세요. What-If 이름에서 알 수 있듯이 배포하기 전에 '가상의' 시나리오를 테스트하는 도구를 제공하는 것이 이 도구의 핵심 목표입니다. 따라서 여러분의 머신러닝 도구 상자에 들어가야 할 필수 도구입니다.

20.3.2 패싯

패싯^{Facets}(`https://oreil.ly/g7fQM`)은 What-If 도구를 보완하여 데이터에 대한 심층 분석을 시각화하는 도구입니다. 패싯의 목표는 데이터셋의 특성 전반에 걸친 값 분포를 이해하도록 돕는 것입니다. 데이터를 훈련, 테스트, 검증 또는 다른 용도를 위해 여러 서브 세트로 분할하는 경우 특히 유용합니다. 이러한 경우 분할된 데이터들이 특정 특성에 유리하게 치우쳐져 잘못된 모델을 만들기 쉽습니다. 이때 이 도구를 이용하면 각 분할에서 특성의 범위가 충분한지 판단할 수 있습니다.

예를 들어 What-If 도구 예제에서 사용했던 동일한 미국 인구조사 데이터셋을 사용해보겠습니다. 약간의 조사를 통해 훈련/테스트 분할은 매우 훌륭하지만 자본 이득^{capital gain} 및 자본 손실^{capital loss} 특성을 사용하면 훈련을 왜곡할 수 있다는 것을 보여줍니다.

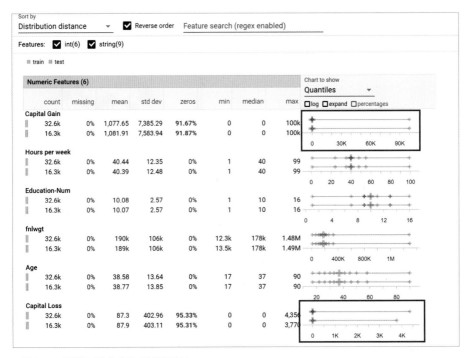

그림 20-6 패싯을 사용해 데이터셋 탐색하기

[그림 20-6]의 분위수 검사에서 자본 이득과 자본 손실을 제외한 모든 특성에서 + 기호의 균형이 매우 잘 잡혀 있음을 확인할 수 있습니다. 이는 데이터 포인트의 대부분이 0이지만 데이터셋에 있는 몇 개의 값이 매우 높다는 것을 나타냅니다. 자본 이득의 경우 훈련 세트의 91.67%가 0이고 다른 값은 100,000에 가깝습니다. 이는 훈련을 왜곡할 수 있으며 디버깅이 필요한 신호로 볼 수 있습니다. 전체 모집단의 매우 작은 부분이 강조되도록 편향을 만들 수 있습니다.

패싯은 여러 축으로 데이터셋의 내용을 시각화하는 패싯 다이브^{Facets Dive} 도구를 제공합니다. 데이터셋의 오류를 식별하고 또는 이미 내재된 편향을 찾아 처리하는 방법을 안내하는 도구입니다. 예를 들어 [그림 20-7]은 데이터셋을 타깃, 교육 수준, 성별로 분할한 화면입니다.

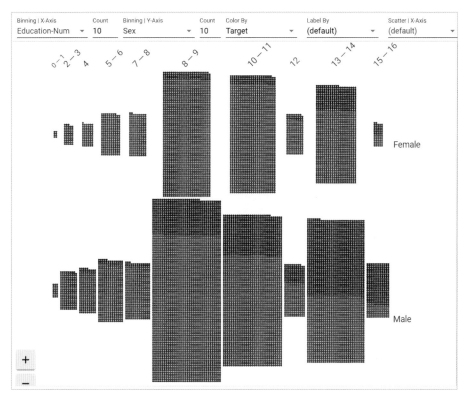

그림 20-7 패싯 다이브

빨강색은 '높은 소득 기대'를 의미하고 왼쪽에서 오른쪽 방향은 교육 수준을 나타냅니다. 거의 모든 경우에 남성이 여성보다 높은 소득을 올릴 확률이 높습니다. 특히 교육 수준이 높을수록 차이가 크게 나타납니다. 예를 들어 대졸에 해당하는 13-14열을 보면 높은 소득을 올리는 남성의 비율이 동일 교육 수준의 여성보다 훨씬 높습니다. 소득 수준을 결정하는 모델에는 다른 요소가 많이 있겠지만 교육 수준이 높은 사람들에게 발견되는 이런 차이는 모델의 편향을 나타내는 지표가 될 수 있습니다.

What-If 도구와 함께 이런 특성을 식별할 수 있도록 패싯으로 데이터와 모델의 출력을 탐색해보길 권장합니다.

두 도구는 구글의 PAIR(People + AI Research) 팀에서 만들었습니다. 최신 릴리스 정보를 얻으려면 PAIR 사이트(`https://oreil.ly/Asc1P`)를 북마크해두세요. 또한 인공지능에 대한 사람 중심 접근 방식을 배우는 데 도움이 되는 People + AI 가이드북(`https://oreil.ly/0k_jn`)도 제공합니다.

20.4 연합 학습

모델을 배포한 후에 사용자가 모델을 사용하는 방식에 따라 모델을 꾸준히 개선할 수 있는 기회가 많습니다. 예를 들어 텍스트 예측 기능을 가진 온디바이스 키보드가 효용성을 가지려면 모든 사용자로부터 학습해야 합니다. 하지만 문제가 있습니다. 모델이 학습하려면 데이터를 수집해야 합니다. 특히 모델 훈련을 위해 사용자 동의 없이 그들의 데이터를 수집하는 것은 개인 정보 보호를 크게 침해할 수 있습니다. 키보드 예측을 향상시키기 위해 사용자가 입력하는 모든 단어를 사용하는 방식은 옳지 않습니다. 모든 이메일, 텍스트, 메시지 내용이 제3자에게 노출되기 때문입니다. 따라서 이런 종류의 학습을 위해선 데이터의 가치 있는 부분을 공유하면서 사용자의 개인 정보를 보호하는 기술이 필요합니다. 일반적으로 이를 **연합 학습**federated learning이라고 부르며 이 절에서 자세히 살펴보겠습니다.

연합 학습의 핵심 아이디어는 사용자 데이터를 중앙 서버로 전달하지 않는 것입니다. 대신 다음 절에서 소개하는 절차를 사용합니다.

20.4.1 1단계: 훈련에 사용 가능한 장치 식별하기

먼저 훈련에 적합한 사용자를 구별해야 합니다. 온디바이스 훈련으로 사용자에게 미치는 영향을 고려하는 것이 중요합니다. 장치를 사용할 수 있는지 결정하기 위해 장치가 사용 중인지 또는 전원에 연결되어 있는지 등을 고려합니다(그림 20-8).

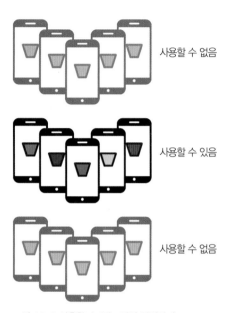

사용할 수 없음

사용할 수 있음

사용할 수 없음

그림 20-8 사용할 수 있는 장치 식별하기

20.4.2 2단계: 훈련에 적합한 사용 가능한 장치 식별하기

사용할 수 있는 모든 장치가 적합한 것은 아닙니다. 데이터가 충분하지 않거나 최근에 사용하지 않았을 수 있습니다. 훈련 조건에 따라 여러 가지 요소로 적합성을 결정합니다. 이를 바탕으로 1단계에서 구별한 사용 가능한 장치를 훈련에 적합한 사용 가능한 장치로 걸러내야 합니다(그림 20-9).

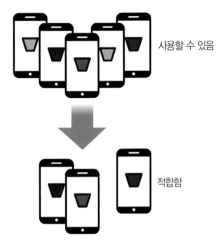

사용할 수 있음

적합함

그림 20-9 훈련에 적합한 사용 가능한 장치 선택하기

20.4.3 3단계: 훈련할 모델 배포하기

이제 훈련에 적합한 사용 가능한 장치를 골라냈으므로 모델을 해당 장치에 배포할 수 있습니다(그림 20-10). 모델은 장치에서 훈련되므로 현재 사용 중이지 않고 전원에 연결되어 있는(배터리 소모 방지) 장치가 적합합니다. 현시점에 텐서플로 온디바이스 훈련을 하기 위한 공개 API는 없습니다. 콜랩에서 이 환경을 테스트할 수 있지만 집필 시점에는 안드로이드/iOS와 동일한 기능이 없었습니다.

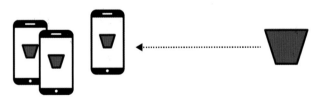

그림 20-10 장치에 새로운 훈련 모델 배포하기

20.4.4 4단계: 훈련 결과를 서버로 보내기

개인 장치에서 모델을 훈련하는 데 사용한 데이터는 절대 이 장치를 떠나지 않습니다. 하지만 모델이 학습한 가중치, 절편, 다른 파라미터는 장치를 떠날 수 있습니다. 여기에 또 다른 수준의 보안과 개인 정보 보호를 추가할 수 있습니다(20.4.6절 '연합 학습의 안전한 수집 방법'에서 자세히 설명합니다). 각 장치에서 학습한 값이 서버로 전달되고 그다음 이를 집계해 마스터 모델로 전달합니다. 결국 각 클라이언트의 분산 학습을 통해 새로운 버전의 모델이 만들어집니다 (그림 20-11).

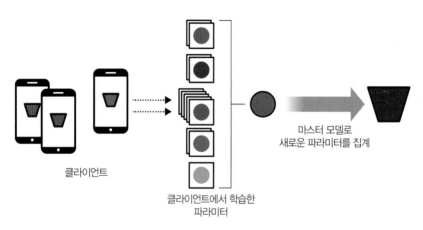

그림 20-11 클라이언트 학습으로부터 새로운 마스터 모델 만들기

20.4.5 5단계: 새로운 마스터 모델을 클라이언트에 배포하기

클라이언트가 모델을 받을 준비가 되면 새로운 마스터 모델이 배포됩니다. 따라서 모든 클라이언트는 새로운 기능을 얻게 됩니다(그림 20-12).

이런 패턴을 따르면 데이터를 서버로 보내 개인 정보 보호를 위배하는 일 없이 모든 사용자의 경험으로부터 훈련할 수 있는 중앙 집중식 모델이 있는 개념적 프레임워크를 가질 수 있습니다. 훈련의 일부가 사용자의 장치에서 직접 수행되고 훈련 결과만 장치를 떠납니다. 다음 절에서 설명하는 '안전한 수집'이라 불리는 방법을 사용해 개인 정보 보호를 위한 난독화 단계를 추가할 수 있습니다.

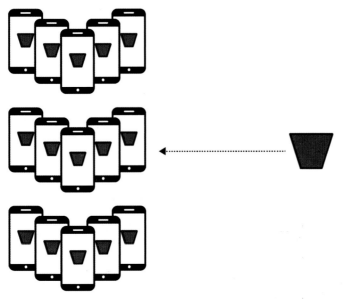

그림 20-12 새로운 마스터 모델을 모든 클라이언트에 배포하기

20.4.6 연합 학습의 안전한 수집 방법

앞서 설명한 단계는 연합 학습의 개념 프레임워크를 보여줍니다. 여기에 클라이언트에서 서버로 보내는 동안 학습된 가중치와 절편을 난독화하는 안전한 수집secure aggregation 개념을 추가하려고 합니다. 아이디어는 간단합니다. 서버는 장치를 버디 시스템buddy system의 다른 장치와 페어링합니다. 각각 두 개의 버디를 가진 여러 개의 장치가 있는 [그림 20-13]을 예로 들어보죠. 각 버디 쌍에는 전송 데이터를 난독화하기 위해 곱해질 랜덤 값이 동일하게 전달됩니다.

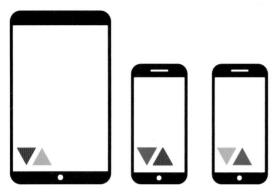

그림 20-13 버디를 가진 장치

첫 번째 장치는 보라색 삼각형에서 알 수 있듯이 두 번째 장치와 버디입니다. 두 삼각형의 값이 합쳐지면 서로 상쇄됩니다. 예를 들어 첫 번째 장치의 보라색 역삼각형이 1.0이고, 두 번째 장치의 보라색 삼각형이 −1.0이라면 두 값이 합쳐져 0이 됩니다. 마찬가지로 초록색 삼각형을 보면 첫 번째 장치와 세 번째 장치가 버디입니다. 모든 장치에는 두 개의 버디가 있으며 한 장치의 숫자는 다른 버디의 값을 상쇄합니다.

[그림 20−14]에 동그라미로 표현된 각 장치의 데이터는 서버로 보내지기 전에 랜덤한 값이 더해집니다.

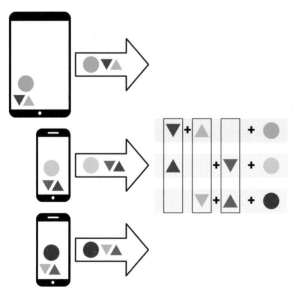

그림 20-14 안전한 수집 방법을 사용해 서버로 값 전달하기

서버에서 이 값을 모두 더하면 버디 간의 삼각형값은 상쇄되고 장치의 데이터만 남게 됩니다. 따라서 데이터는 서버로 전송되는 동안 삼각형값으로 난독화됩니다.[3]

20.4.7 TFF를 사용한 연합 학습

TFF[TensorFlow Federated] (`https://oreil.ly/dLgJu`)는 시뮬레이션된 서버 환경에서 연합 학습 기능을 제공하는 오픈 소스 프레임워크입니다. 집필 시점에서는 아직 실험적이지만 살펴볼 가치가 있습니다.[4] TFF는 두 개의 핵심 API를 제공합니다. 첫 번째는 연합 학습 API로 기존 모델에 연합 학습과 평가 기능을 추가하는 인터페이스를 제공합니다. 예를 들어 분산 클라이언트로부터 학습된 값에 영향을 받는 분산 변수를 정의할 수 있습니다. 두 번째는 함수형 프로그래밍 환경 안에서 연합 통신을 구현한 연합 코어[Federated Core] API입니다. 구글 키보드[Gboard][5] 같은 배포 방식을 위한 기초를 제공합니다.

아직 초기 단계이므로 이 장에서 TFF에 대해 자세히 소개하지 않겠지만 온디바이스 연합 학습 라이브러리를 사용할 수 있게 되는 날을 위해 미리 준비하는 것이 좋습니다!

20.5 구글의 인공지능 원칙

텐서플로는 구글 제품과 내부 시스템을 위해 만든 많은 프로젝트의 일부이며 구글 엔지니어가 만들었습니다. 오픈 소스로 공개된 후 머신러닝을 위한 새로운 길이 열렸으며 머신러닝과 인공지능 분야의 혁신 속도가 믿기 힘들 정도로 빨라졌습니다. 이를 염두에 두고 구글은 인공지능을 만들고 사용하는 방법에 대한 원칙을 담은 공개 성명(`https://ai.google/principles`)을 발표했습니다. 책임감 있는 사용을 위한 훌륭한 가이드이므로 살펴볼 가치가 있습니다. 요약한 원칙은 다음과 같습니다.[6]

---

3 옮긴이_ 연합 학습의 안전한 수집에 대한 더 자세한 내용은 ACM CCS 콘퍼런스에서 에런 시걸(Aaron Segal)이 발표한 영상 (`https://bit.ly/3DXNIkk`)을 참고하세요.

4 옮긴이_ 번역 시점에는 0.20 버전까지 릴리스되었습니다.

5 `https://arxiv.org/pdf/1811.03604.pdf`

6 옮긴이_ 전체 내용은 한국 구글 블로그를 참고하세요. `https://korea.googleblog.com/2018/06/ai-principles.html`

1. 사회적으로 유익해야 합니다

인공지능의 발전은 혁신적입니다. 따라서 변화가 일어남에 따라 사회경제적 요인을 고려했을 때 예상되는 전반적인 이점이 발생 가능한 위험 혹은 단점보다 현저히 많은 경우에 한해 이를 계속해서 추진할 것입니다.

2. 불공정한 편향을 만들거나 강화하지 않습니다

이 장에서 언급했듯이 편향은 어떤 시스템에도 쉽게 침투할 수 있습니다. 특히 산업을 변화시키는 경우에 인공지능을 통해 기존의 편향을 제거하고 새로운 편향이 일어나지 않도록 할 수 있는 좋은 기회입니다. 이 점을 염두에 두어야 합니다.

3. 안전을 우선으로 설계하고 테스트합니다

구글은 인공지능이 의도치 않게 해를 끼치지 않도록 강력한 안전과 보안 모범 사례를 계속 개발하고 있습니다. 여기에는 통제된 환경에서 인공지능 기술을 개발하고 배포 후에도 꾸준히 동작을 모니터링하는 것이 포함됩니다.

4. 사람에게 책임을 져야 합니다

사람의 적절한 지시와 통제를 받는 인공지능 시스템을 만드는 것이 목표입니다. 피드백, 반박 및 관련된 설명을 위한 적절한 기회가 항상 제공되어야 합니다. 이를 위한 도구가 생태계에서 매우 중요한 역할을 할 것입니다.

5. 개인 정보 보호를 위한 설계 원칙을 적용합니다

인공지능 시스템은 적절한 개인 정보 보호를 보장하고 사용자의 데이터가 어떻게 사용되는지 알려주는 보호 장치를 포함해야 합니다. 사용자에게 알림과 동의를 선택하는 기회를 당연히 제공해야 합니다.

6. 높은 수준의 과학적 우수성을 유지합니다

기술 혁신은 과학적 엄격함과 열린 질문, 협력이 보장될 때 최고가 될 수 있습니다. 인공지능이 중요한 과학적 영역의 지식을 발견하는 데 도움이 되려면 해당 영역에서 기대되는 높은 수준의 과학적 우수성을 추구해야 합니다.

7. 구글의 인공지능 원칙에 부합하는 용도로 사용해야 합니다

이 항목은 약간 메타적으로 보일 수 있지만 원칙이 홀로 존재하거나 시스템을 구축하는 사람들을 위한 것이 아님을 강조합니다. 또한 구축한 시스템의 사용 방법에 대한 가이드라인을 제공하기 위함입니다. 누군가가 의도하지 않은 방식으로 시스템을 사용할 수 있다는 점을 염두에 두는 것이 좋으며, 사용자를 위한 일련의 원칙이 존재하는 것이 좋습니다!

20.6 마치며

이제 책의 끝에 다다랐네요. 이 책을 쓰는 것은 놀랍고 재미있는 여정이었습니다. 이 책이 여러분에게 도움이 되었으면 좋겠습니다. 여기까지 여러분은 많은 것을 배웠습니다. 머신러닝의 "Hello World"에서부터 첫 번째 컴퓨터 비전, 자연어 처리, 시퀀스 모델링 시스템 등을 만들어보았습니다. 모바일 장치에서 웹, 브라우저에 모델을 배포하는 연습도 했고, 이번 장에서는 모델을 주의 깊고 유익한 방식으로 사용해야 하는 이유와 방법을 큰 그림으로 정리해보았습니다. 컴퓨팅에서 편향이 얼마나 문제가 되는지, 편향이 인공지능에서 잠재적인 큰 문제가 될 수 있다는 것도 확인했습니다. 하지만 이 분야는 아직 초기 단계이므로 여러분에게는 이 문제들을 최대한 많이 제거할 수 있는 기회가 충분합니다. 이런 작업에 도움이 되는 도구를 이미 살펴봤습니다. 그리고 연합 학습을 소개하고 특히 이 기술이 어떻게 모바일 애플리케이션 개발의 미래가 될 수 있는지 알아보았습니다.

저와 이 여정을 함께 해주셔서 감사합니다! 여러분의 피드백을 기대하며 모든 질문에 답변할 수 있도록 최선을 다하겠습니다. :)

INDEX

기타

[UNK] 137

〈head〉 347

〈OOV〉 136, 150, 154

〈script〉 347

〈video〉 402

1D 합성곱 262

ㄱ ~ ㄴ

가중치 45, 201

강아지-고양이 데이터셋 96

개발자 도구 350

객체 탐지 319, 341

검증 데이터셋 81

검증 세트 246

계절성 231, 274

공정성 440

과대적합 53, 59, 164, 201, 274

과소적합 90

규제 174

기가 워드 199

기술 부채 436

넘파이 10, 42

뉴런 41

ㄷ ~ ㄹ

다변량 시계열 230

다중 분류 97

단기 기억 189

도커 422

동적 범위 양자화 300

드롭아웃 103, 105, 173, 197, 278

디스크립션 121

딥러닝 25

라쏘 175

라즈베리 파이 33, 287

래그드 텐서 141

레이블 30, 214

렐루 53, 363

로드 단계 123

룩업 테이블 161

리지 175

ㅁ ~ ㅂ

마이크로컨트롤러 33, 287, 302

말-사람 데이터셋 74

말뭉치 133, 157

매핑 함수 115

머신러닝(ML) 25, 30, 435

모델 25

모델 메이커 319

모델 파라미터 53

모멘텀 248

모바일 32

모바일 리눅스 287

밀집 층 42

바운딩 박스 319

바이저 364

배치 244

배포 32

버디 시스템 450

범주형 크로스 엔트로피 97, 216, 355

벡터 159

변환 단계 123

부분 단어 147

분류 56

분산 전략 33

불용어 141

붓꽃 데이터셋 351

뷰 컨트롤러 337

INDEX

브라우저   33
브래킷츠   345
비동기 함수   349

사이파이   65
산점도 행렬   351
샤딩   119
서빙   33
셀   187
셀 상태   189
셔플링   244
소프트맥스   216
손실 함수   42, 56, 79
순환 뉴런   187
순환 드롭아웃   278
순환 신경망(RNN)   185, 272
숫자 분류   319, 341
스마트 답장   319
스위프트   321
스타일 트랜스퍼   319
스태킹 LSTM   193
스탠드얼론 인터프리터   295
스토리보드   325, 337
스트라이드   266
스파크펀 에지   302
스프라이트 시트   366
슬라이스   114, 117
시각화   175
시계열   229
시그모이드 함수   78
시퀀스   134
신경망   33, 157
심층 신경망(DNN)   70

아두이노 나노   302
아웃렛   325
안드로이드   33, 287
안드로이드 스튜디오   303
안전한 수집   450
액션   325
얀 르쿤   48
양방향 LSTM   189, 216
양방향 RNN   281
양자화   295, 300
어휘 사전   133, 201, 214
에뮬레이터   304
에폭   43, 348, 355
역방향 계산   190
역전파   161
연합 코어   452
연합 학습   289, 446
예측   44
옵티마이저   42, 56, 165
원-핫 인코딩   56, 214, 354
웹   32
웹캠   401
위키피디아   199
윈도 데이터셋   241, 242
윈도잉   223
유닛   41
유해 텍스트 분류기   382
은닉 층   52
음성 인식   319, 341
이동 평균   237
이미지 분류   319, 341
이미지 분할   319, 341
이미지 증식   87
이진 분류   97
이진 크로스 엔트로피   79

인공지능(AI) 25
인터프리터 337
일래스틱넷 175
일변량 시계열 230
임베디드 시스템 32
임베딩 157, 161, 191, 194, 199, 222, 395
임베딩 프로젝터 178
입력 층 52, 53

 ~

자기상관 232
자바 304
자바스크립트 343
자세 추정 319, 341
자연어 처리(NLP) 25, 131
잡음 232
전이 학습 92, 199, 289, 295, 395
절편 45
정규화 55, 276
정방향 계산 190
정확도 56
제너레이터 263
제스처 인식 319, 341
조기 종료 59
질문 응답 319
최대 풀링 66
최소 기능 제품(MVP) 441
최소 풀링 67
추론 32, 44
추정기 33
추출 단계 123
출력 층 52, 53
층 41

 ~

캐멀 케이스 363
커널 266
커먼 크롤 199
컴퓨터 비전 25, 359
케라스 33, 360
케라스 튜너 256, 266
코틀린 304
콘다 35
콜랩 34, 38
콜백 60, 253, 348, 355
클라우드 32
타임 스텝 187
텍스트 분류 319
텐서플로 9, 25, 32, 34
텐서플로 데이터셋(TFDS) 107
텐서플로 라이트 33, 287, 321
텐서플로 라이트 마이크로(TFLM) 33
텐서플로 라이트 서포트 320
텐서플로 라이트 인터프리터 287, 290
텐서플로 서빙 343, 419
텐서플로 애드온 116
텐서플로 익스텐디드(TFX) 419
텐서플로 허브 182, 289, 295, 395, 412
토큰화 132
트렌드 229, 231, 276
특성 66
특성 맵 78
특성 벡터 412

 ~

파라미터 51
파이참 34
파이프라이닝 125
패딩 137, 138, 264

INDEX

패션 MNIST 48

패싯 444

패싯 다이브 445

평균 절대 오차(MAE) 236, 252, 276

평균 제곱 오차(MSE) 236, 248, 263

평균 풀링 67

평균 풀링 층 163

풀링 66

풀링 층 78

프로토콜 버퍼 430

프리패딩 139

프리페치 128

필터 64, 262, 266

하이퍼파라미터 튜닝 53

학습률 165, 248, 253

합성곱 63, 64

합성곱 신경망(CNN) 63, 360

합성곱 층 68, 78

확률적 경사 하강법(sgd) 42, 56, 248, 253, 263, 272, 348

활성화 층 398

활성화 함수 53, 216, 264

회귀 56

훈련 32

훈련 세트 246

희소한 범주형 크로스 엔트로피 56

A

aaptOptions 310

action 325

activation 68, 264, 362

activation function 53, 216, 264

adam 56, 113, 165, 183, 192, 204, 216, 225, 355

adapt 137

AI 겨울(AI winter) 9

allocate_tensors 292

allocateTensors 330

amsgrad 165

Android Studio 303

Arduino Nano 302

argmax 218, 356, 410

arrayBuffer 361, 371

artificial intelligence(AI) 25

as_numpy 111, 144

as_supervised 112

ascent 65

async 355

autocorrelation 232

AUTOTUNE 127

average pooling 67

await 349, 360

Awesome TFLite 319

B

backward pass 190

batch 113, 244, 263

batch_size 112

BeautifulSoup 141, 144, 149

BERT 319

beta_1 165

beta_2 165

bias 45

Bidirectional 191, 194, 204, 222, 281

bidirectional LSTM 189, 216

binary classification 97

binary cross entropy 79

binary_crossentropy 113, 183

Bitmap 316

bounding box 319

Brackets 345

buddy system 450

Button 309
ByteBuffer 312

C

cache 128
callback 60, 253, 348, 355
camelCase 363
categorical cross entropy 97, 216, 355
categorical_crossentropy 56, 100, 216
categoricalCrossentropy 355
causal 264
cell 187
cell state 189
centerThumbnail 338
Choice 257
Civil Comments 데이터셋 383
class_mode 76, 99
classification 56
classify 417
cnn_dailymail 119
CocoaPods 323
Colab 34, 38
common crawl 199
compile 42
computer vision 25, 359
Conda 35
Console 351
Conv1D 263, 266
Conv2D 68, 77, 99, 113, 362
convert 291, 297
convolution 63, 64
convolutional neural network(CNN) 63, 360
CoreImage 338
corpus 133, 157
CPU 33
CRC(순환 중복 검사) 119

CSV 149, 353
curl 423
CVPixelBufferGetPixelFormatType 338
cycle_length 127

D

Dataset 246
dataSync 356
decode 148
deep learning 25
deep neural network(DNN) 70
Dense 41, 53, 70, 77, 100, 113, 191, 194, 204, 263, 348, 363
dense layer 42
description 121
docker 422
drop_remainder 243
dropout 103, 105, 173, 197, 278
dumps 429
dynamic range quantization 300

E ~ F

EditText 309
elastic net 175
embedded system 32
embedding 157, 161, 191, 194, 199, 222, 395
Embedding Projector 178
emulator 304
encode 148
epoch 43, 348, 355
estimateSinglePose 390
estimator 33
ETL 123
evaluate 57
executions_per_trial 258

expand_dims   86, 263

EXPERIMENTAL_SPARSITY   300

Facets   444

Facets Dive   445

Fashion MNIST   48

feature   66

feature map   78

feature vector   412

FeaturesDict   120

Federated Core API   452

federated learning   289, 446

fill_mode   89

filter   133

filters   264, 266, 362

fit   43, 355

fit_generator   79

fit_on_texts   133, 144, 155, 211

fitCallbacks   365

fitDataset   355

flat_map   243, 263

Flatten   52, 70, 77, 100, 113, 363

flow_from_directory   76, 99

forward pass   190

from_saved_model   291, 297

from_tensor_slices   246, 263

fromPixels   361, 374

fromPixelsAsync   361

G ~ H

GAN   440

gesture recognition   319, 341

get_best_models   259

get_layer   95

get_tensor   294

get_vocabulary   137

get_weights   45

getLayer   400

getPixels   317

Gigaword   199

GlobalAveragePooling1D   162, 191

GloVe   199

GPU(graphics processing unit)   33, 124, 345

Gradle   309

GRU   277, 281

H5   290

height_shift_range   89

hidden layer   52

horizontal_flip   89

HTTP   360

Huber   272

hyperparameter tuning   53

I ~ K

image augmentation   87

image segmentation   319, 341

image_dataset_from_directory   80

ImageDataGenerator   75, 81, 98

ImageNet   94, 396

IMDb 데이터셋   143, 319

IMDb WIKI 데이터셋   440

img_to_array   86

Inception   94

index_word   133, 146

infer   417

inference   32, 44

input layer   52, 53

input_shape   68, 264

inputShape   362

interleave   126

Interpreter   292

invoke   294, 331

iOS   33, 287

iris dataset   351

JSON   151, 153, 360

keep   404

Keras   33, 360

Keras Tuner   256, 266

keras-tuner   256

KerasLayer   182

kernel_regularizers   175

kernel_size   264

kernelSize   362

Kotlin   304

L1   174

L2   174

label   30, 214

Lasso   175

layer   41

learning rate   165, 248, 253

learning_rate   79, 165, 248, 253

LearningRateScheduler   253

list_files   126

load   109, 117, 144

load_data   54

load_img   86

load_weights   94

loadGraphModel   413

loadLayersModel   380, 397

loadMobilenet   414

lookup table   161

loss function   42, 56, 79

LSTM(long short-term memory)   189, 191, 204,
    222, 277

machine learning(ML)   25, 30, 435

map   115, 263

max pooling   66

max_trials   258

maxlen   140

MaxPooling2D   69, 72, 77, 99, 113, 362

mean absolute error(MAE)   236, 252, 276

mean squared
error(MSE)   236, 248, 263

mean_absolute_error   236, 252

mean_squared_error   236

meanSquaredError   348

microcontroller   33, 287, 302

min pooling   67

minimum viable
product(MVP)   441

MNIST 데이터셋   48, 359

MobileNet   338, 386, 395, 416

mobilenet_v2   296

model   25

Model Maker   319

model_base_path   428

model_name   428

ModelServerConfig   430

momentum   248

multiclass classification   97

multiprocessing   128

multivariate time series   230

NASA 날씨 데이터   268

natural language processing(NLP)   25, 131

neural network   33, 157

neuron   41

INDEX

newaxis 249

NNAPI 289

noCompress 310

Node.js 33, 343, 385

noise 232

normalization 55, 276

num_models 259

num_parallel_calls 127

num_tokens 137

Numpy 10, 42

O ~ Q

objective 258

on_epoch_end 60

onCreate 312

one–hot encoding 56, 214, 354

oneHot 405

onEpochEnd 349, 355

oov_token 136

OOV(out–of–vocabulary) 135

optimizations 300

OPTIMIZE_FOR_LATENCY 300

OPTIMIZE_FOR_SIZE 300

optimizer 42, 56, 165

OrderedDict 167

outlet 325

output layer 52, 53

overfitting 53, 59, 164, 201, 274

pad_sequences 138, 155, 177, 213, 218

padding 137, 138, 264

PAIR 446

parameter 51

pathlib 291

People + AI 가이드북 446

Pillow 79, 122

pip 34

pipelining 125

pixelBuffer 338

Podfile 337

pooling 66

poolSize 362

pose estimation 319, 341

PoseNet 389

POST 423

predict 58, 86, 178, 218, 249, 349, 356, 410

prediction 44

prefetch 128, 263

PrefetchDataset 109

prepadding 139

preprocessing 132

Promise 360

protobuf 430

punctuation 142

PyCharm 34

quantization 295, 300

question answering 319

 R

ragged tensor 141

random_flip_left_right 116

RandomFlip 91

RandomRotation 91

RandomSearch 257, 267

RandomTranslation 91

RandomZoom 91

Raspberry Pi 33, 287

recurrent neural network(RNN) 185, 272

recurrent_dropout 279

regression 56

regularization 174

ReLU 53, 363

relu 77, 100

requests **429**

Rescaling **80**

reshape **70**

resizeBilinear **374**

rest_api_port **428**

results_summary **258**

return_sequences **194, 222**

ridge **175**

rmsprop **100**

RMSprop **79**

rotate **116**

rotation_range **89**

S

Sarcasm 데이터셋 **152, 157, 191**

save **290, 297**

saved_model_cli **427**

SavedModel **290**

scatter matrix **351**

SciPy **65**

search **258, 267**

search_space_summary **267**

seasonality **231, 274**

secure aggregation **450**

sequence **134**

Sequential **41, 52, 77, 99, 194, 204, 263, 348, 362**

serving **33**

set_tensor **294**

sharding **119**

shear_range **89**

shr **317**

shuffle **113, 244, 263**

shuffling **244**

sigmoid **77**

SimpleRNN **272**

slice **114, 117**

smart reply **319**

softmax **53, 100, 363**

Sparkfun Edge **302**

sparse categorical cross entropy **56**

sparse_categorical_crossentropy **56, 215**

speech recognition **319, 341**

split **109, 112, 117**

sprite sheet **366**

SQuAD **151**

stop_training **60**

stopword **141**

strides **264**

style transfer **319**

subword **147**

summary **70, 78, 162, 397**

supported_ops **301**

Swivel 임베딩 **183**

T

take **109**

technical debt **436**

Tensor **110**

tensor2d **348, 349**

TensorFlow **9, 25, 32, 34**

TensorFlow Addons **116**

TensorFlow Datasets(TFDS) **107**

TensorFlow Extended(TFX) **419**

TensorFlow Hub **182, 289, 295, 395, 412**

TensorFlow Lite **33, 287, 321**

TensorFlow Lite Micro(TFLM) **33**

TensorFlow Serving **343, 419**

tensorflow_model_server **428**

tensorflow-addons **116**

tensorflow-datasets **108**

tensorflow-model-server **422**

INDEX

tensorflow–model–server–universal 422

TensorFlow.js 33, 343, 347

TensorFlow.org 415

tensorflowjs 377

tensorflowjs_converter 378

texts_to_sequences 144, 155, 212, 218

TextVectorization 137

TextView 308

tf.browser 361

tf.data 124

tf.lite 291

tfds 109

TFF(TensorFlow Federated) 452

tfjs–models 386

tfjs–vis 361, 364

tflite 포맷 289

TFLiteConverter 291, 297

TFRecord 119, 122, 277

TFRecordDataset 121

tidy 361, 373, 401

time series 229

time step 187

TinyML 33, 302

to_categorical 214

tokenization 132

Tokenizer 132, 144, 150, 154, 161, 177, 200, 211

toPixels 361

Toxicity classifier 382

TPU(tensor processing unit) 33, 124

trainable 201

training 32

transfer learning 92, 199, 289, 295, 395

translate 142, 144

trend 229, 231, 276

truncating 140

TSV 179

U ~ V

UI 스레드 360

UIImage 338

underfitting 90

unit 41

univariate time series 230

UnsafeMutableBufferPointer 331

validation dataset 81

validation_data 82, 114

visor 364

vocab_size 147

vocabulary 133, 201, 214

W ~ Z

WebGL 345

weight 45, 201

What–If 442

width_shift_range 89

window 243, 263

window dataset 241, 242

windowing 223

with_info 110

word_counts 133, 167

word_index 133, 144, 146, 151, 155, 178, 211

Xcode 321

Yann LeCun 48

zoom_range 89

ZWJ 439